厦门市教育科研专著资助出版项目

我国非营利性民办高校发展研究

Research on the development of non-profit private universities and colleges in China

罗先锋 著

厦门大学出版社 国家一级出版社
XIAMEN UNIVERSITY PRESS 全国百佳图书出版单位

图书在版编目(CIP)数据

我国非营利性民办高校发展研究/罗先锋著. —厦门：厦门大学出版社，2020.5
ISBN 978-7-5615-3692-6

Ⅰ.①我… Ⅱ.①罗… Ⅲ.①民办高校－发展－研究－中国 Ⅳ.①G648.7

中国版本图书馆 CIP 数据核字(2020)第 068882 号

出 版 人	郑文礼
责任编辑	文慧云

出版发行　*厦门大学出版社*
社　　址　厦门市软件园二期望海路 39 号
邮政编码　361008
总　　机　0592-2181111　0592-2181406(传真)
营销中心　0592-2184458　0592-2181365
网　　址　http://www.xmupress.com
邮　　箱　xmup@xmupress.com
印　　刷　厦门市金凯龙印刷有限公司

开本　720 mm×1 000 mm　1/16
印张　20.75
字数　350 千字
版次　2020 年 5 月第 1 版
印次　2020 年 5 月第 1 次印刷
定价　68.00 元

本书如有印装质量问题请直接寄承印厂调换

厦门大学出版社
微信二维码

厦门大学出版社
微博二维码

序

欣悉罗先锋博士的学位论文《我国非营利性民办高校发展研究》，经过多次的修改、补充、提高，特别是总结自己多年来实践经验和阅读中外有关书刊的理论，即将公开出版。这本专著的出版，对于已办的捐资民办高校，有加强信心的作用；对于拟捐资办校者将起鼓励作用。

世界各国的私立大学，包括许多国家名列前茅的知名大学，大多是由教会或非营利性的基金会所举办；中国自古以来，就有捐资办学的优良传统。古代的书院，都是非营利性的；近现代的知名私立大学，大多也是非营利性的。厦门大学在私立时期就是由爱国华侨陈嘉庚捐资兴办，以至于在教育法规上，曾经明确表示"不得以营利为目的"。只是当市场经济进入高等教育领域，才出现大量投资办学的营利性民办高校。

市场经济进入高等教育领域，正如对其他领域一样，是一把双刃剑：一方面，加快了民办高等教育的发展。从1999年开始，投资办学在推动高等教育大众化上，起了重要作用。另一方面，破坏了捐资办学的优良传统，如今，更使营利与非营利两种制度安排处于尴尬局面。许多办学者愿意登记为非营利民办高校，却面临着产权问题。

我认为，应当大力提倡非营利的办学，也就是捐资办学，保持并发扬中国的优良传统。

潘懋元

2020年03月21日

自 序

2020年3月21日中午,我接到了导师潘懋元先生打来的电话,在新型冠状病毒仍然肆虐的日子里,潘先生仍然一如既往地关心学生们的学业和研究,着实让我感动。先生在电话里除了祝贺我的博士论文即将出版外,还特别提了要求,要我就关于《我国非营利性民办高校发展研究》中的有关问题再择机说明一下。因为从博士论文完稿迄今已近两年,很多情况发生了变化,当前民办教育分类管理实施推进中,很多想转型为非营利性民办高校的院校遇到了不少具体问题。而我的研究,鉴于当时的情形,主要聚焦于已经符合非营利性民办高校特征的院校,已有的数量庞大正在向非营利性院校转型中的民办高校并不在该研究的范畴中。

从认识的角度来讲,非营利性民办高校是一个值得探究的新领域。因为其隶属的非营利组织或非营利部门,也是二战之后近几十年应组织分类和管理的要求,由经济学家、律师和政策学家所铸造的新词。[①] 所以当非营利性民办高校被视为一种新的高校组织分类形式和产权制度安排,尤其与逐渐兴起的营利性高校形成共存格局后,政府如何支持规范,院校如何可持续发展都成为亟待解决的现实问题。作为一名已在非营利性民办高校工作多年的实践者,同时也是一名高等教育领域的研究者,我觉得有责任通过较

---

① PETER DOBKIN HALL. A Historical Overview of Philanthropy, Voluntary Associations, and Nonprofit Organizations in the United States, 1600-2000[M]// Walter W. Powell, Richard Steinberg. The Nonprofit Sector: A Research Handbook, Second Edition. New Haven: Yale University Press, 2006: 32.

为系统的研究来回答这些问题。

2014年当我打算将非营利性民办高校作为自己博士论文的选题方向时,我国民办教育分类管理改革的政策设计与实施才开始不久,在改革开放后已形成投资型民办高校占主体的现实背景下,人们对我国真正的非营利性民办高校的实际情况所知甚少。鉴于不论是理论的推进,还是政策的制定,都需要建立在对事实客观把握基础上的要求,我决定从考察和描述我国非营利性民办高校发展的历史和现状入手研究,为便于借鉴,也同时关注了美国非营利性私立高校自哈佛大学创立以来近400年的发展演进情况。

受美国著名组织理论学家沃伦·G.本尼斯（Warren G. Bennis,1925— ）组织发展理论的启发,我应用其提出的以环境与组织之间的互动为基础,关注组织发展中的"对内协调（组织内部）"和"对外协调（组织与外部环境）"两个方面的核心思想,从外部环境和组织自身两个维度构筑了研究的分析框架。其中外部环境除了关注政治、经济、社会、文化等宏观环境背景外,还就影响非营利性民办（私立）高校发展的几个重要环境力量,即法律环境、政府各级组织、市场以及其他组织等进行了研究。组织自身方面主要关注了非营利性民办（私立）高校的办学理念和目标、内部治理、资源以及教学、科研、社会服务职能的履行等。

研究对我国近代59所非营利性私立大学（国人自办38所,教会大学21所）、当代38所非营利性民办高校发展演进进行了描述,还选取了3所有代表性的高校进行了个案研究。这3所高校分别是个人出资办学但放弃资产所有权的吉林外国语大学,由个人倡议、厦门市政协发动社会力量捐资创办的厦门华厦学院以及由威盛信望爱公益基金会举办的贵州盛华职业学院。研究力求较为详实地呈现和分析每所院校的发展模式、经验及问题,以便读者理解我国非营利性民办高校的多样性和复杂性。在历史和现状分析的基础上,研究运用比较方法揭示了中美非营利性民办（私立）高校的发展经验及教训,也指出了双方无论在政治、经济、社会和历史文化传统方面,还是在办学理念与目标、治理结构和组织职能发挥等方面,都存在着巨大差异。这凸显了要立足本国国情解决我国非营利性民办高校发展问题的重要性。

为更好地促进当前我国非营利性民办高校发展,研究建议应通过推进观念变革、制度系统完善及非营利性民办高校的理念明确、治理结构完善及组织职能发挥来实现。针对当前民办教育分类管理亟待明晰非营利性民办高校身份确认的问题,研究提出需在配套制度完善及实施、举办者规范、公益产权明确及监督机制实施等方面着力。研究认为我国的非营利性民办高校发展将要经历以下三个阶段:观念建立、制度建立、社会普遍认可。目前我国非营利性民办高校正处在从观念建立向制度建立转变的阶段,要想获得普遍的社会认可尚需时日。对我国非营利性民办高校的认识不能忽视其所处的阶段性。未来,随着我国外部环境的不断优化,非营利性民办高校的发展能力将进一步增强,其成长为独具价值和意义的一流民办大学群体的愿景值得期待。

除文末研究提醒需关注"大学公私界限模糊"可能导致非营利性民办高校"公办化"的问题外,笔者认为还应关注以下两个问题。一是非营利法律规范以及民办教育分类管理制度不健全和不严格,而导致的"伪非营利"院校问题。二是对非营利性民办高校公共支持不足,而导致其为谋求所需资源过度商业化的问题。根据亨利·汉斯曼教授关于非营利组织需满足"非分配约束"核心特征的要求,即非营利组织不得向控制组织的人员分配利润,非营利组织从定义上来说是没有所有人的这一普遍共识,[①]我国拟选择非营利性民办高校法人属性的投资型民办高校,举办者将面临放弃学校产权的选择。但如果举办者转而选择营利性院校,其所需承担的税收、土地等成本风险又未知。这是目前我国民办高校分类管理改革中遇到的一个棘手问题。考虑到高校的可持续发展,院校的举办者(投资者)即使选择了非营利性民办高校这一属性,也将

---

① 亨利·汉斯曼.企业所有权论[M].于静,译.北京:中国政法大学出版社,2001:228.

会在相当长的一段时期内仍保持对院校的控制权,但如何同时做到让公众和政府信任其遵循了"非分配约束"要求,则是另一个需要探讨的问题。

囿于所学有限,本研究仍存在很多不足,也还有一些问题需深入研究,期待能在后续的学术生涯中推进。恳请诸位同行在包容研究不足的同时,也能更多关注并加入这一领域的探索,切实为早日成就我国一流非营利性民办高校群体而贡献力量。在此也特别感谢"厦门市教育科研专著资助出版项目"和"福建省新世纪优秀人才"项目对本著作出版的支持。

罗先锋

于厦门槟榔西里家中

2020 年 03 月 21 日

目 录

第一章 绪论 …………………………………………………………… 1
  第一节 问题缘起及研究意义 ………………………………………… 1
  第二节 核心概念辨析 ………………………………………………… 7
  第三节 文献综述与评价 ……………………………………………… 11
  第四节 研究设计 ……………………………………………………… 29

第二章 美国非营利性私立高校发展的历史回顾 …………………… 33
  第一节 1636—1818 年美国非营利性私立高校发展研究 ………… 33
  第二节 1819—1943 年美国非营利性私立高校发展研究 ………… 43
  第三节 1944 年以后美国非营利性私立高校发展研究 …………… 66

第三章 我国非营利性民办高校发展的历史回顾 …………………… 101
  第一节 1882—1952 年我国非营利性私立高校发展研究 ………… 101
  第二节 1982—2009 年我国非营利性民办高校发展研究 ………… 131
  第三节 2010 年以后我国非营利性民办高校发展研究 …………… 157

第四章 我国非营利性民办高校发展的个案研究 …………………… 181
  第一节 吉林外国语大学发展的个案研究 …………………………… 181
  第二节 厦门华厦学院发展的个案研究 ……………………………… 198
  第三节 贵州盛华职业学院发展的个案研究 ………………………… 219

第五章 我国非营利性民办高校发展的理论分析与展望 …………… 242
  第一节 理论分析 ……………………………………………………… 243
  第二节 历史与传承 …………………………………………………… 259

第三节　比较与借鉴 …………………………………………… 272
第四节　思考与展望 …………………………………………… 286

参考文献 ………………………………………………………… 301
后　　记 ………………………………………………………… 321

第一章 绪　　论

就世界许多国家私立高等教育而言,非营利性私立高校是主流。从公私高等教育并存发展的格局而言,非营利性民办(私立)高校的独特价值和意义不言而喻。诚如著名的美国高等教育领域专家菲利普·G.阿特巴赫教授所言:"非营利性大学被寄予厚望,服务于国家更宏伟的教育文化目标。"①但我国的非营利性民办高校,自从改革开放复兴后至今仍非常弱小,其发展迫切需要关注和研究。在当前我国推进民办教育分类管理,政府着力推动非营利性民办高等教育为主流发展方向之际,需要对真正的非营利性民办高校发展是怎么样的,影响非营利性民办高校发展的关键因素是什么,以及如何促进我国非营利性民办高校发展这些问题进行深入探究。

第一节　问题缘起及研究意义

一、问题缘起

(一)世界各国对发展非营利性私立高等教育的现实需要

关注非营利性私立高校如何健康发展,是当今世界各国对发展丰富

---

① 菲利普·G.阿特巴赫,丹尼尔·C.列维.私立高等教育:全球革命[M].胡建伟,等译.北京:中国社会出版社,2014:16.

多样的高等教育体系的现实需要。2009年7月,联合国教科文组织在第二届高等教育大会上的一份报告中指出:"知识型社会要求高等教育系统具有多样化的特征,不同的学校履行不同的使命,满足不同学习者的需求。除了公立学校之外,追求公共目标的私立高等教育将扮演重要角色。"① 近十几年来,私立高等教育的全球扩张已成趋势。据统计,2009年与1999年相比,世界高等教育在校生规模增长了53%;且这种增长主要发生在私立高等教育系统,目前约有30%的学生在私立高校学习。② 在可以预见的未来,"扩大高等教育的规模和入学机会,仍然是各国高等教育发展的一项重要内容"③。大力发展私立高等教育已成为政府公共资源有限约束条件下的必然选择,尤其是在发展中国家。鉴于许多国家的法律并不允许营利性教育机构存在;而少数国家的法律虽然允许,但区别对待营利性与非营利性高校。④ 显然它们都面临一项共同的重要政策议题:如何更好地促进非营利性私立高校的发展。

与世界许多发展中国家一样,我国也将实施高等教育的私营化(民营化),作为解决扩张高等教育规模和经费短缺矛盾的政策选择。自改革开放,我国民办高等教育恢复发展以来,其学校数量、学生规模及涵盖的教育类型和领域,都远超我国各个历史时期的私立高校。但面临的发展事实却是投资型民办高校成为我国民办高等教育的主体,捐资型民办高校发展势头渐微。未来,我国的高等教育将很快进入普及化阶段,迫切需要发展壮大民办高等教育事业,来满足民众要接受更多、更好高等教育的需求。当前在我国法律已允许营利性和非营利性两类民办高等教育机构并存的情况下,未来壮大的民办高等教育事业中究竟两类院校谁会成为发展主体;如何"促进非营利性民办高校的健康发展,以避免出现营利性高

---

① UNESCO. 2009 World Conference on Higher Education: The New Dynamics of Higher Education and Research for Societal Change and Development[R/OL]. http://unesdoc.unesco.org/images/0018/001831/183174e.pdf.2009-07-08/2016-10-21.

② 阎凤桥.私立高等教育的全球扩张及其相关政策——对2009年世界高等教育大会报告文本的分析[J].教育研究,2010(11):95-101.

③ 阎凤桥.私立高等教育的全球扩张及其相关政策——对2009年世界高等教育大会报告文本的分析[J].教育研究,2010(11):95-101.

④ 阎凤桥.私立高等教育的全球扩张及其相关政策——对2009年世界高等教育大会报告文本的分析[J].教育研究,2010(11):95-101.

校相对于非营利性高校具有竞争优势的'劣币驱逐良币'的情况"[1]，是值得关注和研究的重要现实问题之一。

(二)深化民办高等教育体制改革的理论需要

选择研究我国非营利性民办高校发展问题，是深化民办高等教育体制改革的理论需要。2010年《国家中长期教育改革和发展规划纲要(2010—2020)》(以下简称《规划纲要》)提出要在制度层面实施营利性和非营利性民办教育分类管理。该制度的实施具有重大意义：一方面，突破了长期制约民办教育发展制度和政策瓶颈的根本手段，同时也是拓展新阶段民办学校发展空间的迫切要求。"民办高校在高等教育中作用重大、贡献巨大，处于整个民办教育体系中的上位，对民办教育改革发展举足轻重，因而成为这一制度试点突破的关键点。"[2]而非营利性民办高校非营利属性鲜明，对政策认同度高，又是推进这一改革的基础。"十二五"期间，在国务院的推动下，我国不少省、市及民办高校都加入了试点分类管理改革范畴，支持真正的非营利性民办高校健康发展，恰是试点的重要任务之一。高校分类改革推进迫切需要相关理论研究予以支持。

另一方面，由于"以捐助行为设立的公益性民办教育、卫生等社会组织具有相对的复杂性和特殊性，是公益组织中认定和监督管制最复杂、难度最大的领域"[3]，从系统论的观点来看，民办教育事业改革发展与我国整个公益事业改革发展密切相关。不局限于教育领域关注非营利性民办高校发展问题，而是着眼于我国整个民间组织改革的大背景来研究，对于推动我国的民办高等教育事业改革也是必要和有益的。

(三)非营利性民办高校实现科学发展的内在需要

选择研究非营利性民办高校发展问题，是我国相当一批坚持公益性办学理念民办高校自身发展的内在需要。当前，我国的非营利性民办高校面临来自与投资型高校、公办高校和独立学院竞争不利的压力，持续发

---

[1] 阎凤桥.私立高等教育的全球扩张及其相关政策——对2009年世界高等教育大会报告文本的分析[J].教育研究,2010(11):95-101.

[2] 王强.建立非营利性民办高校卓越发展机制[N].中国教育报,2014-02-26(7).

[3] 邵金荣.公益组织认定与社会公平正义——构建科学发展民办教育等公益组织和事业的法制[M].北京:中国社会出版社,2010:前言1.

展能力不容乐观。由于满足非营利性组织特征的非营利性民办高校一般是捐资型或无举办者，而不少省市的地方政府目前并未对民办高校实施生均公共财政经费扶持，故该类院校主要是依靠学费滚动发展。与投资型民办高校相比，该类高校既缺乏大的企业集团和产业资金的持续注入，又无扩大学生规模增加收入的强烈动机，不具备规模竞争优势；与政府不断提高生均办学经费投入的公办高校相比，因学费水平受政策和市场影响，这类学校办学经费单薄，竞争劣势明显；与名校办民校的独立学院相比，取得本科层次的办学资格困难重重，大多限于专科层次的职业教育，发展空间有限。故其生存发展问题值得关注。

当前，我国已有一批具备一定基础、真正坚持公益性办学的非营利性民办高校，对建设高水平民办大学的愿望强烈。但是由于发展历程较短、外部环境的支持度较差以及自身发展实力尚有不足等因素的限制，其进一步提升声望和发展品牌的道路并不通畅，亟待通过系统的研究予以支持。这种研究既需要关注我国优质非营利性民办高校的发展，也需要关注境外非营利性私立大学的发展，从而更好地为我国民办高校的发展提供思考和借鉴。

(四)一位非营利性民办高校工作者的感悟和兴趣

笔者所在的高校是1993年由蔡望怀先生倡议创办，接受政府资助，符合非营利组织特征的民办高校。尽管在发展过程中，学校相比投资型民办高校享受了较多的政府支持，但也遭遇了诸如经费来源单一、法律地位没落实、师生权益保障不足等困难。可是创办者和核心团队仍初心不改，将教育事业视为造化人的高尚事业，办学24年来始终坚持公益性、坚持非营利性办学，将办学结余百分之百投入学校的发展中。这正说明，尽管当前中国社会捐资办学的社会基础并未发育成熟，但仍有相当一批怀有教育理想、追求，将创办中国一流的非营利性民办高校作为梦想追求的办学者。作为实践者和研究者，笔者认为应当为这样的办学者和他们的学校鼓与呼，这既是自身的研究兴趣和职业使命使然，也是一位身处其中工作的高等教育研究者的社会责任[①]。

---

① 潘懋元.潘懋元文集：卷三·问题研究(上)[M].广州：广东高等教育出版社，2010：178.

二、研究意义

(一)有利于深化民办教育的理论认知及推动观念转变

关于我国民办高等教育面临的问题和困难,潘懋元提出:"我们应该以观念的转变为先导,积极探索民办高等教育发展的新机制。"①的确,诚如英国学者詹姆士·托勒所言:"与经济领域的其他领域(如卫生领域)相比,人们对教育的私有化存在深深的疑虑。有人质疑,认为私有教育将会进一步恶化社会的不公平现象。"②而在我国,民办教育(包括高等教育)的发展趋势和基本规律,也不能被很多人,尤其是政府的一些管理者所认识和把握,这带来了政策和管理上的缺位、越位和错位。所以研究我国非营利性民办高校发展问题,尤其是对诸如营利性与非营利性,营利性与公益性等关键问题的探讨,可以深化人们在理论层面对我国不同类型民办高校发展的认知。另外,研究通过对非营利性民办高校发展成就和经验的展示,也使得人们对非营利性民办高校在促进我国高等教育改革方面的重要影响和意义实现认同。这在一定程度上可纠正人们对民办高等教育的偏见和疑虑,适度扭转目前对民办高等教育片面的、模糊的认识,为民办高等教育的进一步发展营造积极、健康的发展氛围和环境。

(二)有助于推动我国民办高等教育体制改革

非营利性民办高校作为分类管理改革的起点,关注其发展的诉求、问题、成就和经验对推动我国民办高等教育体制改革意义重大。分类管理改革作为我国民办高等教育体制改革的关键点,是国家实施优惠扶持政策的前提,也是完善民办高校准入、产权、财务会计和资产管理、内部治理结构、政府服务和监管等基本制度的前提。而非营利性民办高校恰是这一分类管理改革的逻辑起点。由于现行制度主要是按照捐资型民办教育的特征来设计的,所以实施分类管理时,原本非营利性特征相对健全的民

---

① 潘懋元.潘懋元文集:卷三·问题研究(下)[M].广州:广东高等教育出版社,2010:188.

② 詹姆士·托勒.全球教育产业——发展中国家私立教育的经验教训[M].上海:上海人民出版社,2004:2.

办高校会对该项制度的认同感更强,争议更少,所以是推进改革的首要对象。另外,伴随着我国社会财富和个人财富的不断增长,营造全社会捐资助学的氛围和机制,鼓励更多的民间资金进入非营利性民办高等教育领域是政策制度的应有之义,同时,弘扬和传承我国源远流长的慈善助学文化,树立新时期公民的正确财富管理价值观,也都需要大批的非营利性民办高校健康发展,以承接这种政策期待和社会期望。从这个意义上讲,研究非营利性民办高校发展,既可为社会基金会等非营利组织的创设和发展提供舞台,亦可为其他类型的非营利组织改革提供借鉴。

(三)可有效促进非营利性民办高校科学发展,引领其他民办高校发展

2013年12月,我国非营利性民办高校联盟成立,教育部副部长鲁昕明确表示,建立非营利性民办高校联盟就是要以联盟高校为标杆,树立民办高校榜样。"同时政府也将通过制度建设支持高水平有特色的学校发展,以此推动建立民办高等教育的国家示范项目"。[①] "如此可见,民办高校即将迎来政策发展的红利期"[②],高水平有特色的民办大学已成为发展的方向和目标。发展什么、如何发展成为当前民办高校的现实问题。所以研究非营利性民办高校发展问题,聚焦高校实际发展的关键领域,如办学理念、内部治理、资源筹措等方面,总结和反思发展经验和教训,对推动非营利性民办高校科学健康发展意义重大。因为这不仅是"非营利性民办高校自身的发展诉求所需要的,也是引领整个民办高等教育改革创新的需要"[③],更是在当前时代背景下非营利性民办高校应承担的历史使命。

---

① 王强.建立非营利性民办高校卓越发展机制[N].中国教育报,2014-02-26(7).
② 罗先锋.福建省"十二五"民办高等教育政策述评[J].教育评论,2016(9):34-37.
③ 非营利性民办高等学校联盟.成立非营利性民办高校联盟——我国民办高等教育改革发展的创新探索[EB/OL].(2014-02-26)[2016-10-23].http://www.nppua.com/nppua/jianjie.asp.

第二节 核心概念辨析

一、非营利组织

鉴于非营利组织、营利组织和政府组织是三种主要的社会组织形式,在教育领域,也有相对应的三种学校形式。非营利性民办高校属于非营利组织,故本书首先阐述非营利组织这一概念。对于非营利组织国际上有广义和狭义两个方面的定义,比较广义的定义"以亚洲开发银行从组织本质属性上的定义为例,认为满足下列两个条件的组织可以作为广义的非营利组织:①不是基于政府体系;②不是以营利为目的"[①]。而比较狭义的定义"以美国约翰·霍普金斯大学非营利组织国际比较研究中心的结构—运作式定义为例,即将具有组织性(organized)、非政府性(non-governmental)、非营利性(non-profit-distributing)、志愿性(voluntary)及自治性(self-governing)等五个核心特征的社会组织界定为非营利组织"[②]。在我国,来自财政部《民间非营利组织会计制度》中的定义比较全面和中肯,该制度指出民间非营利组织包括"依照国家法律、行政法规登记的社会团体、基金会、民办非企业单位和寺院、宫观、清真寺、教堂等,并具有三个特征:①该组织不以营利为宗旨和目的;②资源提供者向该组织提供资源不取得经济回报;③资源提供者不享有该组织的所有权"。[③] 综上,本书将非营利组织界定为:依照国家法律、行政法规登记注册的、不以营利为目的和宗旨、资源提供者不享有所有权和利润分配权、除企业和政府以外的其他组织形式。另需说明的是,根据我国税法的相关规定,"经省级(含省级)以上登记管理机关批准设立或登记的非营利组织,凡符合

---

① 王智慧.非营利组织管理[M].北京:北京大学出版社,2012:3.

② 莱斯特·M.萨拉蒙,S.沃加斯·索可洛斯基,等.全球公民社会:非营利部门国际指数[M].北京:北京大学出版社,2007:12.

③ 会计制度研究组.民间非营利组织会计制度讲解与操作[M].大连:东北财经大学出版社,2005:235.

规定条件的(主要指符合税法规定的非营利组织确认条件),可申请享受免税资格"①。可以说享受免税资格是非营利组织除上述定义外,在法律层面最基本的确认。

二、非营利性

非营利性是非营利组织的首要属性,是区别于企业的根本属性。主要体现在以下三个方面:①不以营利为目的。即非营利组织的宗旨主要是为了实现整个社会或者一定范围内的公共利益,而不是为了获取利润。②不能进行剩余利润的分配(分红)。非营利组织可开展一定形式的经营性业务,但这些业务中产生的剩余利润不能在成员之间进行分配(分红),而只能用于组织宗旨限定的任务上。③不得将组织的资产以任何形式转变为私人财产。"即非营利组织的资产严格地说并不属于组织所有,也不属于捐赠者,它是一定意义上的'公益或互益资产',属于社会。"②"非营利组织如果解散或破产,它的剩余资产只能转交给其他公共部门(政府或其他的非营利组织),而不能像企业那样在成员之间分配。"③

三、民办高校

在我国,目前关于民办高校的定义,较多从《中华人民共和国民办教育促进法》(以下简称《民办教育促进法》)中民办教育的内涵和特征出发来定义。《民办教育促进法》第二条第一款指出:"国家机构以外的社会组织或个人,利用非国家财政性经费,面向社会举办学校及其他教育机构的活动,适用本法"。④而学界对民办高校的定义判断标准多集中在三点:

---

① 中华人民共和国财政部.关于非营利组织免税资格认定管理有关问题的通知[EB/OL].(2014-01-29)[2017-07-21].http://szs.mof.gov.cn/zhengwuxinxi/zhengcefabu/201402/t20140217_1043659.html.

② 胡艳霞.政府改革视里里的非营利组织发展研究[D].长沙:中南大学,2004.

③ 苗丽静.非营利组织管理学[M].大连:东北财经大学出版社,2006:3.

④ 中华人民共和国教育部.中华人民共和国民办教育促进法[EB/OL].(2015-07-09)[2017-07-21].http://www.moe.edu.cn/s78/A02/zfs__left/s5911/moe_619/201507/t20150709_193171.html.

一是办学经费来源于私人或民间法人(非国家财政性经费);二是办学主体是国家机构以外的社会组织或个人;三是实施高等学历教育。① 综上,本书将民办高校界定为:国家机构以外的社会组织或个人,利用非国家财政性经费,面向社会举办的实施国家认可的高等学历教育的民办普通高等学校(不包括独立学院)。

根据教育部发展规划司的最新统计结果,截至2017年5月31日,全国高等学校(含独立学院265所)共计2914所,其中:普通高等学校2631所(包括民办普通高校735所);成人高等学校283所。② 本研究所涉及的民办高校主要指以上数据中剔除了265所独立学院后的470所民办高校。

四、非营利性民办高校

根据非营利组织、非营利性和民办高校的界定,本书将非营利性民办高校定义为同时具备以下特征并实施高等教育学历的民办普通高校:①不以营利为目的;②由国家机构以外的社会组织或个人,利用非国家财政性经费举办;③提供资源的举办者不享有所有权和分配利润权;④可享受免税资格。

在我国,目前有以下四类民办高校属于非营利性民办高校:

(1)无举办者依靠学费滚动发展的民办高校(如北京经贸职业学院);

(2)以社团、基金及社会捐资举办的民办高校(如福建华南女子职业技术学院、贵州盛华职业学院、上海杉达学院、三江学院等);

(3)投资举办,但放弃资产所有权和利润分配权的民办高校(如吉林外国语大学);

(4)创办初期政府有土地或经费资助,后期发展经费主要依靠学校自筹,资产权属已明确,但非国家管理控制的民办高校(如厦门华厦学院等)。

需要说明的是,本研究主要聚焦于已经符合非营利性民办高校特征

---

① 尹丽.民办高等学校的发展:一个亟待解决的问题[D].上海:华东师范大学,1999.

② 中华人民共和国教育部.全国高等学校名单[EB/OL].(2017-06-14)[2017-06-14]. http://www.moe.gov.cn/srcsite/A03/moe_634/201706/t20170614_306900.html.

的院校,目前数量庞大正在向非营利性院校转型中的民办高校不在本研究范畴中。

五、组织发展

从组织发展具有共性这一角度出发,拟将组织发展作为本书的关键词之一。组织发展又称作 OD(organizational development),由最初一般意义上对组织某些部分或某些方面进行改进和变革,进而对这个组织进行有计划的、持续的系统变革与开发,并形成了组织开发和变革的理论,[1]现组织发展已成为一门对行为科学知识进行应用以加强组织职能和提高组织绩效的学科。关于组织发展的定义有多种,但本书关于组织发展关键词的定义拟采用组织发展理论创始人本尼斯的观点,因为该观点能够很好地服务本书所要研究的问题,并为其提供研究的切入点。本尼斯认为组织发展就是一种对变化的反映,是一种为了能够让组织更好地适应新的技术、市场、挑战及自身的迅速变化而采取的旨在改变组织信仰、态度、价值观及结构的复杂教育战略(educational strategy)。[2]他把组织看作社会系统中不可分割的一部分,组织生存发展就是要完成组织"对内协调"和"对外协调"两项任务:"前者是通过复杂的社会过程,在组织内部协调成员之间的关系,这是一种'内协调'或'内适应';后者则是将组织作为一个整体,在组织外部协调双方关系,这是一种'外协调'或'外适应'"。[3]

结合《现代汉语词典》对"发展"的定义"事物由小到大、由简单到复杂、由低级到高级的变化[4]",以及本尼斯关于组织发展观点的阐述,本书将组织发展界定为组织与外部环境和组织自身适应协调过程中的变化。

---

[1] 顾琴轩.组织行为学(第 4 版)[M].上海:上海人民出版社,2015:380.
[2] WARREN G.BENNIS. Organization Development:Its Nature,Origins,and Prospects[M].Addison-Wesley Publishing Company,Inc.,1969:2.
[3] 朱国云.组织理论:历史与流派[M].南京:南京大学出版社,1997:249.
[4] 中国社会科学院语言研究所词典编辑室.现代汉语词典[Z].北京:商务印书馆,2016:352.

第三节 文献综述与评价

一、文献综述所关注的问题领域

本书从外部环境和组织自身两个维度出发,剖析外部环境与非营利性民办高校这一组织发展的相互影响,呈现我国非营利性民办高校发展的若干史实,勾勒其发展趋势或演变过程,同时阐述发展成就、经验和教训。为便于借鉴,本书将美国非营利性私立院校作为比较对象,探究其发展变化、成就、问题及启示。鉴于目前国内并没有专门以非营利性民办高校为研究对象的系统研究,相关研究分散在高等教育、私立高等教育以及非营利组织研究等不同领域,为更好地了解其各自领域涉及本研究对象的相关研究情况,以下集中就影响非营利性民办(私立)高校发展的外部环境因素、组织自身因素及研究方法综述这三个方面进行文献综述与评价。

二、影响非营利性民办（私立）高校发展的外部环境因素

(一)宏观环境及影响

学者们普遍认为宏观环境对大学组织的发展有密切影响,非营利性民办(私立)高校当然也不例外。现有的研究观点主要如下:

(1)环境形塑了大学的目的、形式、职能等诸多方面(伯顿·克拉

克[①],詹姆斯·珀金斯[②]),"所有任何类型的大学都是遗传和环境的产物"[③]。

(2)根据教育的外部关系规律,环境对大学既有制约作用,也有"为之服务"的一面,这种制约主要来自于生产力、科学技术发展水平,社会的经济制度、政治制度以及文化传统(潘懋元[④])。

(3)来自高等教育史、大学和院校发展史以及对不同国家私立高等教育发展的对比研究都表明,不同时期,不同国家迥异的政治、经济、社会和文化历史背景,孕育出了不同风格的大学,而这些大学发展的史实,再一次印证了环境与它们之间的密切关系(亚瑟·M.科恩[⑤]、刘海峰[⑥]、弗雷德里·鲁道夫[⑦]、罗杰·盖格[⑧])。

(4)进入20世纪六七十年代中期,西方工业国家正处在一个史无前例的危机时代开端,人们开始全面审视不同的机构因不能迅速变化以跟上科学技术进步而被淘汰的危险。环境与组织发展的密切关系及组织要重视这种关系积极变革的思想也渗透到了大学组织领域。弗雷德里克·E.博德斯顿的《管理今日大学——为了活力、变革与卓越之战略》[⑨]、丹尼尔·若雷和赫伯特·谢尔曼的《从战略到变革——高校战略规划实

---

① 伯顿·克拉克.高等教育新论——多学科研究[M].王承绪,等译.杭州:浙江教育出版社,1987:23.
② JAMES ALFRED PERKINS.The University as an Organization[M].Berkeley:The Carnegie Foundation for the Advancement of Teaching,1973:3-37.
③ 阿什比.科技发达时代的大学教育[M].滕大春,滕大生,译.北京:人民教育出版社,1983:1-6.
④ 潘懋元.教育的基本规律及其相互关系[J].高等教育研究,1988(3):1-7.
⑤ 亚瑟·M.科恩,卡丽·B.基斯克.美国高等教育的历程(第2版)[M].梁燕玲,译.北京:教育科学出版社,2012:1-8.
⑥ 刘海峰,史静寰.高等教育史[M].北京:高等教育出版社,2010:11.
⑦ F.RUDOLPH.The American College and University:A History[M].New York:Knopf,1962:Contents.
⑧ ROGER L.GEIGER.Private Sectors in Higher Education:Structure,Function and Change[M].Ann Arbor:The University of Michigan Press,1986:XIV.
⑨ 弗雷德里克·E.博德斯顿.管理今日大学——为了活力、变革与卓越之战略[M].王春春,赵炬明,译.桂林:广西师范大学出版社,2006:1-2.

施》①、乔治·凯勒的《大学战略与规划：美国高等教育管理革命》②及国内的《大学战略规划与管理》③等著作都集中阐述了剧烈变化的环境对大学发展的重要影响，大学面临来自政治、技术、市场等的巨大外部压力，大学的复杂性及需要对此积极回应的必要性和重要性。

（5）具体到全球非营利性私立大学的发展，在宏观环境方面，丹尼尔·列维特别提及了宗教和文化传统的影响。早期拉美、欧洲和非洲的私立大学都是在宗教的支持下发展起来的，市场的竞争虽然使很多非营利性私立院校的宗教影响逐渐变弱，但其民族性的文化影响仍强烈地植根于各国的院校中。④

（6）在有关我国近代和当代的私立（民办）大学的研究中，学者们对社会文化观念、政治体制变革、经济体制转型、经济发展水平、人口以及新技术革命引发的知识经济社会到来对私立（民办）高校发展的影响进行了关注，这种关注多在挑战和制约方面（杰西·格⑤、宋秋蓉⑥、柯佑祥⑦、阎凤桥⑧、潘懋元⑨）。

---

① 丹尼尔·若雷，赫伯特·谢尔曼.从战略到变革——高校战略规划实施[M].周艳，赵炬明，译.桂林：广西师范大学出版社，2006：8-15.

② 乔治·凯勒.大学战略与规划：美国高等教育管理革命[M].别敦荣，译.青岛：中国海洋大学出版社，2005：14-18.

③ "大学战略规划与管理"课题组.大学战略规划与管理[M].北京：高等教育出版社，2007：8.

④ UNESCO. 2009 World Conference on Higher Education: The New Dynamics of Higher Education and Research for Societal Change and Development[R/OL].(2009-07-08)[2016-10-21].http://unesdoc.unesco.org/images/0018/001831/183174e.pdf.

⑤ 杰西·格·卢茨.中国教会大学史（1850—1950年）[M].曾钜生，译.杭州：浙江教育出版社，1987：1-2.

⑥ 宋秋蓉.中国近代私立大学研究[M].天津：天津人民出版社，2002：71-117.

⑦ 柯佑祥.新时期我国民办高等教育的发展[J].高等教育研究，2002(4)：32-34.

⑧ 阎凤桥.大学组织与治理[M].北京：同心出版社，2006：138.

⑨ 潘懋元.潘懋元文集：问题研究（下）[M].广州：广东高等教育出版社，2010：198-199.

(二)重要的外部环境力量及影响

环境力量是指围绕并影响企业(组织)生存和发展的所有因素。① 限于其影响力的不同,在这些因素中总有一些因素相比其他因素对组织的影响更大,我们将此称为重要的环境力量。来自高等教育领域、私立高等教育领域及非营利组织领域的研究表明,制度环境、政府、市场、隶属第三部门的各类组织等是被普遍关注的重要外部环境力量,它们从各个方面影响了非营利性私立院校的发展。

1. 制度环境

在制度环境方面,菲利普·阿特巴赫认为非营利性私立高校发展的制度具有系统性,其法规制度有与非营利组织或机构相关的法律、政府对高等教育的一般性法律及专门针对私立高等教育的立法这三个层面。② 张旺认为美国的私立高等教育发展的制度环境包括三个层次的制度安排:第一个层次是由美国特定文化背景下的社会习俗、意识形态、伦理道德、宗教信仰等构成的规范性行为规则;第二个层次是宪法规则;第三个层次是政府政策与管制、市场机制和非政府的中介机制构成的制度安排。③ 在我国有相当多的研究关注了法律制度的构建,如潘懋元的《立法:私立高等教育发展的保障》和《关于民办教育促进法及其实施》④、吴华的《民办教育地方立法需要关注的两类主题和五个关键问题》⑤、邵金荣的《民办教育促进法立法案例研究》⑥以及高莹的《非营利性民办高校

---

① 唐纳德·A.鲍尔,温戴尔·H.麦克库洛赫,保罗·L.弗朗兹,等.国际商务:全球竞争的挑战(第8版)[M].北京:清华大学出版社,2012:21.

② PHILIP G. ALTBACH. Private Higher Education: Themes and Variations in Comparative Perspective[J]. Comparative Journal of Curriculum, Learning, and Assessment, 1999(9):319.

③ 张旺.美国私立高等教育发展的制度环境研究[M].北京:知识产权出版社,2009:231.

④ 潘懋元.潘懋元文集:卷三·问题研究(下)[M].广州:广东高等教育出版社,2010:182,253.

⑤ 吴华.民办教育地方立法需要关注的两类主题和五个关键问题[J].教育发展研究,2006(10):17-22.

⑥ 邵金荣.民办教育促进法立法案例研究[M].北京:知识产权出版社,2015:104-112.

的法律扶持》①等研究,都围绕促进民办教育以及非营利性民办高校发展的法律制定、实施及修改完善问题进行阐述。其主要观点认为立法对保障民办教育发展非常重要,立法应区分营利性与非营利性两类学校,对非营利性民办学校应享受的免税待遇,以及鼓励和规范非营利性学校发展的行政法规应适时修订完善等。

毫无疑问,法律规范对私立院校的发展非常重要,但也因此常常引发问题。很多法律规范对私立院校需要满足的最低条件常有详细规定,当院校不得不通过外部评估来达到这些苛刻规范的要求时,就引发了问题。②詹姆士·托勒认为发展中国家的规章制度实施阻碍了私立教育的运作,如政府不认可外国资本进入本地投资教育、政府不允许营利性私立教育存在、资源的可得性差(如很难获得土地审批等)、资助政策规定复杂等③。总之,在对非营利性私立院校发展的研究中,制度环境是需要关注的第一个重要的外部环境力量。

2.政府

政府方面,研究者们比较多地关注了其角色作用、政策内容两个方面。

在政府的角色作用方面,既有研究都特别强调政府对私立高等教育发展担负的责任。联合国教科文组织 2009 年明确提出:"高等教育是一种公共产品,对于各级教育事业的发展具有战略意义,是研究和创新的基础,应该是政府承担的责任,并由政府提供经费资助。正如《世界人权宣言》中所强调的那样,'有能力的人应该有接受高等教育的平等机会'。"④研究认为,政府必须规制私立高等教育的发展,不能放任其只依靠市场力

---

① 高莹.非营利性民办高校的法律扶持[D].沈阳:沈阳师范大学,2014.

② UNESCO. 2009 World Conference on Higher Education: The New Dynamics of Higher Education and Research for Societal Change and Development[R/OL].(2009-07-08)[2016-10-21].http://unesdoc.unesco.org/images/0018/001831/183174e.pdf.

③ 詹姆士·托勒.全球教育产业——发展中国家私立教育的经验教训[M].曲恒昌,等译.上海:上海人民出版社,2004:69-101.

④ UNESCO. 2009 World Conference on Higher Education: The New Dynamics of Higher Education and Research for Societal Change and Development[R/OL].(2009-07-08)[2016-10-21].http://unesdoc.unesco.org/images/0018/001831/183174e.pdf.

量;而这种规制既包含了规范和约束之义,也含有鼓励和激励的意义。[1] 有学者认为政府在私立高等教育中充当缓冲机构和专业机构的角色[2]; 且地方政府和中央政府的角色作用各不相同(大卫·布雷内曼[3]、张旺[4]);但它们之间也会因标准和实施程序等发生冲突(塔梅斯[5])。

在政策内容方面,来自联合国教科文组织的报告要求各国要有能够说明私立高校角色、贡献和权益的政策,以便办学者对其办学行为有合理的预期;明确创办私立学校、开展评价等程序,减少办学过程中的模糊性和随意性;私立高校与公立高校可享受同等的学生资助政策、教师研究资助政策待遇,享受公共学术资源。[6] 其他对美国私立高等教育的研究则在政策方面集中关注了院校资助政策、学生资助政策、税收政策及政策实施等多个方面。[7]

在对我国民办高校发展相关的政策研究中,学者杨树兵曾集中论述了在风险防范、产权、合理回报、税收、资助、收费、评估、课程、教师及招生等十个方面的政策需求。[8] 而中国民办教育协会在《规划纲要》的专项调研中指出,中国民办教育发展中存在的问题包括:政策制定滞后,法制体

---

[1] 阎凤桥.私立高等教育的全球扩张及其相关政策——对2009年世界高等教育大会报告文本的分析[J].教育研究,2010(11):95-101.

[2] UNESCO. 2009 World Conference on Higher Education: The New Dynamics of Higher Education and Research for Societal Change and Development[R/OL].(2009-07-08)[2016-10-21].http://unesdoc.unesco.org/images/0018/001831/183174e.pdf.

[3] DAVID W. BRENEMAN, CHESTER E. FINN, JR. Public Policy and Private Higher Education[M].Washingtion:The Brookings Institution,1978:Ⅵ-Ⅺ.

[4] 张旺.美国私立高等教育发展的制度环境研究[M].北京:知识产权出版社,2009:169-180.

[5] REYES TAMEZ. Country Case Studies: Mexico[M]//SVAVA BJARNASON, HARRY PATRINOS, JEE-PENG TAN. The Evolving Regulatory Context for Private Education in Emerging Economies: Discussion Paper and Case Studies. Washington, D.C.: World Bank Publications,2008:51-54.

[6] UNESCO. 2009 World Conference on Higher Education: The New Dynamics of Higher Education and Research for Societal Change and Development[R/OL].(2009-07-08)[2016-10-21].http://unesdoc.unesco.org/images/0018/001831/183174e.pdf.

[7] DAVID W. BRENEMAN, CHESTER E. FINN, JR. Public Policy and Private Higher Education[M].Washingtion:The Brookings Institution,1978:Ⅵ-Ⅺ.

[8] 杨树兵.民办高校发展战略和政策需求研究:基于核心竞争力理论之视角[M].镇江:江苏大学出版社,2009:105-163.

系不完备;民办学校法人属性模糊,导致其产权不明晰;合理回报尚无合理的解决办法;法定扶持和奖励措施尚未完全落实;民办教育未被依法列入国民经济社会发展规划;法定的办学自主权得不到充分保障;民办学校缺少与公办学校竞争的环境;一些部门对民办教育认识不足、管理不当等。① 可见,这些问题大部分集中在政策方面。单大圣指出我国非营利性民办学校发展中的种种困境归根到底源于若干政策难题,这些难题包括法人属性、产权属性、教师权益、优惠政策、市场监管及政府服务等。②

3.市场

市场作为影响高等教育发展变革的重要力量,已经被很多研究者所认同。有学者指出:"高等教育走向市场,是世界高等教育发展的共同趋势……市场成为大学可持续发展的依靠,大学面向市场办学已经是无法回避的事实。"③就私立高等教育而言,研究认为,市场是驱动其快速发展的主要动力。全球私立高等教育快速发展主要是既有公立高等教育系统无法满足巨大的高等教育市场需求所致④;而我国改革开放后民办大学的恢复和发展也主要得益于市场经济体制的建立。研究还认为,市场经济中的基本规律——竞争机制、供求关系及价格杠杆被引入教育内部后,极大地影响了私立院校的发展。⑤ 市场机制激发了高等教育体系活力,提高了教育资源使用的效率和效益,促进了高等教育产业重组(典型的就是营利性高校出现),改变了政府与大学的关系,促进了大学与企业的结合,并扩大了高校办学自主权。(玛丽·亨克尔等⑥、詹姆斯·杜德斯达

---

① 中国民办教育协会,陶西平,王佐书.中国民办教育[M].北京:教育科学出版社,2010:29-37.
② 单大圣.非营利性民办学校的困境与出路[J].现代教育管理,2013(12):68-71.
③ 陶美重.高等教育消费研究:基于"学生消费者"的视角[M].武汉:华中师范大学出版社,2008:80.
④ 阎凤桥.私立高等教育的全球扩张及其相关政策——对2009年世界高等教育大会报告文本的分析[J].教育研究,2010(11):95-101.
⑤ 杨移贻.市场经济与高等教育[M].广州:广东高等教育出版社,1993:163.
⑥ MARY HENKEL,BRENDA LITTLE.Changing Relations Between Higher Education and the State[M].London:Jessica Kingsley Publishers,1999:10.

等[1]、陈列[2]）。但市场也让大学面临很多问题。"因为面对市场力量，大学要处理好精神价值与经济价值的矛盾、教育理念与市场理念的矛盾、人文导向与职业导向的矛盾、公益目标与经营目标的矛盾"。[3]

研究者还进一步指出，鉴于服务公共利益的教育越来越多地由私人举办或资助，传统的在公私之间划分的观点逐渐被新的观点取代，即用"营利性机构"和"非营利机构"来划分……但这种划分极易将界限模糊，因为许多公立和非营利性私立高等教育机构正从事"营利"的事业。[4] 在市场经济条件下，如何扭转我国民办学校营利性特征明显的局面？如何更好地约束非营利性大学的营利行为？如何更好地促进非营利性民办高校发展？这些均是我国学者普遍关注的现实问题（阎凤桥[5]、贾西津[6]、单大圣[7]）。

4. 隶属第三部门的各类组织

国外学者曾把隶属第三部门的自愿事业组织、政府和私人企业看作影响美国中学后教育机构的最基本的外部力量，其中很多研究是关注第三部门中的私人基金会、各类自愿协会、自愿联盟及区域契约组织对院校发展的影响。[8] 非营利性私立院校也不例外。

在美国这些组织中以私人基金会为代表的慈善组织对非营利性私立院校的作用和影响很大。约翰·塞林将大额捐赠视为推动高等教育变革的重要工具，并将后续出现的慈善基金会视为影响高等教育组织图景中

---

[1] 詹姆斯·杜德斯达,弗瑞斯·沃马克.美国公立大学的未来[M].刘济良,译.北京:北京大学出版社,2006:55.

[2] 陈列.市场经济与高等教育——一个世界性的课题[J].教育研究,1994(4):62-67.

[3] 别敦荣,郭冬生."象牙之塔"与"无形之手":大学市场化矛盾解析[J].江苏高教,2001(5):21-24.

[4] 陶美重.高等教育消费研究:基于"学生消费者"的视角[M].武汉:华中师范大学出版社,2008:82.

[5] 阎凤桥.非营利性大学的营利行为及约束机制[J].北大教育评论,2005(2):15-16,64.

[6] 贾西津.对民办教育营利性与非营利性的思考[J].教育研究,2003(3):47-52.

[7] 单大圣.非营利性民办学校的困境与出路[J].现代教育管理,2013(12):68-71.

[8] 弗雷德·F.哈赛尔罗德,朱迪斯·S.伊顿.看不见的手:外部团体及其影响[M]//菲利普·G.阿特巴赫,等.21世纪的美国高等教育:社会、政治、经济的挑战.施晓光,蒋凯,译.青岛:中国海洋大学出版社,2007:198-222.

的一种横向影响因素。① 鲁道夫认为慈善捐赠所带来的不可估量的影响就是形塑了美国学院自身的生活。② 学者冉云芳③、陈志琴④等也对我国民办高校中的社会捐赠问题展开了研究,研究发现,我国民办高校所获得的社会捐赠状况非常不理想,慈善捐赠的组织和个人还未成为影响我国民办高校发展的重要外部环境力量。

认证和专业协会组织对私立院校的质量保障作用被普遍认可。学者们认为这些机构对院校的课程、教师、学位授予、教学方法、教辅人员及经费分配决策等模式常产生重要的影响。⑤ 越来越多的认证机构对日益扩大的私立大学制定办学标准,实行控制,这些机构有些是国家设立的,有些是学术机构的协会等。⑥ 联合国教科文组织的报告也提出通过设立独立的外部质量评审机构建立私立高校质量保证机制。⑦

校友,在美国私立大学的发展中是非常突出的重要力量之一。鲁道夫的《美国大学和学院史》中有大量的史实展现了这一点,无论是在经费支持还是参与治理方面。⑧ 相比之下,我国校友对国内非营利性民办高校发展的影响力则要小得多。

---

① 约翰·塞林.美国高等教育史(第二版)[M].北京:北京大学出版社,2014:95,140.

② F. RUDOLPH. The American College and University: A History [M]. University of Georgia Press,1990:427.

③ 冉云芳.民办高校筹资中的社会捐赠问题[J].教育发展研究,2008(2):13-16.

④ 陈志琴,俞光虹,周玲.社会捐赠在我国民办高等教育成本分担中的现状研究——对江浙沪部分民办高校接受社会捐赠情况的调研[J].民办教育研究,2005(1):91-95.

⑤ 弗雷德·F.哈赛尔罗德,朱迪斯·S.伊顿.看不见的手:外部团体及其影响[M]//菲利普·G.阿特巴赫,等.21世纪的美国高等教育:社会、政治、经济的挑战.施晓光,蒋凯,译.青岛:中国海洋大学出版社,2007:207.

⑥ 菲利普·G.阿特巴赫,丹尼尔·C.列维.私立高等教育:全球革命[M].胡建伟,等译.北京:中国社会科学出版社,2014:12.

⑦ 阎凤桥.私立高等教育的全球扩张及其相关政策——对2009年世界高等教育大会报告文本的分析[J].教育研究,2010(11):95-101.

⑧ F. RUDOLPH. The American College and University: A History [M]. University of Georgia Press,1990:427-428.

三、影响非营利性民办（私立）高校发展的组织自身因素

（一）院校自身发展需要关注的方面

在高等教育的研究领域，相当数量的文献谈及了院校发展需要关注的方面。詹姆斯·A.珀金斯（James A.Perkins）从剖析大学组织的本质和特点角度出发关注了大学的目标、价值观、职能、组织结构、经费来源、服务学生的类型、董事会及校长等。[①] 弗雷德里克·E.博得斯顿提示在大学管理中要关注如下方面：组织与管理（价值观、治理、领导与校长、学术组织、行政与协调职能）、资源与设施（预算、收入、招生、学术资源与设施）、学术项目与质量（大学的研究与学术、质量标准与评估）及变化管理等。丹尼尔·若雷、赫伯特·谢尔曼则从战略规划的角度要求大学需要重视资源（生源、拨款、捐赠和教授）、院校的主导哲学（消费者导向还是供给者导向）及风险控制等。亚瑟·M.科恩和卡丽·B.基斯克则在美国高等教育历史发展的每个阶段都关注了学生、教师、课程与教学、管理与行政、财政等主题的变化及情况。其中对各个时期的非营利性私立院校，关注了其规模、生源、经费、办学方向等问题。菲利普·G.阿特巴赫在讨论美国高等教育在21世纪面临的挑战时则关注了大学校长、研究生教育与学术研究、课程等方面。

在私立高等教育领域，詹姆士·托勒对全球发展中国家私立高校的个案研究中关注了其所有权（法人属性为营利还是非营利）、教育类型、资产筹措方式（租借还是自有）、贷款情况、效率、质量等方面。[②] 理查德·T.英格拉姆（Richard T. Ingram）则关注了美国私立高校的规模、资源、学费、声望、历史传统与使命、院校类型、学生、教师及董事会等方

[①] JAMES ALFRED PERKINS. The University as an Organization[M]. Berkeley: The Carnegie Foundation for the Advancement of Teaching, 1973: XI-274.

[②] 詹姆士·托勒.全球教育产业——发展中国家私立教育的经验教训[M].上海：上海人民出版社，2004：1-25.

面。① 杰西·格·卢茨的《中国教会大学史(1850—1950年)》对在中国近代社会背景下教会大学的使命、经费、行政管理、教师、学生、课程,以及女子、医学等不同类型院校的发展变化进行了研究。② 杜作润等编著的《高等教育的民办和私立》中重点关注了私立院校内部治理中的经费、教师、学生和管理等四个方面。③ 潘懋元在研究我国民办高校的发展方面,关注了产权、质量、经费、内部管理、办学思想(公益性和营利性)、生源、就业、师资等,其中最为关注的是产权问题。④ 阎凤桥在对我国民办高校的组织特征进行分析时关注了学校的办学条件、办学历史、办学规模、内部管理结构、教学形式等方面。⑤ 徐绪卿作为长期躬耕在我国民办高等教育研究和实践领域的学者,其对我国民办高校发展则关注了大学精神、发展定位、产权、法人治理结构、内部管理体制、质量、结构、师资队伍、专业设置、课程改革、科研等方面。⑥

(二)院校发展的经验

菲利普·G.阿特巴赫认为从全球范围来看,私立院校发展迅猛,但非营利性院校依然是主流;这些非营利性院校既得到宗教组织的支持,也得到慈善机构和其他团体的支持,并获得免税的地位;它们中的相当多数位居世界最好的一流大学之列,并被寄予厚望,服务于国家更宏伟的教育文化目标。⑦ 杜作润则指出私立高等教育发达的国家,政府对高等教育很重视,高等教育的普及率在国际上名列前茅,教育民主、机会均等的观

---

① RICHARD T. INGRAM, et al. Governing Independent Colleges and Universities: A Handbook for Trustees, Chief Executives, and Other Campus Leaders[M].San Francisco:Jossey-Bass Publishers,1993:23-34.

② 杰西·格·卢茨.中国教会大学史(1850—1950年)[M].曾钜生,译.杭州:浙江教育出版社,1987:1-2.

③ 杜作润,等.高等教育的民办和私立[M].上海:上海科学技术文献出版社,1993:5.

④ 潘懋元.潘懋元文集:卷三·问题(下)[M].广州:广东高等教育出版社,2010:171-266.

⑤ 阎凤桥.大学组织与治理[M].北京:同心出版社,2006:135-137.

⑥ 徐绪卿.民办高等教育研究论文百篇选编[Z].浙江:浙江树人大学中国民办高等教育研究院,2016:1-297.

⑦ 菲利普·G.阿特巴赫,丹尼尔·C.列维.私立高等教育:全球革命[M].胡建伟,等译.北京:中国社会科学出版社,2014:16.

念强烈,国家的科学技术和生产力发展水平处于领先地位等。[①] 陈磊的《民办高等教育研究》认为美日私立高等教育发展的成功经验包括经费来源多元化、管理体制法制化、办学理念个性化及组织形式虚拟化等。[②] 爱德华·希尔斯在《学术的秩序——当代大学论文集》中则专门论述了美国私立大学(主要是一流私立大学)的成功经验及特点:包括卓越的地位、私立性、经费来源多元化、小规模、高质量、预算灵活性及较高程度的学术自我管理等。[③] 阎凤桥认为"美国私立大学可以借鉴的经验包括营利性大学与非营利性大学严格界定;在非营利性私立高等教育内部,美国的大学使命各有特色;经费来源多元化,政府对私立大学有一定的补助,社会捐赠资金通过一定的机制流向大学;董事会是由认同并维护学校办学理念的校外人士组成,董事会的托管性质是保证私立大学长期存在下去的关键"[④]。

宋秋蓉归纳了我国近代私立大学办学成功经验的六个方面:有具备矢志兴学、无私奉献、克己奉公、自强不息品质的校长;实施严格的教学与管理,并注重学校软件建设;进行有效的经费筹措,充分依靠海内外的支持,积极进行资产经营;实施灵活的办学方略,学科设置拾遗补阙,多种途径吸引生源;秉持实用的办学理念,注重培养应用人才,满足社会现实需要;富有独特的办学精神,同舟共济,敬业爱校,艰苦奋斗,勤俭办学。[⑤] 潘懋元则认为我国民办高校的优势包括从专业、课程的设置到管理机制和方法都比较灵活,条条框框比较少,艰苦创业的精神较佳,活动空间也较大。[⑥] 徐绪卿的《新时期中国民办高等教育发展研究》就我国改革开放后首批民办高校的成功经验进行了总结,主要是宽松的政策环境和良好的政府支持,学校坚持社会主义办学方向,面向经济、服务地方办学及注

[①] 徐绪卿.民办高等教育研究论文百篇选编[Z].浙江:浙江树人大学中国民办高等教育研究院,2016:38.

[②] 陈磊.民办高等教育研究[M].武汉:武汉理工大学出版社,2008:336.

[③] 爱德华·希尔斯.学术的秩序——当代大学论文集[M].李家永,译.北京:商务印书馆,2007:178-190.

[④] 阎凤桥.大学组织与治理[M].北京:同心出版社,2006:228-229.

[⑤] 宋秋蓉.近代中国私立大学办学成功的因素分析[J].高等教育研究,2003(9):99-103.

[⑥] 潘懋元.潘懋元文集:卷三·问题(下)[M].广州:广东高等教育出版社,2010:218.

重提升质量和办学条件。①

(三)院校发展的问题

来自美国非营利性私立院校的很多研究都阐明了其在发展过程中普遍遭遇的问题,如生源下降、经费困难、公立高校和营利性高校增长带来的竞争、小规模带来的生存压力、校友传统消失、政府资助不足、捐赠下降或根本没有捐赠、与公办院校的巨大学费差距、缺乏变革的文化等不一而足。(Alexander W. Astin,1972②;David W.Breneman,1978③;亚瑟·M.科恩等,2005④;Terry Paul Province,2009⑤)

国内民办学校自身面临的许多问题和矛盾制约了其发展,这些问题和矛盾包括"办学理念有偏差,内部运行不规范,党的组织不健全,教师权益无保障,学校发展缺乏后劲等"⑥。邬大光、卢彩晨在《艰难的复兴 广阔的前景——我国民办高等教育30年回顾与前瞻》一文中认为民办高等教育存在的主要问题是:资金渠道单一,发展后劲不足;办学质量不高,特色不够鲜明;办学尚欠规范,管理有待改善;办学地点和专业设置过度集中等。⑦ 潘懋元认为民办高校成长中自身存在的问题有生源、师资、资金、质量、办学思想和学校管理问题等。⑧

---

① 徐绪卿.新时期中国民办高等教育发展研究[M].杭州:浙江大学出版社,2005:279-283.

② ALEXANDER W.ASTIN. The Invisible Colleges[M]. New York: McGraw-Hill Book Company,1972:22-23.

③ DAVID W. BRENEMAN, CHESTER E. FINN, JR. Public Policy and Private Higher Education[M].Washington:The Brookings Institution,1978:3-6.

④ 亚瑟·M.科恩,卡丽·B.基斯克.美国高等教育的历程(第2版)[M].梁燕玲,译.北京:教育科学出版社,2012:128,202-205,291-293.

⑤ Terry Paul Province. An Investigation into the Factors Leading to the Closure of 40 Private Four-Year Colleges Between 1965 and 2005[R].University of North Texas,2009.

⑥ 中国民办教育协会,陶西平,王佐书.中国民办教育[M].北京:教育科学出版社,2010:29-37.

⑦ 邬大光,卢彩晨.艰难的复兴 广阔的前景——我国民办高等教育30年回顾与前瞻[J].中国高教研究,2008(10):12-16.

⑧ 潘懋元.潘懋元文集:卷三·问题(下)[M].广州:广东高等教育出版社,2010:323-328.

(四)关于院校的个案研究部分

1.国外个案的相关研究

在国外的研究中,目前涉及国外非营利性私立高校的个案研究较为全面的著作有湖南教育出版社的"世界著名学府"丛书、詹姆士·托勒的著作《全球教育产业:发展中国家私立教育的经验教训》等。"世界著名学府"丛书"深入介绍了60所中外大学的办学历史、现状、特色及成就和经验等,其中特别是就各校如何根据所属国家的具体国情,以及为了适应当代世界新技术革命的兴起和未来信息化社会的需要,在大学体制、院系设置、学科内容、教学手段、学校管理、校内外横向联系诸方面所作的种种改革、创新和探索进行了描述"[①]。在这其中不乏许多知名的非营利性私立大学,如哈佛大学、剑桥大学、早稻田大学、新鲁汶大学等。

2.近代非营利性私立高校发展个案

谭双泉对中国教会大学中的燕京大学、岭南大学和湘雅医学院进行了个案研究,对这几所大学的发展历程、杰出校长、办学方针和特色等多个方面进行了较为深入的阐述,同时还对21所教会大学的办学始末进行了简介。[②] 潘懋元、刘海峰主编的《中国近代教育史资料汇编:高等教育》则对中国公学、复旦公学、南开大学、厦门大学的史实资料进行了汇编,这些史料包括某些同时代学者撰写的校史、教育部的发文及校长的演说词等。[③] 杜作润等则选择华西协和大学(1950年之前)、复旦大学(1942年之前)作为个案,主要关注了这些学校的发展变迁历程、学校办学成就及特色等。[④] 宋秋蓉在《近代中国私立大学发展史》中,对厦门大学、北京协和、南开大学及燕京大学作为不同时期由国人兴办和教会兴办的知名私立大学进行了研究。[⑤] 除此之外,还有若干著作是以单个私立大学为对

---

① 商继宗.世界著名学府丛书[J].外国教育动态,1987(1):65.

② 谭双泉.教会大学在近现代中国[M].长沙:湖南教育出版社,1995:73-83,225-241.

③ 潘懋元,刘海峰.中国近代教育史资料汇编:高等教育[G].上海:上海世纪出版股份有限公司,2007:435-462.

④ 杜作润,等.高等教育的民办和私立[M].上海:上海科学技术文献出版社,1993:159-170.

⑤ 宋秋蓉.近代中国私立大学发展史[M].西安:陕西人民教育出版社,2006:78-315.

象进行深入研究的,如《金陵女子大学校史》①、《海上梵王渡:圣约翰大学》②、《南开大学校史(1919—1949)》③、《厦门大学校史(1921—1949)(第一卷)》等。④ 郑登云则对除教会大学之外的若干私立大学和学院做了简要介绍,分别是私立中法大学、私立大夏大学、私立广州学院、私立焦作学院、上海立信专科学校等。⑤

3.当代非营利性民办高校发展个案

1982年我国第一所民办高校中华社会大学成立,现有文献对在此之后所设立的非营利性民办高校进行个案研究的相对有限。较为早期的有《中国民办高校之光》,它比较全面地介绍了1982—1997年间全国部分民办高校的基本情况,通过情况介绍可以了解早期很多学校的创办历史和当时的发展情况,这些民办高校中有不少属于非营利性民办高校的行列,如上海杉达学院、邕江大学(现南宁学院)、私立厦门华厦大学(现厦门华厦学院)等。⑥ 徐绪卿在《我国民办高校内部管理体制改革和创新研究》中对浙江树人大学、黑龙江东方学院、江苏三江学院等非营利性民办高校的内部管理体制进行了个案研究。⑦ 朱强在《北京市两类民办高校比较分析研究》中对北京城市学院进行了个案研究,关注了该校概况、招生、收费及教学管理等相关问题。⑧

四、研究方法综述

综合以上对非营利性民办高校的相关研究可发现,对其研究采用的

---

① 张连红.金陵女子大学校史[M].南京:江苏人民出版社,2005:4.
② 章开沅,徐以骅,韩信昌.海上梵王渡:圣约翰大学[M].石家庄:河北教育出版社,2003:2.
③ 南开大学校史编写组.南开大学校史(1919—1949)[M].天津:南开大学出版社,1989:1-5.
④ 洪永宏.厦门大学校史(1921—1949)(第一卷)[M].厦门:厦门大学出版社,1990:2.
⑤ 郑登云.中国高等教育史(上册)[M].上海:华东师范大学出版社,1994:219-224.
⑥ 中国民办高等教育委员会.中国民办高校之光[M].武汉:湖北科学技术出版社,1998:2.
⑦ 徐绪卿.我国民办高校内部管理体制改革和创新研究[M].北京:中国社会科学出版社,2012:206.
⑧ 朱强.北京市两类民办高校比较分析研究[D].北京:中央民族大学,2004.

是多学科的方法。总体来说,上述文献研究中使用比较多的方法主要有历史法、比较法和个案研究法,定量方法也有使用,主要在描述性统计方面。

最能够直接呈现非营利性院校作为一个组织发展演进变化过程的就是院校史的研究,这种研究将单个、每种类型或整个院校的过去发展活动按年代顺序,或其他主题形式进行整理,以呈现某种事实,阐释某些关系,并探究其中的原因。如上文提及的《南开大学校史(1919—1949)》、宋秋蓉的《近代中国私立大学发展史》及弗雷德里克·鲁道夫的《美国大学与学院史》等都以历史研究方法为主。

鉴于私立高等教育在世界各国的显著增长和发展,用比较的方法研究不同国别私立高等教育的发展情况,也是很多学者的选择。阿特巴赫的《私立高等教育:全球革命》、莱斯特·M.萨拉蒙(Lester M. Salamon)的《全球公民社会——非营利部门视界》[1]及罗杰·L.盖格(Roger L. Geiger)等的《8个国家私立高等教育的结构功能和变化》等都主要是以比较的方法进行研究的。

至于个案研究,本书将针对单个院校发展活动的研究都归集到个案研究的范畴。上述文献中个案研究常常出现在高等教育史、私立大学史及其他关于民办(私立)高等教育某个主题的研究中,以服务解释某一现象或描述某一事实的研究主旨需要。前文综述中所提及的詹姆士·托勒的《全球教育产业:发展中国家私立教育的经验教训》中的18个教育项目(以学校为单位)、徐绪卿的《我国民办高校内部管理体制改革创新》中选取的个案学校的研究都是采用了该方法。

上述文献中通篇以应用定量研究方法为主的文献是特里·保罗·普罗文斯(Terry Paul Province)的《1965—2005年间40所私立四年制高校关闭原因的调查研究》(*An Investigation into the Factors Leading to the Closure of 40 Private Four-Year Colleges Between 1965 and 2005*),其余文献较多地使用了描述性统计等方法对院校发展规模、经费等情况进行研究。

---

[1] 莱斯特·M.萨拉蒙.全球公民社会——非营利部门视界[M].贾西津,魏玉,等译.北京:社会科学文献出版社,2012.

五、研究评价

(一)总体评价

整体来说,我国非营利性民办高校发展研究是一个涉及面广、层次较多及内容丰富的研究,要想呈现其发展情况、发展脉络、发展趋势、存在问题及经验教训绝非易事。

结合高等教育领域、私立高等教育领域及非营利组织相关领域的研究可发现,环境与大学发展密切相关,两者的影响相互交织。总体来说,针对非营利性民办(私立)高校发展的外部环境方面,研究者分两个层面进行了研究:一个是宏观的政治、经济、社会、文化、历史传统、人口等方面;一个是相对中观的法律、各级政府、市场、隶属第三部门的各类组织等方面。其中国外研究对宗教、慈善组织、校友、营利性高校关注较多;国内研究则对法律、政府政策、公平的竞争环境、产权等关注较多。

在组织方面,研究者主要关注了与组织发展有关的四个方面。一是与组织的使命和价值观有关的,如办学理念、大学精神、价值观、办学方向、办学定位等;二是与组织治理有关的,如治理结构、治理机制、董事会、校长、运行经费、院系设置等;三是与组织发展所需资源有关的,如办学经费、生源、师资等;四是与组织职能有关的,如教学、科研、社会服务、课程改革及专业设置、办学特色等。中外研究都比较集中地关注了高校的价值观、资源(尤其是经费和生源)、治理结构、董事会、教学等方面。其中我国的研究关注较多的是产权、法人属性、生源、经费、师资、办学理念、治理结构和质量等方面。国外研究关注比较多的是经费、生源、董事会、办学自主权等方面。

(二)关于相关问题研究的评价

在关于大学组织发展与外部环境的相互影响方面,研究对两者间的密切关系高度认同,并做了大量扎实、丰富的论证。对外部环境的影响现有研究比较多地关注了对大学及非营利性民办高校组织(以下简称院校组织)发展的制约作用,对促进支持的影响谈及较少;在院校组织对环境的影响方面,现有研究谈有利影响多,不利影响少。

在外部环境因素的影响方面,中外研究者都普遍认为公平、良好的制度环境是促进非营利性民办(私立)高校发展的重要保障;政府角色和作用的发挥对学校的发展有重要影响,政府应该在政策上大力资助非营利性民办(私立)高校发展;税收政策的设计与完善关系到激励社会资源捐赠,对促进非营利性民办(私立)高校事业发展的潜在作用不容忽视;社会观念和历史文化传统尽管很多时候是无形的,但却长久地影响着非营利性民办高校发展的方方面面。相比国外的研究,对我国非营利性民办高校发展产生严重制约作用的外部力量主要在社会观念、法律制度(如公益性法人制度缺失等)、政府角色作用及资助政策等方面。

在关于影响非营利性民办高校发展自身因素方面,研究者普遍关注了经费和生源这两个制约组织发展的重要资源要素;还关注了关系着组织使命和价值观的办学思想、办学理念等方面;在关于学校的内部治理上,研究比较集中在董事会决策机构建设等方面。相比国外的研究,研究者认为产权是影响我国民办高校发展的关键因素,法人属性不明对非营利性民办高校是巨大困扰;经费、生源、师资和质量是长期存在未能很好被解决的问题,尤其是经费,对于当前政府资助普遍不足,捐赠经费又有限的情况下,经费对非营利性民办高校发展的制约作用尤其明显。另外党的建设问题也被提及需要关注。

在关于非营利性民办高校的个案研究中,国外的研究多聚焦于久负盛名的私立大学,尤以美国为盛。国内研究中对近代知名的教会大学和国人捐资举办的知名大学也关注不少,当代研究中较多集中于目前已经是应用型本科层次的非营利性民办高校,类型较为集中于政府资助较多和无举办者独立发展的院校,对基金会举办、出资举办不要求产权等类型及职业专科层次院校的关注不够,有待进一步在后续研究中弥补。

(三)研究不足及有待拓展之处

现有研究从不同学科视角和领域研究了境内外非营利性民办(私立)高校的发展情况,但尚未对我国非营利性民办(私立)高校发展的历史、现状进行过系统的描述和研究。对国外非营利性私立高校发展情况的研究,呈现出两个鲜明的特点,要么是出于促进所在国私立高等教育发展诉求所做的关于政策争取的研究,典型的如亚历山大·W.阿斯丁(Alexander W. Astin)的《看不见的学院》(*The Invisible Colleges*);要么就是结合本国具体经济社会发展背景和院校情况所做的反思,如爱德华·希尔斯对美国私立大学的研究。这些研究都带有强烈的服务本国需要的目的指向,如若借鉴,则需要转换以我为主的视角进行观察和剖析。国内研究的不足更为明显,除了有若干学者对近代教会大学及国人自办的大学开展过较为系统的研究外,对改革复兴以后我国非营利性民办高校发展的情况描述和分析却非常稀少,尤其是我国非营利性民间组织日渐壮大,且教育领域在医疗领域之后提出了分类管理改革的背景下,非营利性民办高校这一迥然不同的办学群体亟待进行研究,呈现其发展面貌和发展诉求,为决策者和管理者提供理论、政策和实践支持。

总体而言,现有对我国非营利性民办高校的研究是比较碎片化和零散化的,系统性不强,研究结果多为描述性,深度的理论分析不足。研究的视角比较局限于教育领域,从非教育领域,应用多学科方法研究还不足。个案研究中也特别缺乏当前发展院校的深入剖析,影响对非营利性民办高校发展现状的判断。基于上述既有的研究,本人认为应该结合非营利性民办高校的外部发展环境和院校组织自身直接相互影响的关系,运用历史、比较和个案研究的方法,系统地梳理和描述我国非营利性民办高校的发展历史、现实、成效、问题。同时为了更好地、更深入地把握美国非营利性私立高校发展的情况,有必要以相同的维度,对其开展研究,为我国的非营利性民办高校发展提供借鉴。

第四节　研究设计

一、研究设计框架

结合本书研究的问题、目的和既有研究综述的情况,对本书通篇的研究框架设计如下(图1-1)。

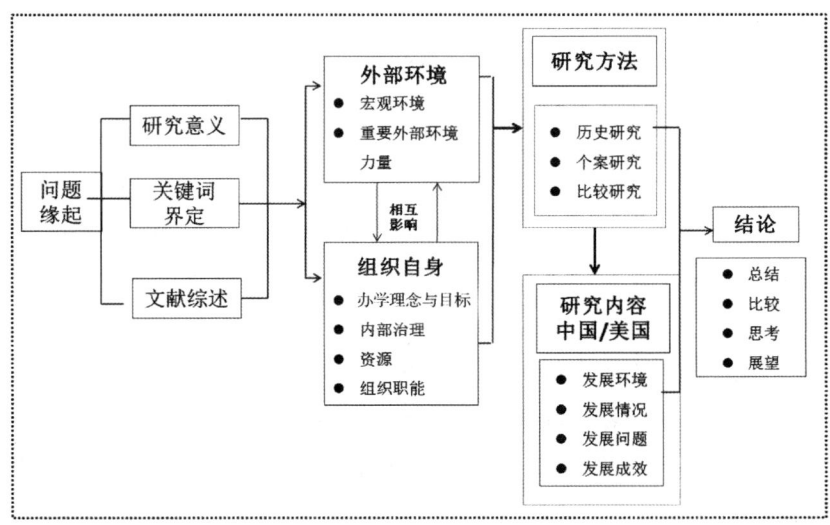

图 1-1　本书研究设计框架图

研究从问题缘起出发,阐述研究意义,界定关键词,围绕研究问题进行文献综述,在此基础上以外部环境和组织自身两个维度构建分析框架。其中外部环境维度关注政治、经济、社会、文化等宏观环境,以及影响非营利性民办高校发展的几个重要外部环境力量(制度环境、政府各级组织、市场及属于第三部门的各类组织);组织自身维度,主要关注院校的办学理念与目标、内部治理结构、资源和教学科研社会服务组织职能的履行。应用该分析框架,以历史研究法、个案研究法和比较研究法围绕中国和美国非营利性民办(私立)高校发展环境、发展情况进行研究,并揭示其发展问题和发展成效。最后结合以上研究进行总结、比较、思考和展望,并为我国的非营利性民办高校发展提出建议。

二、研究方法

根据研究的需要,本书研究将主要采用历史研究法、个案研究法和比较研究法,以下对三种方法及在文中的应用做简要介绍。

非营利性民办高校发展聚焦的是组织的发展变化和演进,历史研究法无疑是不可回避的方法。"历史研究是系统地搜集和评价数据,以描述、解释,并由此理解过去某个时间所发生的行为或事件的研究。"[1]"历史的论断是根据史料所反映的事实而得出的……历史规律是通过对历史发展过程的概括而认识的。"[2]高等教育的研究也不例外。应用历史研究法就是要聚焦我国不同历史发展阶段非营利性民办(私立)大学的发展活动,就其发展活动过程中相关文献、记录、报道等有价值的史料进行梳理,概括其发展特点,洞察其发展趋势,揭示其发展规律。

为了具体地呈现某个单独的非营利性民办高校发展的情况,研究采用了案例研究法。案例研究法有时也被称为个案研究法,是使用多种资料来源调查当前现实世界背景现象的一种实证研究方法,适合研究"如何改变的"(how)或"为什么变成这样"(why)的问题。[3] 相比较其他的方法,案例研究法能够对所选择调查对象进行翔实、具体的描述。本研究中采用了多案例研究,主要致力于考察各个案例学校在某些关键领域的发展现状、问题和成效。通过由多种案例呈现的发展现象,揭示其发展中的共同规律。

鉴于美国的非营利性私立高校发展历史久远、成就突出的特点,选择其作为比较借鉴的研究对象,为此本书选用比较研究法进行研究。"比较研究法是通过对不同国家和地区间的高等教育在发展过程中的共同点和差异进行比较总结高等教育发展规律的研究方法,它是高等教育研究经常使用的方法之一。"[4]对美国非营利性私立院校的发展情况先应用历史研究法进行回顾和梳理,梳理完成后再与我国的发展情况进行比较,以此揭示两者在环境和组织方面的差异,不同的发展经验和教训等,从而为我国非营利性民办高校的发展提出建议。

---

[1] 杰克·R.弗林克尔,诺曼·E.瓦伦.教育研究的设计与评估[M].北京:华夏出版社,2004:525.

[2] 潘懋元.潘懋元文集:卷四·历史与比较研究[M].广州:广东高等教育出版社,2010:368.

[3] R. K.YIN, K.A.HEALD.Using the Case Survey Method to Analyze Policy Studies[J].Administrative Science Quarterly,1975,20(3):371-381.

[4] 潘懋元.比较高等教育的产生、发展与问题[J].上海高教研究,1991(3):29-36.

三、研究内容

本研究主要由五章构成。

绪论主要就问题的缘起和意义、研究所涉及的关键概念进行界定,以及针对非营利性民办高校组织发展所要进行的对外协调(外部环境)和对内协调(组织自身)方面的文献进行综述,在此基础上提出研究框架,对研究所应用的研究方法、所阐述的研究内容及全文的谋篇布局进行说明。

第二章对美国非营利性私立院校在不同历史阶段的发展进行回顾。以历史研究的视角,探究自1636年哈佛大学诞生起近400年的历程中,其面临的发展环境和自身发展情况,其中发展情况将主要围绕办学理念与目标,内部治理结构、资源(经费、师资和生源)及教学科研和社会服务职能几个方面阐述,并就其每个阶段的发展问题和成效进行总结和反思。

第三章对我国非营利性私立(民办)高校在近现代和当代发展进行历史回顾。回顾建立在对不同历史发展时期我国非营利性民办高校群体进行界定的基础上进行,围绕非营利性私立(民办)高校群体就其不同时期的发展环境和发展情况进行梳理,其中发展情况也以办学理念与目标、内部治理结构、资源和教学科研社会职能这几方面展开,对其发展问题和成效进行总结和反思。

第四章是对我国非营利性民办高校不同个案在当代发展现状的具体研究。以当代我国三所不同类型的非营利性民办高校——吉林外国语大学、厦门华厦学院、贵州盛华职业学院,就其同一历史时期的关键领域进行研究,并就每所院校的发展问题和成效进行总结和反思。

第五章应用组织发展理论、大学组织理论和非营利组织理论进行理论分析,结合上述章节对中美非营利性民办(私立)高校发展的史实,以比较的视角就两国非营利性民办高校的发展经验和教训进行总结、比较和分析,基于此对我国非营利性民办高校发展的核心问题再次聚焦,从环境和组织两个维度提出展望和建议。

第二章　美国非营利性私立高校发展的历史回顾

鉴于美国的非营利性私立院校自1636年发端于哈佛大学起,已经发展了近400年。在这近400年的历程中,这些非营利性私立院校不仅切实服务了美国的政治、经济、文化的发展,也为美国成就世界一流的高等教育体系发挥了重要作用。选取美国的非营利性私立院校作为比较研究对象,探究其院校发展历程、发展经验及外部政策环境情况,为我国非营利性民办高校的发展提供借鉴,是非常有意义的。由于在美国私立高等教育的发展史上,1819年达特茅斯法案对公私院校的明确划分和1944年联邦政府开始对私立营利性院校进行财政资助,是影响私立院校往不同类型发展的重大事件。以这两个事件为划分依据,下文将分三个不同的历史时期对美国非营利性私立院校的发展演化进行阐述。这三个时期是:美国非营利性私立院校公私混合的时代(1636—1818年),美国非营利性私立院校私立地位确立后的时代(1819—1943年)和美国非营利性与营利性私立院校分野后的时代(1944年—)。

第一节　1636—1818年美国非营利性私立高校发展研究

一、发展环境

(一)整体环境

1636—1818年涵盖了美国高等教育史上的殖民地时期(1636—1789

年)和建国时期(1790—1869年)的前三分之一部分,而这个时期恰是被学者们称之为美国高等教育公私混合的时代。鲁道夫(Rudolph,1962)曾提及"对于美国高等教育而言,达特茅斯学院的决定澄清了私立和公立院校的划分,在一个半世纪以前,这种区分没有被做出或要求"[①]。

  为便于理解这一时期非营利性私立高校的发展变化渊源,需要就其外部的发展环境概况进行说明。从1607年到1789年,美国在政治上经历了从英国殖民地到建成独立民族国家的伟大历史事件。疆域从大西洋沿岸的13个殖民地开始,向西拓展,直至横贯大陆三分之二的地区。伴随而来的是源源不断出于逃避宗教压迫和改变经济地位等原因到此的移民,其人数从1610年的210人[②]增长到1800年的530万人[③]。他们主要是从英国等欧洲各国而来,其人员构成包括了投机者、贵族、绅士、农民、契约奴、破产工匠、政治难民、清教徒及从非洲贩运来的黑奴。结合北美新大陆富饶的资源,新移民们逐步建设了一个以种植园经济发达的南部、以造船业、渔业和商业发达的东北部和以港口、贸易和家庭工业发达的中部于一体的经济繁荣体。从18世纪末至19世纪初,美国拉开了从以农业为主逐步向以工业为主转变的帷幕。1790年美国仍有90%的人口从事农业,但同年第一个具有先进技术的纺织厂在罗得岛的波塔基特诞生了,而美国的工业革命正始于纺织业[④]。得益于英国政府的疏于管理,殖民地人民享受了高度的政治上的独立,形成了自治的传统;移民和文化源源不断的到来,与原居民的文化混合一起,形成了一种受新世界环境影响的英国和欧洲大陆文化的结合。[⑤] 随后,18世纪以摆脱英国殖民统治为起点和以《美国独立宣言》发布为终点的启蒙运动,带来了"民主"、"权利"和"自由"等新观念,从根本上冲击了清教时代的价值体系,带来了美国社

---

  ① F. RUDOLPH. The American College and University: A History [M]. New York: Knopf, 1962: 210.
  ② 吉尔伯特·C.菲特,等.美国经济史[M].沈阳:辽宁人民出版社,1981:48.
  ③ 亚瑟·M.科恩,卡丽·B.基斯克.美国高等教育的历程(第2版)[M].梁燕玲,译.北京:教育科学出版社,2012:31.
  ④ 丹尼尔·A.雷恩.管理思想的演变[M].赵睿,等译.北京:中国社会科学出版社,2000:93,96.
  ⑤ 吉尔伯特·C.菲特,等.美国经济史[M].沈阳:辽宁人民出版社,1981:34,40.

会思想道德的巨变。①

(二)具体影响

这些外部环境因素在很大程度上影响了非营利性私立高校的发展。政治方面的独立革命激发了人们为巩固新国家而发展教育,积极创建新学院的热情;"联邦《宪法》没有明确提及教育的条款,也没有组建国家教育部或国立大学"②,以及1819年达特茅斯案对法人自治原则的重申,都为教育市场的自由和开放给予了空间。经济方面的繁荣和发展推动了科学和技术的进步,大学的课程随之发生了相应变化,有关农业、化学及数学等课程进入了大学,并且直接催生了后续新型技术工程类学院的诞生。社会文化方面,英国的传统为新大学的设立建立了模板;多样化的移民和不同的宗教信仰则带来了使命和目标迥异的各类院校;由于"美国高等教育一直受两种强烈而相反的倾向的影响:一种是民主派敦促尽可能使最多人受高等教育之益,并使学校成为促进社会地位变动性的手段;二是保守派希望在主要为统治阶级服务的学校里保持学术及文化的纯真标准"。③ 这种影响自启蒙运动后更加明显,学院和大学常常在这两种影响中左右为难。

二、院校发展情况

(一)整体概况

在这80多年的时间里,美国建立了9所殖民地学院,并在1790年后掀起了建设学院的小高潮。"仅最初(建国)的20年里,开办的新学院数

---

① 向玉乔.人生价值的道德诉求:美国伦理思潮的流变[M].长沙:湖南师范大学出版社,2006:36.
② 亚瑟·M.科恩,卡丽·B.基斯克.美国高等教育的历程(第2版)[M].梁燕玲,译.北京:教育科学出版社,2012:37.
③ 弗雷德·赫钦格,格雷丝·赫钦格.美国教育的演进[M].汤新楣,译.香港:美国驻华大使馆文化处,1984:117.

就相当于殖民地学院数的两倍。"①其中对于殖民地学院,由于数量有限已经有大量丰富的研究呈现其发展历程,典型的文献如美国的学者鲁道夫《美国学院和大学史》和亚瑟·M.科恩、卡丽·B.基斯克的《美国高等教育的历程》(第 2 版)。而学者赫布斯特(Herbst)1981 年对 1636—1820 年间授予学位的 52 所学院进行深入研究,并将其中的 14 所院校明确归属到现代意义上的公立院校行列。②综合这些研究成果,这一时期在美国创立并存活下来,具备授予学位资格的非营利性私立高校共计有 38 所。③

早期的这些非营利性私立学院都有浓厚的宗教背景,尤其是殖民地时期的学院,但也逐渐出现了一些不属于任何宗教派别的大学,如费城学院(College of Philadelphia)、华盛顿学院(Washington College)等。这些学院经过漫长岁月的历练与成长,不少成了顶尖的研究型大学,如哈佛大学(Harvard University)、普林斯顿大学(Princeton University)、耶鲁大学(Yale University)等;也有相当数量的学院坚守使命,成了专注精英本科教育的文理学院,如狄金森学院(Dickinson College)、威廉姆斯学院(Williams College)、鲍登学院(Bowdoin College)等。

(二)院校自身发展情况

1.办学理念与目标

从殖民地时期到建国初期,美国学院的办学理念深深烙上了英国传统大学的印记,学院办学目标的确定、选址建设及教学组织无一不体现了纽曼所阐述的大学理念。鲁道夫认为:"英国清教主义对新英格兰和美国社会发展影响最为显著的不是宗教信条,而是两条关于教育理念的基本原则:'一个博学的牧师和一个有修养的公民'。"④作为本身就有广泛高

---

① 亚瑟·M.科恩,卡丽·B.基斯克.美国高等教育的历程(第 2 版)[M].梁燕玲,译.北京:教育科学出版社,2012:35.
② JURGEN HERBST. The Institutional Diversitification of Higher Education in the New Nation 1780-1820[J].The Review of Higher Education,1980(3):15-18.
③ JURGEN HERBST. The Institutional Diversitification of Higher Education in the New Nation 1780-1820[J].The Review of Higher Education,1980(3):15-18.
④ F. RUDOLPH. The American College and University: A History[M]. New York:Knopf,1962:6.

等教育阅历的英国清教徒,以把接受高等教育作为文明社会首要条件的信念,开始创建高等教育院校。独立革命之后,迫于新兴美国不仅急需有才干的官员,边疆居民也应尽快适应"公民化"的需要,新设立学院的目标从传承文化更加倚重服务国家。这些学院大多远离喧嚣的城市,建筑是充满了宗教色彩的古城堡风格,并实施寄宿制。这些源自英国大学的传统理念,纽曼对此做了精辟的阐述。"探寻真理需要离群索居,心无二物,这是人类常识。"① 大学的本质所在,它是一个借助全国各地人与人之间的交往而进行思想传播和流通的场所。总而言之,在此期间的大学专注于它的第一个根本职能:传播高深学问。

2.内部治理

对于美国非营利性私立院校内部治理的探究,结合其院校特点和既往研究的关注点,本研究中只着重关注其董事会、校长、教师和学生参与治理的基本情况和特点,限于篇幅其他方面则不进行阐述。组织的理念和目标决定组织的结构和类型,这个时期的美国学院属于小型的教学型学院。由于仿照欧洲大学的模式办学,它们已成为正式的学术组织,拥有了接受来自政府特许状的董事会,负责管理的校长,以及教师和学生。由于这一时期学院的规模都非常小,生存成为治理的第一要务。"学院的内部治理自建立之初就是公私联合控制,并偏向于私人控制。"② 以1642年哈佛为例,其董事会成员包括州长、副州长、院长和9名州法官助理,还有9名牧师和附近的教师组成。其中外部人士组织的董事会控制院校事务;由学院管理者和教师组成的院务委员会在董事会的同意下实施法人权利。③ 为避免被教会群体严格控制,学院的治理开始世俗化,董事会成员中牧师的比例开始下降,商人和专业人士开始增加。④ 美国学院形成的由世俗人士控制学校行政的传统,比欧洲院校更富灵活性和开放

---

① 纽曼.大学的思想(节本)[M].顾建新,何曙荣,译.杭州:浙江教育出版社,2001:4.
② 田雪飞.中美高等教育制度伦理比较[D].沈阳:东北大学,2014.
③ 亚瑟·M.科恩,卡丽·B.基斯克.美国高等教育的历程(第2版)[M].梁燕玲,译.北京:教育科学出版社,2012:21.
④ 亚瑟·M.科恩,卡丽·B.基斯克.美国高等教育的历程(第2版)[M].梁燕玲,译.北京:教育科学出版社,2012:55.

性……都是出于现实生活和在原野中生存的需要。① 另内战后,已有相当数量的院校主要是由政府和社会团体发起并建设的,这对院校的治理结构也产生了影响。

这个时期,学院的教授从非常稀少开始缓慢增加,其职责主要是负责某一学科的教学;当然还有指导教师(tutor),负责班级教学指导的,但他们是学院权力结构中地位最低的人。② 总体而言,教师在学院的治理中影响较小,"教师的学术治理角色也依然没有建立起来"③。至于管理人员,数量也很少。哈佛在1687年前仅有3名非教师人员④。学生尽管通过课外活动和建立社团,表达了自己的诉求,掠夺了教授在某一些特定领域的权威,但仍然没有发言权。对于校友,自私立大学建校起就影响着学校的发展,他们作为立法者、游说者和公众观念的形塑者,策略性地影响了公民机构对院校的资助。⑤

与英国大学校长由同行选任的惯例不同,美国一开始就是由董事会选派校长。这些校长大多数是牧师,在内战之前,美国12所院校中有11所学校的校长是牧师。⑥ 校长的职责包括对院校的一般管理、筹款,诸如审查学生资格、授予学位等学术事务管理,圣经章节的讲解及周日布道的宗教事务参与和州议会等公共事务的积极介入等。⑦ 从影响力来讲,校长是无可置疑的权威,他是教授会和董事会的联络人,全面负责学院运行。凭借着卓越的个人才能、强烈的对高等教育事业的忠诚之心及献身精神,殖民地学院的校长们不仅将个人特质烙入了所经营学院的理念和

---

① 弗雷德·赫钦格,格雷丝·赫钦格.美国教育的演进[M].汤新楣,译.香港:美国驻华大使馆文化处,1984:117.

② RICHARD G. DURNIN. The Role of the Presidents in the American Colleges of the Colonial Period[J]. History of Education Quarterly, 1961(6):158-164.

③ 亚瑟·M.科恩,卡丽·B.基斯克.美国高等教育的历程(第2版)[M].梁燕玲,译.北京:教育科学出版社,2012:54.

④ F. RUDOLPH. The American College and University: A History[M]. New York:Knopf,1962:166.

⑤ W. H. COWLEY. Professors, Presidents, and Trustees, unpublished manuscript [Z]. 1964 and 1971.

⑥ F. RUDOLPH. The American College and University: A History[M]. New York:Knopf,1962:170.

⑦ RICHARD G. DURNIN. The Role of the Presidents in the American Colleges of the Colonial Period[J]. History of Education Quarterly, 1961(6):23-31.

使命,而且塑型了美国非营利性私立高校的某些精神特质。如哈佛大学校长邓斯特在任职的 14 年中通过对欧洲各大学的借鉴把学校从蹒跚学步打造成具有独特本土化传统的学院。而耶鲁大学,受殖民地时期 8 位校长都是清教徒的强烈影响,逐渐形成了"保守性"这一鲜明特征,即始终坚持自身办学文化传统、坚持追求真理和自由的办学目标。回望历史,不仅仅是耶鲁大学,后续的很多非营利性私立高校都有这种源于校长理念并内化为对知识传承、社会文明守望的使命坚守。这种坚守凸显了早期私立院校的非营利性特征,以服务于高等教育的美好理想而存在。

3.资源获取

资源对组织的生存不可或缺,对于大学这个组织来讲,"没有学生、教师、财务资源,大学将无法生存"①。殖民地时期美国学院的学生主要是来自社会的上层阶级,建国后来源逐渐多元化。但是学生规模很小,1776 年以前,全美的大学毕业生数总共才 3000 人②。至于学费,建国时期(1790—1869 年)绝大多数学院的学费每年在 25~40 美元之间。③ 总体而言对于学校的发展来说,学费收入微不足道。教师的数量虽少,但是薪酬微薄,很多学院为节约开支,只支付教授一半的薪水或直接削减工资④。在财务资源方面学院的经费筹措是多元的,且属于公私共助的模式。其经费来源包括教会团体的赞助、捐款、私人捐赠、政府拨款。其中公共资助的形式有税收、拨款、发行彩票、赠地、赠款及对学生的免税和免服兵役等类型。如哈佛就收到马萨诸塞州的赠地和税收,康涅狄格州给耶鲁捐赠特别资金,弗吉尼亚州立法机构规定威廉玛丽学院的学生可以免税和免除兵役,殖民地时期的新英格兰州政府授权发行彩票支持院校

---

① 佛雷德里克·E.博德斯顿.管理今日大学——为了活力、变革与卓越之战略[M].王春春,赵炬明,译.桂林:广西师范大学出版社,2006:35.

② WALTER CROSBY EELLS.Baccalaureate Degrees Conferred by American Colleges in the 17th and 18th Centuries[M].Washington: U.S. Department of Health, Education, and Welfare, Office of Education,1930.

③ 亚瑟·M.科恩,卡丽·B.基斯克.美国高等教育的历程(第 2 版)[M].梁燕玲,译.北京:教育科学出版社,2012:41.

④ F. RUDOLPH. The American College and University: A History[M]. New York:Knopf,1962:193-194.

发展等①。至于私人资助主要是实物形式,现金极为缺乏,并且主要来源于商人。学院方面,在1789年开始就采取出售"永久奖学金"(perpetual scholarships)的方式募资,捐赠500美金获得一个永久奖学金项目的人,可以获得一个免学费上学的名额。② 总之为了生存,学院想尽办法,对此政府的支持发挥了关键作用,因为没有政府的支持,很多学院都难以为继。

4.人才培养

首先是课程方面,早期的学院都特别珍视人类理想的经典知识,所以课程以文法、修辞学、逻辑学、天文学、算数、几何、音乐这"人文七艺"为主。从1725年,科学开始渗透古老的课程体系③,并且伴随着18世纪中叶欧洲启蒙观念和自然神论思想的影响,课程体系开始分化,并最终形成了既注重古典课程也关注自然哲学、数学、物理学等课程的体系。如1792年哥伦比亚大学就设置了经济、自然历史及法语的教授职位。④ 其次是教学方面,早期的学院显然都是以教学为主的,研究尚未充分展开。在教学方式上突出的一个特征就是关于经院哲学的演绎法辩论,后期也开始出现实验教学法和实验验证法。⑤ 再次是关于学生的生活方面,学院坚持寄宿制理念,推崇宁静的田园生活,家长制作风弥漫,但同时也充满了浓重的宗教氛围。⑥ 这样的氛围激发了学生表达他们情感、价值观和兴趣的课外活动展开。最早1753年,耶鲁就有了儿童启蒙会社团,随后这样的学生社团组织相继出现在普林斯顿和哈佛,以后俱乐部、文学

---

① F. RUDOLPH. The American College and University: A History[M]. New York: Knopf,1962:186.
② 亚瑟·M.科恩,卡丽·B.基斯克.美国高等教育的历程(第2版)[M].梁燕玲,译.北京:教育科学出版社,2012:190.
③ 亚瑟·M.科恩,卡丽·B.基斯克.美国高等教育的历程(第2版)[M].梁燕玲,译.北京:教育科学出版社,2012:29.
④ 亚瑟·M.科恩,卡丽·B.基斯克.美国高等教育的历程(第2版)[M].梁燕玲,译.北京:教育科学出版社,2012:41.
⑤ 亚瑟·M.科恩,卡丽·B.基斯克.美国高等教育的历程(第2版)[M].梁燕玲,译.北京:教育科学出版社,2012:19-20.
⑥ 亚瑟·M.科恩,卡丽·B.基斯克.美国高等教育的历程(第2版)[M].梁燕玲,译.北京:教育科学出版社,2012:12.

会、兄弟会等各类组织在各个院校层出不穷。① 后来体育活动也出现了，1758年，普林斯顿的学生就开始玩简易曲棍球，而户外体操于1826—1828年迅速在各大学流行。② 不管是有意为之，还是无意发生，美国早期非营利性私立学院的人才培养都开始逐渐向融完美道德、丰富学识和健康体魄为一体的"完人"目标进发。

三、发展问题与成效

(一)发展问题

作为初创时期的美国非营利性私立高校，能够生存和保持自治是发展的最大问题。在创立的早期，这些学院无不遭受经费短缺、师资不足、办学条件简陋等资源匮乏的困扰。不稳定的经费结构，不仅使很多学院仅维持在生存水平，而且严重的更导致了不少私立院校遭遇了关闭的经历③。如狄金森学院在1816—1821年间因为经费和教师的问题曾关闭过一段时间。④ 而耶鲁在1701年接受殖民地当局授予特许状时，学院尚无永久固定的场所，学院托管人为此至少曾在三个不同的城镇选址。⑤ 为了生存，这些学院常常要向政府及所属教派的教会寻求资源支持，但为了保有学术自治，不得不对政府的干预和宗教的过度控制及派系争斗保持警惕和抵制。哈佛就曾在19世纪，经过一系列与委员会关于经费和控制权的斗争后，终止了自己与州政府的联系，并声称自1650年它被许可成立后，自身就已是一个私立的、非政府的机构。⑥ 普林斯顿则在1748

---

① 亚瑟·M.科恩,卡丽·B.基斯克.美国高等教育的历程(第2版)[M].梁燕玲,译.北京:教育科学出版社,2012:137-150.

② F. RUDOLPH. The American College and University: A History[M]. New York:Knopf,1962:150-151.

③ 亚瑟·M.科恩,卡丽·B.基斯克.美国高等教育的历程(第2版)[M].梁燕玲,译.北京:教育科学出版社,2012:57-58.

④ The Dickinson Story[EB/OL].[2016-12-31].http://www.dickinson.edu/info/20048/history_of_the_college/1404/the_dickinson_story.

⑤ 张金辉.耶鲁大学办学史研究[M].北京:中央编译出版社,2009:25.

⑥ M. O'NEILL. The Third America: The Emergence of the Nonprofit Sector in the United States[M].Jossey-Bass,1989:55.

的董事会成员中增加了 4 名政府官员,其目的主要是防止教派冲突而不是为了加强与政府的联系。① 当然除此之外,还有诸如学院治理中董事会、政府及立法机构和董事会成员间的冲突、校长的频繁更迭及学生对学院生活的不满等系列问题。但是尽管磕磕绊绊,美国的非营利性私立高校还是顽强地生存了下来,并在诸多方面展现了它的成效。

(二)发展成效

早期学院的成效表现在培养各种职业人才、促进个体流动和激发社区荣誉等方面②。大学为社会培养了牧师、职业领域的医生、律师及公职人员等,体现了高等教育对社会精英群体形成的贡献。以殖民地时期为例,9 所学院的毕业生接近 5000 人,他们当中曾产生了 6 位美国总统,56 位《独立宣言》的签署者,还有若干法官、州长、国会议员等。③ 当受过高等教育的精英人才在社会上发挥影响力时,上大学促进个体流动的效应开始显现,同时许多社区的人以能拥有一所传承经典知识、聚集博学之才的学院而感到骄傲。但是还有些成效影响更深远,这些成效包括早期学院为谋求公共利益,履行大学使命所坚持的公益性原则;受益于慈善行为不用进行剩余分配所形成的非营利性属性;费心保有的学术自治和学术自由;由外行董事会进行治理的方式及在艰苦环境中摸索出的小型、寄宿制和专注教学的办学模式等。

---

① F. RUDOLPH. The American College and University: A History [M]. New York:Knopf,1962:15,210.

② F. RUDOLPH. The American College and University: A History [M]. New York:Knopf,1962:26,58.

③ F. RUDOLPH. The American College and University: A History [M]. New York:Knopf,1962:27.

第二节 1819—1943年美国非营利性私立高校发展研究

一、发展环境

(一)整体环境

1819—1943年涵盖了美国历史上建国初期(1790—1869年)的后50年和工业化时期(1870—1944年)两个历史阶段,可以被称为美国私立院校地位确立后的发展期和美国的大学转型期①。这个时期美国在政治方面经历了南北战争和两次世界大战。经济方面迅猛发展,大工业企业发展壮大,并实现了从农业国变为工业国的巨大转变和社会现代化。在第一次世界大战结束之际,美国已经成为世界上最强大的经济与军事大国。人口也大幅度增长,到1945年全美人口已达1.39亿②,并且多数都是从欧洲移民而来。社会文化方面,活跃的国家主义自1812年美英战争以后逐渐成为美国政治和文化生活的特色,1828年安德鲁·杰克逊总统上台,消除东部权贵阶层势力,为新兴的资产阶级争取权利的民主、平等的理念进一步深化。南北战争后,美国自身进入转型期,科学知识的发展开始让人们的世界观有了极大的转变,实用主义的社会思潮开始兴起。到19世纪末期至20世纪初期,达尔文主义引起了其他思想运动,其中包括著名的进步主义思潮及运动……

(二)具体影响

这巨变的时代环境中有几个方面特别影响了美国非营利性私立高校

---

① 大学转型期的说法来自亚瑟·M.科恩,卡丽·B.基斯克.美国高等教育的历程(第2版)[M].梁燕玲,译.北京:教育科学出版社,2012:4.

② U.S. Department of Commerce, Bureau of the Census. Historical Statistics of the United States from Colonial Times to 1970, Bicentennial Edition[Z].Washington, D. C.:1975:8.

的发展。政治方面,受不断发展的国家主义及西部运动的推动,政府开始建立州立大学。州立大学的大量出现,使得公私立院校的竞争局面就此开始了。达特茅斯案后,政府不断降低甚至中断对私立院校的资助,并同时加强了对私立院校的控制。因为各州的立法机关对达特茅斯案的判决引起了警觉,因担心私立院校的潜在权力和特权地位,19世纪30年代各州纷纷通过修订《公司法》,对各院校能够拥有的财产数量进行限制;同时许多州在特许新学院成立时,都有决定保留、变更、撤销或更新特许状的权利。[1] 内战后美国颁发的《莫里尔法案》带来了影响深远的赠地大学运动,不仅极大地改变了美国人上大学的观念[2],而且有力地推动了美国新大学、州立大学系统建设和原有私立院校的转型。经济方面工业革命和现代化进程中的科学发展,动摇了学院古老的信念,引发了关于学院中技术和科学教育的运动;学院内部的组织结构开始发生变化,并在外部孵化出系列崇尚科学研究的新大学;新兴富裕的工业社会则为学院发展带来了增长迅速的私人捐赠。社会文化方面,民主、平等的理念促使学院的受教育阶层从贵族扩大到新兴的中产阶级、下层及女性和黑人群体;实用主义思潮和赠地大学运动一道,让学院拥抱了应用科学、职业和技术教育;威斯康星思想阐明了大学新使命的同时,进步主义则促使大学进一步密切与社会的联系,并积极服务社会。

二、院校发展情况

(一)整体概况

整体而言,这个历史阶段的美国非营利性私立高校在规模、类型、结构这三个宏观方面发生了很多变化。规模方面虽然在院校数量上占绝对优势,但在校生规模却在20世纪40年代开始逆转。据统计,在1820—

---

[1] 张旺.美国私立高等教育发展的制度环境研究[M].北京:知识产权出版社,2009:36.

[2] F. RUDOLPH. The American College and University: A History [M]. New York:Knopf,1962:247.

1934年间,美国总共新净增了872所院校,其中738所都是私立院校。①发展至1943—1944学年,美国共有高等院校1702所,在能够明确类型的1650所院校中,私立非营利性院校有1061所②。在校生规模方面,以1897年的4年制院校为例,有78%的学生就读私立院校,但是到20世纪40年代,超过60%的学生选择进入公立大学就读③。造成这一现象的根本原因是在经济发展所推动的高等教育产业结构变化中,私立院校因变革较慢和环境支持力度不足而逐渐丧失优势所致。这一时期美国各州工业、农业、采矿业等产业大发展,迫切需要高校提供专业化人才和应用科研予以支撑,但各州对坚守博雅教育为主的私立院校的支持远不及公立院校;而1910—1940年全美高中运动中大规模增加的毕业生也更加青睐学费低廉、并以实用和科学为导向的公立高校,这最终导致私立非营利院校成为生源市场中的少数。④

这个时期出现了不同层次的学院,如第一所以德国大学为模板并致力于学术研究大学的约翰·霍普金斯大学(1875年)和专注2年高等教育的初级学院,这类学院最早的实践也是源于芝加哥大学;还有不同类型的学院,如崇尚技术和应用科学的伦斯勒理工学院(1824年)、麻省理工学院(1865年)等;脱胎于女修院及依靠慈善捐赠的女性学院,如瓦萨学院(Vassar College,1861年)、史密斯学院(Smith College,1871年)等;以及黑人学院,早期包括费斯克大学(Fisk University,1866年)、塔格卢学院(Tougaloo College,1869年)等。

---

① CLAUDIA GOLDIN, LAWRENCE F. KATZ. The Shaping of Higher Education: The Formative Years in the United States, 1890 to 1940[J]. The Journal of Economic Perspectives,1998,13(1):42.

② Office of Education.Biennial Survey of Education in the United States 1942-1944, United States Government Printing Office, 1949[EB/OL].[2016-12-20]. https://babel.hathitrust.org/cgi/pt?id=mdp.39015049892030;view=1up;seq=222.

③ C. GOLDIN, L.F. KATZ. The Origins of State-Level Differences in the Public Provision of Higher Education: 1890-1940[J]. The American Economic Review,1998,88(2):303.具体来说包括四年制的大学、学院和专业学院(universities,colleges and professional schools)825所,师范学院(teacher colleges and normal schools)23所,初级学院(junior colleges)203所,师范学校10所。

④ C. GOLDIN, L.F. KATZ. The Origins of State-Level Differences in the Public Provision of Higher Education: 1890-1940[J]. The American Economic Review,1998,88(2):304-307.

这一时期，诚如鲁道夫（Rudolph）所言，"美国的学院和大学已经从简单的组织发展成为复杂的组织，不仅旧时代的教授被专业的并且知晓学术权力与特权的学者代替，学院和大学也需要新的执行官、新的筹资方式和新的管理领域"。① 事实上早在内战前，科学的发展和知识的分化，就使学院的内部组织结构开始有了新变化。1834年威廉姆斯建立了全美第一个天文台，接着很多学院建立了自然科学博物馆、矿物和植物标本陈列室等。② 1846年，哈佛建立了艺术与科学研究生院；而19世纪50年代以后，包括罗彻斯特大学（Universtiy of Rochester）、丹尼森大学（Denison University）、伊利诺伊学院（Illinois College）、纽约大学（New York University）等很多大学都建立了科学系。③ 到19世纪70年代以后，大学普遍设立了研究生院和专业学院。④ 以研究生院的情况为例，在1876年和1927年间，有28所美国高校建立了研究生院，其中私立院校有13所。⑤ 除了学术单位增加，管理层级也增加了。从1878年，康奈尔校长任命现代语言学院的威廉·C.拉塞尔（William C.Russel）教授作为副校长和哈佛校长任命伊弗雷姆·W.格尼（Ephraim W.Gurney）教授作为教师学院主任后，就代表了一种趋势。⑥ 学院管理逐渐从仅需要校长、财务人员和图书管理员的简单模式开始变成了要有教务长、系主任、主任助理、行政主管等系列管理人员的科层制方式。总而言之大学处于转型期。

---

① F. RUDOLPH. The American College and University: A History [M]. New York: Knopf, 1962: 417.

② F. RUDOLPH. The American College and University: A History [M]. New York: Knopf, 1962: 226.

③ F. RUDOLPH. The American College and University: A History [M]. New York: Knopf, 1962: 232.

④ 亚瑟·M.科恩, 卡丽·B.基斯克. 美国高等教育的历程（第2版）[M]. 梁燕玲, 译. 北京: 教育科学出版社, 2012: 71.

⑤ BYRNE HORTON. The Graduate School: Its Origin and Administrative Development [M]. New York: New York University Book Store, 1940: 7.

⑥ JAMES A. PERKINS. The University as an Organization [M]. New York: McGraw-Hill Book Company, 1986: 26.

(二)院校自身发展情况

1.办学理念与目标

关于大学理念,茹宁认为主要包括"大学是什么"的本体观和"大学为何"的使命观这两个基本命题。19世纪初期以来,美国非营利性私立高校的发展极大地创新和拓展了关于这两个命题的大学理念。在"大学是什么"方面,诚如克尔(Kerr)描述的,已经从"是一个居住僧侣的村庄变为是一座由知识分子垄断的工业城镇"①。而这种变化主要为满足工业化社会对高等教育的新需求而发生。而在"大学为何"这个方面,19世纪中期前后,美国旧时代的学院已经开始在服务大众和传承知识两个方面建立联系。当哈佛、耶鲁等传统学院通过建立新的科学机构分支和科学课程来建立与社会的联系时,伦斯勒技术学院的创办者(1824年)提出学院应"培养能够教授农场主和工人子女的教师……传播非常有用的知识,将它们应用于商业生活"②。康奈尔大学则致力于将自身建设成为"一所让任何人在任何学习领域都能受到教育的学校"。鲁道夫认为:"康奈尔的理念,不只是赠地学院思想中的职业主义,还有科学、技术以及新大学运动的学术精神。"③但1896年成立的美国新大学代表约翰·霍普金斯大学则明确:将研究生教育作为重要使命,把知识的获取、保存、提炼和整理视为学校的主要目标,并最自由地促进有益知识的发展,鼓励研究和提高学者的学术水平。与此都不同的是芝加哥大学,它把本科生教育与研究生教育相结合、教学和研究相结合及文科教育和调查研究相结合作为办学理念,大胆创新了新的大学办学方式。④ 到19世纪末期,当威斯康星思想进一步确立了大学服务社会的理念后,教学、科研和社会服务就成为大学的三项使命。尽管不同类型的私立学院在使命的选择方面不尽相同,但它们都始终坚守了大学作为高深知识中心这一本质属性,由此在不

---

① 克拉克·克尔.大学的功用[M].陈学飞,等译.南昌:江西教育出版社,1993:26.

② F. RUDOLPH. The American College and University: A History [M]. New York:Knopf,1962:230.

③ F. RUDOLPH. The American College and University: A History [M]. New York:Knopf,1962:266.

④ 威廉·墨菲,D.J.R.布鲁克纳.芝加哥大学的理念[M].彭阳辉,译.上海:上海人民出版社,2007:2.

同的理念指引下衍生出了研究型大学、文理学院、专业学院、初级学院等多样化的私立院校群体。

2.内部治理

与前一个历史时期相比,非营利性私立学院内部治理的显著变化是董事会成员和校长结构的改变。"在1880年,绝大多数董事会成员和校长来自教士群体。到1930年,在15所著名的私立学院和大学中,董事会成员中73%都是公司的行政长官、律师和银行家。对州立大学进行抽样调查发现,私立大学和技术学院中,这一数字是65%或更高,几乎是1880年拥有这些职业的董事会成员的两倍。"①

内部治理方面的第二个变化是教师和校友参与对董事会控制权的改良。整个19世纪,教师都不断扩大他们在学术事务上的影响力,对此学者莫里森(Morison)曾对1869—1900年间教授对学术政策参与的情况进行了描述。② 在约翰·霍普金斯大学和芝加哥大学的教授已是所有关于教育和研究事务的指导力量,这种影响到19世纪90年代达到了顶峰。③ 康奈尔的校长雅各布·G.舒尔曼(Jacob G.Schurman)发现他所有学术事务的影响力仅限于最后的任命同意,他的角色也仅是所有董事会、委员会和大学组织成员中的一员而已。④ 1915年,全美教授委员会(American Association of University Professors,AAUP)成立,主要致力于规定并维护教师的学术自由及专业权利。校友方面,19世纪60年代以后,校友董事运动开始影响学院的治理结构。⑤ 校友,尤其是富裕的商业人士,开始

---

① CLYDE W. BROROW. Universities and the Capitalist State: Corporate Liberalism and the Reconstruction of American Higher Education, 1894-1928[M].Madison:The University of Wisconsin Press,1990:31-59.

② S. E. MORISON. The Development of Harvard University Since the Inauguration of President Eliot, 1869-1929[M]. Cambridge: Harvard University Press, 2013:XXVI－XXXVIII.

③ JAMES A. PERKINS. The University as an Organization [M]. New York: McGraw-Hill Book Company,1986:21.

④ A.M.KINSBURY. A History of Cornell[M]. Ithaca, N.Y.: Cornell University Press, 1962:323.

⑤ F. RUDOLPH. The American College and University: A History [M]. New York:Knopf,1962:428.

占据董事会的席位。像哈佛和威廉姆斯学院,校友甚至可以选举董事会成员。① 一个显著趋势就是到 20 世纪,校友已经成为很多大学董事会的一部分。②

内部治理方面的第三个变化是学术事务权力和行政事务权力的分权。伴随着学院组织规模扩大和复杂性增大,在 19 世纪后期,董事会在授权校长之后,校长开始将学术责任授权给院长(dean);而到 1900 年,像医学、法学及艺术与科学专业学院的负责人都使用院长(dean)这一头衔。③ 这一时期,学生事务院长(dean for student affairs)一职也出现了,最早是在哈佛,后来在 19 世纪 90 年代的斯沃斯莫尔学院(Swarthmore College)、奥伯林学院(Oberlin College)和芝加哥大学(Chicago University)出现。④ 再后来教师也开始关心学生事务。

内部治理方面的第四个变化是学生权利的体现和学生事务的自治。学生对学校事务参与的权利开始有所体现。1834 年,瓦伯希学院(Wabash College)的章程中赋予学生可以向董事会起诉校长的权利。⑤ 这个时期对学生影响力扩大最具影响力的就是从 1857 年哈佛开始推行的选课制,它赋予学生自由选择课程的权利。后续这种权利进一步扩大,像在芝加哥,学生不仅可以选课,也可以选择在一年当中的任何一个时期离校进行调查,并且可以按需调整课程等。⑥ 学生事务方面,内战后,学生管理和训诫的负担开始从管理者转向学生。⑦ 在进步主义氛围的影响

---

① F. RUDOLPH. The American College and University:A History [M]. New York:Knopf,1962:428.

② EMIL A. RICCI.College and University Governance in the United States:A Historical Surrey [J/OL].(2008-12-11)[2017-12-22]. https://www.newfoundations.com/History/HEGovernance.html.

③ JAMES A. PERKINS. The University as an Organization [M]. New York:McGraw-Hill Book Company,1986:28.

④ JAMES A. PERKINS. The University as an Organization [M]. New York:McGraw-Hill Book Company,1986:28.

⑤ F. RUDOLPH. The American College and University:A History [M]. New York:Knopf,1962:217.

⑥ 威廉·墨菲,D.J.R.布鲁克纳.芝加哥大学的理念[M].彭阳辉,译.上海:上海人民出版社,2007:5.

⑦ F. RUDOLPH. The American College and University:A History [M]. New York:Knopf,1962:369.

下,学生委员会、多种信仰委员会及其他各种学生自治组织开始迅速在20世纪第一个10年广泛发展。主张学生在大学校园自治被鼓励成为负责任的社会公民的一种方式。①

这个时期是美国高等教育历史上产生伟大校长的时代,也是印证大学领导力对非营利性私立高校发展关键作用的时代。因为在美国高等教育史上最杰出的10位校长中有8位都来自大学的转型时期(1870—1944年),②并且不少属于私立院校。最伟大的学术领导者当属将哈佛大学从一个小型地方学院转变为一所现代大学的校长查尔斯·W.埃利奥特(Charles W.Eliot),将职业教育主义和学术精神相结合的康奈尔大学创校校长安德鲁·D.怀特(Andrew D.White)及开创了研究型大学先河的约翰·霍普金斯大学的创校校长丹尼尔·吉尔曼(Daniel Gilman)。③当然还有提出让同时代美国人广为认同的"益智厚生"(Let knowledge grow from more to more, and thus be human life enriched)理念的芝加哥大学创校校长威廉·哈珀(William Harper),后续在1929年担任该校校长,被称为20世纪前半叶最伟大的教育思想家的罗伯特·M.哈钦斯(Robert M.Hutchins),1864—1889年担任哥伦比亚大学校长,并为其带来发展最好时期的著名教育家弗雷德里克·伯纳德(Frederick Barnard)④,以及为斯坦福大学发展奠定了基础的创校校长大卫·斯塔尔·乔丹(David Starr Jordan)等。这些校长在国家政治和经济形势发生重大转折时上任,怀揣大学发展的理想,凭借过人的胆识和智慧,创新性地进行了若干改革和实践,在为美国高等教育发展缔造影响深远全新大学的同时还带领各自的学院走向更加广阔的发展天地,他们的办学思想和实践为世界高等教育的发展史留下了宝贵的财富。

---

① F. RUDOLPH. The American College and University: A History [M]. New York: Knopf, 1962: 369.

② 亚瑟·M.科恩,卡丽·B.基斯克.美国高等教育的历程(第2版)[M].梁燕玲,译.北京:教育科学出版社,2012:101.

③ 鲁道夫曾将埃利奥特、怀特和吉尔曼称作是美国大学运动繁荣时期最伟大的三位学术领导者,详见 F. RUDOLPH. The American College and University: A History [M]. New York: Knopf, 1962: 346.

④ 刘文修.世界著名学府哥伦比亚大学[M].长沙:湖南教育出版社,1993:27.

3.资源获取

首先,生源方面,有三个变化:一是入学人数增加,以 18 岁人口上大学的比例为例,1870 年该比例不到 2%,到 1940 年该比例达到 16%。[1] 二是入学要求发生变化,最显著的是推动建立公立高中系统,将它们作为大学合格生源的准备机构,同时拓展某些科目进入高中成为大学入学水平认可项目,哈佛大学曾是推动该项改革的先锋。这项改革取得了明显成效,据统计到 1909 年,普林斯顿有 22%,耶鲁有 35%,哈佛有 53%,MIT 有 71% 的学生是来自高中毕业生。[2] 三是建立了标准化入学考试来选拔学生,学术能力测试(SAT)和研究生入学考试(GRE)分别在 20 世纪 20 和 30 年代出现。但很多高水平的私立院校开始限制招生规模,并采取奖学金制度及资助学生国外学习等办法选拔和吸引优秀生源。[3]

其次,教师方面,现代大学教师制度形成了,教师逐渐成长为一个专业群体,并且大学发展和作为一个专业群体的大学教师发展更加紧密联系起来。[4] 自大学转型期始,教师从助教演化为教授,拥有博士学位已成为替代旧时代学院教授学术责任、教授能力及学养水准的标识。尽管 1884 年哈佛 189 名教师中只有 19 名教授有博士学位[5],但自 1904 年开始,纽约学院的教授招聘就已经开始要求必须要有博士学位[6]。教师的学术等级制度建立起来了,1891 年芝加哥设立了 5 级学术等级制度[7]。哈佛大学则在 1880 年设置了学术休假制度,并迅速被传播。到 20 世纪

---

[1] 亚瑟·M.科恩,卡丽·B.基斯克.美国高等教育的历程(第 2 版)[M].梁燕玲,译.北京:教育科学出版社,2012:75.

[2] F. RUDOLPH. The American College and University:A History[M]. New York:Knopf,1962:285.

[3] 耶鲁 1731 年最早使用奖学金制度,而在 19 世纪 70 年代,普林斯顿、哥伦比亚和哈佛都采用资助学生尤其是鼓励研究生进行海外学习。详见 F. RUDOLPH. The American College and University:A History[M].New York:Knopf,1962:336-337.

[4] 亚瑟·M.科恩,卡丽·B.基斯克.美国高等教育的历程(第 2 版)[M].梁燕玲,译.北京:教育科学出版社,2012:83-84.

[5] W. H. COWLEY:European Influences upon American Higher Education[J].Education Record,1939(39):183.

[6] F. RUDOLPH. The American College and University:A History[M]. New York:Knopf,1962:396.

[7] F. RUDOLPH. The American College and University:A History[M]. New York:Knopf,1962:398.

20年代,大学已普遍为教师提供校内研究基金。这个时期教师的专业学术团体开始不断成立,自1848年全美科学促进会(American Association for the Advancement of Science)成立以来①,到1908年,全美共建立了120个全国性和550个地方性的学术社团。② 当专业学术团体建立起来后,年度学术会议开始召开,由此也成为不少大学校长和系主任物色人才的机会和渠道。

再次,财务资源,这个时期美国的非营利性私立高校仍然采取的是多种方式筹集资金的做法,但是有五个方面有了显著的变化:

一是来自政府的经费增多,尤其是联邦政府。据统计,1943—1944年度,美国私立院校年度总收入为425069433美元,其中来自联邦政府的收入为148665147美元,占全部收入的34.97%。③

二是大笔私人慈善捐赠对各类新的私立院校的形成和大学的转型发挥了重要作用。如伦斯勒理工学院、瓦萨学院、康奈尔大学、约翰·霍普金斯大学等都是受大笔私人捐赠而建立。捐资建设芝加哥大学的约翰·D.洛克菲勒(John D. Rockefeller),仅在1880—1910年就为芝加哥大学捐赠了3500万美元④。

三是大型慈善基金会组织的成立,它们在提供经费资助的同时,更对大学机构的改变发挥了积极作用。最先以支持院校和大学发展为目的的基金会是1867年成立的皮博迪教育基金会(Peabody Education Fund)和1896年成立的匹兹堡卡耐基研究会(Carnegie Institute of Pittsburgh);随后通识教育委员会(General Education Board)、洛克菲勒基金会(Rockefeller Foundation)和卡耐基基金会(Carnegie Foundation)等相继成立。⑤ 与私人捐赠主要是创建新的大学不同,基金会主要是支持已有

---

① NICHOLAS MURRAY BUTLER. Monographs on Education in the United States [M].New York:J. B. Lyon Company Albany,1900:868-880.

② ROGER GEIGER.To Advance Knowledge:The Growth of American Research Universities,1900-1940[M].New York:Oxford University Press,1986:22.

③ Office of Education.Biennial Survey of Education in the United States 1942-1944[EB/OL].[2016-12-20].https://babel.hathitrust.org/cgi/pt? id=umn.31951p01060493m;view=1up;seq=49.

④ 约翰·塞林.美国高等教育史(第二版)[M].北京:北京大学出版社,2014:113.

⑤ F. RUDOLPH. The American College and University: A History [M]. New York:Knopf,1962:431.

学院的运营、进行项目改革和拓展新的学术领域。如卡耐基教学促进基金会(Carnegie Foundation for the Advancement of Teaching)为全美高校教师建立了退休金计划;创新性实施的"匹配资金"(matching fund)①原则,激励了院校筹款;建立能够接受捐赠的合格院校标准,促进了古老学院的转型。② 而基金会对微生物学、人类学、商业领域和教师教育方向等诸多学术领域的资助,实质上影响了学院课程内容和运作。③

四是校友组织开始建立并繁荣,校友对学院的支持力度增强了。"最具代表性的是1890年的'耶鲁校友基金'和1905年在哈佛大学产生的'班级礼物'。"④这种做法产生了示范效应。自1913年哈佛成立了校友会秘书协会(Association of Alumni Secretaries)后,校友杂志协会(Alumni Magazine Association)、校友组织协会(Association of Alumni Organizations)、美国校友理事会(American Alumni Council)等组织相继成立。⑤ 这些组织推动校友成为捐赠资助非营利性私立高校发展的重要力量。

五是学费的变化。20世纪20年代以后学费增加,私立院校增加明显,尤其是知名的女子学院。一项全国调查显示,学费从1920年的平均70美元增加到1940年的133美元。⑥ 一份1937年的研究显示:"阿默斯特学院、威廉姆斯学院及卫斯理学院都要收取400美元的学费,同等类型

---

① "匹配资金"意为由基金会要求受援方也为同一项目提供部分相应资金与所捐助资金相匹配,或者要求与受援方相关的其他社会各界为同一项目提供相应资金与所捐助资金相匹配。卡耐基和洛克菲勒等基金会创办者坚信并践行"自助而后人助"的原则。摘自和震.美国大学自治制度的形成与发展[M].北京:北京师范大学出版社,2008:202.

② F. RUDOLPH. The American College and University: A History[M]. New York: Knopf, 1962: 432.

③ 菲利普·G.阿特巴赫,罗伯特·O.波达尔,帕崔凯·J.甘波特.21世纪的美国高等教育:社会、政治和经济的挑战(第2版)[M].施晓光,蒋凯,译.青岛:中国海洋大学出版社,2007:200.

④ ROGER GEIGER. To Advance Knowledge: The Growth of American Research Universities, 1900-1940[M]. New York: Oxford University Press, 1986: 50.

⑤ Department of the Treasury. Research Papers Sponsored by the Commission on Private Philanthropy and Public Needs. Volume II: Philanthropic Fields of Interest, Part I Areas of Activity[R/OL].(1977)[2016-09-08]. http://eric.ed.gov/? id=ED143606.

⑥ SEYMOUR E. HARRIS. A Statistical Portrait of Higher Education[M]. New York: McGraw-Hill, 1972: 687.

的女子学院则会收取500美元。位于威斯康星、伊利诺伊和密歇根等州的州立大学每年要收取100美元以下的费用,而同一区域较大的私立大学每年则收取300美元的学费。"①

4.人才培养、科研及社会服务

(1)人才培养

在人才培养方面,主要的变化在人才培养的层次、对象、内容、方法、评价这五方面:

一在人才培养层次上,出现了研究生教育和中学后2年教育的新层次。"研究生教育始于1826年哈佛大学为已取得学士学位的学生开设的高一级课程。"②1861年耶鲁颁授了美国高等教育史上第一个哲学博士学位。③1876年立志以研究生教育为使命的约翰·霍普金斯大学成立后,美国的研究生教育在哈佛、哥伦比亚、芝加哥大学等一系列学院的建设中发展壮大了。另外,内战后2年制职业学院的发展及芝加哥大学初级学院的成立,使高等职业教育连同从本科教育中分离的为大学进行学术预备的2年制教育,一并在19世纪末成为由初级学院承担的独立教育形式。

二在人才培养对象上,私立院校引领了女性、非裔美国人和非传统学生接受高等教育。1837年奥伯林学院(Oberlin College)开启了美国高校男女同校接受教育的历史④,1850年林肯大学和威尔福斯大学开始专门招收黑人学生⑤,到19世纪末20世纪初,不少城市学院都通过暑期课程、夜校课程等服务年龄大和在职学生就读。⑥

---

① STUART M.STOKE."What Price Tuition?"[J].Journal of Higher Education,1937(8):297.

② 谷贤林.美国研究型大学管理——国家、市场和学术权力的平衡[M].北京:教育科学出版社,2008:40.

③ F. RUDOLPH. The American College and University: A History [M]. New York:Knopf,1962:335.

④ ROBERT SAMEL FLETCHER.A History of Oberlin College from Its Foundation Through the Civil War[M].Oberlin,1943:290-315.

⑤ 亚瑟·M.科恩,卡丽·B.基斯克.美国高等教育的历程(第2版)[M].梁燕玲,译.北京:教育科学出版社,2012:73.

⑥ 亚瑟·M.科恩,卡丽·B.基斯克.美国高等教育的历程(第2版)[M].梁燕玲,译.北京:教育科学出版社,2012:99.

三在人才培养内容上,变化主要体现在课程上。授课领域从博雅人文学科拓展到医学、法律、工程、军事科学、商业、神学和农业这些学科。①课程类型出现了函授课程、高级课程和广播课程等多种形式。②课程层次上,约翰·霍普金斯大学的创设使研究生课程体系得以出现,专业主修和辅修课程也由它首创;职业性的科目如无线电修理、商业广告、护理等进入了社区学院。③课程实施方面,哈佛大学1825年开始实施的选课制影响深远,随后迅速成为一种循序渐进但不可抵抗的运动。哈佛校长埃略特(Eliot)认为:"选课制系统的最大效果就是使学术在本科生、研究生和教师之中成为可能。"④课外活动的组织和方式更加多样,成为大学学习中维系学院价值的重要角色。学生学习的课外社团最早是布朗大学(Brown University)的本科生社团,类似的组织随后在阿默斯特(Amherst)、拉斐特(Lafayette)等很多学院相继出现。在大学转型期,校园乐团、联谊会、官方游行、校友活动、校报发行及校际竞技体育比赛等各种活动丰富多彩,充分表达了美国人想要将现代大学与学院传统紧密连接的理想。⑤

四在人才培养方法上,开始注重学生探究学习和撰写研究报告的教学模式,以德国大学的研讨班为主要借鉴对象,小组讨论的教学形式也受到欢迎,科学领域教育开始了实验操作,田野调查也被推行。⑥

五在人才培养评价上,学生评价发生了改变,4专业教育标准开始建立,同时院校间认证也开始了。大学开始尝试标准化考试,计算班级排名和学分绩点方法逐渐开始流行。⑦ 1885—1923年间,美国6个区域性的

---

① 约翰·塞林.美国高等教育史(第二版)[M].北京:北京大学出版社,2014:39.
② 约翰·塞林.美国高等教育史(第二版)[M].北京:北京大学出版社,2014:97.
③ 亚瑟·M.科恩,卡丽·B.基斯克.美国高等教育的历程(第2版)[M].梁燕玲,译.北京:教育科学出版社,2012:89.
④ CHARLES W.ELIOT.University Administration[M].Boston:Houghton Mifflin Co.,1908:150.
⑤ 亚瑟·M.科恩,卡丽·B.基斯克.美国高等教育的历程(第2版)[M].梁燕玲,译.北京:教育科学出版社,2012:150-176.
⑥ 亚瑟·M.科恩,卡丽·B.基斯克.美国高等教育的历程(第2版)[M].梁燕玲,译.北京:教育科学出版社,2012:97.
⑦ 亚瑟·M.科恩,卡丽·B.基斯克.美国高等教育的历程(第2版)[M].梁燕玲,译.北京:教育科学出版社,2012:98.

学校学院协会相继成立,这些组织确立了院校认证标准,并以这些标准为基础制定了获得认证的院校和课程名单。①

(2)科研

科研方面最重要的变化就是科研成为大学的使命,这得益于以下五个方面的转变和推动:

一是19世纪后期一批学院通过建设专业学院,开展研究生教育,完成了从只传授高深学问向同时进行科研的转型。②

二是政府介入。1887年美国颁布《哈奇法案》(Hatch Act),为建设农业实验站提供联邦资金支持,此举推动了大学农业教育和农业应用科研的开展。③ 20世纪40年代,伴随着国防研究委员会④和科学研究与发展局⑤的成立,联邦政府通过合同安排,提供资金支持,与大学在研究方面建立了紧密的联系。芝加哥大学、哥伦比亚大学、加州大学伯克利分校在国防研究委员会的授权下开始了对原子能的研究,麻省理工学院开展了雷达研究。⑥ 科学研究与发展局则开启了政府向大学提供科研管理费的先例,此举让麻省理工学院、加州理工学院、伯克利大学、哥伦比亚大学及芝加哥大学变成了"经济上的富矿"。⑦ "这种战时形成的开创性科研

---

① 弗雷德·F.哈塞尔罗德,朱迪斯·S.伊顿.看不见的手:外部团体及其影响[M]//菲利普·G.阿特巴赫,等.21世纪的美国高等教育:社会、政治、经济的挑战.施晓光,蒋凯,译.青岛:中国海洋大学出版社,2007:201-205.

② 陈子辰.研究型大学与研究生教育研究[M].杭州:浙江大学出版社,2006:3.

③ F. RUDOLPH. The American College and University: A History[M]. New York:Knopf,1962:261.

④ 国防研究委员会1940年成立,由卡耐基研究院院长布什担任主席,麻省理工学院院长康普顿,哈佛大学校长康南特和国家科学院院长朱厄特担任主要助手。摘自谷贤林.美国研究型大学管理——国家、市场和学术权力的平衡[M].北京:教育科学出版社,2008:62.

⑤ 科学研究与发展局1941年成立,由国会直接拨款,由国防委员会作为它的主要执行机构,同时新设立一个医学研究委员会。布什担任局长,哈佛大学校长康南特和宾夕法尼亚大学的领导人理查兹(Richards)分别担任两个委员会的主席。摘自谷贤林.美国研究型大学管理——国家、市场和学术权力的平衡[M].北京:教育科学出版社,2008:64.

⑥ 谷贤林.美国研究型大学管理——国家、市场和学术权力的平衡[M].北京:教育科学出版社,2008:64.

⑦ 谷贤林.美国研究型大学管理——国家、市场和学术权力的平衡[M].北京:教育科学出版社,2008:65.

体制对战后美国研究型大学的繁荣产生了决定性影响。"①

三是基金会的资助,主要表现在对医疗卫生、社会科学和自然科学领域的研究支持。在医疗卫生领域,洛克菲勒基金会在第一次世界大战后,曾共支付1亿美元用于改进美国医学教育和建立高水平医学院,约翰·霍普金斯大学医学院、康奈尔大学医学院因此受益成为全美高水平医学院。② 在社会科学领域,劳拉·斯贝尔曼·洛克菲勒纪念基金仅在1924—1928年间就拨款2亿美元支持社会科学和行为科学发展,诸多私立大学因此受益。自然科学领域,"教育总会在1923—1928年间向加州理工、普林斯顿、芝加哥、康奈尔、斯坦福和哈佛大学捐赠2000万美元,资助这些学院研究或建立实验室"③。限于篇幅不再赘述其他的资助事实,总之基金会的资助成为20世纪上半叶美国科学研究体系中最重要的推动因素"④。

四是教授研究者角色的确立、学术专业团体和学术期刊的发展,都有力地推动了大学科研的发展。1909年就有研究表明,大学教师已经将重点从教学转移到了研究;教授的教学角色去重点化这种观念由约翰·霍普金斯大学引入后,迅速成为大学理念中的必要部分。⑤ 1940年,哈佛大学、耶鲁大学、哥伦比亚大学、加州理工学院都要求教师至少有一半的时间用于研究,教学负担甚至可以降低至每周2~3个小时。⑥ 当科学研究成为实现大学目标生产力的出口时,学术发表开始被积极鼓励,学术期刊、学术团体、大学出版社也出现了。约翰·霍普金斯大学于1877年开始引领美国学术期刊的创建之路;而1898年芝加哥大学的学术期刊年印

---

① 李巧针.美国研究型大学校长的权力研究[M].北京:北京出版社,2007:38.

② ROGER GEIGER.To Advance Knowledge:The Growth of American Research Universities,1900-1940[M].New York:Oxford University Press,1986:253.

③ 谷贤林.美国研究型大学管理——国家、市场和学术权力的平衡[M].北京:教育科学出版社,2008:54.

④ ROGER GEIGER. To Advance Knowledge:The Growth of American Research Universities,1900-1940[M].New York:Oxford University Press,1986:171.

⑤ F. RUDOLPH. The American College and University: A History[M]. New York:Knopf,1962:403.

⑥ 谷贤林.美国研究型大学管理——国家、市场和学术权力的平衡[M].北京:教育科学出版社,2008:60.

刷量已有 150000 册。① 到 1900 年,美国 10 所主要大学定期出版的学术刊物达到了 44 种。② 如前文所述,这个时期学术社团大量成立,同核心期刊一起,成为美国学术职业化过程中的关键点。这个时期很多大学都增设了大学出版机构,约翰·霍普金斯大学 1878 年最早设立负责出版的部门后,到 20 世纪初期,哈佛、耶鲁、普林斯顿设立了自己的大学出版社。③

五是学术交流和欧洲学者的流入。从 20 世纪 20 年代开始,在洛克菲勒基金会、古根姆基金会和国家研究委员会的资助下,不少美国学者奔赴欧洲学习,亦有不少欧洲科学家得以在美国开展研究工作,这使得美国科学在相关领域获得快速发展。同时 20 世纪前期开始,大量欧洲优秀学者流入美国。"据统计,到 20 世纪 30 年代末,从欧洲流入的学者占美国大学教授总数的 0.5%。"④他们中有不少人分布在康奈尔大学、斯坦福大学、哥伦比亚大学等一流的私立大学中。这些学术移民帮助美国大学提高学术水平的同时拓展了美国学术研究的基础。⑤

(3) 社会服务

社会服务方面的变化是大学服务社会的内涵不断扩大,观念不断演变,并最终将其确立为大学的使命之一。

在大学服务社会的内涵方面,鲁道夫(Rudolph)认为美国古老的学院至少在三个方面为社会服务:培养了牧师、律师和医生,成为宗教信仰复兴运动值得信赖的源泉,并未远离新英格兰的节制运动和中西部的反奴隶制运动。⑥ 当复杂的工业社会给予美国大学在农耕社会不曾给予的

---

① THOMAS WAKEFIELD GOODSPEED. A History of the University of Chicago[M].Chicago:University of Chicago Press,1916:319-320.

② ROGER GEIGER.To Advance Knowledge:The Growth of American Research Universities,1900-1940[M].New York:Oxford University Press,1986:33.

③ F. RUDOLPH. The American College and University:A History[M]. New York:Knopf,1962:407.

④ ROGER GEIGER.To Advance Knowledge:The Growth of American Research Universities,1900-1940[M].New York:Oxford University Press,1986:241.

⑤ ROGER GEIGER.To Advance Knowledge:The Growth of American Research Universities,1900-1940[M].New York:Oxford University Press,1986:245.

⑥ F. RUDOLPH. The American College and University:A History[M]. New York:Knopf,1962:359.

服务社会的机会时,美国的大学从为宗教服务转变为为世俗社会服务。古老的学院通过课程变化、科学学院和专业学院创建等方式逐渐转型。哈佛实行选课制,恢复设置法学院和医学院,建立管理学院;哥伦比亚大学建立矿业学院(1864年)和建筑学院(1881年)等,都代表性地表明大学已开始根据社会需要培养专业人才。另外,在经济社会发展的需求驱动下,19世纪中期的美国掀起了"实用教育"的高潮,更多迎合社会需要的新大学不断涌现,这些新大学在很多方面都体现了把服务作为大学的理念。最知名的如威斯康星学院通过建立知识推广部,为州事务提供专家服务及拓展大学教育等方式广泛地服务社会,成了州立大学的典范。私立大学也通过各种方式服务社会,如约翰·霍普金斯大学通过建立矿物实验室,开展土壤、天气调查以及为公众健康提供医疗服务等多种方式密切了与州的联系。[①] 约翰·霍普金斯则把改善人类生活和物质进步的动力观念[②]付诸实践,引领了美国研究型大学步入社会中心。20世纪至第二次世界大战结束前,伴随着研究型大学的崛起,以科学研究服务国家和社会需要,尤其是战争需要成为美国大学社会服务的新内涵。两次世界大战中很多院校充当了军训中心,同时也成为提升国家军事能力,从事武器和工艺开发的中心。第二次世界大战使美国所有大学都参与到国家对外战争的需求中,武器研发也证明了大学科学家的才智对现代工业社会的真正价值。[③]

在树立社会服务的观念方面,大学对自身社会公共责任的认知和对国家需要的认同不断加深。1825年,乔治·蒂克纳(George Ticknor)就把哈佛称为最古老的公共院校。[④] 由此确认了哈佛大学为公共利益服务的义务。[⑤] 19世纪50年代,哈佛在向州政府申请资助时,阐明了学校对

[①] F. RUDOLPH. The American College and University: A History [M]. New York: Knopf, 1962: 360.

[②] 霍普金斯大学开展科学研究的宗旨"不仅仅是为了科学的目的而研究科学,而且是为了建设更好的人类社会而研究科学"。摘自刘成柏,迟晶.高等学校的社会服务职能及其历史演进[J].现代教育科学,2007(9):32-35.

[③] 博克.走出象牙塔:现代大学的社会责任[M].杭州:浙江教育出版社,2001:71.

[④] DAVID B. POTTS. Remarks on Changes Lately Proposed or Adopted, in Harvard University (1825) [M]. Boston: Cummings, Hilliard, 1825: 3-4.

[⑤] F. RUDOLPH. The American College and University: A History [M]. New York: Knopf, 1962: 358.

马萨诸塞州商业、经济及未来繁荣可能做出的贡献;并强调科学进步依赖于曾受过教育的人士,民主社会和高等教育的普及密切相关。① 南北战争后,尤其是《莫里尔法案》颁布后,连同经济社会发展的推动,大学忠诚于社会的自觉意识不断增强。康奈尔校长怀特曾指出要把学校建成产业大军的领队;②哈佛校长埃利奥特1869年就提出大学应该"能够在求知、诗意和虔诚方面给予社会丰富的回馈……这在某种意义上能促进公共责任"③。进入20世纪,在进步主义运动要把大学办成面向全社会服务中心的氛围下,1902年的芝加哥大学已经准备让青年人投入社会公共服务的职业生涯中④,而普林斯顿大学校长在威斯康星大学的影响下发表了"为国家服务的普林斯顿大学"的就职演说⑤。哥伦比亚、芝加哥、布朗、印第安纳及伊利诺伊大学都以威斯康星大学为榜样,开始通过大学专家服务参与州事务、增加面向大众的讲座、增加技术课程及其他服务等方式扩大自己的声誉和影响力。⑥ 当二次世界大战中所有的大学都投入到战时服务时,为社会服务的观念和使命就已经在大学中确立起来了。

公众及政府对大学价值和功用的认知推动了大学服务社会使命的确立。最早创办哈佛大学的英国清教徒把推动学习,并让它经久不衰、传之后世作为建立家园、恢复生产后的头等大事。⑦ 这种宗教信徒对大学传

---

① 弗雷德·赫钦格,格雷丝·赫钦格.美国教育的演进[M].汤新楣,译.香港:美国驻华大使馆文化处,1984:122.

② R. WHITE, ANDREW DICKSON.Report of the Committee on Organization, presented to the trustees of the Cornell University. October 21st, 1866[M].Albany:C. Van Benthuysen & Sons, Printers,1867:3-4,18-24.

③ CHARLES WILLIAM ELIOT. Addresses at the Inauguration of Charles William Eliot as President of Harvard College, Tuesday, October 19, 1869 [M]. Cambridge:Sever and Francis,1869:64-65.

④ THOMAS WAKEFIELD GOODSPEED.A History of the University of Chicago Founded by John D.Rockefeller:The First Quarter Century Chicago[M].Chicago:University of Chicago Press,1916:323.

⑤ VARNUM LANSING COLLINS. Princeton[M].New York:Oxford University Press,1914:270.

⑥ F. RUDOLPH. The American College and University:A History[M].New York:Knopf,1962:359.

⑦ ABIGAIL ADAMS.The Book of Abigail and John:Selected Letters of the Adams Family, 1762-1784 [M].Cambridge:Harvard University Press,1975:152.

承知识,培育人才功用的认知在独立战争之后进一步升华,民众们把创建大学与建设更美好社会相联系,掀起了建设学院运动的高潮。但是让民众真正感受到大学功用的是赠地学院运动,因为它让美国民众获得了第一次的大众化高等教育①。到20世纪,在进步主义思潮影响和战时服务的锤炼中,学院和大学为工业服务的影响力吸引了更多的民众进入高等教育。一战和二战期间,大学的入学人数从25万人增加到130万人;到1937年,18~20岁的美国人中已经有15%的人上大学了。② 民众对大学价值和功用认知的演化很大程度上得益于政府的推动。这种推动中最具影响力的是来自联邦政府赠地运动和二战期间联邦对科学研究的资助。克拉克·克尔将此称为除了其他力量外,铸就美国现代大学体系的两次巨大冲击。③ 当国家把社会重大需求问题的解决与大学的价值和功用紧密相连时,私立非营利性大学和美国公立大学一道完成了将社会服务纳入其使命的巨大转变。

三、发展问题及成效

(一)发展问题

这个时期非营利性私立高校的发展问题主要是两个方面:理念冲突和使命抉择。

1.理念冲突

理念冲突表现在很多方面,亚瑟·M.科恩曾指出:"这个时期高等教育招来了许多尖锐的批评……这种批评从学院的组织结构、功能到培养目标以及它们在美国社会中的作用"。④ 理念冲突的第一个方面在于博雅教育和实用教育在学院中的位置如何。上升到哲学层面就是人文主义与职业主义的冲突,这一冲突贯穿在整个19世纪院校发展的历史中。早

---

① F. RUDOLPH. The American College and University: A History [M]. New York: Knopf, 1962: 286.
② 约翰·塞林.美国高等教育史(第二版)[M].北京:北京大学出版社,2014:197.
③ 克尔·克拉克.大学的功用[M].陈学飞,等译.南昌:江西教育出版社,1993:33.
④ 亚瑟·M.科恩,卡丽·B.基斯克.美国高等教育的历程(第2版)[M].梁燕玲,译.北京:教育科学出版社,2012:112.

期最具代表性的事件是 1828 年《耶鲁报告》的发布。这个报告主要是为回应美国西进运动和杰克逊民主观念兴盛背景下,大学开始转向科学课程和实用人才培养时,人们对传统古典人文学科的价值质疑。耶鲁报告因定义博雅教育的目的而闻名,并广泛被接受,但并不能阻止社会不断变化的需求和知识的快速发展。① 到赠地学院期间这种冲突使各地对发展应用学科缺乏协调,对教育功能和形式的认知缺乏共识,最终导致州资源分配的多样和缺乏规划。② 到大学创建时代,这种冲突在课程上表现为"本科'学院'的博雅人文教育与专业教育之间根本没有连贯性"③。进入到 20 世纪早期,芝加哥大学校长罗伯特·M.哈钦斯(Robert M. Hutchins)掀起了对大学世俗化的反对,他抨击职业教育论和高等教育课程内容,提倡"名著"课程作为本科生学习经历的核心。

  第二个理念冲突是对于建设一个什么样的美国现代大学没有共识。19 世纪晚期到 20 世纪早期,美国进入了建设大学的繁荣期,但对于美国大学是什么没人能够回答。④ 密苏里(Missouri)的校长 1864 年认为:"理想的美国大学应该是以哲学学院为中心……然后被专业学院所围绕,这些专业学院不仅包括法律、医学和神学院,还应有师范、农学和艺术学院。"⑤但 1872 年,理想的大学被约翰·霍普金斯大学以完全不同的形式呈现出来。丹尼尔·吉尔曼(Daniel Gilman)认为:"大学是最综合性的术语,这意味着它应致力于基础知识的增进和传播,拥有促进各类艺术和科学的机构,同时将青年人培养成适合生活中各类知识性职业的学

---

  ① 麦克尔·N.巴斯特多.高等教育课程:当代问题的历史根源[M]//菲利普·G.阿特巴赫,罗伯特·O.波达尔,帕崔凯·J.甘波特.21 世纪的美国高等教育:社会、政治和经济的挑战(第 2 版).施晓光,蒋凯,译.青岛:中国海洋大学出版社,2007:362.
  ② F. RUDOLPH. The American College and University: A History[M]. New York:Knopf,1962:78-79.
  ③ 约翰·塞林.美国高等教育史(第二版)[M].北京:北京大学出版社,2014:127.
  ④ F. RUDOLPH. The American College and University: A History[M]. New York:Knopf,1962:332.
  ⑤ JONAS VILES,et al.The University of Missouri:A Centennial History[M].Columbia:University of Missouri Press,1939:108.

者。"①1875年范德比尔特大学(Vanderbilt University)的资助者则认为："大学的最好之处在于对各种观点的包容……它必须对所有的真理敞开胸襟并在学术氛围中使人们聚成一体。"②

第三个理念冲突在于传统学院在大学时代是否多余,学院是否都要转变成大学。芝加哥大学校长哈珀在20世纪来临之际预期存在的四分之三的院校应降低它们的学术地位或调整成为初级学院。③ 斯坦福的大卫·斯塔尔·乔丹(David Starr Jordan)1903年则预言："随着时间的流逝学院将消失……最好的学院会变成大学,其余的则回到院校位置。"④这期间一些院校的发展史也表明了这种冲突,传统学院变成大学的愿望强烈。像1866年伍斯特学院(College of Wooster)的董事会就声称它们要把学院建成像牛津和剑桥那样,成为俄亥俄州的教育中心。⑤ 而丹尼森大学(Denison University)的董事会则用"不久以后,我们将变成大学"的理由拒绝了教师关于把丹尼森大学改名为丹尼森学院的提名。⑥ 另外,也有反对学院变成大学的行动,1871—1921年这15年间,耶鲁的教师们一直与耶鲁想要成为大学的倾向做斗争。⑦

2.使命抉择

面对理念冲突,不同的院校做出了不同的使命选择。一方面,哈佛、耶鲁、普林斯顿及哥伦比亚等一批悠久的私立大学在保有博雅人文学院的基础上,建立了专业学院,并通过开展科研和进行研究生教育成功转型

---

① DANIEL C.GILMAN.The Building of the University:An Inaugural Address Delivered at Oakland[M].San Francisco:John H.Carmany&Co.,Book and Job Printers,1872:6.

② F. RUDOLPH. The American College and University: A History[M]. New York:Knopf,1962:345.

③ WILLIAM RAINEY HARPER. The Prospects of the Small College[M]. Chicago: University of Chicago Press,1900:31-38.

④ LEON B.RICHARDSON.A Study of the Liberal College:A Report to the President of Dartmouth College[M]. Hanover:Dartmouth College,1924:15.

⑤ LUCY LILIA NOTESTEIN.Wooster of the Middle West[M]. New Haven:Kent State University Press,1937:24.

⑥ G.WALLACE CHESSMAN. Denison:The Story of an Ohio College[M].Granville:Denison University,1957:255-256.

⑦ GEORGE WILSON PIERSON. Yale College:An Educational History,1871-1921[M].Yale University Press,1952:44-45.

为综合大学。另一方面,威廉姆斯学院、阿莫斯特学院及卫斯理学院等一批小型学院则坚持实施博雅教育,通过增添课程和专业学院,在未转变学院和身份使命的情况下成长为精英型文理学院。对于另一部分更弱小的学院,"到1940年时,1900年时只有150人或更少学生的院校中的15%已成为初级学院,另外,还有40%的院校倒闭或与其他院校合并"①。

在转型大学方面,由于对关于什么是美国的大学没有相互认同的理念,也就没有了理论和哲学上对于大学应该将发展重点置于何处的限制。有的院校通过借用教师提升水平,像哈佛和约翰·霍普金斯大学;有的院校通过彼此结成联盟变成大学,如罗德岛设计学院和布朗大学联合、加利福尼亚药剂学院和加利福尼亚大学联合;有的院校通过课程延伸和学期设置扩大目标来取得影响力,如纽约的城市学院在1909年引领了学士学位的夜校学习。② 人文主义和职业主义之间的冲突在大学运动中不断被平衡:传承并发展的博雅人文学院为大学结构提供了真正的,以及象征意义上的核心;高水平专业学院的创建和选课制的实施,不仅改造了传统职业依靠学徒制培养的方式,还吸纳新兴职业内容将它们转化为专业教育。这不仅让职业与专业之间的区别日渐模糊,而且正是由于担负起了专业教育的职责,大学才广泛地走入了美国民众的生活③。

(二)发展成效

成效一是逐渐形成了支持和规范非营利性私立高校发展的外部环境。首先联邦政府开始成为支持院校发展的重要力量。美国教育部(1867年④)、国防研究委员会(1940年)和科学研究与发展局(1941年)等机构的成立,《莫里法案》(1862年和1890年)、《哈奇法案》(1887年)和《史密斯-利佛法案》(1914年)等法案的颁布,使联邦政府不仅为私立院

---

① 亚瑟·M.科恩,卡丽·B.基斯克.美国高等教育的历程(第2版)[M].梁燕玲,译.北京:教育科学出版社,2012:72.

② F. RUDOLPH. The American College and University: A History [M]. New York: Knopf, 1962: 344.

③ F. RUDOLPH. The American College and University: A History [M]. New York: Knopf, 1962: 340-343.

④ U.S. Department of Education. The Federal Role in Education [EB/OL]. [2016-12-20]. http://www2.ed.gov/about/overview/fed/role.html.

校提供了经费和法规政策支持,还构筑了政府与院校间的宏观管理体制。其次基金会组织成为促进院校结构性变革的主要力量。这些组织用资金作为杠杆,为美国的高等教育建立标准,并运用不同的捐赠策略和方式介入一个院校或一个州的高等教育治理。再次就是包括高等院校协会及其他自愿协会、自愿认证协会及自愿联盟等私人团体的出现,它们对院校自治和学术自由产生了深远影响。这些高等院校协会、专业性的自愿协会、自愿认证协会、各类专业化和学科化的协会及自愿联盟通过研究推动、信息交流、标准制定及资源互助等多种方式支持了院校发展,并愈来愈成为联邦政府、州政府与私立和公立院校之间不可或缺的中间角色。

成效二是非营利性私立高校通过厘清和拓展自己的使命,引领了美国高等教育完整层次结构的建设。通过推动公立高中系统的发展,私立大学把应属于中学教育承担的预科教育部分从大学的教育中剥离,从而确立了大学只专注于中学后教育领域的使命范围。在这个过程中,伴随着美国精英高等教育向大众高等教育过渡的进程,私立大学把本科教育的使命朝两个方向发展:一是"建立和发展了研究生教育体制,并确定哲学博士为最高研究学位"[①];二是为学术上、经济上或心理上未做好准备到大学或四年制学院学习的高中毕业生提供学习两年便结业的终结教育,以及为可进入大学三年级的优秀者进一步深造的转学教育,并确定颁发副学士学位。由此私立大学通过引领使命分化的改革,为"美国创建了由大学、学院和社区学院构成的三级高等教育结构,并形成了由副学士、学士、硕士和博士构成的完整的四级学位制度"[②]。也是在这个过程中,私立院校将使命范围拓展为教学、科研和社会服务三个方面。

成效三是非营利性私立高校顺应环境变化不断进行组织变革和创新,在赢得社会地位的同时,成功实现了转型和发展,走向了现代化。在组织变革方面,非营利性私立高校引领了大学的目标变革、组织结构变革和制度变革,并富有创新特色。大学目标方面,哈佛大学的选修制、《耶鲁1828报告》及《哈钦斯计划》对这个时期大学普通教育的实施具有重要意义,它们对同时代大学目标的变革起了很大的推动作用。[③] 组织结构变

---

① 顾明远,鲁洁,王炳照,等.中国教育大百科全书(第1卷)[M].上海:上海教育出版社,2012:361.
② 王英杰.美国教育[M].长春:吉林教育出版社,2000:130.
③ 张慧洁.中外大学组织变革[M].上海:复旦大学出版社,2005:83.

革方面,私立院校引领了从治理结构的改良到组织结构的分化。像哈佛大学在1865年将选举董事会监督人的权力授予校友后掀起的校友运动①,以及1872年约翰·霍普金斯大学成立后带来的美国大学建设研究生院的热潮,都充分展示了私立院校在推进美国高校组织演进方面的作用和影响。至于制度创新方面,实例不胜枚举。影响深远的除了上文提及的哈佛大学的选修制度外,还有芝加哥大学的学术等级制度(1891年)、约翰·霍普金斯大学系统化的研究生奖学金制度(19世纪70年代)和斯沃斯莫尔学院(Swarthmore College)的荣誉项目(honors program)制度②等。正是通过这些变革和创新,私立院校从传统走向现代,从"封闭走向开放,从单纯传授知识到教学与科学研究并重,从远离社会的象牙塔"③到国家和民众需要并认可的现代大学和学院。

第三节 1944年以后美国非营利性私立高校发展研究

一、发展环境

(一)总体环境

在阐述总体环境之前,有必要首先说明对此阶段的划分依据。美国非营利性与营利性私立院校分野的现实自殖民地时代就已存在了,有研究表明,在1636年,马萨诸塞州的清教徒建立了波士顿公共拉丁语言学

---

① SAMUEL ELIOT MORISON.Three Centuries of Harvard 1636-1936[M].Cambridge:Harvard University Press,1936:309.

② FRANK AYDELOTEE.Breaking the Academic Lock Step:The Development of Honors Work in American Colleges and Universities[M].New York,1944;ROBERT C. BROOKS. Reading for Honors at Swarthmore:A Record of the First Five Year 1922-1927[M].New York, 1927;F. RUDOLPH.The American College and University:A History [M].New York:Knopf, 1962:456.

③ 张慧洁.中外大学组织变革[M].上海:复旦大学出版社,2005:1.

校后的同年也建立了哈佛学院①,而前者是一所以职业教育为导向的私立营利性学校。但是两者在理念上的分野却是自 20 世纪 40 年代政府开始对营利性私立院校进行财政资助后才逐渐被确认和强化的。1944 年 6 月,美国联邦政府颁布了《退伍军人安置法案》,该法案的颁布"标志着营利性大学第一次获得了与非营利性大学同等的地位,在营利性大学就读的退伍军人同样可以获得来自联邦政府的学费和生活补助。②"至此以联邦政府用法案形式承认营利性大学的存在为分界点,美国非营利性私立高校与营利性私立院校分野的时代就此拉开了帷幕。

上述这个阶段涵盖了美国高等教育发展的黄金时代(1945—1970)、高等教育的成年期(1970—2000)③及充满挑战但未能概述全貌的近十几年的时间(2000—   )。这个时期美国在政治方面经历了从超级大国向世界多极化发展新秩序的转变,经济方面则从工业社会进入了信息社会,知识经济时代也迎面而来。而且伴随着冷战的结束,发展经济和提高生活质量,保持以科技和人才为本的全球主导地位和竞争力,成为美国的中心工作和重要议题。④ 人口数量和结构也发生了很大的变化。截至 2010 年全美人口共计 3.1 亿人,其中 65 岁以上人口占比为 13%,已步入老龄化社会,并且白人占比降至 64%,黑人占比降至 13%,美国正从白人、黑人为主导的社会变成一个彻底的多种族多元文化(multicultural)社会。⑤社会文化方面,源自 19 世纪末和 20 世纪初大规模工会运动带来的以注重公平和保护社会弱者的福利主义二战后开始主导美国社会,并直至 20 世纪 70 年代达到高峰;随后以竞争至上、优胜劣汰的社会达尔文主义又卷土重来,在增强美国竞争实力的同时也带来了社会的两极分化。⑥ 总之,这前后两种分别代表美国民主党和共和党不同意识形态的政治哲学

---

① C.A.HONICK.The Story Behind Proprietary Schools in the United States [J]. New Directions for Community Colleges,1995(91):27-40.

② 朱浩,陈娟.美国营利性高等教育监管政策的历史沿革与特点分析[J].复旦教育论坛,2014(3):92.

③ 约翰·塞林.美国高等教育史(第二版)[M].北京:北京大学出版社,2014:244,291.

④ 乔玉全.21 世纪美国高等教育[M].北京:高等教育出版社,2000:199.

⑤ 徐步.够了,战争——美国的国家特性及国际政治评论[M].北京:北京大学出版社,2012:33-36.

⑥ 于时语.红美国、蓝美国、硬美国、软美国[J].南风窗,2004(14):71.

伴随着政党交替不断影响美国社会的各个方面。科学技术方面,信息和通信技术的广泛应用在引起广泛社会变革的同时,极大地改变了人们的生活方式。

(二)具体影响

不断变迁的宏观大环境对非营利性私立高校发展也产生了影响。政治方面,在保持国家竞争力和世界新秩序主导地位的强劲需求推动下,政府对高等教育重要性和作用的认识更加深刻,在加大对大学经费投入的同时,继续大力发展公立高等教育系统并鼓励营利性高等教育发展。非营利性私立大学虽然比上个历史时期获得了更多的政府资助,但却面临公立院校占据主导位置和营利性私立院校崛起更为激烈的竞争局面。为适应现代经济和社会发展对更多高级训练劳动力的需要,美国的高等教育逐渐从大众化走向普及化。① 非营利性私立高校的发展则更加分化和多样化,不同类型的院校通过明确使命和强化特色寻找自我发展空间。院校机构规模日益扩大并复杂化,内部治理方式不断变革。资源不足的压力使非营利性私立高校在不断争取政府资助的同时,积极吸收社会捐赠并进一步加深了与工业界的联系。社会文化方面,人口的变化使院校的服务和课程更加关注学生及家长,并将"非传统学生"(non-traditional student)纳入学院的教育对象中;到20世纪80年代,校园中的"学院文化"也发生了实质性的变化,已经被"青年文化"所取代。② 二战后在服务国家思想的影响下,非营利性私立高校积极投身于满足社会多方需求的活动中,但也陷入了数量与质量、自治与责任、教学与研究、公益与私益等系列冲突中。至于技术,则深刻地影响了高等教育领域的知识性质、教与学的过程及教与学的社会组织。③ 非营利性私立高校也身在其中,并面临着由此引发的诸多挑战。

---

① 菲利普·阿特巴赫认为高等教育的规模扩张有多种原因,但其中一个核心因素是现代社会和现代经济的日益复杂化,需要更多受过高级训练的劳动力。菲利普·G.阿特巴赫,罗伯特·O.波达尔,帕崔凯·J.甘波特.21世纪的美国高等教育:社会、政治和经济的挑战(第2版)[M].施晓光,蒋凯,译.青岛:中国海洋大学出版社,2007:15.

② 约翰·塞林.美国高等教育史(第二版)[M].北京:北京大学出版社,2014:300,302.

③ 帕崔凯·J.甘波特,马克·查.技术与高等教育:新时代的契机与改革[M]//菲利普·G.阿特巴赫,罗伯特·O.波达尔,帕崔凯·J.甘波特.21世纪的美国高等教育:社会、政治和经济的挑战(第2版).青岛:中国海洋大学出版社,2007:313.

二、院校发展情况

(一)整体情况

1.规模

与上一个历史时期相比,美国非营利性私立高校的规模有所增大,类型更加多样,组织结构在学术组织内核趋于一致的情况下,行政组织部分变得更加复杂。据统计,2014—2015学年,美国共有非营利性私立高校1672所,占比美国高等院校总数4627所的36.14%;在学规模为3996089人,占比在学总规模20207369人的19.77%。① 与20世纪40年代非营利性私立高校在高等教育中的规模占比近50%相比,下降明显,这主要是由公立院校的迅猛发展所致。②

2.类型

美国高等教育体系中非营利性私立高校是一个巨大的、令人惊奇和感到扑朔迷离的院校类型。③ 为呈现这一类院校的类型变化,以应用非常广泛的卡耐基高等教育委员会三个不同时点的院校分类情况对比进行说明。自1973年卡耐基高等教育委员会第一次发布高校分类后,截至2015年共进行了8次版本的更新,其中变化较大的是1994年版和2015年版。本书对这三个不同时点非营利性私立高校的数据进行了整理,具体情况如表2-1所示。随着时间的推移,美国高校的类型逐渐多样化,到2015年第8版的院校类型划分中,种类已细分至33种,而非营利性私立高校几乎遍布每一种类型,其多样性可见一斑。1973—2015年间,非营利性私立高校的类型变化体现在以下三个方面(如表2-1):一是博士学位

---

① National Center for Education Statistics. Digest of Education Statistics,2015. Table 317.10. Table 303.10 [R/OL].(2015-10)[2016-10-02]. http://nces.ed.gov/programs/digest/2015menu_tables.asp.

② M. O'NEILL. The Third America: The Emergence of the Nonprofit Sector in the United States[M].Jossey-Bass,1989:49.

③ ALVIN P. SANOFF. Serving Students Well:Independent Colleges Today[M]// JOHN R. THELIN, ALVIN P. SANOFF, WELCH SUGGS. Meeting the Challenge: America's Independent Colleges and Universities Since 1956. The United States of America Library of Congress,2006:37.

表2-1 美国卡耐基高等院校分类系统中非营利性私立高校的分布情况(1973年、1994年、2015年)

1973年分类标准	数量	1994年分类标准	数量	2015年分类标准	数量
一、博士学位授予大学	65	一、博士学位授予大学	76	一、博士学位授予大学	125
研究型大学Ⅰ		研究型大学Ⅰ	32	博士学位授予大学：最高级研究活动	34
研究型大学Ⅱ		研究型大学Ⅱ	10	博士学位授予大学：高级研究活动	31
博士学位授予大学Ⅰ		博士学位授予大学Ⅰ	22	博士学位授予大学：中级研究活动	60
博士学位授予大学Ⅱ		博士学位授予大学Ⅱ	12	二、硕士学位大学及学院	413
二、综合大学及学院	145	二、硕士学位（综合）大学及学院	256	硕士学位大学：大型项目	203
综合大学及学院Ⅰ		硕士学位（综合）大学及学院Ⅰ	190	硕士学位大学：中型项目	126
综合大学及学院Ⅱ		硕士学位（综合）大学及学院Ⅱ	66	硕士学位大学：小型项目	84
三、文理学院	691	三、学士学位学院	558	三、学士学位授予学院	487
文理学院Ⅰ		学士学位学院Ⅰ	157	学士学位授予学院：艺术与科学为重点	226
文理学院Ⅱ		学士学位学院Ⅱ	401	学士学位授予学院：不同领域	205
四、二年制学院	256	四、副学士学院	502	学士学位授予学院：混合学士与副学士学位	47
五、职业学院和其他专业学院	357	五、专业学院	618	学士学位学院：副学士学位主导	9
神学院及圣经学院		神学院及圣经学院	293	四、副学士学位学院	28
医学院和医疗中心		医学院和医疗中心	23	副学士学位学院：传统生源为主；高转学率—传统生源为主	9

续表

1973年分类标准	数量	1994年分类标准	数量	2015年分类标准	数量
其他独立的卫生学院		其他独立的卫生学院	75	副学士学位学院:高转学率—传统与非传统生源兼具	2
工程技术学院		工程技术学院	33	副学士学位学院:高转学率—非传统生源为主	3
商业管理学院		商业管理学院	58	副学士学位学院:混合转学/职业技术—传统生源为主	3
艺术、音乐、设计学院		艺术、音乐、设计学院	71	副学士学位学院:混合转学/职业技术—传统生源与非传统生源兼具	0
法律学院		法律学院	21	副学士学位学院:混合转学/职业技术教育为主	3
师范学院		师范学院	4	副学士学位学院:职业技术教育为主—传统生源为主	2
其他专业学院		其他专业学院	40	副学士学位学院:职业技术教育为主—传统与非传统生源兼具	6
			0	副学士学位学院:职业技术教育为主—非传统生源为主	0
		六、部落学院		五、专业学院	669
				专业两年制学院:健康专业	23
				专业两年制学院:技术专业	10
				专业两年制学院:艺术与设计	9
				专业两年制学院:其他领域	10

续表

1973年分类标准	数量	1994年分类标准	数量	2015年分类标准	数量
				专业四年制学院：宗教信仰相关院校	308
				专业四年制学院：医学院和医疗中心	29
				专业四年制学院：其他健康专业学院	135
				专业四年制学院：工程学院	5
				专业四年制学院：其他技术相关学院	5
				专业四年制学院：商业及管理学院	26
				专业四年制学院：艺术、音乐及设计学院	57
				专业四年制学院：法律学院	24
				专业四年制学院：其他领域	28
				六、部落学院	8
一至六大类合计	1514	一至六大类合计	1730	一至六大类合计	1722

数据来源：Carnegie Commission on Higher Education. A Classification of Institutions of Higher Education[M].Hightstown：McGraw-Hill Book Company，1973；Carnegie Foundation for the Advancement of Teaching. A Classification of Institutions of Higher Education，1994 Edition[R].Princeton：Indiana University Center for Postsecondary Research，1994；Carnegie Foundation for the Advancement of Teaching.The Carnegie Classification of Institutions of Higher Education, 2015 Edition[EB/OL].(2016-02-01)[2016-10-10].https://carnegieclassifications.iu.edu/downloads.php.

第二章　美国非营利性私立高校发展的历史回顾

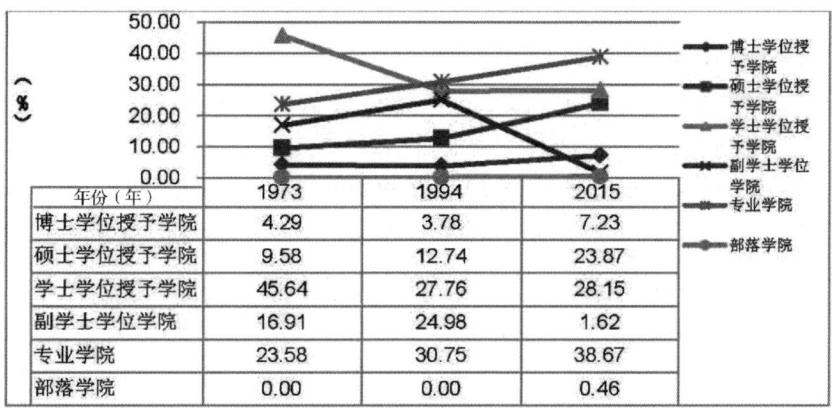

图 2-1　美国不同类型非营利性私立高校在私立院校中
占比变化情况（1973 年、1994 年、2015 年）

数据来源：根据表 2-1 中的数据绘制而成。

和硕士学位授予大学及学院的数量上升明显，1973 年两者在整个非营利性私立高等教育体系中的占比为 13.87%，到 2015 年该数值上升为 31.10%，这一变化体现了非营利性私立高校在声望竞争后的显著成效。二是专业学院数量增加，占比从 1973 年的 23.58%、1994 年的 30.75%，上升至 2015 年的 38.67%，具体到子分类可发现，师范学院、工程技术学院及商业管理学院数量不断减少，健康类学院及宗教背景的专业学院数量有所上升。三是副学士学位授予学院的数量波动明显，1973 年该类院校占比为 16.91%，1994 年上升至 24.98%，但到 2015 年占比仅为 1.62%。与上个历史时期不断出现新的院校类型相比，这个时期非营利性私立高校在不同类型间的演进更引人注目，这应是院校结合环境和自身条件进行选择的结果。

3. 结构

这个时期，非营利性私立高校与其他高校一样，在学术组织的内核方面逐渐趋于一致。高校以专业划分学院和学系，其中大学形成了专业教育学院和文理学院两个基本的运行单位；系是位于两个学院下一层的学术组织，有些大学则按部来划分；为了学术研究的便利，大学还组建了研究单位（organized research units，ORUs）；辅助单位方面最主要的是图书馆和计算机中心,后者是二战后出现的。① 以目前的芝加哥大学(University of Chicago)为例,学术机构有 82 个,其中学系(department)69 个,研究生部门(graduate division)5 个;研究机构(search institutes and centers)167 个。② 行政组织方面,伴随着大学学生服务、教学科研辅助服务、设备设施运行与维护服务、附属机构及一般行政事务服务的增多,行政组织不断增殖,因为每种服务内部都可能设有一大组专业部门。③ 克尔(Kerr)在这个历史时期提出的多元巨型大学,是对此最精要的概括。

具体到不同类型的院校,为支持不同的使命,组织结构也不尽相同。像处于金字塔尖的博士授予学位大学一般有学术门类齐全的学术系科和专业学院,但规模大小不一。以 2014 年数据为例,最大规模的是自由大学(Liberty University),学生数为 81459 人,提供的学位总数有 16031 个,其中博士学位 256 个,硕士学位 7423 个,学士学位 7278 个,副学士学位 997 个;最小规模是以专注医学闻名的梅奥研究生院(Mayo Graduate School),学生数仅为 291 人,提供的学位总数有 67 个,其中博士学位 29 个,硕士学位 38 个。④ 学士学位授予学院因无法授予博士和硕士学位,则无研究生院,而副学士学位学院,很多都没有寄宿学院。

(二)办学理念和目标

在有如此多样和复杂院校类型的时期,要概括非营利性私立高校的办学理念和目标绝非易事。在上一个历史阶段发展积淀的基础上,美国的非营利性私立大学通过对传统教育理念的传承、融合和创新,成长为极富竞争力与个性特征不同的院校群体。

相当数量的古老院校发展成为世界一流大学,像哈佛、耶鲁、普林斯顿等。它们延续古典大学优秀的文化传统,坚守培育英才的核心使命,以

---

① 弗雷德里克·E.博德斯顿.管理今日大学——为了活力、变革与卓越之战略[M].王春春,赵炬明,译.桂林:广西师范大学出版社,2006:58-71.

② University of Chicago.Research Institute and Center[EB/OL].[2016-10-06].http://www.uchicago.edu/research/centers.

③ 弗雷德里克·E.博德斯顿.管理今日大学——为了活力、变革与卓越之战略[M].王春春,赵炬明,译.桂林:广西师范大学出版社,2006:73.

④ Carnegie Classification of Institutions of Higher Education by Indiana University Center for Postsecondary Research.CCIHE 2015 Carnegie Classifications Data File[EB/OL].(2016-02-01)[2016-10-06].http://carnegieclassifications.iu.edu/downloads.php.

开放办学的胸襟,成了"沟通社会各界、身兼各种职能的超级复合机构①",既服务于国家又服务于世界。如普林斯顿的使命是:"致力于以学术、研究、无与伦比的高质量教学促进学习,强调保有世界一流大学中独特的本科生和研究生教育,并承诺为国家和世界服务。"②实际上为国家服务的理念是在普林斯顿建校150周年校庆时提出的,而为世界服务的理念则是在建校250周年时提出的。③ 耶鲁大学的使命则是:"以杰出的研究、学术、教育、传承和实践致力于改善现在和未来世界的一代人。"④

不少后起的现代大学通过继承和超越已有的教育理念,在激烈的竞争中脱颖而出,跻身于世界一流大学行列。⑤尽管康奈尔在创建时就提出了"这是一所让任何人在任何学习领域都能受到教育的学校"的新理念,但发展迄今,其理念内涵更为丰富,目标更为清晰。当前其理念和定位的表述是:"康奈尔是一所位于纽约州私立的、常春藤的赠地大学,康奈尔的使命是发现、传承和传播知识,进行有创造性的工作,通过对康奈尔及以外社区的探究推动文明,并致力于以公共服务来改善学生、纽约市民及全世界公民的生活。"这种演进是大学不断实践及进行哲学反思的成果。像1891年才成立的斯坦福大学,建校起将"让自由之风劲吹"作为校训⑥,并把培养"有用的人"作为目标⑦,进入20世纪50年代则发挥创业精神,创新性地提出了大学与工业发展相结合的教育理念并首创大学科技园模式,实现了现代大学与现代工业社会的完美结合,由此引领了其他大学发展。

综上可发现,当今美国一流非营利性私立高校办学理念与目标有共

---

① 赵一凡.美国文化批评集[M].北京:生活·读书·新知三联书店,1991:34.
② Princeton Universtiy.The Misson of Princeton[EB/OL].[2016-10-06].https://www.princeton.edu/main/about/mission.
③ 别敦荣,陈梦.普林斯顿大学的发展历程、教育理念及其启示[J].现代教育管理,2012(6):107.
④ Yale University.The Misson of Yale[EB/OL].[2016-10-06].http://www.yale.edu/about-yale.
⑤ 别敦荣,张征.教育理念与世界一流大学的形成[J].高等教育研究,2010(7):11.
⑥ Stanford University.About Stanford[EB/OL].[2016-10-06].http://www.stanford.edu/about.
⑦ 别敦荣,张征.斯坦福大学的教育理念及启示[J].国家教育行政学院学报,2011(4):86.

性:即以高质量的教学和研究培养具有国家情怀和兼具世界意识的精英人才,成为处于国际知识系统中心的世界一流大学,在为国家社会经济发展及安全服务的同时,也为世界的文明进步做出卓越贡献。

与此同时,值得关注的另一个非营利性私立高校的重要群体是文理学院。二战后,在经历了可怕的衰退期后,文理学院的办学理念和目标发生了分化。一部分院校进行了创新,另一部分则坚守传统,还有一部分则在传统的框架内进行了创新。① 1889 年成立的艾格尼丝·斯科特学院(Agnes Scott College)是使命创新的典型②,该校原本只专注女性教育,但现在的研究生教育已经位居全美研究生中获得博士学位前 10% 的院校行列。③ 强化传统方面,一些院校通过建立强大的专业项目来实现,如印第安纳州的圣法兰西斯大学(University of Saint Francis)创建伊始就将康复领域作为学校使命的一部分,现在该校近 30% 的学生注册该项目学习,这个项目也是该大学最大的专业。1877 年建校的瑞吉斯大学(Regis University)则在传统内进行创新④,该校最初是培养男性耶稣教徒的私立文理学院,当 20 世纪 70 年代生源下降,面临生存危机后,同时开始服务传统学生和成人学生,并开设远程课程和线上课程。通过这样的转变,学校获得了长足发展,学校现已有 14000 名学生和 6 个校区,但仍保留了天主教的根基。总之,正如美国独立学院学会(Council of Independent Colleges)的报告所言:"独立学院(independent colleges and uni-

---

① Cornell University. The Misson of Cornell[EB/OL].[2016-12-30].http://www.cornell.edu/about/mission.cfm.

② JOHN R. THELIN, AlVIN P. SANOFF, WELCH SUGGS. Meeting the Challenge:America's Independent Colleges and Universities Since 1956[R/OL].(2006)[2016-10-07]. http://www.cic.edu/About-CIC/Documents/CIC-50th-Anniversary-Book.pdf.

③ JOHN R. THELIN, AlVIN P. SANOFF, WELCH SUGGS. Meeting the Challenge:America's Independent Colleges and Universities Since 1956[R/OL].(2006)[2016-10-07]. http://www.cic.edu/About-CIC/Documents/CIC-50th-Anniversary-Book.pdf.

④ JOHN R. THELIN, AlVIN P. SANOFF, WELCH SUGGS. Meeting the Challenge:America's Independent Colleges and Universities Since 1956[R/OL].(2006)[2016-10-07]. http://www.cic.edu/About-CIC/Documents/CIC-50th-Anniversary-Book.pdf.

versities)不仅能够生存,而且繁荣的关键因素在于他们愿意适应"。①

(三)内部治理

进入 20 世纪以来,美国非营利性私立高校逐步进入了权利共享的多边治理模式。其变化主要体现在以下几个方面:董事会在高校混合式的治理体系中的重要性逐渐增长,教师的权利从第一次世界大战开始增长持续至 60 年代,州政府增强了对院校的监督和控制;这个时期,学生们第一次通过政治运动以及在大众化高等教育市场中的选择变成值得关注的力量。②

1.董事会

卡耐基教学促进基金会在 1982 年发布的《校园的控制:关于高等教育治理的报告》中指出:"董事会制度是美国高校治理结构的基石。"③相比公立院校,美国私立非营利性院校的董事会拥有更大的最终责任,面对更加多样和复杂的院校群体,其规模更大、组成更多样。职责方面,1996 年美国大学与学院董事会协会(Association of Governing Boards of Universities and Colleges,以下简称 AGB)出版的《治理独立学院和大学:受托人,首席执行官,其他校园领袖手册》,对非营利性私立高校董事会的职责做了详细的说明。具体包括:①任命校长;②支持校长;③监督校长;④坚持一个清晰的院校使命;⑤坚持长期战略规划;⑥监督教育项目;⑦保证好的管理;⑧确保院校独立;⑨联系校园与社区;⑩扮演好上诉法院的角色;⑪评估董事会的表现。④ 1991 年 AGB 的一项针对全美 471 所非营

---

① JOHN R. THELIN, AlVIN P. SANOFF, WELCH SUGGS. Meeting the Challenge:America's Independent Colleges and Universities Since 1956[R/OL].(2006)[2016-10-07]. http://www.cic.edu/About-CIC/Documents/CIC-50th-Anniversary-Book.pdf.

② CLARK KERR.Foreword[M]//RICHARD T. INGRAM, et al. Governing Independent Colleges and Universities:A Handbook for Trustees, Chief Executives, and Other Campus Leaders. San Francisco:Jossey-Bass Inc.,1993:XVIII.

③ Carnegie Foundation for the Advancement of Teaching. The Control of the Campus: A Report on the Governance of Higher Education[R]. Princeton, NJ: 1982:72.

④ RICHARD T. INGRAM, et al. Governing Independent Colleges and Universities:A Handbook for Trustees, Chief Executives, and Other Campus Leaders[M].San Francisco:Jossey-Bass Inc.,1993:97-113.

利性私立的 2 年制、4 年制、神学院和专业学院的董事会进行了调查。结果表明,董事中以白人男性为主,但女性比例从 1917 年的 3% 上升至 1991 年的 23%,非裔美国人和少数民族人士自 60 年代开始进入董事会。被调查院校的董事会规模平均为 30 人(公立院校一般为 9 人),其中教师占比 14%,学生占比 10%,校友占比 38%,校外人士占比 35%。① 总之如约翰·W.内森(John W.Nason)所言:"在决定院校使命、目标、计划及项目等高校治理中董事们是中心人物。"②

2.教师

从高等教育黄金时代(1945—1975)开始,教师的专业化程度不断提升,教师通过集体劳资谈判组织和参与院校治理,赢得了更大的控制权。③ 1966 年,美国大学教授联合会、美国教育委员会、美国大学和学院董事会协会,联合签署了《学院和大学治理的声明》(Statement on Government of College and Universities)。该声明指出教师主要负责课程、专业、教学方法、研究及与教育过程相联系的学生的生活等领域,董事会或校长具有审查权和最终决策权,④但是"只能在特殊情况下行使"。⑤ 到了高等教育巩固期(1976—1993),教师的情况发生变化,教师选聘权让位给了平权运动;学术自治变成了不参与(只有极少数教师参与大学评议会和委员会的活动);行业管理被工会合同和院校制度规范取而代之;终身教职让位给了兼职教师和辅助教师。⑥ 20 世纪 90 年代以后,教师的劳动

---

① American Association of University Professors. Statement on Government of Colleges and Universities[J].AAUP Bulletin,1977,63(1):32-36.

② RICHARD T. INGRAM, et al. Governing Independent Colleges and Universities: A Handbook for Trustees, Chief Executives, and Other Campus Leaders[M].San Francisco:Jossey-Bass Inc.,1993:111.

③ 亚瑟·M.科恩,卡丽·B.基斯克.美国高等教育的历程(第 2 版)[M].梁燕玲,译.北京:教育科学出版社,2012:139.

④ American Association of University Professors. Statement on Government of Colleges and Universities[R/OL].(2006)[2016-10-12].https://www.aaup.org/report/statement-government-colleges-and-universities/.

⑤ Carnegie Foundation for the Advancement of Teaching.The Control of the Campus:A Report on the Governance of Higher Education [R]. Princeton:Princeton University Press,1982.

⑥ 亚瑟·M.科恩,卡丽·B.基斯克.美国高等教育的历程(第 2 版)[M].梁燕玲,译.北京:教育科学出版社,2012:235.

力市场发生了巨大变迁：所有院校的全职职位、终身职位都减少了，伴随而来的是其他的学术职位增加。据笔者统计（如表2-2），1995年美国非营利性私立高校教师总体上全职与兼职教师比为1.97∶1，到2015年该数值下降为1.46∶1。教师的专业权利逐渐减弱，院校的权利居于主导地位。当享有与终身教授不同就业权的非终身教授不断增加，而大量兼职教师是否供职完全取决于大学的态度时，教师在内部治理结构中的权利就被弱化了。更深层次的原因则是学术市场几近枯竭。"1972年，持续15年的雇佣潮结束使学术职业降低了流动性，（教师群体）成为对高等院校决策没有任何影响力的权利团体。"①

表2-2 美国全职和兼职教师在具备授予学位权的非营利性私立高校情况（1995年、2015年）

类型	1995年				2015年			
	全职	%	兼职	%	全职	%	兼职	%
私立研究型大学	32350	74.76	10924	25.24	63500	73.24	23200	26.76
私立博士学位大学	25397	68.37	11752	31.63	21700	58.49	15400	41.51
私立综合型大学	36548	59.05	25346	40.95	41400	43.62	53500	56.38
私立文理学院	39018	66.53	19633	33.47	49600	63.59	28400	36.41
合计	133313	—	67655	—	176200	—	120500	—

数据来源：National Center for Education Statistics. Digest of Education Statistics 1995，Digest of Education Statistics 2015，Table 315.60.

3.学生

进入20世纪以来，学生的角色和作用已经从课外活动的领域转向参与院校治理的方面。学生自治的组织形式不断演变，责任也不断扩展。组织形式上已从1900年的学生会（student councils）演变为在代表、监督

---

① 约翰·塞林.美国高等教育史（第二版）[M].北京：北京大学出版社，2014：300，319-321.

和管理学生事务方面的权限进一步拓宽的学生联合会(student associations)[1],且学生联合会之下还衍生出执行、立法和仲裁的分支机构。[2] 制度环境方面,自1944年《退伍军人法案颁布》后,一系列学生权益相关的法案颁布(如表2-3)。学生民主方面也发生了系列的转变:弱势群体、女性及非传统学生更多地获得了受高等教育的机会,这为学生在高等院校治理中的角色变化奠定了基础。"1967年美国大学教授联合会等五个专业学会组织联合制定了《学生权利与自由的联合声明》(Joint Statement on Student Rights and Freedom),从六个方面明晰了学生的权利和自由,包括高等教育入学机会中的权利与自由、课堂上的权利与自由、学生的档案、学生事务、学生校外享有的自由及违纪处分中的程序标准。"[3]1974年卡耐基高等教育委员会对高校治理中学生的权利做了说明:学生应当在教师-学生、董事会-学生、管理者-学生等类似的委员会服务并有投票权;学生还应有自己的委员会以便于在关系学生事务和教育政策等领域决策时能够与教师委员会、管理者委员会及董事会应对;学生应参与教学表现的评估;学生应作为在系部、专业群体及专业学院中课程委员会的代表或为他们设立通道能就学习体验表达看法等。[4]"1991年美国国会通过了《学生知晓权法案》,承认学生拥有知晓校内发生事件信息的权利。"[5]以上都为这个时期学生参与共同治理提供了指导原则及法制基础保障。总之,自第二次世界大战后,学生进入院校共同治理领域已经达成共识,学生以多种组织形式和方式参与院校治理也成为常态,并且系统化

---

[1] 由于美国大学的多样性,各大学对此组织的称谓不尽相同。如匹兹学院(Pitzer College)称之为学生评议会(Student Senate),芝加哥大学称之为学生联合会(Student Association),哥伦比亚大学等称之为学生治理联合会(Students Government Association),还有的大学称之为学生委员会(Students Council, Students Committee),等等。摘自于杨.美国大学学生评议制度探析[J].外国教育研究,2014(3):73.

[2] WALTER P. MAY.The History of Student Governance in Higher Education[J]. College Student Affairs Journal,2010(28):211-213.

[3] American Association of University Professors. Joint Statement on Rights and Freedoms of Students[J].AAUP Bulletin,1968,54(2):258-261.

[4] Carnegie Commission on Higher Education.A Digest of Reports of the Carnegie Commission on Higher Education[M].California:McGraw-Hill Book Company,1974:270-271.

[5] 乜晓燕,吴误.美国大学生参与学校共同治理的经验及启示[J].教育探索,2013(7):149-151.

和制度化。

表 2-3　美国与学生权益相关的高等教育法案（部分）(1944—1973 年)

序号	法案名称	时间
1	退伍军人法案 *Serviceman's Readjustment* Act	1944
2	房屋法案第四章 Title Ⅳ of the *Housing Act*	1957
3	职业教育法案 *Vocational Education Act*	1963
4	高等教育设施法 The *Higher Education Facilities Act*	1963
5	健康专业法案 The *Health Professions Act*	1963
6	民权法第六章 Title Ⅵ of the *Civil Right Act*	1964
7	高等教育法 *Higher Education Act*	1965
8	1972 年教育修正法案 Title IX of the *Education Amendments of* 1972	1972
9	康复法第 504 款 *Rehabilitation Act*（Section 504）	1973

数据来源：SUSAN R. KOMIVES, DUDLEY B. WOODARD, JR. Student Services: A Handbook for the Profession[M]. San Francisco: Jossey-Bass Inc., 1996: 72-73.

4.校长

这个时期,"时代已经变了",成为革新浪潮中革新者巨人的大学校长时代结束了。"大学已经成为巨型大学,校长的性质也随之发生变化……巨型大学的校长是领导者、教育家、创造者、带头人、行使权力者、水泵;他也是官员、管理者、继承者、寻求共识者、劝说者、瓶颈。但是,他主要应该是一个调停者。"① 1986 年,克拉克·克尔(Clark Kerr)和玛丽安·盖得(Marian L.Gade)对全美除了专业学院和两年制私立社区学院之外的800 所高校校长进行了全面研究②。从特征来说,这些校长有 85% 来自非学术领域,另外 15% 中一半以上有过学术管理的经历,校长任期平均 7 年,其中非营利性私立高校校长的年更替率约 11.6%,低于公立院校。从角色来讲,校长是大学和学院管理中最重要的岗位。从历史的维度、环境的角度及所处院校的不同类型来看,校长们需发挥不同的角色和作用。20 世纪 60 年代是院校转型的年代,要求校长要有强大的领导力来引导这种变革,很多校长都是转型院校的创建者,像普林斯顿、耶鲁和威廉姆斯学院等;20 世纪 80 年代关于校长的重要主题则是:良好的经费管理,有效的招生,灵敏的社会联系以及关注生存。这个时期,非营利性私立研究型及精英型院校正致力于获得更高质量的教学研究及院校声望而努力,校长们则在拥有很高声望和高度重视的信任中发挥着领导力;对于新教类院校,校长们怀着为上帝工作的使命感而工作;而对于那些对市场高度敏感的私立院校,校长则被期望尽可能地为适应市场变化而快速反应;低选择性并面临巨大生源压力的文理学院,校长们则被卷入沉重的资金募集工作中。职责方面,校长在管理职责中的如下领域直接负有核心责任(如表 2-4)。从这个时期开始,对大学校长的研究和关注增多。1982 年 AGB 建立了校长领导力委员会(National Commission on Strengthening Presidential Leadership),推动研究的同时也进一步增进了大家对大学校长(包括非营利性私立高校校长)群体的全面认知。③

---

① 克拉克·克尔.大学之用(第五版)[M].高铦,高戈,汐汐,译.北京:北京大学出版社,2008:21.
② CLARK KERR, MARIAN L. GADE. The Many Lives of Academic Presidents: Time, Place, and Character[R]. Washington,DC: Association of Governing Boards of Universities and Colleges, 1986.
③ CLARK KERR, MARIAN L. GADE. The Many Lives of Academic Presidents: Time, Place, and Character[R]. Washington,DC: Association of Governing Boards of Universities and Colleges, 1986:9.

表 2-4　管理层(行政层与董事会)一般责任与隶属校长直接的核心责任情况表

管理的一般责任	建议校长有直接的核心责任
设定目标	√
确立优先领域	√
建立或重构组织结构	√
建立高效的辅助团队	√
积累、分配或重新分配财务资源	
细致地挑选人力资源	
确保高效地使用财务资源	
处理非程序性问题	√
积极联系	(仅与每一类中最重要的部分)
董事会	
教师	
学生	
职员	
校友	
外部	
管理	
信息流	
系统的奖惩措施	
道德建设	√
定义并维护院校的整体性	√
解决院校内部的冲突	√
维护院校自治及成员的自由	√
保证短期绩效	√
保证长期绩效	√

数据来源:CLARK KERR,MARIAN L. GADE.The Many Lives of Academic Presidents:Time, Place, and Character[R]. Washington,DC:Association of Governing Boards of Universities and Colleges,1986:74.

(四)资源获取

1.学生

从美国高等教育大众化的黄金30年开始,院校为了吸引学生,不断打破学业成绩、思想观念和经济条件壁垒。① 很多院校针对学业成绩,提供了补习教育,以至于至20世纪70年代中期,除了那些招生选择性强的学院外,所有学院都提供了补习教育。在公立高校咄咄逼人的竞争压力下,很多私立院校从单一性别院校转为男女生合校,更加积极地吸引非传统学生入学,并开始接纳少数族裔、残疾人等生源。另外,私立的常春藤大学及精英的文理学院为招生提出了以需求为基础的"按需资助"(need-blind)政策,大力提升了他们从社会各个阶层中招募优秀学生的能力。② 不仅如此,私立大学还通过大力募捐改善教学环境、提升课程质量、增强学生体验等方式吸引学生。尤其是一些大学开创的"大学学院"这一选拔性本科生学院的创新模式,如哥伦比亚大学的哥伦比亚学院、约翰·霍普金斯大学及布朗学院的本科生学院等,在获得了巨大成就的同时也收获了很多学生的申请书。③ 鉴于"大学对本科生的吸引力主要取决于学校的总体实力、声誉、学生生活质量、成功职业准备或进入研究生院的前景④"。自1973年卡耐基公司资助的一个工作组制定了卡耐基分类后,很多院校都加入了声望竞争的行列,非营利性私立大学势头则尤其强劲,其驱动力主要是为获得更多的资源和赢得更强的竞争力。进入21世纪以来,大力吸引国际生源成为很多私立院校的选择。据统计2001—2012年间,全美国际学生人数从110000人增至524000人;而在2008—2012年外国学生在F-1签证学习本科或以上学历全美前25名学校中,有10

---

① 亚瑟·M.科恩,卡丽·B.基斯克.美国高等教育的历程(第2版)[M].梁燕玲,译.北京:教育科学出版社,2012:132.
② 约翰·塞林.美国高等教育史(第二版)[M].北京:北京大学出版社,2014:300,271.
③ 约翰·塞林.美国高等教育史(第二版)[M].北京:北京大学出版社,2014:273.
④ 弗雷德里克·E.博德斯顿.管理今日大学——为了活力、变革与卓越之战略[M].王春春,赵炬明,译.桂林:广西师范大学出版社,2006:139.

所院校是非营利性私立高校,其接受的外国学生达 91075 人。[①]

2.教师

师资是大学最关键、最有利的资源。总体上来说,非营利性私立大学从二战以后保持了较低的生师比、较高的薪酬水平、较多样的方法提升教师素质,保持了教师的质量和水平。1973 年来自卡耐基的报告显示,非营利性私立大学生生师比中位数普遍低于公立高校,以研究型大学为例,公立大学的生师比中位数为 22∶1,而非营利性私立大学的只有 16∶1。[②] 薪酬方面,1970—1971 学年,在博士学位授予大学,公立全职教授的薪水是私立的 91%,硕士和本科学位授予学院的教授公立、私立没有显著差异;到 2004—2005 年,博士授予学院中公立高校的全职教授薪水只有私立高校的 77%,本科学位授予学院中公立高校全职教授薪水则相当于私立高校的 83%。[③] 最近的研究也表明,公私立高校教师之间的薪水差距已经从 2004 年的 18% 上升至 2013 年的 24%。[④] 自 20 世纪 60 年代,美国高校开始大力培养博士,教师的学历水平比上个时期显著提升,据统计 1971 年全美高校 45% 的教师拥有博士学位,其中 58% 的人是在 1958 年以后获得的博士学位。[⑤] 自 70 年代开始,美国高校兴起了教师发展运动,不少非营利性私立大学积极参与,显然这对教师水平的提升也大有裨益。

---

① NEIL G. RUIZ.The Geography of Foreign Students in U.S. Higher Education：Origins and Destination[R/OL].(2014-08-29)[2016-11-01]. https://www.brookings.edu/interactives/the-geography-of-foreign-students-in-u-s-higher-education-origins-and-destinations/.

② Carnegie Commission on Higher Education.A Digest of Reports of the Carnegie Commission on Higher Education[M].California：McGraw-Hill Book Company,1974：270-271.

③ AAUP. The Annual Report on the Economic Status of the Profession 2005-06 [R/OL].(2006-03-30)[2016-11-01]. https://www.aaup.org/file/2005-06-Economic-Status-Report.pdf.

④ TYLER KINGKADE. Faculty Pay Survey Shows Growing Gap Between Public, Private Colleges[EB/OL].(2013-04-08)[2016-10-01].http://www.huffingtonpost.com/2013/04/08/faculty-pay-survey_n_3038924.html.

⑤ KENNETH A. SIMON, W. VANCE GRANT.Digest of Educational Statistics 1971 Edition[R].Washington：U.S. Government Printing Office,1972：80.

3.经费

这一时期非营利性私立高校的经费在多元化的基础上逐步摆脱了以学费收入为主的局面,各级政府的资助在经费占比方面虽有波动,但绝对值总体增加,院校自助和创收的收入引人注目(如表2-5)所示。

学费收入方面,从表2-5可知,非营利性私立高校的学费收入总体上呈现下降趋势(除了2008年受金融危机影响,其占比为77.82%外①),1949—1950学年其学杂费收入占总收入的57%,而在2013—2014学年仅为29.58%。以学费为主的经费筹集模式逐步转变。

表2-5 非营利性私立高校资金来源情况(占收入的百分比)

单位:%

收入来源	1949—1950年	1975—1976年	1995—1996年	2013—2014年
学杂费	57	48	43	29.58
联邦政府	12	25	13.8	10.34
州政府及地方政府	4	4	2.6	0.86
礼品和捐赠	23	19	14.3	11.29
其他教育和一般性收入	5	4	26.3	47.93

注:1949—1950年和1975—1976年数据没有包括院校附属收入,或销售服务收入。学生资助计入学费项目。2013—2014年其他及教育一般收入主要是包括投资收益(24.98%)、教育活动(2.75%)、附属企业收入(7.17%)、医院(9.03%)和其他(4.01%)。

数据来源:1949—1950年和1975—1976年数据摘自亚瑟·M.科恩,卡丽·B.基斯克.美国高等教育的历程(第2版)[M].梁燕玲,译.北京:教育科学出版社,2012:168;1995—1996年数据摘自National Center for Education Statistics. Digest of Education Statistics 1998:Table 326;2013—2014年数据摘自National Center for Education Statistics. Digest of Education Statistics 2015:Table 333.40.

各级政府资助层面,联邦政府比州政府更多地惠及非营利性私立高校;经费资助的占比在高等教育黄金30年有一个显著的增加,随后回落,但绝对值增长较大,另外各级政府构筑的资助体系比上个时期更为复杂

---

① National Center for Education Statistics. Digest of Education Statistics 2015:Table 333.40[EB/OL].[2016-11-01]. http://nces.ed.gov/programs/digest/d15/tables/dt15_333.40.asp.

丰富。如表2-5所示,在1949—2014年选取的年份中,联邦政府对非营利性私立高校的资助占比均超过州政府。经费支持额度方面增幅明显,以联邦政府用于中学后教育和培训的学生资助经费为例,1963年其额度大概约为2亿美元,但40年后,其每年用于学生资助的资金超过940亿美元;①这些资助覆盖了每年进入高等院校1900万学生中的40%,其中非营利性私立高校的参与率为38%。②联邦政府资助模式自20世纪初开始变得分散,以1950年为例,联邦政府有19个部门参与了对教育项目的经费和服务支持;③其资助的方式主要是税收优惠和常规资助项目两种。其中税收优惠方式主要包括对高等院校的免税待遇及对捐赠者的税收减免;常规资助项目主要面向研究与发展、填补缺口与特殊需求及学生和家庭等几个方面。④以合同式研究项目为例,2001年联邦政府提供的经费总共约220亿美元,主要集中于研究型大学,⑤其中有相当部分的院校属于非营利性私立高校。

在慈善捐赠方面,大型的基金会继续支持非营利性私立高校的发展。以1950—1960年为例,福特基金会联合其他基金会支持了私立大学以及行为和社会科学方面;仅在1955年,福特基金会就拨出5.6亿美元用于援助私立大学提高教师工资,并帮助私立医学院改善教学和服务。⑥ 校

---

① 菲利普·G.阿特巴赫,罗伯特·O.波达尔,帕崔凯·J.甘波特.21世纪的美国高等教育:社会、政治和经济的挑战(第2版)[M].施晓光,蒋凯,译.青岛:中国海洋大学出版社,2007:133.

② 菲利普·G.阿特巴赫,罗伯特·O.波达尔,帕崔凯·J.甘波特.21世纪的美国高等教育:社会、政治和经济的挑战(第2版)[M].施晓光,蒋凯,译.青岛:中国海洋大学出版社,2007:126.

③ CARTER DAVIDSON. Government Support of Private Colleges and Universities[J]. The Annals of the American Academy of Political and Social Science, 1955(301):114.

④ 菲利普·G.阿特巴赫,罗伯特·O.波达尔,帕崔凯·J.甘波特.21世纪的美国高等教育:社会、政治和经济的挑战(第2版)[M].施晓光,蒋凯,译.青岛:中国海洋大学出版社,2007:144,126.

⑤ 菲利普·G.阿特巴赫,罗伯特·O.波达尔,帕崔凯·J.甘波特.21世纪的美国高等教育:社会、政治和经济的挑战(第2版)[M].施晓光,蒋凯,译.青岛:中国海洋大学出版社,2007:129.

⑥ 约翰·塞林.美国高等教育史(第二版)[M].北京:北京大学出版社,2014:300,263.

友捐赠也一直是非营利性私立高校的强项,以1999—2000学年为例,566所非营利性私立高校的校友共捐助了40亿美元的经费,占这些院校一般经费支出的8.6%。① 另外从20世纪60年代开始,哈佛及其他机构尤其是私立部门已经意识到不能将资金募捐作为次要事务,设立专职部门及发展专业工作人员成为很多非营利性私立高校的选择。专业化和系统化的捐赠策略显示出了强大效果:以2005年全美最大捐赠额市场价值排行榜为例(如表2-6),②前5名院校均为非营利性私立常春藤院校,其专业化的运作回报率非常可观(每家都超过14%),增幅明显,5家的捐赠市场价值总额从1992年的204.4亿美元增长到2005年的705.2亿美元。

表2-6 2005年全美前5名拥有最大捐赠市场价值的院校名单

高等院校名称	性质	捐赠额价值2005($10亿)	回报率2005	捐赠额价值1992($10亿)	年增长率1992—2005
哈佛大学(Harvard University)	私立	25.47	16.2%	7.61	9.7%
耶鲁大学(Yale University)	私立	15.22	19.3%	3.95	10.9%
斯坦福大学(Stanford University)	私立	12.40	16.6%	2.84	12.0%
普林斯顿大学(Princeton University)	私立	10.72	14.1%	3.91	8.1%
麻省理工学院(Massachusetts Institute of Technology)	私立	6.71	14.7%	2.13	9.2%
合计	——	70.52	——	20.44	——

数据来源:JOSH LERNER, ANTOINETTE SCHOAR, JIALAN WANG.Secrets of the Academy: The Drivers of University Endowment Success[R]. NBER Working Paper, 2008:23.

非营利性私立高校为增加资助与创收收入,不断拓展自己的活动领

---

① D. R. MORGAN, A. E. KAPLAN. 2000 Voluntary Support of Education[R]. New York: Council for Aid to Education,2001:38-39.

② JOSH LERNER, ANTOINETTE SCHOAR, JIALAN WANG.Secrets of the Academy: The Drivers of University Endowment Success[R].NBER Working Paper, 2008:23.

域。这些领域是:开展继续教育的课程与研讨班、为产业和社区提供服务、图书馆以及相关的数据服务、管理专利和产业联合的研究开发活动等。像伦瑟尔理工学院是最早建立新型创业"孵化器"的院校之一;斯坦福大学于20世纪70年代建立工业园区的初衷是为了收取土地使用费。[①]以哥伦比亚大学为例,其2003年财务报告显示:捐赠收入40亿美元,年度基金筹资3亿美元,拥有52家附属企业,169份与私人企业的研究合同,年度专利收入1.33亿美元。[②]

(五)教学、科研及社会服务

1.教学

这个时期,美国高等院校在人才培养的类型、层次、内容及方式等方面发生了诸多变化,在这些变化中非营利性私立高校也进行了大胆实践与改革创新,在塑造院校特色形成自我竞争力的同时,也引领了美国其他高校教育教学的改革与发展。

在人才培养的类型和层次方面,这个时期研究生水平的人才增幅显著。以授予的博士学位人数为例,1949—1950学年博士学位的授予人数是6420人,1970—1971学年为64998人,后者是前者人数的10倍;到2013—2014学年为177580人,约为1970—1971学年人数的2.73倍。[③]非营利性私立高校对研究生水平人才的培养贡献不容忽视。如表2-7所示:从1970—1971学年至2013—2014学年43年的时间中,美国各类高校共授予3895892人博士学位,其中非营利性私立高校共授予1255411人博士学位,占比32%;共授予15694529人硕士学位,其中非营利性私立高校共授予4846073人硕士学位,占比31%;共授予44384382人学士学

---

① 弗雷德里克·E.博德斯顿.管理今日大学——为了活力、变革与卓越之战略[M].王春春,赵炬明,译.桂林:广西师范大学出版社,2006:109.

② STEVEN BRINT.Creating the Future:"New Direction" In American Research University[J/OL].(2005)[2016-11-10].http://higher-ed2000.ucr.edu/Publications/Brint%20(2005).pdf.

③ 注:1949—1950年数据来自约翰·塞林.美国高等教育史(第二版)[M].北京:北京大学出版社,2014:300,262;1970—1971学年和2013—2014学年数据来自National Center for Education Statistics. Digest of Education Statistics 2015:Table 318.40[EB/OL].[2016-11-12].http://nces.ed.gov/programs/digest/d15/tables/dt15_318.40.asp.

位,其中非营利性私立高校共授予 8691685 人学士学位,占比 20%;共授予 22950001 人副学士学位,其中非营利性私立高校共授予 914077 人副学士学位,占比 4%。

表 2-7　美国不同类学位授予学院授予不同水平学位的数量
总计及占比情况(1970—1971 学年至 2013—2014 学年)

高等院校	副学士学位		学士学位		硕士学位		博士学位	
	人数	占比(%)	人数	占比(%)	人数	占比(%)	人数	占比(%)
公立	19667699	86	34481415	78	10098824	64	2584708	66
非营利性私立	914077	4	8691685	20	4846073	31	1255411	32
营利性私立	2368225	10	1211282	2	749632	5	55773	2
总计	22950001	100	44384382	100	15694529	100	3895892	100

数据来源:根据 Digest of Education Statistics 2015:Table 318.40 测算。http://nces.ed.gov/programs/digest/d15/tables/dt15_318.40.asp。

美国非营利性私立高校在本科生课程与教学方面创新颇多。博雅教育方面,哈佛大学的"红皮书"和哥伦比亚大学丹尼尔·贝尔的《通识教育改革》影响深远。二战后,很多私立学院遭遇了生存危机,这激发它们进行了系列强调质量的课程改革,包括荣誉项目、专题讨论课、提前毕业项目、独立学习、出国学习项目和小班制等,取得了显著的效果。[①] 1975 年后,伴随着注册人数下降以及非传统学生(non-traditional)的增加,学校的课程和服务都更加关注学生、家长及赞助人。"公私立大学的学生都要求课程与自己的需求密切相关,课程的职业化倾向明显。"[②]这主要源于学科发展带来的专业不断分化所致。"本科教育阶段,20 世纪 90 年代中

[①] 约翰·塞林.美国高等教育史(第二版)[M].北京:北京大学出版社,2014:300,263.

[②] STEVEN BRINT.The Rise of the "Practical Arts"[M]//STEVEN BRINT.The Future of the City of Intellect.Stanford:Stanford University Press,2002:231-259.

期增长最为迅速的学位领域在30年前都不存在。"①到2005年,86%的副学士学位、59%的学士学位、83%的硕士学位、50%的博士学位都授予了那些主修专业课或职业课程的学生。② 自90年代中期以来,可持续发展理念影响了高校教学,学生广泛参与服务学习(serving learning)以培养他们对社会公共责任的担当意识。如非营利性私立文理学院——沃伦威尔逊学院(Warren Wilson College)就要求学生四年中要在校园外服务100个小时,且其中25%的时间只能服务于一个组织。③

这个时期,技术对高等院校的课程和教学影响巨大,学院从地域的限制中解放出来提供高等教育,非营利性私立高校也是弄潮儿。1957年,私立天主教大学——底特律梅西大学(University of Detroit Mercy)就宣称它要将2/3的课程通过电视传送到学生家里。④ 21世纪后,技术革命深刻地影响了高等院校的教与学。以被全美远程教育协会授予最佳远程教育项目的私立大学——伦勒斯理工学院为例,1986年建立远程教育项目后,至1999年,其远程教育项目已注册了60个不同区域的1000多名学生。⑤ "现代科技也大量用于大学教学和管理当中……2007年的一项计算机使用全国性调查中,几乎所有被调查的院校都使用了网络课程,85%的院校学生成绩单已经上网。"⑥2012年,"大规模网上在线课程"(Massive Open Online Course,以下简称MOOC)时代来临,很多顶尖的私立非营利性院校加入,并且建设MOOC平台已成为各国进行全球教

---

① STEVEN BRINT.The Rise of the "Practical Arts"[M]//STEVEN BRINT. The Future of the City of Intellect.Stanford:Stanford University Press,2002:232.

② 亚瑟·M.科恩,卡丽·B.基斯克.美国高等教育的历程(第2版)[M].梁燕玲,译.北京:教育科学出版社,2012:328.

③ JOHN R. THELIN, AlVIN P. SANOFF, WELCH SUGGS. Meeting the Challenge:America's Independent Colleges and Universities Since 1956[R/OL].(2006)[2016-10-07]. http://www.cic.edu/About-CIC/Documents/CIC-50th-Anniversary-Book.pdf.

④ F. RUDOLPH. The American College and University: A History[M]. New York:Knopf,1962:491.

⑤ BRADFORD C. LISTER, MICHAEL M. DANCHAK, KIM A. SCALZO,et al. The Rensselaer 80/20 Model for Interactive Distance Learning[J/OL].(1999)[2016-11-24].https://files.eric.ed.gov/fulltext/ED450714.pdf.

⑥ 亚瑟·M.科恩,卡丽·B.基斯克.美国高等教育的历程(第2版)[M].梁燕玲,译.北京:教育科学出版社,2012:331.

育竞争的重要战略。2013年,"小规模在线课程"(Small Private Online Course)引领了在线课程新时代,包括哈佛大学、麻省理工学院等非营利性私立高校也纷纷加入,取得了不错的成效。① 总之,面对信息技术挑战,非营利性私立高校是勇敢积极的应对者。

2. 科研

在政府和市场两种力量的推动下,科研在非营利性私立大学中被作为重要的职能发展迅速且成果卓著。"第二次世界大战后,研究作为一项独立的职能和运营活动被清晰地建立起来,其费用主要由联邦政府负担,大学因此可以在国家研究中承担大部分的工作。"② "到20世纪末已经形成了一种趋势:大约一半的国家基础研究在大学中完成,大约2/3的大学研究经费来自政府,大约一半的基础学术研究经费流入排名前25的研究型大学。"③ 以2014年为例,非营利性私立高校研发经费的56%来自联邦政府,总额达1442亿美元。④

市场力量方面,麻省理工学院和斯坦福大学两所院校以把基础研究同教学和产业创新相结合,创立了新的发展研究型大学的模式。大学—工业合作研究中心、工程研究中心、科学技术中心等项目自20世纪70年代起迅速发展,非营利性私立大学参与其中,如麻省理工学院的复合物加工研究中心、杜克大学心血管病新技术工程研究中心、布朗大学材料研究室、康奈尔大学材料研究中心等。⑤ 工业企业对该类研究中心的投入不断增加,1953年投入为1.09亿美元,2000年则为21.27亿美元。⑥

---

① 康叶钦.在线教育的"后MOOC时代"[J].清华大学教育研究,2014(2):85-92.

② 菲利普·G.阿特巴赫,罗伯特·O.波达尔,帕崔凯·J.甘波特.21世纪的美国高等教育:社会、政治和经济的挑战(第2版)[M].施晓光,蒋凯,译.青岛:中国海洋大学出版社,2007:340.

③ 菲利普·G.阿特巴赫,罗伯特·O.波达尔,帕崔凯·J.甘波特.21世纪的美国高等教育:社会、政治和经济的挑战(第2版)[M].施晓光,蒋凯,译.青岛:中国海洋大学出版社,2007:342.

④ National Science Board.Science&Engineering Indicators 2016[EB/OL].(2016)[2016-11-24].http://www.nsf.gov/statistics/2016/nsb.

⑤ 谷贤林.美国研究型大学管理——国家、市场和学术权力的平衡[M].北京:教育科学出版社,2008:84.

⑥ BRONWYN H. HALL. University-Industry Research Partnerships in the United States [DB/OL].(2014)[2016-11-10].http://eml.berkeley.edu//~bhhall/papers/BHH04_Kansai.pdf,2014/.

这一时期民间机构对大学及研究生教育的评价对非营利性私立高校研究有显著影响。1957年,非营利性私立研究型大学——宾夕法尼亚大学首次开展了对内部的研究生教育评估,随后美国教育委员会(1964)和全国研究委员会(1982)先后开始对研究生教育质量进行专业评价,另《美国新闻与世界报道》也于1990年开始对最好的研究生院进行排名。[①] 这些外部评价有力地促进了大学对学术声誉的竞争,也推动、引导和规范了包括非营利性私立大学的研究生教育及学术研究的开展。这个时期基金会组织除了支持经费外,还通过系列报告从政策层面引导各类大学发展,如卡耐基高等教育委员会发表的《质量与平等:联邦政府高等教育责任的新基准》、卡耐基教学促进基金会《学术水平的反思:教授工作的重点领域》及高等教育财经委员会(美国主要私立研究型大学为代表)发表的《为美国民主社会服务的高等教育》等。

在院校(包括非营利性私立高校)内部,值得关注的另一个显著趋势是跨学科研究的广泛开展,而不少院校将其作为抢占学术水平高地的重要战略。1970年,杜克大学(Duke University)开展了"自我意识的前卫文化研究",成为第一批进行跨学科研究的大学,1987年它更是启动了"跨越边界计划"(Crossing Boundaries Plan)。[②] 麻省理工学院史上就有设立跨学科工业实验室的传统,在1998年它成立了工程系统部(Engineering System Divison),2003年启动了计算机信息系统生物计划(Computational and Systems Biology Initiative)以此来促进基于院校系统的跨学科研究。[③] 西北大学则分别于1997年和2004年在战略规划中都强调了要推动跨学科研究的发展,哈佛大学、卡耐基梅隆大学等诸多非营利性私立高校也有类似尝试。正如《研究型大学跨学科战略》的作者所

[①] 谷贤林.美国研究型大学管理——国家、市场和学术权力的平衡[M].北京:教育科学出版社,2008:155-163.

[②] CRESO M. Sá. Interdisciplinary Strategies at Research-Intensive Universities [M/OL].(2006)[2016-11-10].https://scholar.google.com/scholar?hl=zh-CN&q=Interdisciplinary+Strategies+at+Research-intensive+Universities&btnG=&lr=.

[③] CRESO M. Sá. Interdisciplinary Strategies at Research-Intensive Universities [M/OL].(2006)[2016-11-10].https://scholar.google.com/scholar?hl=zh-CN&q=Interdisciplinary+Strategies+at+Research-intensive+Universities&btnG=&lr=.

言:"跨学科已经成为当今高等教育中闪闪发光的领域。"[1] "相比公立院校,非营利性私立高校更倾向于把学者的兴奋点与新领域相联系。"[2]

3.社会服务

20世纪60年代,克拉克·克尔就精辟地指出:"大学作为知识的生产者、批发者和零售者不能逃避服务。今天,知识是为了造福每一个人。"[3] 这个时期,社会服务已经成为很多非营利性私立高校使命的一部分,为此它们建立了专门的机构并分配了经费,为社会服务的领域也广泛地深入到经济、政治和文化等各个方面。

2001年,大卫·J.毛里斯(David J. Maurrasse)通过《超越校园,大学是如何与社区建立伙伴关系》一书,对高等教育的社会服务使命及实践进行了系统阐述,并将非营利性私立研究型大学——宾夕法尼亚大学(以下简称宾大)作为典型个案进行了描述。宾大系统全面地进行社会服务的实践,能非常好地让我们洞悉非营利性私立高校是如何通过自身努力赢得社会支持并卓越发展的。历史的角度来看,宾大创建者把宾夕法尼亚放在大学的名字中就蕴含了其要服务地方的理念,当前它更是把对社会责任的认知与担当作为院校的传承清晰地表述在其使命中:"宾夕法尼亚大学是一所承诺能为社区的每个成员带来力量和活力的城市大学……为此,宾夕法尼亚大学将积极地与所在的城市、州和区域建立联系并将服务于宾夕法尼亚区的近邻为使命……"[4] 接着,宾大制定了与政府密切联系以影响支持私立院校发展的政策、与行业企业及高等院校建立合作关系获取资源、用良好的教学和研究促进经济发展与社区生活质量等战略目标。为了完成这个目标,宾大建立了大学城特别服务区(University City Special Services District,UCD)以协调各种服务。宾大是区域经济发展

---

[1] CRESO M. Sá. Interdisciplinary Strategies at Research-Intensive Universities [M/OL].(2006)[2016-11-10]. https://scholar.google.com/scholar? hl=zh-CN&q=Interdisciplinary+Strategies+at+Research-intensive+Universities&btnG=&lr=.

[2] STEVEN BRINT.Creating the Future:"New Direction"in American Research University [J/OL]. (2015) [2016-11-10]. http://higher-ed2000.ucr.edu/Publications/Brint%20(2005).pdf.

[3] 克拉克·克尔.大学之用(第五版)[M].高铦,高戈,汐汐,译.北京:北京大学出版社,2008:65.

[4] DAVID J. MAURRASSE.Beyond the Campus:How Colleges and Universities Form Partnerships with Their Communities[M]. Abingdon:Taylor &Francis ,2001:25.

的发动机。以斥资 1.2 亿美元进行校园周边配套设施建设为例,建设合同的 40% 给予了当地的中小企业。不仅如此,宾大还将自己的一些设施与周边的学校共用。

三、发展问题与成效

(一)发展问题

这个时期非营利性私立高校面临的发展问题非常多,但较为突出的是院校的生存与发展、自治与责任的反思、教学与研究平衡及公益与私益的冲突等。

一是生存与发展问题。"'二战'以后全国的私立高等教育部门被认为濒临危机。"[①]这主要由公立院校和营利性院校的发展所致。1950 年,公私立院校的注册人数还是平分秋色,到 20 世纪 70 年代,公立高校的注册人数已经占到了总人数的约 3/4,到 1980 年,进入公立高校的人数几乎达到 78%。[②]而 1944 年《退伍军人法案》出台后,私立营利性院校开始迅速发展,随着系列法案颁布,联邦政府也开始资助私立营利性院校的学生,其每年的资助额已达 90 亿美元。[③]"老牌院校和大学自 20 世纪 90 年代以来所面临的最重要问题之一就是营利性院校的持续增长和自信心。"[④]公立及营利性院校的不断壮大,一度使很多小型的私立院校纷纷倒闭。存活下来的要么处境艰难,要么已经转型。仅在 1975 年后的二十年,非营利性私立高校中的 1/3 倒闭了。[⑤]据前文表 2-1 所示,1994 年,副学士学位授予学院有 502 所,2015 年则只有 28 所。到 20 世纪 80 年代,受顶尖研究型大学发展及生源份额下降的影响,存活下来的非营利性

---

① 约翰·塞林.美国高等教育史(第二版)[M].北京:北京大学出版社,2014:269.
② 约翰·塞林.美国高等教育史(第二版)[M].北京:北京大学出版社,2014:297.
③ 亚瑟·M.科恩,卡丽·B.基斯克.美国高等教育的历程(第 2 版)[M].梁燕玲,译.北京:教育科学出版社,2012:296.
④ THOMAS BARTLETT. Phoenix Risen: How a History Professor Became the Pioneer of the For-Profit Revolution[J].The Chronicle of Higher Education,2009(10):1,10-13.
⑤ 亚瑟·M.科恩,卡丽·B.基斯克.美国高等教育的历程(第 2 版)[M].梁燕玲,译.北京:教育科学出版社,2012:130.

私立高校面临如何发展的问题,最终不少院校选择了小规模、高质量、特色化的道路。

二是院校自治与责任分担的问题。当非营利性私立高校因承担社会发展责任而更多接受政府大笔资金支持时,关于保持院校自治的问题就更加凸出。哈佛大学是第一个对接受联邦研究资金是否危及学术探究精神这一问题进行探讨的院校,后来出现很多这样的争论。这一形势对整个学术领域产生了很大的冲击,因为它意味着外部的联邦机构有权利改变校园管理和机构目标,包括学术自由的基本宗旨。① 爱德华·希尔斯(Edward Shils)也认为:"美国的一流私立大学已经失去了一部分私立性。……如果它不能扩大或保持来自私人财源的支持比重,或除非联邦政府有更好的政策,它们不仅可能失去私立性,亦即它们的主权,还可能失去部分作为其良好的传统、富足和独立性结果的显赫声誉。"②

三是关于教学与研究的平衡。二战后,"正是由于国防部和其他政府机构(而不是教师)向大学输入了巨额的联邦研究基金,才改变了研究生教育和科学研究与本科教育之间的力量平衡。"③在研究型大学中(包括非营利性私立高校),教师们花在教学上时间的百分比在1984年为50.6%,到1997年只有34.8%。④ 不可避免的,研究与教学的平衡,尤其是关于本科生教育质量,成为很多研究型大学关注的问题。1998年博耶委员会(Boyer Commission)发布《重建本科教育——美国研究型大学蓝图》报告,特别建议要重建一个新的本科生教育模式,提高本科教育质量。⑤ 20世纪60年代,受"大科学"就是"最佳科学"的观念影响,当15所研究型大学接受了近80%的科研经费时,小规模私立文理学院则经历了

---

① 约翰·塞林.美国高等教育史(第二版)[M].北京:北京大学出版社,2014:300,255.
② 爱德华·希尔斯.学术的秩序[M].李家永,译.北京:商务印书馆,2007:195.
③ 菲利普·G.阿特巴赫,帕特丽夏·J.冈普奥特,D.布鲁斯·约翰斯通.为美国高等教育辩护[M].别敦荣,陈艺波,译.青岛:中国海洋大学出版社,2007:269.
④ 菲利普·G.阿特巴赫,帕特丽夏·J.冈普奥特,D.布鲁斯·约翰斯通.为美国高等教育辩护[M].别敦荣,陈艺波,译.青岛:中国海洋大学出版社,2007:272.
⑤ The Boyer Commission on Educating Undergraduates in the Research University. Reinventing Undergraduate Education: A Blueprint for America's Research Universities[R/OL].(1998)[2016-11-20]. https://files.eric.ed.gov/fulltext/ED424840.pdf.

一段非常困难与其竞争科研经费的时期。尽管文理学院不在授予科学博士学位的学校行列,但是它们后续通过专注于小规模的本科生教育,成为有力的研究生输送通道而受到尊敬,到70年代,很多私立文理学院都成为美国国家科学基金会和高等教育改进基金会在本科生科学教育方面的长期支持和合作伙伴。[①] 非营利性私立文理学院通过自己的努力也找到了教学与研究的优势领域。

四是关于公益和私益的冲突。非营利性私立高校作为一种慈善非营利并能获得免税地位的组织主要是因为它们提供了服务于公共利益的高等教育产品。[②] 但是伴随着高等教育私营化的浪潮,非营利性私立高校中的营利性行为增多,院校有很多服务都面向支持经费的企业利益,而教师也被批评为自己服务的兴趣比为公众服务的兴趣要更高。公益与私益的冲突在具体的行为中表现明显。"据统计,在美国有58%的公司要求其资助的大学研究人员推迟6个月发表研究成果。"[③] 而不少非营利性私立高校因学费高额而被指责主要是服务富裕阶层子女的高等教育等。总之,从长远来看,只要非营利性私立高校经费多元的情况存在,公益与私益的冲突就一直存在。

(二)发展成效

这个时期发展成效之一是政府对私立院校资助的原则牢固地树立起来,扶持私立院校的法律、财政、税收及其他管理监督政策渐成系统。法律方面,联邦政府通过1944年的《退伍军人法案》、1963年的《高等教育设施法》、1972年的《高等教育法》修正案等系列法律进一步确立了公私立院校都平等接受政府公共财政支持的权利;州政府则依据各州法律通

---

① JOHN R. THELIN, AlVIN P. SANOFF, WELCH SUGGS. Meeting the Challenge: America's Independent Colleges and Universities Since 1956[R/OL].(2006)[2016-10-07]. http://www.cic.edu/About-CIC/Documents/CIC-50th-Anniversary-Book.pdf.

② BRIAN PUSSER. The Challenge of Convergence: Nonprofit and For-Profit Governance in Higher Education[C]. Annual Meeting of the Cornell Higher Education Research Institute,2002.

③ 阎凤桥.非营利性大学的营利行为及约束机制[J].北京大学教育评论,2005(2):15-18.

过授予私立院校法人资格或特许状以及颁发许可证的手段行使管理权。①财政方面,联邦政府面向公私立院校在研究发展、基建设备和学生等方面建立了经费资助体系;各州则从20世纪60年代开始大量增设资助项目,主要是面向学生、院校及特殊项目或目的资助。②"税收方面设立了对慈善捐赠的所得税扣减;对个人获得的奖学金、社会安全补助金和退伍军人补助金免除税收;向学生提供额外的个人免税;免除非营利性院校财产税等优惠政策。"③其他方面包括州政府通过建立机构加强对私立院校的管理,如华盛顿州和田纳西州是州教育委员会管理、爱达荷州是通过州协调教育委员会、纽约州是教育厅下设立私立学校服务办公室等。④州政府还通过规划协调公私立教育发展,如著名的加利福尼亚州高等教育规划。

成效之二是高等教育中的第三部门组织繁荣壮大,尤其是专门为非营利性私立高校服务和代言的部分,有力地促进了非营利性私立高校发展。这个时期,基金会、协会、学会等各类非营利性、志愿性和专业性的组织为非营利性私立高校的发展做了大量卓有成效的工作。如1975年卡耐基教学促进基金会在《不止生存:不确定时期高等教育的前景》(*More than Survival*:*Prospects for Higher Education in a Period of Uncertainty*)中特别关注了私立高等教育健康生存的问题;1977年卡耐基高等教育政策研究委员会发布了《州政府和私立高等教育》(*The State and Private Higher Education*)的报告,重点就如何更好地支持私立高校发展进行研究并提出政策建议。⑤另外,专门服务非营利性私立高校的全

---

① 张旺.美国私立高等教育发展的制度环境研究[M].北京:知识产权出版社,2009:94-95.

② 张旺.美国私立高等教育发展的制度环境研究[M].北京:知识产权出版社,2009:106-107.

③ 张旺.美国私立高等教育发展的制度环境研究[M].北京:知识产权出版社,2009:71.

④ LOS A.FISHER.State Legislatures and the Autonomy of Colleges and Universities: A Comparative Study of Legislation in Four States,1900-1979[J].Journal of Higher Education,1988(59):51.

⑤ The Carnegie Foundation for the Advancement of Teaching.The States and Private Higher Education Problems and Policies in a New Era[M].San Francisco:Jossey-Bass,1977:Preface.

国及地方的各类协会和组织纷纷成立(如表2-8)。如1976年,代表私立院校整体利益的全国性组织——全国独立学院和大学协会成立,现有会员1700所院校,其宗旨是:"发展促进独立高等教育在多元体制中满足美国教育需要能力的公共政策和增进公众对私立高等院校的理解。"①地方性的组织也纷纷成立,到90年代,大部分州都成立了非营利性私立高校的协调和专业服务组织。这些组织对影响政府决策、维护非营利性私立高校利益,以及促进院校间交流和质量提升发挥了重要作用。

表2-8 美国部分非营利性私立高校全国性和地方性协会组织

序号	名称(会员院校数量)	成立时间	性质
1	独立学院委员会(The Council of Independent Colleges)②	1956	全国
2	高等教育资助协会(35)(The Consortium on Fiancing Higher Education)(35所院校)③	1974	全国
3	全国独立学院和大学协会(National Association of Independent Colleges and Universities)④(1700所)	1976	全国
4	亚拉巴马州独立学院和大学联盟(AAICU)(The Alabama Association of Independent Colleges and Universities)(14所院校)⑤	1969	地方
5	堪萨斯州独立学院联盟(Kansas Independent College Association)(19所院校)⑥	1976	地方

---

① National Association of Independent Colleges and Universities. About NAICU [EB/OL].[2016-11-20].https://www.naicu.edu/about.

② National Association of Independent Colleges and Universities. About NAICU [EB/OL].[2016-11-20].https://www.naicu.edu/about.

③ JANET LAVIN RAPELYE .Consortium on Financing Higher Education[EB/OL].[2016-11-20].http://web.mit.edu/cofhe/.

④ National Association of Independent Colleges and Universities. About NAICU [EB/OL].[2016-11-20].https://www.naicu.edu/about.

⑤ National Association of Independent Colleges and Universities. About NAICU [EB/OL].[2016-11-20].https://www.naicu.edu/about.

⑥ Kansas Independent College Association[EB/OL].[2016-11-20].http://www.kscolleges.org/.

成效之三是这个时期非营利性私立高校积极应对挑战,不断转型和强化竞争优势,用卓越成就和强大生存力证明了自身存在的价值和不可或缺性。20世纪70年代中期,非营利性私立高校一度遭到公众和政治舆论的反对,主要是对该类院校是否能独立生存及社会公众是否需要存有疑虑。[①] 面对这样的压力,非营利性私立大学传承本科人才培养的优秀传统,着力成为高质量本科教育的主要供给者,同时在保有研究生教育创新者的基础上,大力进行高水平的基础研究和应用研究,占据了美国高等教育学术等级金字塔的塔尖位置,并且用切实的行动广泛服务了美国的政治、经济和社会文化的发展。这样的贡献和地位诚如希尔斯所言:"没有任何一个国家的私立大学在本国的高等教育体系中享有美国私立大学那样的卓越地位。"[②]"到20世纪后,已经没有人就是否需要非营利性私立高校进行质疑,它已经成为美国高等教育非常关键的组成部分。"[③]综上,正如菲利普·阿特巴赫所言:"现代大学一直保存着传统模式中的关键成分,即便是在巨大社会变革的时代,为了满足社会需要,大学也成功地进行了演进"。[④] 非营利性私立高校的发展成效也正体现于此。

---

① 爱德华·希尔斯.学术的秩序[M].李家永,译.北京:商务印书馆,2007:178.
② 爱德华·希尔斯.学术的秩序[M].李家永,译.北京:商务印书馆,2007:177.
③ M. O'NEILL. The Third America: The Emergence of the Nonprofit Sector in the United States[M]. San Francisco: Jossey-Bass,1989:55.
④ 菲利普·G.阿特巴赫,罗伯特·O.波达尔,帕崔凯·J.甘波特.21世纪的美国高等教育:社会、政治和经济的挑战(第2版)[M].施晓光,蒋凯,译.青岛:中国海洋大学出版社,2007:20.

第三章　我国非营利性民办高校发展的历史回顾

我国私学教育传统源远流长,但是更能够接近当今非营利性民办高校发展现实的应该是从1882年开始的中国近代大学发展史。历史的叙述帮助我们触及基础,在探究我国非营利性民办高校发展这一具体教育活动的发展变化时,不能不应用到历史的研究方法。以1882年登州文会馆正式成为有高等教育机构性质的学院开始,将1952年私立大学全部调整为公办院校、1982年中华社会大学成立及2010年《国家中长期教育改革和发展规划纲要(2010—2020年)》(以下简称《规划纲要》)的发布这三个历史事件为划分依据,下文将分三个不同的历史发展阶段对我国非营利性民办高校的发展演化进行阐述。这三个时期是:1882—1952年我国近代非营利性私立高校发展的时代,1982—2009年我国改革开放后民办高等教育复兴的时代及2010年后我国营利性和非营利性民办高校分野的时代。

第一节　1882—1952年我国非营利性私立高校发展研究

一、发展环境

(一)总体环境

1882—1952年涵盖了我国高等教育发展史上的三个阶段,分别是清朝末期(1882—1911)、中华民国时期(1912—1949)和中华人民共和国成立初期(1949—1952)。① 这个时期是我国在经历了两次鸦片战争后,在外力作用下由传统社会向现代社会转型的阶段,其政治、经济及文化意识形态都发生了急剧变化。② 政治方面最具标志性的事件是:1905年清廷废除科举制,转向追求实用科技的现代教育制度,此举彻底动摇了中国前现代社会政治结构的基础;③1911年辛亥革命推翻了中国延续两千多年的封建帝制,建立了中华民国政府,从"皇权"向"民权"转变的西方民主共和的政治体制实践开始进行;④1949年共产党领导中国人民实现了完全的独立和解放,成立了中华人民共和国,标志着中国现代民族国家的建立,由此实现了中国社会质的飞跃。在经济方面,其经济基础由小农经济转变为外来殖民主义经济、中国新生资本主义经济和原有的宗法农业经济三种成分复合。⑤ 1840年以后中国资本主义近代工业开始萌芽,20世纪初获得了长足发展,但直至1949年也未完全取代传统农业和手工业。据统计,截至1949年,资本主义近代工矿企业和工厂手工业的总产值占工农业总产值的比重为23.1%。⑥ 文化意识形态方面,除了传统的儒家思想外,还有外来的殖民主义奴化思想和新生的资产阶级思想及其他思潮。这些思想和思潮交叠消长,相互激荡,其旨趣虽异,却能汇成一股改造近代中国的思想巨流。⑦ 但总体而言,这个时期的时代主题乃是救亡图存,其目标指向就是实现"民族独立,人民解放"。

(二)具体影响

中国社会由传统向现代社会巨变的时代背景很多方面都影响了这一

---

① 刘海峰,史静寰.高等教育史[M].北京:高等教育出版社,2010:115,129,189.
② 陈国庆,田兵权,刘莹.中国近代社会转型研究[M].北京:社会科学文献出版社,2005:1-10.
③ 高华.近代中国社会转型的历史教训[J].战略与管理,1995(4):1-10.
④ 郭剑林.中国近代社会的转型与过渡[J].历史教学,2001(2):43-47.
⑤ 陈曼娜,陈伯超.论近代中国社会结构的转型[J].河南大学学报(社会科学版),1996(7):6-11.
⑥ 许涤新,吴承明.中国资本主义发展史(第二卷)[M].北京:人民出版社,1990:1053.
⑦ 孙建华.论近代中国社会思潮的历史演进与马克思主义传入的可能性[J].科学社会主义,2009(6):53-57.

时期我国非营利性私立高校的创立与发展。政治方面,鸦片战争后西方列强入侵中国,为更好地在文化意识形态方面征服中国人民,教会大学作为殖民者统驭国民的工具被创建和发展起来。另外,伴随着中华民国的成立,在提供新的社会力量和政治制度保障的同时还颁布了新学制,确立了允许私人或私法人设立大学的基本原则,这直接促成了国人兴办私立大学的两次热潮。[1] 随后中华人民共和国成立,在创建社会主义教育制度和院系调整的过程中,私立大学被拆分而不复存在。经济方面,外国资本主义的入侵一方面带来了教会大学的设立和发展[2],另一方面也影响刺激了中国近代的民族资本主义。民族资本主义经济的初步发展,为我国近代私立大学的发展奠定了物质基础:他们不仅间接资助非营利性私立大学,还直接创办了一批私立大学。[3] 社会文化方面,教育救国思潮和自由民主观念为私立高校发展提供了思想先导。[4] "反帝爱国、教育救国,既催生了中国近代的私立大学,又为私立大学的发展感召了广泛的社会支持和政府扶助。"[5]另外自19世纪末期资产阶级改良主义的知识分子开启了"民主""人权"等自由主义思潮先河后,中国又经历了新文化运动的民主科学思潮及科学社会主义思潮的演进。这些思潮在为我国非营利性私立高校发展奠定思想和观念基础的同时,也极大地影响了这些学校的办学理念、人才培养等诸多方面。

二、院校发展情况

(一)整体概况

我国近代的非营利性私立大学按照举办者及经费来源分为三类:一类是由国人自办,包括政府官吏、土地所有者、实业界人士和其他爱国人

---

[1] 刘海峰,史静寰.高等教育史[M].北京:高等教育出版社,2010:134.
[2] 顾学稼,林蔚,伍宗华.中国教会大学史论丛[M].成都:成都科技大学出版社,1994:120.
[3] 宋秋蓉.中国近代私立大学研究[M].天津:天津人民出版社,2002:93.
[4] 李志前.民国时期私立高校的发展背景与动因[J].河南师范大学学报(哲学社会科学版),2013(7):173-176.
[5] 宋秋蓉.中国近代私立大学研究[M].天津:天津人民出版社,2002:81.

士及会馆、同乡社等社团捐资或集资兴办；一类是外国驻华社团、个人或企业捐资兴办；还有一类是由外国教会捐资兴办。从发展历程看，中国近代的非营利性私立大学最早出现在清末年间，由外国教会创设。① 其中，最早在我国创建的是美国长老会在山东登州开办的登州文会馆；登州文会馆原是一所小学，后演变为教会中学，1882年登州文会馆正式升为学院。② 据考证，国人自办的第一所非营利性私立大学是1896年由清末洋务大臣盛宣怀所办的南洋公学。③ 中华民国成立之前，我国的近代非营利性私立大学发展尚处萌芽期。这一时期国人自办的非营利性私立大学有1905年成立的中国公学、复旦公学；1908年成立的广东光华医学堂；1911年以后，准许私人设立法政专门学堂后，设立了浙江宁波法政学堂、集湖法政学堂、四川岷江法政学堂等专科学校④。外国驻华社团东亚同文会1900年创办东亚同文书院；德国医生宝隆1907年创办德文医学堂；英国在华的福公司1909年创办焦作路矿学堂。⑤ 外国教会这一时期创设的知名教会大学有圣约翰大学(1892年)、东吴大学(1901年)、震旦大学(1905年)、沪江大学(1906年)、金陵大学(1910年)等。⑥

　　1912年后，中华民国临时政府废除了清政府不允许私人办高等学校的规定，为私人开放了除高等师范学校以外的办学权限，至1917年已有私立大学7所。国民政府成立后，于1929年颁布了《大学组织法》《专科学校组织法》及《私立学校规程》，⑦对私立学校发展进行了规范和整顿。经过这个时期的调整，至1931年全国私立高校共计31所(其中私立大学10所，私立独立学院12所，私立专科9所)，占全国高校数的30%；在校生17924人，占全国在校生总数的39.6%；私立大学教师(含教师、职员)

---

① 杜作润，等.高等教育的民办和私立[M].上海：上海科学技术文献出版社，1993：30.
② 谢竹艳，周川.中国近代基督教大学外籍校长办学活动研究(1892—1947)[M].福州：福建教育出版社，2015：50.
③ 田正平，陈桃兰.中国近代私立大学创建考辨[J].现代大学教育，2007(4)：10-15.
④ 杜作润，等.高等教育的民办和私立[M].上海：上海科学技术文献出版社，1993：31.
⑤ 宋秋蓉.近代中国私立大学研究[M].天津：天津人民出版社，2003：19.
⑥ 杜作润，等.高等教育的民办和私立[M].上海：上海科学技术文献出版社，1993：30.
⑦ 顾明远.世界教育大事典[M].南京：江苏教育出版社，2000：537.

2524人,占全国教师总数的24.8%;教会大学教师1518人,占全国教师总数的14.9%;私立大学设备价值812,886元,教会大学设备价值1,471,998元,分别占全国设备总价值的12.7%和23%。[①] 1937年日本侵华战争爆发,相当数量的私立高校都损失严重,据1939年对27所全国私立专科以上学校的财产损失统计,损失金额达10,345,054元。[②] 抗战胜利后,私立大学继续发展,根据国民政府教育部1947年底统计,全国共有高校207所,其中私立大学24所(13所为教会大学),私立学院31所,私立专科24所。[③] 1949年中华人民共和国成立后,于1951年开始院系调整,至1952年被调整的高校数占全国高校数的四分之三,且私立高校全部被并入公立高校。[④] 至此,近代非营利性私立大学发展的历史暂时中断,直至20世纪80年代初期才又复兴发展。

总体而言,这个时期文中所提及的私立院校中相当部分属于非营利性私立高校。据笔者对1882—1952年间由国人及外国社团、个人及企业创立的42所院校的经费来源考证(如表3-1),有38所院校的创校经费都来源于捐款(其余4校创校经费不详);而21所教会大学(如表3-2所示)其经费主要来源于各个教会拨款,而教会经费则主要来自教徒和富商的捐款[⑤];由此看来,这些学校均是基于捐助行为设立,非营利属性鲜明。另民国时期国民政府通过发布《私立学校规程》《捐资兴学褒奖条例》《私立专科以上学校补助费分配方法大纲》等确立了捐资兴学的法制,以此鼓励、支持发展非营利性私立高校。[⑥]

---

① 第一次中国教育年鉴(丙编)教育概况 第一章 学校教育概况[Z].台北:台北宗青出版社,1991:34-39.

② 南京历史档案馆.中华民国档案汇编(第五辑第一编·教育)[G].南京:江苏古籍出版社,1997:375-377.

③ 第二次中国教育年鉴(第五编)高等教育[Z].上海:商务印书馆,1948:577-587.

④ 董宝良.中国近现代高等教育史[M].武汉:华中科技大学出版社,2007:274.

⑤ 王小丁.中美教育关系研究(1840—1927)[M].成都:四川大学出版社,2009:139.

⑥ 邵金荣.公益性组织认定与社会公平正义:构建科学发展民办教育等公益组织和事业的法制[M].北京:中国社会出版社,2010:38-39.

表 3-1　1882—1952 年我国非营利性私立高校(教会大学除外)情况表(部分)

序号	校名	创办时间	备注
1	南洋公学	1896	创立者盛怀宣,其创建经费主要是盛怀宣本人及轮电两局商户的捐款。①
2	东亚同文书院	1900	创立者为日本东亚同文会,原名南京同文书院,其中日本东亚同文会为受日本政府资助的教育文化组织。②
3	复旦公学	1905	创立者马相伯,1917 年升格为大学本科,改名复旦大学③,1925 年立案。其章程明确本公学由各省官绅倡捐。④
4	中国公学	1906	创立者姚宏业及留学生总会事务所同仁,1930 年立案。创立经费除上海总商会会长曾少卿捐款数千元外,其余均由组织公学同仁自己解囊相助⑤,1936 年停办。
5	德文医学堂	1907	创立者德国医学博士埃里希·宝隆(Erich Paulun),创设经费来自中德两国捐款;1912 年增设工科后改名同济医工学堂,1917 年结束德国人办学,1924 年改名同济大学,1927 年改为国立大学。⑥
6	广东光华医学堂	1908	创立者陈子光、梁培基等人在广州设立光华医学社基础上设立,其经费来源主要是学生学费、杂费、社员补助金及捐赠款。⑦

---

① 田正平,陈桃兰.中国近代私立大学创建考辨[J].现代大学教育,2007(4):10-15.
② 薄井由.东亚同文书院大旅行研究[M].上海:上海书店出版社,2001:10.
③ 傅德华.复旦公学[Z]//中国历史大辞典·清史卷编纂委员会.中国历史大辞典·清史卷(下).上海:上海辞书出版社,1992:537.
④ 李天纲.马相伯卷[M].北京:中国人民大学出版社,2014:46.
⑤ 章玉政.光荣与梦想:中国公学往事[M].杭州:浙江人民出版社,2014:40.
⑥ 翁智远,屠听泉.同济大学史:第 1 卷(1907—1949)[M].上海:同济大学出版社,1987:1,3,15,46.
⑦ 教育部教育年鉴委员会.第二次中国教育年鉴[Z].上海:商务印书馆,1948:236.

续表

序号	校名	创办时间	备注
7	焦作路矿学堂	1909	创立者英国福公司,原名焦作路矿学堂,1927年获认可,1931年改名为私立焦作工学院,经费由福公司筹给,1913年福公司不再提供经费,并停办了学校,后学校复办时经费由中外合资的福中总公司提供①。
8	私立法政大学	1912	创立者何绍杰、王揖唐,1913年改为中华大学,1917年并入中国大学,1925年获认可。
9	国名大学	1912	创立者黄兴、马邻翼,1913年秋与吴淞中国公学合并,改名中国公学大学部,1917年与中公分离,改称中国大学。创立经费呈请民国政府银八万四千五百两为开办费②。
10	大同大学	1912	创立者为立达学社,创立经费主要由社员缴纳的社金支付。③ 1922年备案。
11	私立武昌中华大学	1912	创立者陈宣恺、陈时,1917年备案。创立经费由陈时父亲及伯父续捐田产800亩、白银3000两、官票5000串和书籍3000部④。
12	上海图画美术学院	1912	创立者刘海粟,创立时名为私立上海美术专门学校,创立经费由私人筹集开办费3000元。⑤ 1921年改名上海美术专门学校,1930年改名上海美术专科学校。

---

① 焦作工学院史志编辑室.焦作工学院校史(1909—1999)(第一卷)[M].2002:5-10.

② 顾明远.教育大辞典[Z].上海:上海教育出版社,1991:153.

③ 蒋宝麟.学人社团、校董会与近代中国私立大学的治理机制——以上海大同大学为中心[J].华中师范大学学报(人文社会科学版),2015(1):126-134.

④ 周挥辉.百年华大与百年记忆:掌故·逸事·风物[M].上海:华中师范大学出版社,2013:86.

⑤ 陈烨.上海美专校董事会制度研究[M]//刘伟冬,黄惇.上海美专研究专辑.南京:南京大学出版社,2010:292.

续表

序号	校名	创办时间	备注
13	德华高等实业学校	1912	创立者德国实业家,经费由德方提供。学校后与德文医学堂合并,1917年改为同济德文医学工堂。
14	南阳路矿学堂	1912	创立者林兆禧,1924年改为东华大学。经费情况不详。
15	明德大学	1913	创立者黄兴、胡元倓,1916年曾停办,1919年复办时改名为汉口明德大学,1926年因经费困难停办。① 创立经费来源于经济学会及前清度支部所存饭银。
16	民国大学	1913	创立者汪有龄、江庸,集法学会同仁捐资建立②,1914年获准立案,1916年改为朝阳大学。
17	北京民国大学	1916	创立者马景融、蔡公时,1924年立案。1930年改称私立民国学院。③ 经费自筹。④
18	南开大学	1919	创立者严修、张伯苓,1925年立案。创办经费由徐世昌、黎元洪、梁士诒、周自齐、王占元、陈光远、严修等人捐助,南开中学划拨经费及土地。⑤
19	厦门大学	1920	创立者陈嘉庚,创办经费由陈嘉庚先生捐赠,总共四百万银元。⑥ 1937年改国立大学。

---

① 顾明远.教育大辞典[Z].上海:上海教育出版社,1991:152.
② 邱志红.现代律师的生成与境遇:以民国时期北京律师群体为中心的研究.北京:社会科学文献出版社,2012:111.
③ 马军.近代中国高校校歌选[M].上海:上海社会科学院出版社,2006:252.
④ 北京民国大学创办简章[M]//王学珍,于洸,张万仓.北京高等教育文献资料选编.北京:首都师范大学出版社,2004:380.
⑤ 南开大学校史编写组.南开大学校史(1919—1949)[M].天津:南开大学出版社,1989:86.
⑥ 洪永宏.厦门大学校史(1921—1949)(第一卷)[M].厦门:厦门大学出版社,1990:5.

续表

序号	校名	创办时间	备注
20	南通大学	1920	创立者张謇,南通大学系1928年由南通农科大学、医科大学、纺织大学三校合并而成,这三所学校均由张謇所创办的大生纱厂盈余和募捐所得创办。① 1930年学校立案。
21	中法大学	1920	创立者留法俭学会,经费由中法教育基金会从法国退还的庚子教育基金会中拨付。② 1926年立案。
22	北京平民大学	1921	创立者汪大燮、张仲仁等人,1923年立案。学校经费主要采用集资方式。③
23	私立华北大学	1922	创立者姜梅坞、蔡元培、王书衡、王荫泰、许寿裳、范文澜、姚从吾等人,1924年立案。④ 经费主要是校董捐款及学费收入⑤。
24	畿辅大学	1924	创立者关赓麟,1925年立案,1929年改为北平铁路大学,1932年改为北平铁路学校,1937年停办。⑥ 经费除各董事募捐外,暨学生学费,各路局年助济费若干。⑦

---

① 龚玉和.李升伯传:中国纺机工业的先驱[M].杭州:浙江工商大学出版社,2015:69-70.

② 许睢宁,张文大,端木美.历史上的中法大学(1920—1950)[M].北京:华文出版社,2015:199.

③ 王学珍,于洸,张万仓.北京高等教育史(上卷)[M].北京:中国广播电视出版社,2010:429.

④ 王学珍,于洸,张万仓.北京高等教育史(上卷)[M].北京:中国广播电视出版社,2010:430.

⑤ 邓菊英,高莹.北京近代教育行政史料[M].北京:北京教育出版社,1995:219.

⑥ 王学珍,于洸,张万仓.北京高等教育史(上卷)[M].北京:中国广播电视出版社,2010:430.

⑦ 李文海,夏明芳,黄兴涛.民国时期社会调查丛编:文教事业卷(二编)[M].福州:福建教育出版社,2014:646.

续表

序号	校名	创办时间	备注
25	北京美术学院	1924	创立者王悦之,原名私立北京艺术学校。1934年改为私立北京艺术科职业学校。① 抗战时期学校停办。
26	上海私立新华艺术专科学校	1926	创立者上海美专师生,1928年更名为新华艺术大学,经费系校方多方筹集,1941年学校停办。②
27	冯庸大学	1927	创立者冯庸,1933年学校并入东北大学,创校经费系冯庸捐赠私产150万元。③
28	广州大学	1927	创立人陈炳权、金曾澄,原名私立广州大学。创校经费500元从中央银行和远东银行借来,后期陈炳权等人赴美募集资金。④
29	无锡国学专科学校	1927	创立者施肇曾、唐文治,学校前身为1920年创立的无锡国学专修馆,1927年更名为无锡国学专修院,1928年立案,1929年更名为无锡国学专修学院,初创经费为施肇曾出资八千元联合乡绅捐资。⑤
30	民治新闻专科学校	1928	创立者顾执中、闵刚侯、沈颂芳等6人,创设时名为民治新闻学院,1931年改为民治新闻专科学校。创校经费一千六百元系六位创办人提供。⑥
31	诚明文学院	1928	创立者蒋维乔,创立时原名正风文科大学,1929年改为明正风文学院,1940年改名诚明文学院。

---

① 陈瑞林.20世纪中国美术教育历史研究[M].北京:清华大学出版社,2006:109.
② 陈瑞林.20世纪中国美术教育历史研究[M].北京:清华大学出版社,2006:108.
③ 孙华旭.辽宁高等学校沿革[M].沈阳:辽宁人民出版社,1984:33.
④ 张鸣皋.广州大学与陈炳权[M]//全国政协文史资料委员会.文史资料存稿选编第24辑(教育).北京:中国文史出版社,2002:221.
⑤ 姜海龙.无锡国专的现代启示[M]//刘礼堂.高等教育理论与实践研究探索集.武汉:武汉大学出版社,2016:34,38.
⑥ 顾执中.上海民治新闻专科学校的诞生与成长[Z]//中国社会科学院新闻研究所《新闻研究资料》编辑室.新闻研究资料丛刊(一九八一年第五辑)(总第十辑).北京:新华出版社,1981:194.

第三章　我国非营利性民办高校发展的历史回顾

续表

序号	校名	创办时间	备注
32	雷士德工学院	1934	创立者雷士德,创校经费由雷士德遗产所建的雷士德基金会提供。抗战胜利后学校改名为吴淞商船专科学校,解放后改为上海船务学校,后并入大连海运学院。①
34	新中国医学院	1936	创立者朱南山,创校经费由朱南山及长子朱小南提供,1948年学校停办。②
35	立信会计专科学校	1937	创立者潘序伦,创校经费由私人集资举办。③
36	南华大学	1939	创立者钟鲁斋,原名私立南华农学院,1948年改名南华大学,创校经费为侨胞捐款。④
37	私立中华工商专科学校	1943	创立者中华职教社,学校经费来源有学费收入、基金息金、校董会拨款及其他。⑤
38	新中国大学	1943	创立者上海高校作家协会。⑥ 其余不详。
39	成华大学	1946	成华大学为上海光华大学成都分部留赠成都而立,由邓锡侯、邓文辉主持创办;经费采取向乡绅及商人募捐。⑦ 1952年并入四川财经学院。

---

① 娄承浩,薛顺生.老上海经典建筑[M].上海:同济大学出版社,2002:195.
② 裘沛然.杏苑鹤鸣:上海新中国医学院校史[M].上海:上海中医药大学出版社,2000:511.
③ 郭道扬.中国会计史稿(下册)[M].北京:中国财政经济出版社,1988:627.
④ 张耀荣.广东高等教育发展史[M].广州:广东高等教育出版社,2002:97.
⑤ 重庆市教育委员会.重庆教育志[M].重庆:重庆出版社,2002:451.
⑥ 《上海高等教育志》编纂委员会.上海高等教育志[M].上海:上海社会科学院出版社,2010:45.
⑦ 吕振修.私立成华大学创立及学潮的回忆[M]//成都市政协文史学习委员会.成都文史资料选编教科文卫卷(上卷).成都:四川人民出版社,2007:14.

续表

序号	校名	创办时间	备注
40	川北大学	1946	创立者川北第十二行政区(9县)代表为发起人,原名私立川北农工学院,1949年改名为私立川北大学;经费为各县募集六千万元,川北盐务管理局各盐场捐款一亿元。①
41	私立海南大学	1947	创立者陈策倡议,445位发起人创办,经费为筹集,1951年停办。②
42	江南大学	1947	创立者荣德生,创校经费约200亿法币(约100亿美元)均系荣德生父子从申新各厂的投资。③

数据来源:1.吴惠龄.北京高等教育史料[M].北京:北京师范大学出版社,1992:123-279,298.

2.忻福良.上海高等学校的沿革[M].上海:同济大学出版社,1992:134-148,239-256.

3. 教育部.第一次中国教育年鉴(丙编:教育概况 第一章 学校教育概况)[Z].台北:台北宗青出版社,1991:14-180.

4.全国政协文史资料委员会.中华文史资料文库(17卷)文化教育编[M].北京:中国文史出版社,1996:478-480.

5. 教育部.第二次中国教育年鉴(第二编)教育行政[Z].台北:台北宗青出版社,1991:121-304.

6. 教育部.第三次中国教育年鉴(第七编)高等教育[Z].台北:台北宗青出版社,1991:128-192.

表3-2 中国近代教会大学一览表

序号	学校名称	建校时间*	所属教派
1	齐鲁大学	1911	新教
2	福建协和大学	1908	新教
3	金陵女子大学	1914	新教
4	之江大学	1845	新教

---

① 佘正松.西华师范大学校史(1946—2006)[M].成都:四川大学出版社,2006:2.

② 岭南文化百科全书编纂委员会.岭南文化百科全书[M].北京:中国大百科全书出版社,2006:526.

③ 无锡江南大学.桃李成林60年集成[Z].无锡:无锡江南大学,2007:117.

续表

序号	学校名称	建校时间※	所属教派
5	华中大学	1906	新教
6	华南女子文理学院	1914	新教
7	岭南大学	1916	新教
8	金陵大学	1910	新教
9	圣约翰大学	1892	新教
10	沪江大学	1911	新教
11	东吴大学	1901	新教
12	华西协和大学	1910	新教
13	燕京大学	1867	新教
14	震旦大学	1903	天主教
15	辅仁大学	1925	天主教
16	津沽大学	1923	天主教
17*	铭贤大学①	1916	基督教
18*	文华大学②	1903	基督教
19*	求精商学院③	1940	不详
20*	震旦女子文理学院④	1937	天主教
21*	协和医学院⑤	1905	基督教

注：※因各教会大学的建校基础各不相同，故创建时间以开设专科以上课程、注册备案、招生等时间开始，主要以谢竹艳，周川.中国近代基督教大学外籍校长办学活动研究（1892—1947）[M].福州：福建教育出版社，2015：51.

资料来源：1.序号1～16学校情况根据杰西·格·卢茨.中国教会大学史（1850—1950年）[M].曾钜生，译.杭州：浙江教育出版社，1987：506-509整理。

2."*"标注的17～21号学校情况根据相应文献（见脚注）整理。

---

① 马红宇.中国大学学报发展简史[M].兰州：甘肃科学技术出版社，2013：220.
② 周挥辉.百年华大与百年记忆：掌故·逸事·风物[M].上海：华中师范大学出版社，2013：4.
③ 贾大泉.四川历史辞典[M].成都：四川教育出版社，1993：261.
④ 薛理勇.上海掌故辞典[M].上海：上海辞书出版社，1999：300.
⑤ 马伯英.中国医学文化史[M].上海：上海人民出版社，2010：461.

(二)办学理念与目标

这一时期国人自办,外国个人、社团、公司举办及教会举办的三类不同的大学,其办学理念和目标各不相同。在近代社会的历史背景下,很多创办私立大学的国人都是怀抱教育救国理想,对教育事业有执着信念的知识分子、实业家。其办学理念突出地表现为立足服务中国的现实需求,以传统中国文化为根基,包容吸收西方先进的现代大学制度和精神,建设独立自主的中国人自己的一流私立大学。如以"允公允能"为校训的南开大学始终贯彻的是学以致用的办学理念。[①] 而胡适执掌中国公学时坚持学术思想独立自由的理念,被视为是对中国公学进入发展黄金时代的最大贡献。[②] 再如被誉为近现代第一所美术学校的上海美术专科学校(又名"上海图画学院"),其提出的"发展东方固有艺术,研究西方艺术的蕴奥"[③]的中西融合办学理念,指引学校成为革故鼎新的典范。

国人自办私立大学的办学目标主要集中在以下三个方面:一是创设一流的中国私立大学,为国家培养专门人才;二是弥补国家公立高等教育严重不足;三是传承本国优秀文化,吸纳西方的先进文化,启迪民智,助力国家强盛。如中国公学的目标是"以谋造成真国民之资格,真救时之人才也",而其愿景是"为中国第一等学堂,为世界第一等学堂"。并希望通过中国公学,能"熔全国人才为一炉,破除畛域,可以消祸于无形"[④]。又如私立朝阳大学,其目标是"大学专门人才缺乏,国家高等教育机关之不完备,集合法学会同仁,欲集资创设一专门法科大学,养成法律专门人才,以私人力量辅助国家教育事业之发展"。[⑤]

对于外国社团、个人和企业创办的私立大学,其理念和目标不一。德文医学堂的目标就在于迎合中国文化教育的要求,"通过办学培养了解德国文化、熟悉德国工业产品的人才,力争其科学技术在中国赢得声誉,以

[①] 宋秋蓉.近代中国私立大学办学成功的因素分析[J].高等教育研究,2003(9):99-103.
[②] 章玉政.光荣与梦想:中国公学往事[M].杭州:浙江人民出版社,2014:7.
[③] 张永久.民国三大文妖:张竞生 刘海粟 黎锦晖[M].北京:东方出版社,2010:98.
[④] 章玉政.光荣与梦想:中国公学往事[M].杭州:浙江人民出版社,2014:38-40.
[⑤] 《本校概况》1930[M]//邱志红.现代律师的生成与境遇:以民国时期北京律师群体为中心的研究.北京:社会科学文献出版社,2012:110.

至在政治上和思想上影响中国未来一代的领导层"①。而著名雷士德工学院的建立,则出自捐资人雷士德旅居中国而产生的深厚感情。② 对于近代中国的教会大学,其办学目标主要是服务于传教士所在国文化殖民的需要。"教会大学之大目的,应为训练一班教会中及社会上之领袖;或传道,或教员,或医生,或实业界,或政界,或著述界等等。"③所培养的学生"是为了让他们占领中国的政治、经济、教育、宗教、文化卫生、学术界各个领域,攫取领导权,实现他们'以华治华'的侵略目的"。④

(三)内部治理

1.董事会

这一时期我国的非营利性私立大学开办之初就直接与现代教育接轨,在内部治理方面先后经历了从日本模式向美国模式的转变。⑤ 以民国政府1912年颁布的《大学令》到1924年颁布的要求私立大学参照执行的《国立大学校条例》规范来看,主要变化之一就是私立大学的决策机构从评议会⑥转向了董事会⑦。实际上很多非营利性私立大学较早就设立了董事会,其董事会成员一般包括创立者、大额经费捐助者、知名学者及其他政商领域的社会名流等。如1908年中国公学就成立了董事会,其董

---

① 翁智远.同济大学史:第1卷(1907—1949)[M].上海:同济大学出版社,1987:1-2.
② 房芸芳.苦心志劳筋骨Lester Boy七十年间——雷士德工学院及其学子们[M]//陈燮君.上海文博论丛.上海:上海辞书出版社,2004:82.
③ 王小丁.中美教育关系研究(1840—1927)[M].成都:四川大学出版社,2009:137.
④ 吴洪成.中国教会教育史[M].成都:西南师范大学出版社,1998:108.
⑤ 背景源于有学者研究认为我国当时的高等教育体制经历了从日本模式向美国模式的转变.详见巴蒂斯.是奴役还是解放?——记1840年以来外国教育实践及制度引入中国的进程[M]//许美德,等.中外比较教育史.上海:上海人民出版社,1990:12.
⑥ 根据《大学令》评议会是由校长为议长、各科学长及各科教授互选若干人组成,负责审议各学科之设置及废止、讲座之种类、大学内部规则,审查大学院生成绩及请受学位者合格与否、教育总长及大学校长咨询事宜.详见教育部公布大学令(1912年10月24日)[Z]//中国第二历史档案馆.中华民国史档案资料汇编(第三辑 教育).南京:凤凰出版社,1991:108-110.
⑦ 李海萍.私立非私有:民国初期私立大学内部职权体系研究[J].高等教育研究,2011(11):90-109.

事长为张謇①,副董事长熊希龄,还包括一批关心中国公学的社会名流及早期留学生代表②。又如在1913年,"复旦公学的董事会成员则包括了孙中山、蔡元培、陈其美、于右任、王宠惠等社会贤达与名流,他们聘请毕业于美国耶鲁大学的李登辉担任校长,由此开启了复旦公学的辉煌时代。"③在校董资质及职责权限上,国人自办的非营利性私立高校的董事会的构成及权限都与民国1933年《私立学校规程》规定的内容吻合,如校董会为设立者之代表;设立者为当然校董;董事会至少须有四分之一之校董,以曾经研究教育或办理教育者充任;④"其职责权限包括经费筹划、预算及决算之审核、财务之保管、财务之监察及其他财务事项及选任校长等。"⑤对于教会大学董事会亦为决策机构,"负责为学校提供足够的师资力量和办学经费,以及执行有利于提高学校管理效率的其他职责。"⑥

2.教师

无论是国人自办的非营利性私立大学还是教会大学都较好地体现了大学自治的理念,设立相应的制度让教师参与学校治理。1912年《大学令》以法律的权威赋予大学教授参与大学管理的权力,要求设置全校评议会和各科教授会,这被认为是现代所谓"教授治校"制度的起源。⑦很多非营利性私立大学纷纷按此要求设立,如私立北京民国大学,1916年创

---

① 张謇(1853—1926),字季直,号啬庵,汉族,江苏通州(今南通)人。清末状元,中国近代实业家、政治家、教育家,中国棉纺织领域早期的开拓者。在高等教育领域,他曾创办通州师范学院、通州女子师范学校,协助或参与创办复旦公学、中国公学、南京高等师范、南京河海工程等院校。详见济南市历下区政协,刘书龙.历下名人游踪(近古代卷)[M].济南:济南出版社,2014:261.

② 私家野史.挖历史(第2辑)[M].北京:九州出版社,2014:103.

③ 王杰,祝士明.学府典章:中国近代高等教育初创之研究[M].天津:天津大学出版社,2010:318.

④ 国家教育委员会政策法规司.部分国家和地区私立学校法规选编[Z].北京:北京师范大学出版社,1993:209.

⑤ 国家教育委员会政策法规司.部分国家和地区私立学校法规选编[Z].北京:北京师范大学出版社,1993:209.

⑥ 南京大学高教研究所.金陵大学史料集[M].南京:南京大学出版社,1989:104.

⑦ 何柄松.最近三十五年中国之大学教育[M]//何柄松文集(第2卷).上海:商务印书馆,1996:545-546.

校章程中就明确:本校遵部令设立评议和教授会。① 南开大学则在1923年和1924年分别成立了评议会和教授会,其中评议会由校长、大学主任(建校初期,还有大学部主任,协助校长负责大学校务,1930年根据教育部规定改科为院后,取消大学部主任,设秘书长)、各科主任及教授会议公举教授一人、校长在教职员中指派二人组成②,其具体职权为:评议本校大政方针、规划本校内之组织、根据本校进款及各科、各系、各课之预算支配用途、承受及评议一切建议案及评议本校其他重要事件等。③ "教会大学方面参照近代欧洲大学治校的传统,像圣约翰大学、之江大学等都设立了教授会,经选举进入教授会的成员均有同等发言权和表决权;教授会实行少数服从多数的原则,对学校的重大事务提出处理意见。"④

3.学生(含校友)

近代非营利性私立大学的学生通过同学会及校友会组织在校务管理中发挥了巨大的作用。他们进入学校董事会、成立校友分会、编辑会刊等出版物及募集资金助力学校发展。典型的如复旦公学同学会,其在20世纪20年代后规模日益扩大,发展至30年代初已在南京、天津、开封、江浙、湖南、四川、山东等地设立分会十几处,联络会员达2300余人。对内他们积极介入董事会,仅1933年,就有7位同学进入董事会,占比董事席位的一半;他们发起资金募集活动,并将校友礼充作学校基金;他们编辑会刊和会员通信录,传递会员与母校讯息等。"复旦同学会的校外骨干主要是国民政府、国民党内的元老政要和青年干部,校内骨干则是逐渐占据复旦各领导职位的青年教授。他们内外呼应,声势影响日益扩大,不仅成为复旦大学的实际掌控者而且在政学两界不断拓展势力范围,外界将他们称为'复旦系'"⑤。由此可见学生(含校友)对私立院校发展的影响力。

---

① 吴惠龄,李壑.北京高等教育史料第一集(近现代部分)[M].北京:北京师范大学出版社,1992:80.

② 南开大学校史编写组.南开大学校史(1919—1949)[M].天津:南开大学出版社,1989:10.

③ 南开大学评议会章程[M]//王文俊,等.南开大学校史资料选(1919—1949).天津:南开大学出版社,1989:122.

④ 黄新宪.论教会大学对中国高等教育早期现代化的促进作用[M]//顾学稼,林蔚,伍宗华.中国教会大学史论丛.成都:成都科技大学出版社,1994:86.

⑤ 赵永利.教育变革与社会转型:近代上海高等商科教育活动研究(1917—1937)[M].武汉:华中科技大学出版社,2014:160.

4.校长

近代著名的非营利性私立高校背后总有一位优秀的校长,像复旦公学之李登辉、南开大学之张伯苓、厦门大学之林文庆、上海美术专科学校之刘海粟、上海立信会计专科学校之潘序伦、燕京大学之司徒雷登等。他们对学校文化精神的养成和特色成就的取得都发挥了重要作用。限于时代背景和院校发展的需要,这个时期的校长很多也是学校的创办者,如张伯苓、刘海粟、潘序伦、陈时等;即使不是学校的创办者,但仍是董事会精心遴选出可以被委托全权负责校务的教育行家,如胡适(中国公学)、林文庆(厦门大学)等。因此这些校长能充分施展个人的教育理念和才华。凭借私立大学有更多办学自主权的优势,相比国立大学,很多优秀的非营利性私立大学校长的任期更长且较稳定。据付佳对近代10所国立和非营利性私立大学校长的对比研究发现[1],10所非营利性私立大学16位校长中有8位的任期超过20年,10所国立大学校长任期普遍在10年左右。其中圣约翰大学校长卜舫济的任期长达53年。正是在相当长的任期中,这些校长逐渐成为学校的灵魂人物,他们的救国理想、高尚人格、丰厚学养和先进教育理念也一并融入自己所领导的大学文化和精神中。

(四)资源获取

1.学生

中国近代私立大学一直实行自主招生,后期政府逐渐对此加强了管理规范。教会大学在清末实行免除费用提供生活补助的方式资助贫穷学生就读,后期用接受同等学力考生、实施推荐制及考试甄选等多样方式招生。[2] 规模方面,早期学生数量都很少,以圣约翰大学为例,1894年其学生人数仅为6人,1900年也才23人;同期高校如杭州育英学院、华北协和大学(通州)等人数也都在20人左右。[3] 且就教会大学学生而言,"其虽称之为大学,但仍开设预备班或中学班,所以学生中有不少是没有达到

---

[1] 付佳.中国近代国立大学与私立大学校长任期的比较[J].煤炭高等教育,2013(1):47-55.

[2] 刘矗.中国近代私立大学自主招生政策及其实践探析[J].河北师范大学学报,2013(5):11-14.

[3] 葛德基.基督教高等教育在中国(1925—1926)[Z]//中华基督教教育会公报(第20册).上海:1928:26-27.

大学入学水平的人"。① 学生背景方面,"最初教会大学的学生多半来自没有能力让子女接受教育的家庭,到了 20 世纪 30 年代,有一些教会大学已经获得富家子弟学校之称了"②。国人自办的私立高校学生规模也不大,如私立复旦大学的前身震旦学院在 1907 年时,学生人数只有 175 人,所招学生为中学堂程度较深者。③ 为保证高校质量和特色,有些学校刻意保持小规模,如无锡国学专修学院在其办学三十年中,前期学生基本每年四五十名左右,后期虽有所扩大,也基本保持在二百名以内。④ 整体而言,这一时期的高校,精英教育特征明显。据中华民国时期官方统计:1936 年全国私立院校数为 53 所,学生总数为 20664 人,校均人数为 389 人;发展至 1946 年,其私立院校数为 64 所,学生总数为 40581,校均人数增至 634 人。⑤

2.教师

近代我国非营利性私立高校的教师来源从早期传教士开始,发展到后期扩大为知识分子群体,教师的数量不断增多,专业化水平也逐步提升。"传教士是早期教会大学的主要师资来源。"⑥但到后期教会大学竞相聘用非神职师资,且增加了中国教师比例。据统计,1925—1926 年各教会大学有教师 465 人,其中中国教师 181 人;而中国教师中主要来源于教会大学毕业生、归国留学生和旧式科举才子。⑦ 事实上 19 世纪以来我国新式学堂中的毕业生,为数不少的留学生以及传统经生、儒士脱颖而出的知识分子成为近代知识分子群体的主要来源,而这些人中的精英大多

---

① 杰西·格·卢茨.中国教会大学史(1850—1950)[M].曾钜生,译.杭州:浙江教育出版社,1987:66.

② 杰西·格·卢茨.中国教会大学史(1850—1950)[M].曾钜生,译.杭州:浙江教育出版社,1987:66.

③ 黄春木.复旦公学[M]//贾馥茗总编纂,国立编译馆主编.教育大辞书(7).台北:文景书局,2000:861.

④ 姜海龙.无锡国专的现代启示[M]//刘礼堂.高等教育理论与实践研究探索集.武汉:武汉大学出版社,2015:40.

⑤ 第三次中国教育年鉴(第二篇第六章)[M]//杜作润,等.高等教育的民办和私立——比较研究.上海:上海科学技术文献出版社,1993:36-37.

⑥ 周洪宇.不朽的文华——从文华公书林到文华图书馆学专科学校[M].武汉:华中师范大学出版社,2013:334.

⑦ 周洪宇.不朽的文华——从文华公书林到文华图书馆学专科学校[M].武汉:华中师范大学出版社,2013:335.

或曾经跻身于近代大学。①

制度层面,政府先后颁布了《私立大学规程》(1913年)、《大学教员资格条例》(1927年)、《大学及独立学院教员资格审查委员会暂行规程》(1940年)及《设置部聘教授办法》(1941年)等规定,对大学教师聘任资格、等级及待遇进行了规范,形成了规范化的制度体系。② 在制度规范引导下,我国非营利性私立大学的教师数量和质量进一步提升。据统计,1930年21所私立大学的教师总数为1716人,其中副教授以上职称者占比45.51%,讲师职称者占比31.99%,助教职称占比14.92%。就教师性别来源而言,女性教师较少,只有145人,占比教师总数的8.45%。③

在学校层面,以南开大学为例主要是通过延聘留学生、国内著名大学或本校优秀毕业生及培养新进员工等方式建设师资队伍。据统计,1930年南开全校41人中,留学美国的31人,占比76%;其中博士14人,硕士14人;留校毕业生中则包括了吴大猷、吴大业、段宏章等人。④ 薪酬方面,总体而言私立大学低于国立,但学校都力求营造良好的学术环境来吸引人才。著名学者李济、蒋廷黻、何廉来南开任教就是实例之一。⑤

3.经费

总体而言,这一时期非营利性私立高校的经费来源主要包括学费、捐助、政府补助及其他收入四类,经费总体情况不容乐观。

按学校类别来说,早期教会大学不用缴纳学费⑥,19世纪后期开始收费。如圣约翰大学1881—1882年的英语课程只对每个月交8元伙食费和学费的12名学生开设。早期规模较小的教会大学经费主要靠宣教会

---

① 吴民祥.流动与求索——中国近代大学教师流动研究(1898—1949)[M].杭州:浙江教育出版社,2006:343.
② 左玉河.中国近代学术体制之创建[M].成都:四川人民出版社,2008:121-126.
③ 教育部高等教育司.全国高等教育统计[Z].商务印书馆,1932.
④ 南开大学校史编写组.南开大学校史(1919—1949)[M].天津:南开大学出版社,1989:120.
⑤ 南开大学校史编写组.南开大学校史(1919—1949)[M].天津:南开大学出版社,1989:122.
⑥ 德基.基督教高等教育在中国(1925—1926)[Z]//中华基督教教育会公报(第20册).上海:1928:26-27.

拨款和少数捐助来维持。① 到20世纪20年代,教会大学加速了本土化,在经济上对外国教会的依赖逐渐减少。② 如金陵大学的经费原来是美国创办人分担65%,中国董事会分担35%;③后期学费和政府补助逐年有所增加,仅1934年为金陵大学建筑图书馆政府一次性即拨款10万元。④

国人自办的非营利性私立大学,如前表3-1所示,相当数量的办学初创经费来源于捐赠。"据统计,1931年全国私立高校得到的捐款达全国公私立高校所得捐款的78.3%,在整个高校私立教育经费投入中占49.8%。"⑤至于学费,私立高校学生缴纳费用占整个私立学校经费的20.8%。⑥ 据第一次中国教育年鉴统计,21所国人自办的私立高校学费收入在全校经费中占比超过50%的有11所。⑦ 在政府补助和其他收入来源方面,据1930年统计,全国私立大学政府补助款占比4.9%,私立专科占比3.5%;其他杂项收入方面全国私立大学占比16.2%,私立专科占比14.1%。⑧ 其他收入部分,当时不少著名的非营利性私立大学采取了运营资产或产业的方式筹集经费,以弥补学校运营支出。这些方式包括购买公债股票、收取基金利息、房租地租和校田进款等。⑨

---

① 杰西·格·卢茨.中国教会大学史(1850—1950)[M].曾钜生,译.杭州:浙江教育出版社,1987:49.
② 章开沅.教会大学与二十世纪二十年代的中国政治[M]//顾学稼,林霨,伍宗华.中国教会大学史论丛.成都:成都科技大学出版社,1994:6.
③ 教育部.第一次中国教育年鉴(丙编上册)[M]//南京大学高教研究所校史编写组.金陵大学史料集.南京:南京大学出版社,1989:237.
④ 教育部.第一次中国教育年鉴(丙编上册)[M]//南京大学高教研究所校史编写组.金陵大学史料集.南京:南京大学出版社,1989:239.
⑤ 胡艳.中国近现代私立学校[M]//张志义.私立、民办学校的理念与实践.北京:中国工人出版社,1994.
⑥ 胡艳.中国近现代私立学校[M]//张志义.私立、民办学校的理念与实践.北京:中国工人出版社,1994.
⑦ 胡艳.中国近现代私立学校[M]//张志义.私立、民办学校的理念与实践.北京:中国工人出版社,1994.
⑧ 教育部高等教育司.全国高等教育统计[Z].上海:商务印书馆,1932:13.
⑨ 宋秋蓉.近代中国私立大学研究[M].天津:天津人民出版社,2003:173.

(五)人才培养科研和社会服务

1.人才培养

人才培养方面,本书关注这一时期非营利性私立高校人才培养的层次、类型、内容及方式四个方面。

人才层次方面,限于近代中学积弱的现状,高校除承担专科、本科、研究生层次的人才培养外,还承担了大学预科层次教育。且早期高校中大学预科人数远超本专科人数,如1912年政府备案的4所高校中(2所公立,2所私立)学生总数为2076人,其中预科人数为1595人,占比高达76.83%。① 随后预科教育逐步减少,至1930年后基本退出高校领域。②

人才类型方面,限于经费制约,私立大学较多地承担了法学(61.12%)、商学(65.22%)和专修学科(65.38%)的人才培养(如表3-3)。而不少著名的高校能紧密契合社会经济需要开设一些国内首创的专业:如复旦大学的茶叶专修科、市政学系、统计学系、合作学系,③南通大学纺织专业,④金陵大学农科等。

人才培养的内容方面,这一时期我国高等院校的课程体系经历了从传统的"经""史""子""集"的四部之学向文、理、法、农、工、商、医为主干的七科之学的演进。⑤

人才培养方式上,教会大学以强调英语教学,注重国际交流和以推行欧美教育体系和教育理论而独具特色。如燕京大学在优等生课程里试验性地采用牛津大学的指导老师个别指导法;⑥华西医科大学则是杜威教

---

① 教育部高等教育司.全国高等教育统计[Z].上海:商务印书馆,1932:25.
② 刘军.中国近代大学预科发展与中等教育关系研究[J].人大复印报刊资料(高等教育),2012(12):99-106.
③ 复旦大学校史编写组.复旦大学志[M].上海:复旦大学出版社,1985:292-293.
④ 第二次中国教育年鉴(第五编)高等教育 第四章 公私立独立学院概况[Z].台北:台北宗青出版社,1991:241.
⑤ 周谷平,张雁,孙秀玲,等.中国近代大学的现代转型:移植、调适与发展[M].杭州:浙江大学出版社,2012:206.
⑥ 约翰·司徒雷登.燕京大学:实现了的梦想[M]//朱有瓛,高时良.中国近代学制史料(第4辑).上海:华东师范大学出版社,1993:499.

育思想的推行者,倡导实业教育、实验教育和生活教育。① 国人自办的优秀私立大学以教学认真严格而著称。如复旦大学规定,学生凡国文、英文、算学三种中有一科不及格者,不能升级,也不能毕业。② 大夏大学创办27年,录取学生12,000名左右,实际毕业的仅5770人。③

表3-3 1930年全国各大学各院科学生数之公私立比较

院校	院科								
	法学院	文学院	专修科	工学院	理学院	商学院	教育学院	医学院	农学院
公立	38.88%	57.83%	34.62%	89.68%	65.65%	34.78%	62.16%	61.35%	71.85%
私立	61.12%	42.17%	65.38%	10.32%	34.35%	65.22%	37.84%	38.65%	28.05%

数据来源:教育部高等教育司.全国高等教育统计[Z].上海:商务印书馆,1932:17.

2.科研

科研方面,不仅政府积极倡导大学的研究职能,非营利性私立高校也较早的在研究生教育、研究机构设立、教学与科研相结合及广泛结合经济社会发展需要开展各类研究方面进行了有益实践。

1902年晚清政府的《钦定学堂章程》就规定高等教育阶段设置旨在让学生专门"探讨学问极则"的"大学院"。④ 1912年民国政府《大学令》也规定:"大学为研究学术之蕴奥,设立大学院。"⑤但据考证,1913年圣约翰大学就开设了大学院,开始培养文科研究生。⑥ 20世纪20年代以后,各大学中设立研究机构从事学术研究及培养研究生已较为普遍,沪江大学、燕京大学及厦门大学等都开始尝试研究生教育。⑦

---

① 朱有瓛,高时良.中国近代学制史料(第4辑)[M].上海:华东师范大学出版社,1993:499.
② 忻福良.上海高等学校的沿革[M].上海:同济大学出版社,1992:79.
③ 西南地区文史资料协会.抗战时期内迁西南的高等院校[M].贵州:贵州民族出版社,1988:151-152.
④ 舒新城.中国近代教育史资料(中册)[M].北京:人民教育出版社,1981:545.
⑤ 大学令.教育杂志,1913(4)[M]//欧阳哲生.蔡元培卷.北京:中国人民大学出版社,2014:186.
⑥ 徐以骅,韩信昌.海上梵王渡——圣约翰大学[M].石家庄:河北教育出版社,2003:21.
⑦ 刘少雪.中国大学教育史[M].太原:山西教育出版社,2007:126.

在学术研究上,不少非营利性私立大学是典范。以金陵大学为例,仅文学院设立的研究机构就包括文科研究所史学部、社会福利行政特别研究部、中国文化研究所、经济资料研究室、边疆资料研究室五个,其领域包括中国文化、县政研究、行业调查、边疆社会等诸多方面;完成的著述则包括了课本、专题及论文诸项;出版了专著、教材几十余本,还编辑了《斯文半月刊》《边疆研究通讯》《史学论丛》等期刊。① 研究成效方面,金陵大学农学院成绩卓著。不仅防灾研究为中国之唯一事业;农业推广也为首创,受益农民每年在10万以上。② 限于篇幅,其他学校实例不再赘述,但非营利性私立大学以研究切实服务教学,继而服务中国近代社会发展的作用由此可见。

3. 社会服务

在社会服务方面,受美国实用主义教育思潮、西方现代大学理念的影响和近代中国社会发展需要的推动,我国非营利性私立大学开展了包括乡村建设、医疗服务、工商业服务及社会教育服务等诸多服务,在利用自身资源解决社会问题求得生存发展之际,也间接推动了中国社会的现代化进程。③

受世界范围基督教乡村建设运动的影响,教会大学为我国的农业发展及乡村建设做了大量的工作。如燕京大学、福建协和大学和齐鲁大学等都在区域建立乡村建设实验区,进行了包括乡村教育、合作、社会、卫生甚至村治方面的服务。④ 在医疗卫生方面,教会大学进行了包括医学人才培养、医疗诊治、环境卫生、妇婴保健、疾病预防等方面的服务。⑤ 为工商业服务方面,不少私立大学做了大量扎实的工作,其中南开大学"知中

---

① 南京大学高教研究所校史编写组.金陵大学史料集[M].南京:南京大学出版社,1989:172.

② 南京大学高教研究所校史编写组.金陵大学史料集[M].南京:南京大学出版社,1989:198.

③ 周谷平,张雁,孙秀玲,郭晨虹.中国近代大学的现代转型:移植、调适与发展[M].杭州:浙江大学出版社,2012:271.

④ 周谷平,张雁,孙秀玲,郭晨虹.中国近代大学的现代转型:移植、调适与发展[M].杭州:浙江大学出版社,2012:277.

⑤ 周谷平,张雁,孙秀玲,郭晨虹.中国近代大学的现代转型:移植、调适与发展[M].杭州:浙江大学出版社,2012:290.

国,服务中国"的理念和"土货化"的办学方针成为这一时期的典范。① 在社会教育方面,无论是教会大学还是非教会大学都发挥了积极的作用。开办夜校是一种重要的教育形式,像广州大学就是从夜大的形式办起;② 广东国民大学在创立了"第二学院"专门服务在职有志求学之人等③。上海立信会计专科学校则自1938年复办"立信高级会计职业补习学校"后,自1938年至1945年累计招收培养的学员达19094人。④ 除此之外,这些教育还延伸到了儿童学校、民众学校、职业补习训练班、展览、戏剧等文化生活的各个方面。

三、发展问题与成效

(一)发展问题

1.外部环境因素

封建专制主义传统、薄弱的民族资本主义力量及传统文化心理是这一时期阻碍私立大学发展的主要外部环境因素。⑤ 受长期封建专制政治社会的影响,国家始终是控制教育的主要力量,这使得私立高等教育始终处于次要地位。而受帝国主义经济和封建主义经济的双重束缚,我国民族资本主义发展维艰,力量十分薄弱,很难成为私立大学主要的社会基础,这使近代我国的私立大学很难像欧美的私立大学那样得到强有力的资本主义经济的支持。在社会和传统文化方面,我国社会大众在封建专制的长期控制下,民主意识、社会责任感及公共精神都相对缺乏,这在一定程度上也制约了近代私立大学的发展。

处于内忧外患、战争频仍、社会动荡的特定历史时期,私立院校也随

---

① 王文俊,等.南开大学校史资料选[Z].天津:南开大学出版社,1989:39.

② 陈柄权.大学教育五十年——陈柄权回忆录[M].香港:南天书业公司,1970:1379.

③ 广东国民大学.广东国民大学十周年纪念册·校史概略[Z].广州:广东国民大学,1935:7.

④ 上海立信学院校志编纂委员会.上海立信会计学院80周年校志[M].上海:立信会计出版社,2008:130.

⑤ 宋秋蓉.近代中国私立大学研究[M].天津:天津人民出版社,2003:255.

外部环境变化而命运多舛。如20世纪20年代的反基督教和收回教育主权运动兴起后,政府对教会学校的宗教问题、行政管理问题、课程问题等系列规定被认为是不可接受的。在运动高潮的1926—1927年,有好几所教会大学因此而停办。① 抗日战争期间,因战争原因停办或关闭的私立大学也不少。像北京美术学院、广东光华医学院等都一度停办,平民大学则在此期间倒闭。②

除此之外,政府政策在限制大学备案、过分干预学校内部事务及强化公立高等教育体系等方面为私立院校发展带来了负面作用。③ 如上海民治新闻专科学校因始终贯彻爱国主义的新闻教育,而长期被国民党教育部不准立案。④ 又如抗战时期国民政府为全面控制高等师范教育,下令取消私立大学教育学院,一度被誉为东方哥伦比亚的大夏大学教育学院因此被取消。⑤ 后期国民政府在《大学行政组织补充要点》中明确规定要求大学设立教务、训导和总务三处等机构,更是削弱了包括公私立高校在内的自治权。⑥

2.自身发展因素

资源不足、决策层更迭频繁及自治和独立性不足是影响非营利性私立大学发展的自身因素。经费方面,不少私立大学均因经费不足而倒闭或数次停办。另有一些因经费难以为继,则交由政府公办:像同济大学于1927年、厦门大学于1937年、复旦大学于1941年、南开大学于1946年相继都转为国立。⑦ 另外,生源质量和教师力量薄弱。据统计,1931年私立

---

① 史静寰.狄考文和司徒雷登在华的教育活动[M].台北:文津出版社,1991:250.
② 卢彩晨.危机与转机:从民办高校倒闭看民办高等教育发展[M].广州:广东高等教育出版社,2009:63.
③ 宋秋蓉.近代中国私立大学研究[M].天津:天津人民出版社,2003:256.
④ 顾执中.上海民治新闻专科学校的诞生与成长[Z]//中国社会科学院新闻研究所《新闻研究资料》编辑室.新闻研究资料(丛刊)(一九八一年第五辑)(总第十辑).北京:新华出版社,1981:192.
⑤ 宋秋蓉.近代中国私立大学研究[M].天津:天津人民出版社,2003:257.
⑥ 第二次中国教育年鉴(第五编)高等教育 第一章概述[Z].台北:台北宗青出版社,1991:3.
⑦ 郑登云.中国高等教育史(上册)[M].上海:华东师范大学出版社,1994:225.

大学(包括教会大学)新生中中学同等学力数占比13％,高于国立大学的8％,[①]表明其录取学生标准更为宽泛。而教师方面不仅薪酬普遍较低,兼职教师数量也多。据统计,1947年私立大学(不含教会大学)兼职教师比例达32％,相比之下国立仅为10％。[②]

由于经费困顿或者过多卷入政治纷争等原因,其包括董事会和校长在内的决策层更迭较多,亦导致学校发展遭遇波折。以1905年创建的中国公学为例[③],至1919年间就有郑孝胥等六人次担任校长;张謇等3人担任董事长;其间因校长梁启超参战北上而中途停顿办学。1932年因学潮问题马君武辞去校长之职,1936年中国公学停办,经推断主要和学潮有密切关系。[④] 中国公学的发展历程清晰地折射了近代国人办学的艰辛,也间接表明以董事会和校长为核心的决策层对学校发展的重要影响力。

近代我国非营利性私立大学因存在的社会基础薄弱,对政府的依赖性较大,私立大学难以保持独立和自治。如前述学潮迭起的中国公学及一直不肯在政治上与国民党当局妥协的民治新闻专科学院,先后遭遇被政府关停的命运。中华民国成立以后政府加强了对私立大学的管理和控制,包括贯彻官方意识形态、学校行政机构设置及学科专业课程设置等方面,私立大学往往需要按照政府的规定行事,[⑤]这在一定程度上损害了私立大学的自治性。

(二)发展成效

1.促进了高等教育的早期现代化转型

在中国早期现代化转型的进程中,高等教育的早期现代化是其中一项突出的内容,非营利性私立大学在某种程度上推动了这一进程。这主要表现为扩大高等教育规模并完善其体系、移植和探索中国本土早期现

---

① 教育部.第一次中国教育年鉴(丁编):教育统计[Z].台北:台北宗青出版社,1991:59.
② 教育部.第二次中国教育年鉴(第十四编):教育统计[Z].台北:台北宗青出版社,1991:8.
③ 该例所述均详见王云五,丘汉平,阮毅成.私立中国公学[M].南京:南京出版有限公司,1982:1-3.
④ 宋秋蓉.近代中国私立大学研究[M].天津:天津人民出版社,2003:267.
⑤ 宋秋蓉.近代中国私立大学研究[M].天津:天津人民出版社,2003:280.

代化的非营利性私立大学发展道路、为新中国的高等教育发展培育一批优秀的教育家和大学群体。

近代中国高等教育事业十分落后,"据南京国民政府教育部1931年编制的28个国家高等教育对比一览表中,中国人口477,787.4千人中大学生数只有44,167人,平均每万人中才有一个大学生,位居28个国家中的末位"①。而私立大学的发展为扩大高等教育规模发挥了显著作用。据统计,中华民国元年,私立大学数量占全国公私立院校的31.3%;1937年,这一数据占比上升为51.5%;1947年,除教会大学之外,私立大学的学生数占全国学生总数的近三分之一。② 在完善高等教育体系中,私立大学更以鲜明多样的办学思想和理念、独具特色的学科专业设置、不拘一格的办学实践成为近代高等教育系统中不可或缺的重要组成部分。

在移植和探索本土化非营利性私立高校的发展道路上,教会大学是将西方现代大学教育管理理念成功引入并中国化的典范。它们建立了高效的学校管理体制,设置了综合性的院系机构,继承了欧洲大学自治传统,鼓励师生参与管理,为早期中国高校现代化管理体制建立提供了样板。③ 非教会私立大学则在本土化的环境中进行了诸多创新性的实践。如教育制度方面,在近代中国,男女同校、选科制、导师制均最先在私立大学实行。④ 在办学形式方面,私立大学也是函授办学、春季招生、异地办班学习等多样办学形式探索的先驱。⑤ 经费募集方面,国人以实业支持办学(南通大学)、社团募资办学(大同大学)及华侨捐资办学(厦门大学)等多种形式,切实走出了一条发动民力办大学之路。

最可贵的成效则是这一时期成长起来的优秀私立大学群体、卓越的教育家群体及他们所呈现的精神和文化。其中私立大学群体在中华人民共和国成立后迅速被充实到公立高等教育体系中,成为新中国高等教育事业发展的基础之一。对于教育家群体,周川曾代表性地呈现了19位执

---

① 教育部.第一次中国教育年鉴(丁编):教育统计[Z].台北:台北宗青出版社,1991:20.

② 宋秋蓉.近代中国私立大学研究[M].天津:天津人民出版社,2003:207.

③ 黄新宪.论教会大学对中国高等教育早期现代化的促进作用[M]//顾学稼,林蔚,伍宗华.中国教会大学史论丛.成都:成都科技大学出版社,1994:88.

④ 宋秋蓉.近代中国私立大学研究[M].天津:天津人民出版社,2003:207,219.

⑤ 宋秋蓉.近代中国私立大学研究[M].天津:天津人民出版社,2003:207,222.

掌过私立大学校长的办学业绩、办学思想和个人品质(研究共描述了50位)。① 潘懋元认为,这些新兴的资产阶级教育家是中国近代高等教育发展中的开拓者,他们在教育救国理想信念的支持下,在那样复杂艰难的历史条件下,所取得的办学实绩、办学经验及所表现的办学精神和人格力量,也就显得更难能可贵。② 这都是近代著名的私立大学留下的宝贵财富。

2.推动了社会现代化

近代私立大学的存在与发展本身对社会现代化有着不可低估的积极意义。③ 这集中地表现为培养人才、传播先进文化和思想、切实服务社会。

近代非营利性私立大学为社会培养了大批杰出人才,这些人才为近代的政治、经济和文化事业的进步发挥了重要作用。有学者认为,经过半个世纪从洋学堂到现代新式大学教育,至20世纪30年代中国开始形成一个半封闭的知识精英阶层。这些精英阶层的标志就是受过国内外大学的高等教育,拥有大学文凭。④ 叶文心发现,顶尖的圣约翰大学等培养的是金融、工商业的上流人士,复旦公学、中国公学等毕业生更多地进入中产阶级队伍。⑤ 宋秋蓉也认为近代私立大学的发展,壮大了市民社会力量,进而推动了中国近代社会的转型。⑥

近代大学被认为是在中西文化的交流碰撞中孕育发展起来的,私立大学也不例外。像教会大学的重要贡献在于增进国家之间的了解与友

---

① 周川,黄旭.百年之功——中国近代大学校长的教育家精神[M].福州:福建教育出版社,1994:1-4.

② 潘懋元.序[M]//周川,黄旭.百年之功——中国近代大学校长的教育家精神.福州:福建教育出版社,1994:序.

③ 王处辉.转型中高等教育的反思与构建[M].合肥:合肥工业大学出版社,2003:264.

④ 许纪霖,等.近代中国知识分子的公共交往(1895—1949)[M].上海:上海人民出版社,2008:13.

⑤ 叶文心.疏离的学院:中华民国的文化和政治(1919—1937)[M]//Alienated Academy:Culture and Politics in Republican China 1919-1937. Harvard East Asian Monographs,1990.

⑥ 宋秋蓉.近代中国私立大学研究[M].天津:天津人民出版社,2003:236.

谊,协助向东方解释西方,向西方解释东方。①受益于私立身份,私立大学更易吸纳和传播先进文化。如胡适的"读书救国"演说、梁漱溟的"乡村建设"说及李达的"唯物辩证法"均能在燕京大学发表的个案就清晰呈现了教会大学思想观念上兼容并包的理念。②近代女子高等教育更是发端于教会大学③,这促进了整个社会的文明程度。国人自办的非营利性私立大学,本身就是各种先进文化和思潮的策源地和试验地。如革命新思潮不断的中国公学、以平民教育理念建设的平民大学、倡导职业教育思想的中华工商专科学校等。

近代私立专科院校通过与民国产业经济的密切互动,私立大学通过响应"为用而知"的社会服务诉求,切实推动了社会的现代化转型。1904年政府颁文特别允许私人或私法人举办专门学校,极大地促进了专科层次高等职业教育的发展。这些院校不仅切实服务了民族工业发展所需的各行业人才,而且对推动近代中国的城市化进程作用明显。以近代城市化程度较高的上海市为例,1947年就有私立专科学校10所(国立3所),主要服务于商业、农业、纺织工业、医疗、新闻和艺术等各行业④。集群化的职业学校群体推动了城市生活的蓬勃发展。而私立大学如前所述,无论是迎合社会需求兴办急需的学科专业,还是大力开展政治、经济、文化各个领域的应用研究及开启民智的推广教育、文化服务等,都切实地为近代中国社会的现代化进程提供了帮助。

---

① WILLIAM B.FENN.Christian Higher Education in Changing China 1880-1950 [M].Michigan:William B. Eerdmans Publishing Company,1976:236.
② 黄新宪.论教会大学对中国高等教育早期现代化的促进作用[M]//顾学稼,林蔚,伍宗华.中国教会大学史论丛.成都:成都科技大学出版社,1994:93.
③ 章开沅.章开沅文集(第六卷)[M].武汉:华中师范大学出版社,2015:272.
④ 李均.中国高等专科教育发展史[M].上海:学林出版社,2005:144.

第二节　1982—2009 年我国非营利性民办高校发展研究

一、发展环境

(一)整体环境

这一时期正好处在我国高等教育历史上结束"文革",拨乱反正,实现高等教育大改革、大发展和大提高的 1978—2009 年间①。1978 年以后我国在政治上确立了以邓小平为核心的中国共产党领导集体,在解放思想、实事求是的思想路线指引下,做出了把党和国家工作重心转到经济建设上来,实行改革开放的历史性决策,确立了社会主义初级阶段的路线,开启了全面建设有中国特色社会主义的新时代。经济方面,我国逐步进行了以完善市场体系、健全市场机制、完善非公有制经济机制等为内涵的社会主义市场经济体制的建立。② 我国的经济实力快速增长,工业化、城市化快速推进,进入了现代经济的起飞阶段。"根据世界银行数据库和联合国开发署的计算,1978—2008 年间,我国经济增长率为 9.8%,波动系数为 28%,是世界 166 个可计算的国家和地区中增长率最快、波动系数最低的国家之一,也是人类发展指数(HDI)提高程度最大的国家之一。"③ 产业结构方面则经历了第一产业在 GDP 中的比重不断下降,第二产业比重不断波动,始终保持在 40%～50%,第三产业持续上升的历程,其中第

---

① 周远清.大改革　大发展　大提高——中国高等教育 30 年的回顾和展望[J].中国高教研究,2008(1):1-4.
② 田成义.历史与超越[M].哈尔滨:黑龙江大学出版社,2008:90.
③ 胡鞍钢,鄢一龙,吕捷.中国发展奇迹的重要手段——以五年计划转型为例(从"六五"到"十一五")[J].清华大学学报(哲学社会科学版),2011(1):43-52.

三产业的产值比重从 1979 年的 21.6% 大幅上升到 2007 年的 39.1%。① 城市化方面,截至 2009 年,全国城镇人口占总人口的比重已经升至 46.6%,32 年间提高了 29 个百分点,其发展速度之快,城镇人口增加之多亦可为世界之最。② 人口方面,我国实现了妇女总和生育率从 70 年代的接近 6 降至 2006 年 1.6 的深刻变化③,人口健康状况不断改善,60 岁以上老年人口达 1.67 亿人,占总人口比重为 12.5%。④ 总体而言,我国的经济社会经历了巨大的历史变迁,而其变化的目标指向就是实现人的现代化为核心的中国社会的全面现代化。

(二)具体影响

改革开放后我国思想的解放和观念的变革及综合国力的大幅提高,促使我国的高等教育事业迎来了巨大变革和发展的同时,也为非营利性民办高校的恢复、发展和壮大提供了良好的外部环境。首先思想观念上破除"两个凡是"的禁锢,在解放思想的大背景下,引发了人们对教育本质属性的大讨论,进一步引导人们走出了"教育政治化"的误区,认识到了教育在经济发展中的作用。⑤ 这为改变人们几十年形成的社会主义学校只能公办的观念奠定了基础。其次在经济领域,体制改革的深入推进,使得非公有制的经济成分迅速发展起来,这为民办高等教育的出现和发展提供了经济基础。另外,改革开放后社会主义建设对高层次专门人才的巨大需求,人民群众对接受高等教育的迫切需要及国家对高等教育投入严重不足的矛盾,为民办高等教育发展提供了广阔的空间。伴随着政治、经济和科技体制的改革深入推进,教育体制的改革开始进行,民办高等教育,作为一种教育体制由此发展起来,民办非营利性的私立大学最早也是在这一背景下诞生的。再次在国家法律政策层面,1982 年通过的《中华

---

① 马晓河,赵淑芳.中国改革开放 30 年来产业结构转换、政策演进及其评价[J].改革,2008(6):5-22.
② 程必定.从区域视角重思城市化[M].北京:经济科学出版社,2011:33.
③ 陈卫.改革开放 30 年与中国的人口转变[J].人口研究,2008(11):18-28.
④ 国家统计局.2011 中国老龄事业发展统计公报[EB/OL].(2012-09-25)[2017-04-01].http://www.cncaprc.gov.cn/contents/37/21348.html.
⑤ 潘懋元,肖海涛.改革开放 30 年中国高等教育思想的转变[J].高等教育研究,2008(10):1-5.

人民共和国宪法》、1997年国务院发布的《社会力量办学条例》及2002年颁布的《中华人民共和国民办教育促进法》的出台,陆续为民办教育依法、规范发展构筑了法律制度层面的保障。法律的系统完善,一方面为民办高等教育事业发展提供了政策性资源,另一方面也促使社会公众对于民办教育的性质、地位、作用有了更加明确的认识。长远影响方面就是极大地吸引和鼓励了包括社会捐资形式在内的多样社会资金参与建设民办高校。非营利性民办高校的成长、发展和壮大因此有了更好的环境和氛围。

二、院校发展情况

(一) 整体概况

这一时期我国非营利性民办高校按照举办者和经费来源主要分为两类:一类是国家机构以外的社会组织,包括政协、民革、团委、校友会等组织和社团,通过争取政府资助、集资或筹集捐款兴办的院校;还有一类是公民个人,多是资深的教师、校长、教育家及离退休教育行政部门官员等集资或捐资兴办,并将学校产权归属于社会的院校。1982年经北京市成人教育局批准,开展民办非学历教育的中华社会大学(现名为北京经贸职业学院)被认为是我国民办高等教育复兴的标志。[①] 而第一所被国家教育部门承认,开展民办学历教育的高等院校则是1984年成立的北京海淀走读大学(现名为北京城市学院)。[②] 这一时期,我国的民办高校先后经历了三种办学形式:不具备国家承认学历的高等教育机构、高等教育学历文凭试点学校和具备颁发学历文凭资格的民办普通高校。在办学规模方面,1991年我国属于民办普通高校的院校数量仅有6所,[③]发展至2009

---

① 中国高等教育学会.改革开放30年中国高等教育发展经验专题研究[M].北京:教育科学出版社,2008:588.
② "我国民办高校本科教育人才培养模式的研究"课题组.我国民办高校本科教育人才培养模式的研究[M].北京:高等教育出版社,2006:243.
③ 中国高等教育学会.改革开放30年中国高等教育发展经验专题研究[M].北京:教育科学出版社,2008:597.

年底,已有民办高校 658 所(含独立学院 322 所),在校生 446.14 万人。①

那么究竟有多少所院校属于非营利性民办高校呢?根据笔者对我国已有民办高校举办者和经费来源两个方面的考证,现有 38 所院校(如表 3-4)属于或曾属于非营利性民办高校(因部分院校无法考证,故名单仅为部分)。这些院校的举办者要么是非国家机构的非营利组织,要么就是公益性动机强烈的社会贤达;学校的创校经费也均为创办人募集、捐赠或政府资助。这让这些民办高校具备了"非政府性"和"非营利性"这两大非营利组织的核心特征:即学校既不属于政府机构,也不受其支配;学校产权为公益产权,故不以营利为目的,也不进行分红或利润分配。从成立时间看,有 33 所院校均为 2000 年以前创立,有 2 所院校,即福州英华职业学院(2001)、贵州盛华职业学院(2009)是在此之后设立的。从发展情况看,这 38 所院校中,有 3 所院校被合并组建成为公办院校(民办中原职业技术学院、天津联合业余大学、凉山大学);有 2 所院校转为公办校(民办长江职业技术学院和民办金华职业技术学院);另有 1 所(邕江大学)变成了国有企业注资院校;其余各校均在历史发展基础上升为本科或高职(专科)院校。

表3-4　1978—2009 年我国非营利性私立高校情况表(部分)

序号	校名(原名)	创办时间	备注
1	北京经贸职业学院(中华社会大学)	1982	创立者为聂真、范若愚、张友愚等,第一笔办学经费为向人民大学借款 1000 元。②
2	北京培黎职业学院(北京培黎职业大学)	1983	创立者国务院参事李逸三和国际友人路易·艾黎。
3	石家庄工商职业学院(河北刊授学院)	1983	创立者为共青团河北省委与河北师范大学,中共河北省委拨付开办经费 4 万元。③

---

① 中华人民共和国教育部.2009 年全国教育事业发展统计公报[EB/OL].(2010-08-03)[2017-04-21].http://www.moe.gov.cn/srcsite/A03/s180/moe_633/201008/t20100803_93763.html.
② 于陆琳.于陆琳文集[M].北京:海潮出版社,2000:7.
③ 河北省地方志编纂委员会.河北省志第76卷:教育志[M].北京:中华书局,1995:574.

续表

序号	校名(原名)	创办时间	备注
4	北京城市学院（北京海淀走读大学）	1984	创立者为海淀区政府、清华、北大和人大,第一笔办学经费为向清华大学科研机构的借款5万元。① 2003年升格为本科院校。
5	浙江树人大学	1984	创立者中国人民政治协商会议浙江省委员会,创校经费为政府拨款10万元,省工商联资助12万元,浙江大学化工厂资助6万元及其他社会捐款。②
6	福建华南女子职业学院	1984	创立者福州华南女子文理学院校友会,经费为校友会集资。③
7	西安培华学院（西安培华女子大学）	1984	创立者姜维之,创校经费为创办人个人捐款。④
8	宁夏理工学院	1984	创立者为曾文,创校基础为宁夏石嘴山职工大学改制,经费为区市政府和市内部分企业资助。⑤ 2005年升格为本科院校。
9	石家庄医学高等专科学校	1988	该校由三校合并而成,分别是河北新华医学院、河北冀联医科专修学院（创办者为27集团军的5名离休干部,经费为合伙出资4万元）、石家庄白求恩医学高等专科学校（1988年由北京军医高等医专3位离退休干部集资创办的）。

---

① 张博树,王桂兰.重建中国私立大学:理念、现实与前景[M].北京:教育科学出版社,2003:113.

② 毛树坚.创建浙江树人大学的回忆[M]//浙江省政协文史资料委员会.浙江文史资料(第六十六辑)——风雨同舟五十年:政协浙江省委员会历史回顾.杭州:浙江人民出版社,1999:91.

③ 廖焕基.福建民办学校风(1985—2005)[M].福州:海潮摄影艺术出版社,2006:225.

④ 彭宏.永远的先生,永远的培华——各界人士深切缅怀著名教育家、西安培华学院创始人姜维之先生[N].华商报,2007-11-23.

⑤ 石嘴山市志编纂委员会.石嘴山市志(下册)[M].银川:宁夏人民出版社,2001:1503.

续表

序号	校名(原名)	创办时间	备注
10	山西老区职业技术学院(山西康复医学专修学校)	1991	创立者为宋书贤,联合太原地区23个工厂创办。①
11	长春东方职业学院(长春东方大学)	1992	创立者为徐元存、张铁男、朱日耀、关连第、张嘉志、张颖之和方永等七人。②
12	黑龙江东方学院	1992	创立者为孟新、尚鹤翔、周长源和刘式勤四人,四位创办人宣布:"对于东方学院的公益性财产,我们及我们的后人绝不索取一分,也不接受任何形式的奖励回报。"③
13	上海杉达学院	1992	创立者为上海交通大学、北京大学和清华大学的部分教授,创校经费主要来源于香港实业家古胜祥先生捐款1100万元人民币。2002年升格为本科院校。
14	三江学院	1992	创立者东南大学陶永德、戚焕林,南京大学丁承憼,南京职工大学谢明才四位退休和即将退休的教授、教育管理工作干部。
15	西安外事学院	1992	创立者为黄藤,其创办者明确提出不追求办学回报,学校终止办学后剩余财产归国家所有。④

---

① 杨智翰.中国民办大学20年[M].北京:光明日报出版社,1999:204.

② 中国高等学校大全编委会.中国高等学校大全(最新版)(上卷)[M].北京:新华出版社,2003:326.

③ 黑龙江东方学院.黑龙江东方学院简介[EB/OL].[2017-04-10].http://www.dfxy.net/articled.asp? id＝5&key＝％u5B66％u9662％u6982％u51B5&key2＝％u5B66％u9662％u7B80％u4ECB.

④ 黄藤.秉持民办高等教育公益性的对策与实践[J].国家教育行政学院学报,2016(10):17-21.

续表

序号	校名(原名)	创办时间	备注
16	厦门华厦学院	1993	创立者为中国人民政治协商会议厦门市委员会,原名为私立厦门华厦大学。
17	上海东海职业学院	1993	创立者为曹助我、姜至本、陶钧、李重华四人,办学经费为创办人集资20万元。①
18	上海工商职业技术学院	1993	创立者为上海海外联谊会、上海市海外交流协会、上海市归国华侨联合会、上海中华职业教育社、上海市工商业联合会、中国民主建国会、上海市委员会等社会团体及民主党派,原名为上海新侨职业技术学院。②
19	上海济光职业学院	1993	创立者为同济大学退休教师,学校办学主要依托同济大学。③
20	民办南华工商学院	1993	创立者广东省总工会,经费拨款靠广东总工会资助,靠学费运转。④
21	广东培正学院	1993	创立者为以广州市原副市长梁尚立为首的广州培正中学和香港培正中学毕业的校友,创校经费为校友捐赠。⑤ 2005年升格为本科院校。
22	吉林外国语大学	1995	创立者秦和,创校经费为举办者个人筹集,2006年经财产处置证明,创办人将校产在其身后全部捐赠社会。2003年学校升格为本科,2018年升格为大学。

---

① 李优良.中国十一五教育探究(职业教育卷)[M].北京:人民日报出版社,2008.
② 上海工商职业技术学院.上海工商职业技术学院2016质量年度报告[R/OL].(2015-12-01)[2017-04-10].http://www.tech.net.cn/web/rcpy/articleview_sch.aspx? id=4349.
③ 上海济光职业技术学院.上海济光职业技术学院简介[R/OL].[2017-04-10].http://www.shjgu.edu.cn/xueyuanjianjie.asp.
④ 牛先民.南华名牌战略[M]//中国成人教育协会民办高等教育委员会.中国民办高等教育的理论与实践.北京:专利文献出版社,1996:203.
⑤ 曹英耀.年轮[M].香港:中国文化出版社,2014:445.

续表

序号	校名（原名）	创办时间	备注
23	辽宁对外经贸学院	1997	创立者王万义和吕红军，创校经费为创始人及教职员工出资，2009年学院12位出资人将330万元全部过户到学校名下，并发表声明放弃个人所有权。① 2005年升格为本科院校。
24	炎黄职业学院	1998	创立者涟水籍台胞、教育家、爱国实业家蒋志平，学校原名炎黄大学，办学经费为创办人筹集，办学用地为政府捐赠。②
25	广东新安职业技术学院	1998	创立者为原广东省副省长、广东教育促进会原会长玉屏山，并受深圳市和南山区政府支持，其经费无外来投资，主要是靠学费滚动发展，是"民办公助"类院校，原名民办新安学院。③
26	福州英华职业学院	2001	创立者为英华校友，原名为民办福州英华外国语学院，创校经费为校友捐赠。④
27	贵州盛华职业学院	2009	创立者盛信望爱公益基金会，⑤经费来源主要是该基金会捐赠。
28	广东碧桂园职业学院	2014	创立者广东省国强公益基金会，创校经费主要为该基金会捐款。⑥

① 吕红军.民办高校可持续发展的路径选择[M].北京:中国商务出版社,2013:256.

② 王之琦.蒋志平先生和他创办的炎黄学院[M]//陈尧.辉煌廿年:苏台经贸交流与合作的探索和愿景.南京:凤凰出版传媒集团,2007:317.

③ 广东新安职业技术学院.广东新安职业技术学院高等职业教育质量年度报告(2014)[R/OL].[2016-12-10].http://www.tech.net.cn/web/rcpy/articleview_sch.aspx?id=1639.

④ 福州市教育局.福州市教育志(1995—2005)[Z].2006:154.

⑤ 贵州省教育厅.省教育厅关于同意筹建贵州盛华职业学院的批复(黔教民办发〔2009〕363号)[EB/OL].(2009-12-29)[2016-12-20].http://mbjyc.gzsedu.cn/Item/11089.aspx.

⑥ 广东碧桂园职业学院.广东碧桂园职业学院高等职业教育质量年度报告(2016)[R/OL].(2015-12)[2017-04-15].http://www.tech.net.cn/web/rcpy/articleview_sch.aspx?id=3493.

续表

序号	校名（原名）	创办时间	备注
29	私立华联大学*	1990	创立者为广州地区部分国办高校离退休专家、教授和省、市教育工会工作者，经费为集资。1998年开始该校进行股份制办学，并给投资者发放股息。①
30	民办中原职业技术学院*	1982	创立者为张甦奇，创校经费为个人出资及政府支持。学院原名为驻马店建筑工程学校，1999年经教育部批准成为民办中原职业技术学院，2004年并入黄淮学院（公办）。②
31	湖南九嶷职业技术学院*	1980	创立者为原国家学部委员、北京农业大学第一任校长乐天宇，经费为创办人自筹。学校原名为九嶷山学院，2010年经湖南省人民政府批准，由民办转为公办，与湖南潇湘技师学院合并办学。③
32	民办长江职业技术学院*	1984	创立者为湖北社会科学联合会，学校原名为湖北经济管理自修大学，1999年教育部批准成为民办长江职业学院，2015年湖北省医药学校整体并入该校。④ 学校自2015年起变为公办高职院校。⑤

---

① 张志义,李家永.民办教育的研究与探索:民办学校教育国际研讨会论文集[M].北京:北京师范大学出版社,2000:83-85.

② 宋汉杰.灵感集[M].开封:河南文艺出版社,2006:71.

③ 湖南九嶷职业技术学院.湖南九嶷职业技术学院高等职业教育质量年度报告(2016)[R/OL].(2015-12)[2017-04-21].http://www.tech.net.cn/web/rcpy/articleview_sch.aspx? id=3890.

④ 长江职业学院.学校简介[EB/OL].[2017-04-20]. http://www.cjxy.edu.cn/about/1.php.

⑤ 根据教育部2014全国高等学校名单和2015年全国高等学校名单对比后发现，2015年该校被归入公办院校行列。2014年全国高等学校名单[EB/OL].(2015-08-07)[2017-04-20]. http://www.moe.edu.cn/publicfiles/business/htmlfiles/moe/moe_634/201408/xxgk_173611.html;2015全国普通高等学校名单[EB/OL].(2016-06-30)[2017-04-20].http://www.moe.edu.cn/srcsite/A03/moe_634/201606/t20160603_248263.html.

续表

序号	校名（原名）	创办时间	备注
33	广东业余大学*	1982	创立者为中国民主同盟会广东省委会，[1]现该校名为广东新华教育学院，为民办成人高校。[2]
34	天津联合业余大学*	1983	创立者为五所大学（北京大学、西南联合大学、浙江大学、清华大学和燕京大学）天津校友会，并挂靠中国人民政治协商会议天津市委员会。[3] 2002年该校与天津开发区涉外中等职业学校、开发区中等专业学校和泰达研修中心组建公办高校天津开发区职业技术学院。[4]
35	凉山大学*	1984	创立者为中国民主同盟四川省委会，创校经费为凉山州委拨付。[5] 2003年该校与西昌农业高等专科学校、西昌师范高等专科学校、凉山教育学院合并组建本科院校——西昌学院。[6]
36	邕江大学*	1985	创立者为中国国民党革命委员会广西区委会，2012年学校升格为南宁学院，改由民革与南宁威宁资产经营有限责任公司举办。[7]

---

[1] 《共和国改革开放大纪实》编委会.共和国改革开放大纪实（教育卷）[M].北京：中国统计出版社,2000:1374.

[2] 周江林.民办高校可持续发展的基本条件研究[M].上海：上海人民出版社,2015:349.

[3] 杜立.天津社会科学手册[Z].天津：天津人民出版社,1989:195.

[4] 《全国普通高等院校招生指南》编写组.全国普通高等院校招生指南（2007年江苏版）[Z].上海：百家出版社,2007:232.

[5] 朱明筠.凉山大学[M]//四川省政协文史委员会,凉山州政协.凉山彝族文史资料专辑.成都：四川民族出版社,2000:349.

[6] 中共四川省委统战部.四川统一战线年鉴（2005）[Z].成都：西南交通大学出版社,2006:364.

[7] 广西民办教育协会.常务副会长单位[EB/OL].[2017-04-20].http://www.gxmbjy.com/nd.jsp?id=144&_jcp=4_21.

续表

序号	校名（原名）	创办时间	备注
37	民办金华职业技术学院*	1994	创立者金发公司、浙江省人才开发协会和浙江师范大学离退休教师联合会，创办经费为金华大学发展基金会支持。① 2003年该校转为公办院校。
38	浙江长征职业技术学院*	1980	创立者为民革浙江省委员会，2000年批准成为全日制高等职业院校。② 现举办者为民革浙江省委员会与嘉宏控股集团。

（二）办学理念与目标

1982年以后复兴的我国非营利性民办高校，是顺应改革开放和市场经济发展需要，肩负一代有教育理想和情怀知识分子要实现教育强国梦想的新事物。在新的历史环境和条件下，这些非营利性民办高校的办学理念突出地表现为贯彻教育为现代化服务的方针，秉持公益性办学理念，立足地方、服务基层，为社会经济发展培养应用型人才。以1982年成立的中华社会大学为例，其办学理念就是："贯彻教育为现代化服务，教育与生产劳动相结合，德智体全面发展的方针，全心全意培养'有理想、有道德、有文化、有纪律'的适应社会需要的应用型人才"③。1992年成立的黑龙江东方学院自创校起就把不以营利为目的的公益性办学原则作为坚持社会主义办学方向和核心价值观的本质体现，把为人民办大学，办人民满意的大学作为办学宗旨。④ 而广东民盟举办的广东业余大学（现为广东新华教育学院）则鲜明地提出自己的办学宗旨就是陶行知先生提倡的"捧

---

① 金华职业技术学院.历史沿革[EB/OL].[2017-04-20].http://www.jhc.cn/2480/list.htm.

② 中国高等教育学会.中国知名民办高等学校要览[M].北京：高等教育出版社，2002：146.

③ 于陆琳.于陆琳文集[M].北京：海潮出版社，2000：3.

④ 中国民办教育协会高等教育专业委员会.中国民办高等教育优秀院校风采录[M].北京：中央广播电视大学出版社，2012：122.

着一颗心来,不带半根草去"的奉献精神。①

对于大多数诞生于我国高等教育精英化阶段的非营利性民办高校,它们把立足地方、服务基层,为社会主义现代化建设各条战线输送应用型人才作为生存根基和理念。如北京海淀走读大学(现北京城市学院),其办学理念就是面向首都,服务基层,为各条战线培养高级应用型人才。更难能可贵的是那些在少数民族地区及相对落后区域办学的非营利性民办高校。如1983年在四川凉山彝族自治州首府西昌市成立的凉山大学(后并入公立西昌学院),就是响应中共中央关于"民主党派智力支边"的号召,把专门为凉山彝族自治州培养以工科为主的实用型专门人才为办学目标,其成就曾被中顾委常委胡乔木盛赞为"中国新教育的一面旗帜"②。而传承老校长路易·艾黎③精神的北京培黎职业学院,则以"社会公办、平民大学、以人为本、民主管理"为办学理念,2017年习近平主席为该校回信,鼓励其继续传承和发扬这种精神和理念。④

不少学校把办成优质、高水平民办大学作为自己的发展目标,而且随着实力的增强更提出要建设成为一流百年名校的发展愿景。像上海杉达学院其办学目标初期为把学校建成一所办学体制改革的示范性民办大学和国内外有影响力的民办大学⑤;发展迄今其目标则明确为成为一所多科性、国际化、高水平的民办应用技术大学。⑥ 与上海杉达学院不同,吉林外国语大学2006年就提出了发展愿景:坚持公益性理念,把学校建成

---

① 《共和国改革开放大纪实》编委会.共和国改革开放大纪实:教育卷[M].北京:中国统计出版社,2000:1375.

② 中国民办高等教育委员会.中国民办高教之光[M].武汉:湖北科学技术出版社,1997:25.

③ 路易·艾黎(Rewi Alley,1897—1987),新西兰人,著名社会活动家,教育家。他是国际工业合作社运动(简称工合运动)与工合国际领导人和创始人之一,20世纪40年代在中国甘肃创办了培黎工艺学校,为中国培养了大批实用人才。

④ 新华社.习近平总书记给中国工合国际委员会、北京培黎职业学院的回信[EB/OL].(2017-04-24)[2017-05-01].http://www.bjpldx.edu.cn/show.php?type=1&item=1&aid=2559.

⑤ 中国民办高等教育委员会.中国民办高教之光[M].武汉:湖北科学技术出版社,1997:76.

⑥ 上海杉达学院.校情简介[EB/OL].[2017-05-01].http://www.sandau.edu.cn/1950/list.htm.

像美国哈佛大学一样的世界私立名校,成就百年梦想。①

(三)内部治理

1.领导体制

在我国民办高校的内部治理中,领导体制经历了从多样化到相对统一的变化。自20世纪80年代至90年代末期,"我国民办高校的领导体制至少存在8种形式:(1)董事会领导下的校长负责制;(2)董事会指导下的校长负责制;(3)主办单位领导下的校长负责制;(4)党委领导下的校长负责制;(5)教职工代表会基础上的校长负责制;(6)校长全面负责制;(7)校(院)长主持下的校务会议集体决策和分工负责制;(8)教育集团统筹下(通过各校董事会)的校长负责制。"②后期随着我国民办教育促进法对民办高校领导管理体制的规范,我国的非营利性民办高校的领导体制逐步统一为两种形式:董事会或理事会领导下的校长负责制。

2.董事会

这一时期有比较多的非营利性民办高校,在建校不久就成立了董事会,在内部治理方面采取了董事会领导下的校长负责制。如中华社会大学(现北京经贸职业学院)在1982年、浙江树人大学在1985年及私立厦门华厦大学(现厦门华厦学院)在1993年都设立了董事会。一般而言,这些董事会均被视为学校决策的机构,决定学校的重大事宜,且董事会成员多为社会贤达组成。以早期的中华社会大学为例,首届董事会成员有47人,均是著名学者、社会活动家组成,第一届董事长是原清华大学校长刘达③。与其类似的还有浙江树人大学,发展迄今已经先后有七届董事会,董事会成员多由热爱教育事业的政界、商界及学界的知名人士担任。像

---

① 秦和.关于吉林华桥外国语学院财产处置的声明[EB/OL].(2006-11-23)[2017-05-01].http://www.hqwy.com/hqwy/News_View.asp? NewsID=805.

② 陈宝瑜.跨世纪中国民办高等教育探赜[M].北京:中国物资出版社,2000:201.

③ 刘达(1911—1994)又名刘成栋,黑龙江省肇源县人。曾任林业部副部长、东北林学院院长、党委书记兼东北农学院院长、党委书记,黑龙江大学校长,中国科技大学党委书记,国家计量总局局长,清华大学校长、党委书记、名誉校长等职,为中国共产党第十二次全国代表大会代表,第六届全国人大常委会委员,教科文卫委员会委员。摘自北京经贸职业学院[EB/OL].[2017-05-02].http://www.csuedu.com/html/xueyuangaikuang/lijielingdao/2.shtml.

该校第一任名誉董事长分别是时任浙江省省长的周国富和香港实业家王宽诚,后者为学校发展捐赠了150万元人民币成立了"浙江树人大学暨王宽诚教育基金会";浙江树人大学的创始人,浙江省政协原主席王家扬,他先后担任该校第一届、第二届董事长,以及第三届董事长和校长之职,为树人大学的发展发挥了关键作用。

我国的非营利性私立大学在治理模式方面主要有两种类型:一种是董事长与校长同为一人,即董事长和校长兼任型。像吉林华桥外国语学院,其董事长和校长一直由创办人秦和担任。另一种为董事会聘请校长,委托校长管理型。像广东培正学院、厦门华厦学院等校长均为董事会遴选和聘任,并且被赋予了较为充分的办学管理权。一般而言,董事会均是这些院校的最高权力机构,对学校的重大事项进行决策。如"广东培正学院董事会,主要是由对学校建设有重大贡献的培正校友及社会知名人士组成,并经广东省高等教育行政部门核准后成立;其权限主要是遴选校长,审定学院办学方案和事业发展规划,筹集办学经费及审定学院财务预决算等"[①]。2002年我国《民办教育促进法》颁布,对民办高校董事会设立及权限做了明确规范,各高校据此又进一步完善了其内部治理结构。

3.校长

这一时期我国很多非营利性民办高校是从无场地、无资金、无教师的"三无"境地中开始办学,但最终能够攻坚克难成长为优质院校,与其发展历程中拥有的一批热爱教育事业、甘于奉献、素质过硬的优秀校长群体有关(如表3-5)。这些校长不少都是学校创校团队中的掌门人或骨干成员,他们对办学有较大的决策权或重要影响力,对民办高等教育事业有着强烈的使命感和责任感,因而能够全身心投入,为学校的生存和发展发挥了不可替代的重要作用。像一手创办吉林外国语大学的秦和校长,仅用二十余年的时间,就把学校从一所助学性质的高等教育机构变成首批拥有硕士学位授予资格的高水平民办大学,充分展示了一位学校灵魂人物的魅力。其实正是非营利性民办高校所处的环境、所秉持的公益性办学理念及灵活机制,才为一批富有改革创新精神和教育情怀的知识分子成长为优秀的民办高校校长创造了条件。有些学校在相对较长的时间内都由

---

① 中国民办高等教育委员会.中国民办高教之光[M].武汉:湖北科学技术出版社,1997:147.

一位优秀校长执掌发展,像傅正泰(任期 24 年)、于陆琳(任期 20 年)、秦和(超过 20 年仍在任)等。这正是我国非营利性民办高校的制度优势之一,需要充分发挥。

表 3-5　我国非营利性民办高校部分校长简况表

院校名称	校长	简况
北京城市学院	傅正泰	1984—2008 年担任校长。历任清华大学教授,力学教研室主任,工会副主席,北京市第五届人大代表等。①
北京经贸职业学院(原中华社会大学)	于陆琳	1982—2002 年任副校长兼教务长,校长。历任北京师范大学教育学院党总支书记、系主任、中国人民大学图书馆名誉馆长等。②
北京培黎职业学院(原北京培黎大学)	李逸三	1983—1987 年任校长。历任中国人民大学党委常委兼任组织部部长和人事处长,人大党委纪律检查委员会书记、监委书记及国务院参事室参事。③
辽宁对外经贸学院	王万义	1996—2008 年任校长,董事长;现为董事长。曾任辽宁省对外贸易学校校长;现任教育部高职高专英语类教学指导委员会委员、中华职业教育社第十届理事等。④
吉林外国语大学	秦和	1995 年起任校长、董事长。
黑龙江东方学院	孟新	1993—2007 年任校长,现为理事长。历任哈尔滨工业大学宣传部、师资处、党办负责人之职,后又任黑龙江文教办主任、高教处长、副秘书长,省高教局副局长,教委副主任。⑤

---

① 中国大学校长名典编辑委员会.中国大学校长名典(上卷)[Z].北京:中国人事出版社,1995:97.

② 于陆琳.于陆琳文集[M].北京:海潮出版社,2000:2.

③ 中国人民大学.第二任统战部长李逸三[EB/OL].[2017-04-13].http://tzb.ruc.edu.cn/index.php?_m=mod_article&_a=article_content&article_id=99.

④ 辽宁对外经贸学院.关于学院[EB/OL].[2017-04-13].http://www.luibe.edu.cn/xxld.html.

⑤ 吴建琪.永远的校长:哈工大人怀念李昌校长文集[M].哈尔滨:哈尔滨工业大学出版社,2011:77.

续表

院校名称	校长	简况
上海杉达学院	杨槱	1992—1997年任校长。① 中国船舶设计专家,历任上海交通大学船舶及海洋工程研究所所长。中国科学院院士。
浙江树人大学	王家扬	1985—1997年任董事长,1994—1997年兼任校长。历任江苏省总工会副主席,中华全国总工会生产部部长、书记处书记,中共海淀区委书记,浙江省副省长、省政协主席。②
厦门华厦学院	常勋	1993—2002年任校长、董事。历任厦门大学会计系教授,民革中央委员、省人大常委、民办高等教育委员会常委等职务。
西安培华学院	姜维之	1991—2008年任校长、董事长。历任西安房建技术学校校长,西安第十三中校长,西安培华高级职业中学校长等职。③
贵州盛华职业学院	孙伟	2009年起任校长,执行董事。历任美国航空航天总署(NASA)区域数据中心副主任,美国迈阿密佛罗里达州州立大学FIU计算机学院终身教授,威盛电子董事长特别助理,北京航空航天大学软件学院院长。④

(四)资源筹集

1.学生

早期我国民办高校多为高等教育助学机构,学生来源多样。以中华

---

① 上海杉达学院.历任校长[EB/OL].[2017-04-13].http://www.sandau.edu.cn/1959/list.htm.

② 中华全国总工会.中国工会百科全书(上卷)[Z].北京:经济管理出版社,1998:624.

③ 中国大学校长名典编辑委员会.中国大学校长名典(上卷)[Z].北京:中国人事出版社,1995:746.

④ 贵州盛华学院.孙伟[EB/OL].[2017-05-02].http://www.forerunnercollege.com/NewsInfo.aspx? id=1136.

社会大学为例,初期学生主要来自应届高中毕业生、少数往届高中毕业生和职高生、中专生等;其学生规模每学年为400余名。1994年以前除北京海淀走读大学(现北京城市学院)外,我国的民办高校没有学历文凭颁发资格,这主要是由于2004年以前,大多数批准办学的民办高校学生,要经过国家考试才能颁发毕业文凭。故招生主要立足市场需要,独立自主进行。招生计划和办学内容根据社会需要而定,收取的学费根据成本核算后由学校自行规定。[①] 1994年后,国家陆续开始批准办学条件达到规定要求的民办高校颁发学历文凭资格,招生进入了以自主招生为主,国家计划为辅的形式。2004年后,国家取消了学历文凭考试,很多民办高校招生变为国家计划和自主招生并行的形式,甚至主要以国家计划为主。以厦门华厦学院为例,2003年起就停止招收高等学历文凭考试班[②],生源均来自国家计划,基本为高中毕业生。

2.教师

在教师方面,非营利性民办高校早期主要依托公办高校优秀师资作为兼职教师,随后加快了自身专职教师队伍建立。地处发达城市的民办高校,主要借助区域的名牌大学师资。如上海杉达学院主要依托上海复旦大学和交通大学,黑龙江东方学院主要依托黑龙江师范大学、黑龙江大学和哈尔滨工业大学等。也有高校依托举办者组织的优势,如广东新华教育学院(原广东业余大学)就利用广东民盟在广州15所高校中近1000名盟员多数是教授、副教授、讲师的优势,给学校教学提供支持。[③] 在专职教师队伍建设过程中,很多学校采取了适当提高薪酬待遇、择优聘用及创新制度营造良好发展环境等举措。如厦门华厦学院在1997年就开始为教师办理五险一金,并于2003年就启动自主评聘教师;吉林华桥外国语学院至2004年已经培养硕士学位教师60余名,并送部分教师赴国外攻读博士学位;浙江

---

① 李晓明.中国民办高等教育30年(1978—2008)[M].北京:人民武警出版社,2008:61.

② 郑学檬.衣带渐宽终不悔——厦门华厦职业学院办学十谈[M].香港:香港天马出版有限公司,2010:6.

③ 《共和国改革开放大纪实》编委会.共和国改革开放大纪实:教育卷[M].北京:中国统计出版社,2000:1375.

树人大学自 2000 年开始引进专职教师后,至 2004 年专职教师人数已达 338 人。① 总之,在公益性办学理念的影响下,这些学校都不遗余力地加大投入建设师资队伍,为学校的健康快速发展奠定了基础。

3.经费

经费来源总体以学费为主,辅以政府补助、捐赠及其他收入。以 1998 年教育部成人教育司组织的百所民办高校为例,其经费主要来源于学费和自我借贷筹集,前者在百所院校中的占比为 40.8%,后者在百所院校中的占比为 43.7%,两者合计为 84.5%。② 以举办者来看,这百所院校中以学会、研究会、协会为主办单位的院校有 22 所,各民主党派举办的院校有 11 所,占比被调查院校 104 所院校的 31.73%,这些院校都可以被看作非营利性的民办高校(含部分未有学历文凭授予资格院校)。政府补助方面,浙江树人大学是典型个案,据徐绪卿对该校 1993—2002 年经费来源数据研究,政府投入大致占比学校总收入的 15%～20%;年资助额度 1993 年为 20 万元,至 2002 年已高达 2232 万元。③ 捐赠经费不少非营利性民办高校也有获得,像上海杉达学院开办之初其办学用地 41 亩为上海金桥开发公司捐赠;香港商人古胜祥捐资 1100 多万元人民币。④ 贵州盛华职业学院更是获得了创办者王雪红和陈文琦夫妇捐资的 2.14 亿元。⑤ 至于其他收入主要是学校开展培训、技术服务等零星收入,对学校总收入的贡献甚微。

(五)人才培养科研和社会服务

1.人才培养

在人才培养方面,本书围绕人才培养的层次、类型、内容及方式四个方面进行阐述。

---

① 徐绪卿.民办高等教育研究论文百篇选编[Z].杭州:浙江树人大学中国民办高等教育研究院,2016:11.

② 陈宝瑜.跨世纪中国民办高等教育探赜[M].北京:中国物资出版社,2000:151.

③ 徐绪卿.民办高等教育研究论文百篇选编[Z].杭州:浙江树人大学中国民办高等教育研究院,2016:204.

④ 中国成人教育协会民办高等教育委员会.中国民办高等教育的理论与实践[M].北京:专利文献出版社,1996:220.

⑤ 基金会中心网.贵州盛华职业学院公益项目情况[EB/OL].[2017-05-10].http://data.foundationcenter.org.cn/projects.html.

在人才培养的层次方面,我国的非营利性民办高校初期主要以专科教育为主,自2000年黄河科技学院获批本科学历文凭颁发资格后,不少院校像北京城市学院于2003年、上海杉达学院于2005年、宁夏理工学院于2005年等一批院校也得以开始培养本科人才。除此之外,不少院校仍保留了成人教育和短期培训这两种教育形式,以服务区域地方人才培养需求。

在人才培养的类型方面,我国的非营利性民办高校凸显了强烈的面向市场、按需培养的特色。体现在专业设置上就是补缺、补需,错位发展。如浙江树人大学初创时设置的国际贸易和工商管理专业,在当时浙江省内高校是唯一设置的,其人才的紧俏程度可想而知。① 又如黑龙江东方学院,针对全省乳制品产量占全国三分之一的产业状况,因需设置了乳品工艺专业,其毕业生深受社会欢迎。由于早期办学资源的限制,我国非营利性民办高校的专业多为人文、财经类,工程类较少。

在人才培养的内容及方式方面,这些院校首先打破了学科型教育的束缚,面向社会生产实践一线培养人才。像北京经贸职业学院(中华社会大学)早在20世纪80年代就聘请中央戏剧学院、电影学院的教授为其电影艺术专业的学生授课,并让学生在三年学习中实习参加了20多部电影作品的拍摄。② 另外,不少学校很早就与企业及政府部门联合办学。如浙江长征职业技术学院(前身为杭州长征业余学校),采取同全省各级乡镇主管部门联合办学的方式,至1990年累计培养学生达8.8万人次,被誉为浙江省乡镇企业财经人才的"黄埔"。③ 进入21世纪,非营利性民办高校实力增强后,与企业的产教融合更深入,方式更开放。如上海杉达学院2009年与上海纺织控股集团合作办学成立了二级学院——时尚学院,就是典型代表。④ 不少院校还开展了促进学生国际化、教师国际化和教学内容国际化的项目。如吉林外国语大学2001年就与韩国庆南大学开展互换留学生培养;广东培正学院2004年就开始与加拿大西洋学院合作

---

① 徐绪卿.民办高等教育研究论文百篇选编[Z].杭州:浙江树人大学中国民办高等教育研究院,2016:281.

② 于陆琳.于陆琳文集[M].北京:海潮出版社,2000:38.

③ 中国民办高等教育委员会.中国民办高教之光[M].武汉:湖北科学技术出版社,1997:43.

④ 上海杉达学院.上海杉达学院时尚学院简介[EB/OL].[2017-05-03].http://www.sandau.edu.cn/ssxy/781/list.htm.

专本连读的工商管理专业本科人才培养等。

2.科研

我国非营利性民办高校的科研工作大多是从院校升格本科以后起步的,整体而言水平和基础都较薄弱。为了解其概况,本书对2005年(因教育部从这年起开始数据采集填报)后对升本的院校科研情况进行了统计(如表3-6)。如表所示,这些院校教师的学术研究能力不足,如各校论文产出年均仅为54篇;校内研究机构设立较少,科研工作的基础不实;尚未开展独立的研究生教育。由于我国民办高校的办学起点低,时间短,科研工作也是从无到有、逐步发展的,故以下9所非营利性民办本科院校能取得这些成果也实属不易。这一时期我国民办高校的科研工作主要着眼于三个方面:一是面向人才培养的教学研究,二是面向区域经济发展需要的应用技术研究,三是开展民办高等教育研究。面向人才培养的教育研究主要聚焦于专业、课程、人才培养模式改革等方面。像三江学院科研机构的设立就突出地体现了科研服务教学的理念,其13个校内研究机构都是依托院系这样的教学单位而设立。在应用研究方面,民办高校主要是结合人才优势为区域企业提供专用技术和实用技术,像下表各校完成的专利就是其开展应用研究的成果之一。为更好地把握民办高校发展规律,为学校重大决策提供支持,包括浙江树人大学、吉林华桥外国语学院及广东培正学院都设立了民办高等教育研究机构,在推动校本研究深入的同时,也为我国民办高等教育研究事业做出了贡献。

表3-6 我国部分非营利性民办本科院校科研概况统计(2005—2009)

院校	项目			
	论文数	科研机构	研究生培养	专利数
北京城市学院	278	无	——	3
浙江树人大学	463	民办高等教育研究所(2000)/国际经济贸易研究所/园林建筑设计研究所/软件研发中心/茶文化研究发展中心/陶瓷研究所/民营中小企业研究所/东亚文化研究所/轻工研究所/9个	——	18

续表

院校	项目			专利数
	论文数	科研机构	研究生培养	
三江学院	124	知识产权研究所（2004）/市场营销战略研究所/信息技术研究所/三江学院艺术研究所/计算机应用研究所/机电工程及自动化研究所/三江学院物业管理研究所（中心）/三江旅游规划与发展设计中心/鲁迅和现代文化研究所/影视研究所/新闻学研究所/阅读与写作学研究所/12个	2006年与中央英格兰大学开展国家商务运营管理预科班①	0
上海杉达学院	70	不详	2002年与瑞德大学合作，已有149人获得该校硕士学位。2009年与美国克莱瑞恩大学开展本升硕合作项目②	75
宁夏理工学院	18	不详	不详	
广东培正学院	456	民办高等教育研究中心（不详）	不详	
辽宁对外经贸学院	1006	国际经济与贸易研究所（2004）创业企业研究所（2009）	对外经贸大学大连理工大学合作培养专业硕士	

---

① 三江学院.我校与中央英格兰大学举办国家商务运营管理硕士班[EB/OL].(2006-06-07)[2017-05-03].http://www.sju.js.cn/1a/bf/c4599a6847/page.htm.

② 上海杉达学院.校际交流[EB/OL].[2017-05-15].http://www.sandau.edu.cn/gjjlc/952/list.htm.

续表

院校	项目			
	论文数	科研机构	研究生培养	专利数
吉林外国语大学	93	民办高等教育研究所(2004)	2003年与东北师范大学联合开办英语硕士进修班① 2004年与吉林师范大学开展联合培养研究生工作	
黑龙江东方学院	190	无	——	

备注:本书数据根据中国学术期刊网络出版总库按出版单位为关键字搜索统计,各校科研机构设置情况及研究生培养情况均为通过学校官网公开信息统计,专利数是根据中华人民共和国国家知识产权局官网公开信息检索统计。

3.社会服务

我国的非营利性民办高校自创立以来就积极为社会服务,最显著的就是为各行各业提供多种多样的继续教育服务,并将教育、技术、咨询等服务延伸到了社区、农村,成为引领高等职业教育服务生产、生活一线的先行者。如早期的北京城市学院在面向应届高中毕业生开展学历教育的同时,也面向在职人员开展非学历教育,为在职人员提供包括培训、职业资格证书教育、专业证书教育等服务,截至其办学18年时,短期培训的人员就达16000余名。② 不仅如此,学校当时还在海淀区永丰建设农村社区学院,把高等职业教育服务送往农村。扎根基层,服务社会的还有如山西老区职业学院[原名山西老区医学(专修)学院],该校在办学理念上就秉持为山西老区和农村服务的宗旨,除为农村培养适用型人才外,经常深入原晋察冀边区提供医疗服务。以1998年的暑期为例,该校服务的区域

---

① 吉林华桥外国语学院.大事记[Z].吉林:吉林华桥外国语学院,2017.
② 赵化勇.盛世中华脊梁风采(老教师风采)[M].北京:中国广播电视出版社,2010:133.

就涉及老区的3县6乡镇的80多个自然村,服务的患者超过1800人,行程累计1800公里。① 鉴于民办高校的生存主要立足更好地满足社会需求,服务职能在民办高校中普遍得到了充分发挥。

三、发展问题与成效

(一)发展问题

1.外部环境因素

法律、政策不完善不到位,计划经济向市场经济和知识经济发展的双重跨越带来的激烈竞争和挑战,以及社会文化观念对民办教育的歧视等,是阻碍我国非营利性民办高校发展的外部环境因素。

这一时期各种法律和制度缺失,政府对民办高等教育发展的各种管束和限制严格,尤其是民办政策的不平等,对民办高校具体政策的不落实等,使民办高校的发展遭遇了种种困难。我国的非营利性民办高校自1982年创办,直至1997年《社会力量办学条例》颁布后才走上了有法可依的办学之路。由于我国政府长期习惯于公办高校的管理,所以对民办高校的管理常存在缺位、越位的情况,如早期教育行政部门根本没有专门的编制机构来管理民办学校,对民办高校培养的学生也一度不给予学历认可等。在招生、师生待遇、评估、管理等诸多方面都存在具体政策落实不够、忽视民办高校特殊性等问题。②

我国经济体制改革在为非营利性民办高校带来发展机会的同时,也带来了竞争和挑战。为满足不断增长的巨大高等教育需求,大量的国有民办独立学院兴起,企业集团投资举办的高校也迅速增长,让原有仅以学费为基础靠滚动发展的非营利性民办高校面临着激烈竞争。

在市场经济的环境下,不少私人或私法人举办的民办高校以追求经济效益优先,但仍披着非营利性公益组织的外衣办学,严重损害了真正的公益性捐赠办学的非营利性民办高校的生存环境,也进一步阻碍了想支

---

① 《中华学府志》编辑委员会.中华学府志(山西卷)[M].北京:中共中央党校出版社,2003:471.
② 潘懋元.潘懋元文集:卷三·问题研究(下)[M].广州:广东高等教育出版社,2010:313.

持公益性教育事业发展的社会力量进入。

社会文化观念方面,阻碍之一是对民办高等教育事业发展的必要性和重要性认识不足。这种不足表现在对民办高等教育事业在我国高等教育事业中的地位是组成部分,还是补充部分;其办学层次是否只能在专科层次;当这些问题逐渐达成共识后,尽管政策上明确了民办高等教育是高等教育事业重要的组成部分,但具体执行中仍限制其发展。阻碍之二是关于如何发展民办高校的问题,即主要是教育公益性和营利的认识分歧,这使得国家在政策和制度层面迟迟不能推动对营利性高校和非营利性民办高校的分类指导和分类管理工作,影响了进一步促进非营利性高水平民办高校发展良好环境的形成。

2.自身发展因素

从自身发展的角度来看,我国非营利性民办高校面临的问题主要是经费、师资和治理三个方面。

经费方面非营利性民办高校的收入主要来自学费收入,虽然相比其他类型举办者获得了比较多政府的资助和捐赠,但是就学校发展所需的经费需求来讲还远远不足。限于发展历史较短,院校积淀较弱,开辟其他财源的能力也不足,这成为限制非营利性民办高校进一步提升质量和水平的主要制约因素。

师资方面,限于学校的规模、层次和发展阶段,我国非营利性民办高校在早期主要经历了专职教师不足、师资队伍不稳定等困难。后期尽管很多学校通过自己的力量重视教师队伍建设,但仍存在很多体制性障碍。民办高校教师在身份地位、职称评聘、业务培训、教龄计算等很多方面都与公办高校教师存在差异,其权益很难得到保障,这在很大程度上影响了民办高校吸引优质师资。

在治理方面,我国非营利性民办高校发展中面临的问题主要在治理结构和治理机制两个方面。治理结构上,尽管我国非营利性民办高校普遍都设立了董事会或理事会,聘请了校长,但部分高校董事会或理事会却并未发挥决策作用,只以顾问咨询机构的形式存在,这样一来学校中实际上存在着"内部人控制[①]"的倾向:即作为受托方以校长为代表的管理层,在学校发展的重大决策中发挥着主要作用。另外,我国部分高校属于国有民办高校,这些高校治理结构上存在的问题之一就是政府干预较多,校长在任期结束后就依次更替,影响了学校长期战略规划的制定和实施。[②] 在治理机制上,我国的非营利性民办高校还存在着激励机制不足,监督机制不健全及决策机制不完善等问题。这些问题突出地表现在那些早期建校,但发展缓慢、处境艰难的非营利性民办高校中。

(二)发展成效

1.推动了我国高等教育体制改革

我国的非营利性民办高校自产生之日起,就成为一种有别于公立院校的新的教育体制和一个能与现代社会产生紧密联系的新的独立教育群体。因而能在教育观念、办学体制、管理体制、招生就业体制、经费筹措体制等方面进行创新,成为我国高等教育体制改革中的试验田。教育观念方面,非营利性民办高校打破了教育只是教育部门事务的封闭认识,树立了面向社会、开放办学的观念;转变了教育大一统观念,提倡和引领了灵活多样的办学形态;破除狭隘的人才观念,树立多样化人才和终身教育的理念等。在教育体制方面,包括各民主党派、社团、个人等多种主体办学,打破了政府为单一主体的办学体制,充分体现了多样化的社会力量参与民办高校建设的巨大潜力和能力。管理体制方面,非营利性民办高校比较早地探索了董事会领导下的校长负责制领导体制,并在内部管理的科学、公开和透明方面做了很好的实践。招生就业体制上,从早期还未被承认学历的助学机构开始,非营利性民办高校就进行了自主招生、毕业生自主择业的市场化办学实践,并根据市场需求调整专业布局及人才培养模式等。在经费筹措体制上,非营利性民办高校走出了一条以学费收入为主,辅以政府资助、捐赠、贷款等多样化经费筹措之路。总之,在推动我国

---

① 内部人控制,该概念来自美国斯坦福大学的青木昌彦和钱颖一教授,原意为在国有企业私有化过程中,多数或大量的股权为内部人持有,在企业的重大经营决策中,内部人的利益得到了有力的强调。详见陈湘永,张剑文,张伟文.我国上市公司"内部人控制"研究[J].管理世界,2000(4):103-109.

② 王一涛,冯淑娟.我国民办高校内部治理的基本类型分析[J].浙江树人大学学报,2015(11):1-13.

高等教育体制改革的进程中,非营利性民办高校在观念和实践上都充当了排头兵。

2.形成了支持我国民办高校发展的外部环境

这一时期非营利性民办高校对逐步形成社会各界支持民办高校发展的外部环境发挥了重要作用。首先政府自20世纪80年代北京城市学院开始就资助"民办公助"类民办高校发展。随后通过法律政策体系完善、健全管理机构、划拨土地、减免税费、学生资助等多个方面给予支持。政府承担对民办高等教育发展的财政责任观念已逐步确立,且在实践中体现了要更多支持非营利性民办高校的价值取向。如2002年来自国家教育发展中心与教育部社会力量办公室的联合调查表明,全国民办高校办学经费收入中政府资助的占比达5.4%,[①]而同期浙江树人大学获得政府资助比例已占学校收入的18.87%。[②] 其次是促进民办高校发展的教育中介组织发展起来。1995年全国民办高校教育委员会成立,至1996年已有20个省市的民办高校在当地教委领导的支持下成立了联络机构,也有省市区建立了民办高等教育协会、研究会和协作会、民办高教分会组织。[③] 这些组织在协助政府、联络高校与社会资源共享、开展研究与加强宣传、争取各方支持等多个方面都发挥了积极作用。再次是以基金会为代表的社会资金对民办高校发展的支持逐渐活跃。1992年,我国高校第一所教育基金会——浙江树人大学王宽诚教育基金会成立,截至2009年已有16家民办高校基金会成立,[④]其中就包括捐资2.14亿元建立了贵州盛华学院的威盛信望爱公益基金会。

3.证明了非营利性民办高校发展的价值

我国的非营利性民办高校是伴随着社会主义市场经济发展和深化教育体制改革而复兴发展的,其坚持公益性的办学理念、专注应用型人才培

---

① 李晓明.中国民办高等教育30年(1978—2008)[M].北京:人民武警出版社,2008:258.

② 徐绪卿.民办高等教育研究论文百篇选编[Z].杭州:浙江树人大学中国民办高等教育研究院,2016:253.

③ 中国民办高等教育委员会.中国民办高教之光[M].武汉:湖北科学技术出版社,1998:419.

④ 新华公益,基金会中心网.民办高校及其基金会发展之路[EB/OL].(2015-06-08)[2017-05-15].http://news.xinhuanet.com/gongyi/2015/06/10/c_127899050.htm.

养的办学定位、灵活的办学机制及鲜明的特色和优势,证明了它们是我国多样化高等教育事业中不可或缺的组成部分。办学三十年来,我国的非营利性民办高校靠自筹资金办学为社会输送了大批中高层次的复合型应用人才,满足了社会各界的需要。这些院校所汇聚的大批有教育情怀、甘于奉献、勇于创新和实践的教育家群体,他们所展现出的强烈事业心和使命感,以及艰苦奋斗和勤俭办学的时代精神,坚持民办高等教育公益性的办学思想都是非常珍贵的精神财富。从高等教育的助学机构开始,我国的非营利性民办高校从国情出发,面向市场,自主办学,成为我国高等教育事业发展的探路者和引领者。尽管在投资办学为主体的我国民办高等教育大格局中,非营利性民办高校群体尚属少数,但仍彰显了其存在的价值和意义:它们将是未来中国高水平民办大学发展的基础,也将是可寄予建成真正独立自主现代大学理想的载体,还将是吸纳社会和公众志愿者投入公益慈善教育事业的平台。

第三节 2010年以后我国非营利性民办高校发展研究

一、发展环境

(一)整体环境

21世纪头20年,是我国经济社会发展的重要战略机遇期,也是高等教育发展的重要战略机遇期。[①] 2010年,为进一步落实我国建设人力资源强国的战略部署,《国家中长期教育改革和发展规划纲要(2010—2020年)》(以下简称《规划纲要》)发布,明确提出要全面提高高等教育质量,我国的高等教育事业进入了以提高质量为核心的内涵发展期。在政治方

---

① 第五战略专题调研(周远清,张德祥).高等教育发展战略研究[J].教育研究,2010(7):26-57.

面,2012年以习近平总书记为领导核心的党中央在坚持"两个百年"奋斗目标的基础上,提出要全面实现中华民族伟大复兴中国梦的共同愿景,并把集中力量全面建设惠及十几亿人口更高水平的小康社会作为这一时期的重要战略任务,全面推进社会主义现代化建设。经济方面,我国仍保持了较快增长的态势,截至"十二五"规划期结束时,"经济总量稳居世界第二位,人均国内生产总值增至49351元(折合7924美元),经济结构调整取得重大进展,第三产业增加值占国内生产总值比重超过第二产业,城乡差距进一步缩小,常住人口城镇化率达到56.1%"[①]。社会文化方面,公共服务体系基本全面覆盖;教育总体发展水平进入世界中上行列,其中高等教育毛入学率达到40%,"劳动力年龄人口受教育年限达10.23年,劳动年龄人口接受高等教育的比例达16%"[②];贫困人口大幅度减少,人民生活水平和质量稳步提高,生态文明建设也取得新进展;中华民族伟大复兴的中国梦和社会主义核心价值观深入人心,国家文化软实力不断增强。[③] 总之,我国"充分利用了21世纪头十几年的战略机遇期,使自己不仅仍处在经济起飞的重要阶段,而且仍处在迅速全面崛起的时代"[④]。这样的时代为全面实现我国社会现代化提供了良好环境和机遇,对高等教育事业而言也是如此。

(二)具体影响

我国经济社会发展处在重要战略期的特定历史背景和环境,也为非营利性民办高校创造了进一步发展的环境。政治方面,在世界多极化、经济全球化、科技日新月异和人才竞争激烈的影响下,在国家要通过提升人力资源素质来增强竞争优势的需求推动下,政府对高等教育的重要性和

---

① 新华社.中华人民共和国国民经济和社会发展第十三个五年规划纲要[EB/OL].(2016-03-17)[2017-05-15].http://news.xinhuanet.com/politics/2016lh/2016-03/17/c_1118366322.htm.

② 中华人民共和国中央人民政府.国务院关于印发国家教育事业发展"十三五"规划的通知[EB/OL].(2017-01-10)[2017-05-15].http://www.gov.cn/zhengce/content/2017-01/19/content_5161341.htm.

③ 新华社.中华人民共和国国民经济和社会发展第十三个五年规划纲要[EB/OL].(2016-03-17)[2017-05-15].http://news.xinhuanet.com/politics/2016lh/2016-03/17/c_1118366322.htm.

④ 胡鞍钢.中国仍处在全面崛起时代[N].人民日报(海外版),2016-12-16(001).

作用的认识更加深刻,在加大对公办高等教育财政经费投入的同时,也鼓励和允许发展营利性的高等教育,并开始对非营利性和营利性民办学校实行分类管理。与上一个发展阶段相比,非营利性民办高校迎来了制度和政策利好的红利期,其与公办高校享有同等法律地位的待遇进一步得到落实;但同时也面临着与优质公办高校及营利性高校更加激烈的竞争局面。经济方面,我国经济转型升级和产业结构调整的步伐加快,"互联网+""中国制造2025"等系列重要举措的推进,迫切需要高等院校提供人才和智力支持。为此国家提出了包括现代职业教育体系构建、地方应用型本科转型发展及"一流大学一流学科"的"双一流"建设等系列顶层政策设计,这要求包括非营利性民办高校在内的高等院校要明确定位,强化特色和优势,切实服务经济社会发展。发挥非营利性民办高校长期植根于职业教育的优势,不少院校通过明确使命和愿景、明晰产权归属、积极争取政府支持、密切与行业企业联系等方式提升发展实力,并形成了一定影响力。在社会文化方面,我国的高等教育进入了从大众化向普及化发展的阶段,民众对优质高等教育的选择性需求更加旺盛,政府对坚持公益性非营利性办学的价值理念更加支持,促进非营利性高校发展的中介组织更加活跃,非营利性民办高校因此迎来了更加良好的发展机遇和环境氛围。

二、院校发展情况

(一)整体概况

与上一个发展阶段相比,这一个阶段的最显著特征就是我国的《规划纲要》明确要对营利性和非营利性民办学校进行分类管理。事实上投资要求回报的营利性民办高校与捐资不要求回报的非营利性民办高校自诞生之日起就是两种不同产权制度安排的院校类型,但长期以来在观念,尤其是法律、制度和机制层面,我国并未对二者进行清楚的划分和管理。故对于我国的非营利性民办高校而言,从2010年开始,是进入民办高等教育营利性与非营利性院校制度分野的新时代。

这个时期我国的非营利性民办高校在数量上并未有明显变化,但某些院校性质上发生了变化。根据笔者研究,新增加的院校有1所,即由碧桂园控股有限公司董事局主席杨国强先生、副主席杨惠妍女士创立的广东省国强公益基金会举办的一所全免费、纯慈善、纯公益全日制普通高等学校——广东碧桂园职业学院。① 还有2所院校转为公办高校,分别是湖南九嶷职业技术学院于2010年与湖南潇湘技师学院合并转为公办校②;民办长江职业学院于2015年与湖北省医药学校合并变为公办校。③ 有2所院校转为混合所有制,即原邕江大学升格为南宁学院,其举办者除了广西民革外增加了国有企业南宁威宁资产经营有限责任公司;浙江长征职业技术学院的举办者则除了民革浙江省委会外,还增加了嘉宏控股集团。

2010年我国《高等学校信息公开办法》颁布,根据要求很多非营利性民办高校都依法对学校在开展办学活动和提供社会公共服务过程中的信息进行了公开。据此笔者通过各高校的公开信息对上节列表中的非营利性民办高校办学情况和条件进行了采集汇总(如表3-7),以便了解各校概况。总体上从办学条件和规模来看,本科院校发展基础已经较为坚实,早期升本的院校学生规模都在万人以上,教学科研仪器设备值最高的达1.6亿元;高职院校则基础不一,办学规模高的如民办南华工商职业学院有11000人,而广东碧桂园职业学院只有294人。另有部分学校虽办学历史较长,但发展情况不容乐观,如北京经贸职业学院(原中华社会大学)、福州英华职业学院办学规模不足2000人。

---

① 广东碧桂园职业学院高等职业教育质量年度报告(2016)[R/OL].(2016-01)[2017-05-16].http://www.tech.net.cn/web/rcpy/articleview_sch.aspx? id=3493.

② 长江职业学院.学校简介[EB/OL].[2017-04-20].http://www.cjxy.edu.cn/about/1.php.

③ 根据教育部2014全国高等学校名单和2015年全国高等学校名单对比后发现,2015年该校被归入公办院校行列。2014年全国高等学校名单[EB/OL].(2015-08-07)[2017-04-20].http://www.moe.edu.cn/publicfiles/business/htmlfiles/moe/moe_634/201408/xxgk_173611.html;2015全国普通高等学校名单[EB/OL].(2016-06-30)[2017-04-20].http://www.moe.edu.cn/srcsite/A03/moe_634/201606/t20160603_248263.html.

表 3-7 我国部分非营利性民办高校办学条件情况表

学校名称	资产总额（亿元）	占地面积（亩）	教学科研仪器设备值（万元）	年度总收入（万元）	在校生	专任教师
北京城市学院①	——	1134	10723	27005	21265	442
辽宁对外经贸学院②	——	844	3904	——	11802	639
吉林外国语大学③	——	1055	——	——	10070	537
黑龙江东方学院④	6.34	1055	7178	——	11776	671
浙江树人大学⑤	——	1220	16357	27854	15421	590
上海杉达学院⑥	6.98	808	4957	——	13388	525
三江学院⑦	——	——	11406	25800	18185	974

---

① 北京城市学院2013年度本科教学质量报告[R/OL].[2017-05-17].http://www.docin.com/p-1033956665.html.

② 辽宁对外经贸学院2015年度本科教学质量报告[R/OL].(2016-09)[2017-05-17].http://www.luibe.edu.cn/xx/2015bkjx.pdf.

③ 吉林华桥外国语学院学校概况[EB/OL].[2017-05-17].http://www.hqwy.com/hqwy/gaikuang/gaikuang.asp.

④ 黑龙江东方学院学校概况[EB/OL].(2016-11)[2017-05-17].http://www.dfxy.net/articled.asp?id=5&key=％u5B66％u9662％u6982％u51B5&key2=％u5B66％u9662％u7B80％u4ECB.

⑤ 浙江树人大学2015—2016学年本科教学质量报告[R/OL].(2017-01)[2017-05-17].http://jwc.zjsru.edu.cn/public/upload/fck/2dd5ea69f81b71444ab9e392cd425333.pdf.

⑥ 上海杉达学院2015—2016学年本科教学质量报告[R/OL].(2016-10)[2017-05-17].http://www.sandau.edu.cn/_upload/article/files/e6/98/ef44189646a89522db82ad4b3434/0ad63772-4234-4df0-9aa9-c7b1cef88980.pdf.

⑦ 三江学院2015—2016学年本科教学质量报告[R/OL].(2016-12)[2017-05-17].http://www.sju.js.cn/_upload/article/files/b7/de/c99fe47f46cdab955a3073e7623b/15ba3156-d87b-4cfd-8100-cab2c0e55092.pdf.

续表

学校名称	资产总额（亿元）	占地面积（亩）	教学科研仪器设备值（万元）	年度总收入（万元）	在校生	专任教师
厦门华厦学院①	5.2	559	8017	5825	5290	303
广东培正学院②	8.5	869	4848	——	14064	566
北京经贸职业学院	——	——	916	——	1154	72
北京培黎职业学院	——	737	2091	——	——	120
上海东海职业技术学院	4	189	6619	11588	4965	163
上海济光职业技术学院③	2.7	169	1613	5277	5620	176
上海工商职业技术学院	——	328	7605	9795	5428	161
石家庄工商职业学院	——	405	3600	1521	3700	——
山西老区职业学院	——	414	906	——	2863	171
长春东方职业学院④	2.4	259	773	1314	2092	151

---

① 厦门华厦学院 2015—2016 学年本科教学质量报告[Z].厦门,2016-10-11.
② 广东培正学院.广东培正学院 2016 年本科教学质量报告[R/OL].(2016-11-16)[2017-05-17].http://www.peizheng.com.cn/news/new3.aspx.
③ 上海济光职业技术学院高等职业教育质量年度报告（2016）[R/OL].(2015-12)[2017-05-17].http://www.tech.net.cn/web/rcpy/articleview_sch.aspx?id=4353.
④ 长春东方职业学院高等职业教育年度质量报告（2016）[R/OL].[2017-05-17].http://www.tech.net.cn/web/rcpy/articleview_sch.aspx?id=3934.

续表

学校名称	资产总额（亿元）	占地面积（亩）	教学科研仪器设备值（万元）	年度总收入（万元）	在校生	专任教师
福州英华职业学院	——	300	829	——	1717	63
福建华南女子职业学院①	1.5	174	1143	4704	3486	110
广东碧桂园职业学院②	——	300	418	——	294	23
广东新安职业技术学院	——	184	1791	6362	4504	193
民办南华工商职业学院③	——	1100	——	23997	10971	475
贵州盛华职业学院	——	——	2059	——	2967	162

2010年《国务院办公厅关于开展国家教育体制改革试点的通知》颁布，明确将上海市、浙江省、广东省深圳市和吉林外国语大学作为探索营利性和非营利性民办学校分类管理办法的区域和院校④，除深圳（主要是面向民办中小学）外，其余省、市院校均涉及非营利性民办高校改革试点。在政府的支持和推动下，上述区域和院校在办学理念更新、治理结构完善、制度体系健全、体制机制创新等方面做了很多探索。下文及后续章节会对此进行进一步阐述。

---

① 福建华南女子职业学院高等职业教育年度质量报告（2016）[R/OL].（2016-01）[2017-05-16].http://www.tech.net.cn/web/rcpy/articleview_sch.aspx? id=3421.

② 广东碧桂园职业学院高等职业教育质量年度报告（2016）[R/OL].（2016-01）[2017-05-16].http://www.tech.net.cn/web/rcpy/articleview_sch.aspx? id=3493.

③ 民办南华工商学院高等职业教育质量年度报告（2016）[R/OL].（2016-01）[2017-05-16].https://www.tech.net.cn/web/rcpy/articleview_sch.aspx? id=3555.

④ 国务院办公厅.国务院办公厅关于开展国家教育体制改革试点的通知（国办发〔2010〕48号）[EB/OL].（2011-01-12）[2017-05-16].http://www.gov.cn/zwgk/2011-01/12/content_1783332.htm.

(二)办学理念和目标

办学理念作为指导各校办学具体实践的价值观念体系,是随着环境变化、学校发展和办学者认识深化而不断发生变化的。在上一个历史发展阶段积淀的基础上,我国非营利性民办高校的办学理念又进一步发展,在坚持公益性办学核心思想的基础上,各校办学理念更加注重凸显学校自身的价值观和理想追求。

以北京城市学院(原北京海淀走读大学)为例,其办学理念一是突出强调学校长期坚持公益性办学方向的传统,将学校定位为非营利组织,并且将学校产权确权①为社会公共财产。二是强调"靠民办学",即学校充分发挥市场化办学机制优势,把坚持服务首都城市圈的办学定位作为学校的优良传统,扎根基层,做好服务,以服务赢得支持,促成社会各界对学校办学进行多方支持。事实上北京城市学院升本科之初曾把"立足北京,面向全国"作为自己的办学定位,后续发展中才逐渐明晰应将"立足海淀,服务首都城市圈"作为学校的服务定位;学校从自身的能力和条件出发,通过对学校周围发展环境分析,更加坚定了走差异化发展之路、培养应用型人才的办学定位。②

浙江树人大学则在坚持公益性办学的基础上,于2011年对学校的办学理念进行了调整。学校根据经济社会发展形势和高等教育发展规律,结合自身实际情况,把"教学服务型大学"确立为学校的办学定位。"教学服务型大学是一种以服务为宗旨的应用型大学。此定位坚持以教育服务和服务科学理念为指导配置办学资源和运行管理大学,紧紧依托区域经济和社会发展,发挥为地方培养高级应用型人才和服务地方经济文化建设的重要职责,凸显办学的应用与服务导向。"③在此定位的基础上,学校确立的发展目标是:"综合实力处于国内民办高校一流、部分学科和研究

---

① 确权是依照法律、政策的规定,经过房地产申报、权属调查、地籍勘丈、审核批准、登记注册、发放证书等登记规定程序,确认某一房地产的所有权、使用权的隶属关系和他项权利。

② 北京城市学院2013年度本科教学质量报告[EB/OL].[2017-05-17].http://www.docin.com/p-1033956665.html.

③ 郑吉昌.教学服务型大学:背景、内涵及战略举措——以浙江树人大学为例[J].浙江树人大学学报(人文社会科学版),2011(6):1-6.

领域在全国高校中有重要影响、富有特色的教学服务型大学。"①

在高等职业教育领域,各非营利性民办高校的办学理念和目标在凸显公益性核心价值观的同时也各具特色。如福建华南女子职业学院的办学理念是传承"受当施"精神,育成健全人格;培养职业女性,服务经济社会发展;把学校建成特色鲜明,在国内外有影响力的高职院校。而广东碧桂园职业学院,则以"办慈善高校,助贫困学生,育精英人才,为社会服务"为办学宗旨,旨在打造一所慈善性质的、培养精技善用的高素质技能型人才的一流高职院校。②

(三)治理结构探索的新进展

1.法律对民办高校内部治理的规定

这一时期新修订的《民办教育促进法》(2016年)对我国民办学校内部治理结构提出了进一步的要求,即"民办学校应当设立学校理事会、董事会或其他形式的决策机构,并建立监督机制;民办学校的举办者根据学校章程规定的权限和程序参与学校的办学管理"③。这是该法在原有对民办学校治理结构中的董事会或理事会人员构成、职责权限、任职条件规定等的基础上,进一步健全民办学校治理机制提出的新要求。这次新修订的法规既规范了民办学校组织内部治理机制,也提出要通过外部机制进行监督,即"教育行政部门及有关部门建立民办学校信息公示和信用档案制度"④。

2.内部治理结构完善的探索

这一时期非营利性民办高校内部治理结构完善的探索值得关注的是上海市。根据国家教育体制改革试点任务要求,上海市教委自2014年开

---

① 浙江树人大学2015—2016学年本科教学质量报告[R/OL].(2017-01)[2017-05-17].http://jwc.zjsru.edu.cn/public/upload/fck/2dd5ea69f81b71444ab9e392cd425333.pdf.

② 广东碧桂园职业学院.学院简介[EB/OL].[2017-05-18].http://www.bgypt.com/gaikuang/jianjie.

③ 全国人民代表大会常务委员会关于修改《中华人民共和国民办教育促进法》的决定[EB/OL].(2016-11-07)[2017-05-17].http://www.npc.gov.cn/npc/xinwen/2016-11/07/content_2001583.htm.

④ 全国人民代表大会常务委员会关于修改《中华人民共和国民办教育促进法》的决定[EB/OL].(2016-11-07)[2017-05-17].http://www.npc.gov.cn/npc/xinwen/2016-11/07/content_2001583.htm.

展了创建非营利性民办高校示范校建设工作。按照"公益性强、体制创新、特色鲜明、质量优先"的原则进行了示范校申报、专家评审和扶持建设的探索,其示范校建设范围是以国资、捐资举办、不要求合理回报的高校。① 上海杉达学院、上海视觉艺术学院、上海济光职业学院和上海东海职业学院入选了非营利性示范校建设。

以上海杉达学院为例,在示范校申请之初,就按照上海市教委非营利性民办高校的要求进行创建。即坚持公益性标准、落实法人财产权、完善法人治理结构、规范内部管理。在治理结构方面,上海杉达学院构建董事会决策、校长负责、党委政治核心保障、教授治学、民主管理"五位一体"的内部治理结构。其中就董事会和决策层建设方面,实行了历届董事会成员和学校党政负责人、学校关键管理岗位亲属回避制。在监督机制建设方面,主要通过健全决策执行和监督反馈机制,实施校务公开、党务公开、重大决策广泛征求意见和建议,以及规范财务管理、实行内部审计监督等措施进行完善。②

这个时期进行非营利性民办高校内部治理结构完善探索的还有吉林外国语大学、西安外事学院、黑龙江东方学院等。限于篇幅和研究资料的可得性,本节仅阐述西安外事学院的探索。西安外事学院自2013年启动非营利性民办高校办学探索,并首先以法人治理结构为核心进行调整。一是"去家族化",实施学校董事会及内部重要岗位亲属回避制,学校举办人和所有办学者重申不求回报的原则,并让自己的直系亲属全部离开学校行政岗位;二是完善干部聘任制度,对包括校长在内的行政干部实行"全球招聘""校内竞聘"和"董事会、校党委、校务会联席会议"任命等多种唯才是举的任用制度;三是建立科学民主的决策、执行和监督机制,加强校党委在学校大政方针制定工作中的主导作用和对工会、教代会的领导作用,并建立起了董事会、校务会、校党委联席会议决策和监事会全过程监督的制度,厘清了决策、执行和监督关系;重视发挥教授、学术团体在办学过程中的重要作用,进一步深化学校民主管理。尽管上述举措得到了政府及社会各界的一致好评,但由于政府并未因此在财政资金和优惠政

---

① 上海市教育委员会.上海市非营利民办高校示范校建设工作情况[Z].上海,2015-04-09.

② 罗先锋.上海杉达学院张增泰校长访谈整理[Z].上海,2015-11-24.

策方面给予特别的引导性鼓励支持,专项资金拨付额度甚至少于其他同类学校。尴尬之余,学校的改革只能暂时缓了下来。①

(四)资源筹集

1.生源

这一时期民办高校,尤其是民办高职院校遭遇了生源危机。随着人口出生率、自然增长率下降及青少年占总人口比重的下降等因素,我国高考的适龄人口自2008年开始由增转降,加之高考录取率提升、弃考族增加及外出留学规模增大等因素使得高校之间的生源危机波及面愈来愈广。② 而就业困难、待遇偏低、读书无用论思想抬头等更使得不少非营利性民办高校,尤其是高职层次院校的招生出现了困境。如2015年的北京培黎职业学院,其北京市教委批准的学院招生计划为1360人,但实际仅录取了868人,录取率只有64%。③

从生源来看,受高考招生政策变化影响,我国非营利性民办高校中的生源逐渐呈多样化、多元化特征。如北京城市学院,其2013年21265人在校生中,高中起点本科生16040人,专接本学生453人,专科生4667人,研究生105人。还有高校有留学生,如上海衫达学院2016年在校生中就有留学生6人。以上海工商职业学院2015年在校生为例,其在校生中的"三校生"(职高、中专、技校毕业生)有1286人,占在校生总数的23.7%;另有中外合作办学学生57人和沪台合作办学学生62人;退役军人学生36人。④ 从地域来看,许多院校以本省生源为主,如上海工商职业学院上海市和外省市生源比例为64.55∶35.45;而广东培正学院2016年生源中94.20%的学生来自广东省。⑤

---

① 黄藤.从办学实践谈民办高校分类管理[J].教育经济评论,2016(2):19-22.
② 蒋洪池,李文燕.我国高校生源危机的原因及对策[J].高教探索,2014(3):123-126.
③ 北京培黎职业学院2016年度质量报告[R/OL].(2015-12)[2017-05-18].https://www.tech.net.cn/web/rcpy/articleview_sch.aspx?id=3409.
④ 上海工商职业技术学院高等职业教育年度质量报告(2016)[R/OL].(2015-12)[2017-05-18].http://www.tech.net.cn/web/rcpy/articleview_sch.aspx?id=4349.
⑤ 广东培正学院.广东培正学院2016年本科教学质量报告[R/OL].(2016-11-16)[2017-05-17].http://www.peizheng.com.cn/news/new3.aspx.

2.教师

经过前期建设和发展,我国非营利性民办高校教师队伍情况大有改观,专职教师队伍逐步建立,且职称学历结构都有改善,本科高校尤其明显(如表3-8)。以表中这些本科院校为例,其师资总数都超过300人,副教授以上高级职称人数多在30%上下,个别优秀高校如三江学院和辽宁对外经贸学院副高以上职称教师占比都超过40%。学历结构方面,这些院校都有数量不等的博士研究生,占比从2.48%到16.27%不等,硕士研究生学历的占比基本上都在50%以上。除专任教师外,各校积极聘任兼职教师。如广东培正学院2015—2016学年聘请的兼职教师共有170人,占比全校教师总数736人的23.09%。[①] 浙江树人大学则启动了"千人业师"计划,截至2016年6月,已经聘请了600余位业界人士来校参与应用型人才培养工作。[②]

制度层面,这一时期不少省市逐步落实民办高校在职称评聘、科学研究与公办学校同等的待遇,并在骨干教师培养方面给予专项经费支持。如福建省在"2013年启动了民办高校强师工程,当年安排经费381.5万元,组织了966名青年教师、51名骨干教师和283名辅导员及部分行政管理干部参加培训"。[③] 上海市采取了包括将民办高校人事管理统一纳入全市高校人事管理范畴[④]、成立市级民办高校教师专业发展中心、开展教师专业发展工程、实施民办高校"强师工程"培训与学历进修项目等,多措并举支持教师提升专业与科研能力。仅2014年,全市民办高校教师参与境内培训1690人次,占专任教师总数的41%;境外培训421人次,攻读学位共计198人,占专任教师总数的4.8%。[⑤]

学校层面,各校通过建立教师发展中心、提升教师薪酬待遇、鼓励教

[①] 广东培正学院.广东培正学院2016年本科教学质量报告[R/OL].(2016-11-16)[2017-05-17].http://www.peizheng.com.cn/news/new3.aspx.

[②] 浙江树人大学2015—2016学年本科教学质量报告[R/OL].(2017-01)[2017-05-17].http://jwc.zjsru.edu.cn/public/upload/fck/2dd5ea69f81b71444ab9e392cd425333.pdf.

[③] 福建省教育厅.我省实施民办高校"强师工程"全面提升师资队伍水平[EB/OL].(2014-02-01)[2017-05-18].http://www.fjedu.gov.cn/html/jyyw/jyt/2014/02/01/fa9f97e0-4d6f-4bd8-e040-a8c0906558f1.html.

[④] 徐瑞哲.民办高校探索教师收入与学费收入同增长[N].解放日报,2015-09-24.

[⑤] 上海市教委.多措并举切实加强民办高校教师队伍建设[EB/OL].(2015-10-01)[2017-05-18].http://www.shmec.gov.cn/html/article/201510/83770.php.

师学历提升和培训、支持教师下行业企业一线锻炼等多种方式促进教师发展。据调查,浙江树人大学、上海杉达学院、厦门华厦学院等都成立了教师发展中心。人员待遇方面,上海杉达学院2011—2013年人员经费占学费收入58%,2014年占61%;个人收入2010—2012年增幅10%~15%,并保持逐年增长;学校为教师已缴纳补充养老金单位部分1465万元,个人部分145万元,合计1610万元。① 在帮助教师专业能力提升方面,浙江树人大学大力支持教师发展,2015—2016学年该校共有35位教师攻读国内外博士学位;青年骨干教师则通过企业实践、挂职锻炼及参与横向科研等方式进入企业一线锻炼;还积极组织教师培训,仅一个学年就培训教师460名②。

表3-8 我国部分非营利性民办本科高校师资情况表

校名	专任教师总数	教授及副教授		讲师		博士研究生		硕士研究生	
		数量	占比(%)	数量	占比(%)	数量	占比(%)	数量	占比(%)
浙江树人大学③	590	234	39.67	298	50.5	96	16.27	365	61.86
广东培正学院	566	91	16.08	333	58.83	23	4.06	321	56.71
三江学院④	974	405	41.58	479	49.1	103	10.57	566	58.1
上海杉达学院⑤	525	178	33.91	261	49.7	64	12.18	362	68.95
黑龙江东方学院⑥	363	94	25.89	212	58.4	9	2.48	296	81.54

---

① 罗先锋.上海杉达学院张增泰校长访谈整理[Z].上海,2015-11-24.

② 浙江树人大学2015—2016学年本科教学质量报告[R/OL].(2017-01)[2017-05-17].http://jwc.zjsru.edu.cn/public/upload/fck/2dd5ea69f81b71444ab9e392cd425333.pdf.

③ 浙江树人大学2015—2016学年本科教学质量报告[R/OL].(2017-01)[2017-05-17].http://jwc.zjsru.edu.cn/public/upload/fck/2dd5ea69f81b71444ab9e392cd425333.pdf.

④ 三江学院2015—2016学年本科教学质量报告[R/OL].(2016-12)[2017-05-17].http://www.sju.js.cn/_upload/article/files/b7/de/c99fe47f46cdab955a3073e7623b/15ba3156-d87b-4cfd-8100-cab2c0e55092.pdf.

⑤ 上海杉达学院2015—2016学年本科教学质量报告[R/OL].(2016-10)[2017-05-17].http://www.sandau.edu.cn/_upload/article/files/e6/98/ef44189646a89522db82ad4b3434/0ad63772-4234-4df0-9aa9-c7b1cef88980.pdf.

⑥ 黑龙江东方学院.2015年9月1日师资情况[R/OL].(2015-09-01)[2017-05-17].http://www.dfxy.net/articled.asp?id=1061&key=%u5E08%u8D44%u961F%u4F0D&key2=%u5E08%u8D44%u4ECB%u7ECD.

续表

校名	专任教师总数	教授及副教授		讲师		博士研究生		硕士研究生	
		数量	占比（%）	数量	占比（%）	数量	占比（%）	数量	占比（%）
辽宁对外经贸学院	639	310	48.51	267	41.78	68	10.64	471	73.71
厦门华厦学院①	303	124	40.92	116	38.28	14	4.62	141	46.53

备注：以上各高校统计数据除黑龙江东方学院外均来源于各校2015—2016学年本科教学质量报告。

3.经费

在经费筹集方面，政府已允许学校学费根据市场情况适当调高；政府资助比前期有所增加；基础良好的高校社会服务能力有所提高，其他收入有所增加；并能争取到一定额度的科研经费收入；非公募基金会组织相继成立，为非营利性民办高校发展募集资金。

很多省都扩大了民办高校收费自主权。浙江省2012年"允许民办高校自主选择本校当年专业总数25%以内的专业，在规定基准价基础上，在50%浮动范围内，自主制定具体学费标准"。② 福建省也发文允许民办本科高校学费自2017年开始进行自主定价。③ 因此这一时期很多民办高校的学费收入都比上一时期增长了，像陕西省，2016年全省民办高校总体收费比上一年增长了50%。④

政府资助也显著增加。如陕西省自2012年每年安排3亿元专项资金支持民办高校发展；⑤黑龙江省自2011年加大对民办高校学生资助投入，"全省受助金额达2800万余元，学生资助比例占在校生总数的

---

① 厦门华厦学院2015—2016学年本科教学质量报告[R/OL].(2016-10-30)[2017-05-17].http://www.hxxy.edu.cn/ghc/UpFiles/Article/2017/5/22/2017052257596077.pdf.

② 浙江省教育厅.关于进一步扩大民办高等学校办学自主权的若干意见[EB/OL].(2012-01-07)[2017-05-18].http://www.zjedu.gov.cn/news/1420620840812425 04.html.

③ 张炜.福建民办本科高校学费将自主定价[N].中国青年报,2017-04-14(4).

④ 彭宏.2016年陕西民办高校 每生每年学费普遍过万元[N].华商报,2016-07-29(T4).

⑤ 刘琴.陕西每年三亿专项资金支持民办高校建设[R/OL].(2012-03-15)[2017-05-19].http://www.moe.edu.cn/publicfiles/business/htmlfiles/moe/s6320/201203/132171.html.

22.4%,比上一年度提高 12%,同时对农、林、水、地矿、油、核等特殊专业的学生给予资助倾斜"。① 山东省则于 2015 年安排 4000 万元专项支持 12 所民办本科高校专业建设。②

非营利性民办高校在这一时期,争取政府经费的能力也有所增强。以我国民办本科高校中科研能力突出的浙江树人大学为例,其 2013 年度,科研外来经费就突破两千万元,整个"十二五"期间学校科研经费累计突破 1 个亿。③ 高职院校则通过培训等服务增加收入,以上海东海职业技术学院为例,2015—2016 学年实施非学历培训所取得的到账经费达 288 万元。这一时期支持民办高校发展的非公募基金也纷纷成立,如 2014 年上海 7 所民办高校捐资 7730 万元成立了上海市民办教育发展基金会;④杨国强先生和杨惠妍女士 2013 年捐资 1000 万元设立广东省国强公益基金会(用于支持广东碧桂园职业学院)等。⑤ 这些基金会成立后显示了募集社会捐赠资金、支持非营利性民办高校发展的潜力。根据公开数据,广东省国强公益基金会 2013—2015 年三年累计获得捐赠收入高达 3.4 亿元;而 2015 年该基金会用于广东碧桂园职业学院的经费为 1000 万元。⑥

(五)人才培养、科研和社会服务

1.人才培养

这一时期我国非营利性民办高校在人才培养理念方面突出应用型和

---

① 黑龙江省财政厅办公室.黑龙江:加大公共财政对民办教育的扶持力度[EB/OL].(2012-08-07)[2017-05-19]. http://www.mof.gov.cn/xinwenlianbo/quanguocaizhengxinxilianbo/201208/t20120807_673536.html.
② 韩笑,孔进.省财政 4000 万元支持民办高校建设特色专业[N].齐鲁晚报,2015-05-26(A14-A15).
③ 浙江树人大学科研处.科研概况[EB/OL].[2016-08-04].https://www.zjsru.edu.cn/xkky/kygk.htm.
④ 杨育才.沪成立全国首家民办教育发展基金会 7 所民办学校捐资[N/OL].(2014-08-16)[2017-05-19].http://sh.eastday.com/m/20140816/u1a8284359.html.
⑤ 基金会中心网数据中心.广东国强公益基金会[DB/OL].[2017-05-19].http://data.foundationcenter.org.cn/LucencyGood_3590.html.
⑥ 基金会中心网数据中心.广东国强公益基金会[DB/OL].[2017-05-19].http://data.foundationcenter.org.cn/LucencyGood_3590.html.

院校特色,在人才培养类型方面呈现出多样多层次,在人才培养的内容和方式上突出开放性。

丹尼尔·C.列维指出私立高等教育的发展大部分是"需求吸收型"的[①],我国的民办高等教育也是如此。因此我国非营利性民办高校在人才培养的定位方面突出地体现了应用型特征。但具体到各校又兼具了自己的文化和特色。如上海杉达学院的人才培养目标是培养有中华美德、国际视野和创新潜力的高素质应用型人才;辽宁对外经贸学院的人才培养目标则是培养有创新精神和实践能力、国际化视野和跨文化交流能力的应用型高级经贸人才;北京培黎职业学院则秉承"手脑并用,创造分析"的校训,把培养有知识、有技能,会动脑、会动手,善分析、勇创造,德智体美劳全面发展的有用人才作为其人才培养目标。

在人才培养的层次和类型方面,这些高校突出地体现了多样多层次的特点。像北京城市职业学院的在校生中就包括了研究生、本科和专科3个层次;而浙江树人大学的在校生中则包括了本科、专科、艺术、专升本、中职升本科、中职升专科6个类别。[②] 而吉林外国语大学、上海杉达学院等还有少量留学生。在高职院校这种多样性还表现为接受退伍军人等这样非传统生源就读学历教育。总之,这要求非营利性民办高校的人才培养关注多个层面的学生需求,其教育要具有更大的包容性和适应性。这一方面和我国高等教育正处在从大众化迈向普及化的阶段有关,另一方面也是民办高等教育多样性的特征体现。

在人才培养的内容方面,更加突出开放性特征,表现在两个方面:一是面向行业、企业、社区等生产、生活一线办学,加深产教融合;二是面向高等教育全球化和国际化发展趋势,加强了国际化人才的培养。非营利性民办本科院校在这一时期都推出了切实的措施培养应用型人才。如浙江树人大学就与多家行业企事业单位构建协同育人机制,通过建设行业学院培养人才,已建成了"浙江省养老与家政产业学院""同花顺金融信息服务学院""山屿海商学院"等行业学院。在行业学院中,合作企业深度参与课程融合方案、校企合作教学团队、实践教学体系建设等工作。另外,

---

① 菲利普·G.阿尔特巴赫,丹尼尔·C.列维.私立高等教育:全球革命[M].胡建伟,等译.北京:中国社会科学出版社,2014:214.
② 浙江树人大学 2015—2016 学年本科教学质量报告[R/OL].(2017-01)[2017-05-17].http://jwc.zjsru.edu.cn/public/upload/fck/2dd5ea69f81b71444ab9e392cd425333.pdf.

上海杉达学院、厦门华厦学院、黑龙江东方学院等多家院校都进行了产业学院或行业学院的实践,限于篇幅不再赘述。在国际化办学方面,不少非营利性民办高校增强了与国外高校的交流、合作,联合开展国际化人才培养。典型的如积极推进国际化办学的吉林外国语大学,目前已开设了英语、日语、德语等12个外语语种,拥有翻译、国际商务、教育、汉语国际教育4个硕士专业学位授权点,2个中外合作办学项目。"已与20个国家和地区的120所高校和教育机构开展合作,并于2015年与美国新泽西大学合作建设了孔子学院;每年派出近600名学生出国出境进行长、短期语言文化交流,开展本科双学位和本硕连读等留学项目,部分专业学生出国比例达到100%;每年接收外国留学生200人左右。"[①]

2.科研

经过上一个发展阶段的积淀,我国非营利性民办高校的科研职能进一步得到发挥,主要表现在以下几个方面:

一是自2011年开始部分民办高校具备了培养研究生资格。在首批5所具备硕士研究生培养资格的民办高校中,非营利性民办高校黑龙江东方学院和吉林外国语大学成功入围,这标志着这些学校的部分学科已具备了培养研究生层次人才的学术能力和水平。而研究生培养工作也将进一步推动这些院校提升研究水平。

二是为更好进行学科建设和加强应用研究,不少非营利性民办高校在此期间加强了科学研究机构建设。如北京城市学院在此期间先后成立了首都城市环境建设研究基地(2013年)和首都城市治理与综合执法研究所(2014年)[②]。浙江树人大学则在2011年成为"浙江省哲学社会科学重点研究基地""浙江省现代服务业与经济转型重点研究基地",截至2016年8月,全校已有4个省级协作研究机构、9个学科共享平台和23个校学术研究机构,为学科建设和应用科研开展创造了良好条件。在院校科研能力方面,根据浙江树人大学2012—2016年连续5年科研竞争力评价结果,我国民办高校的科研水平进步明显,部分民办高校在科研领域

---

① 吉林华桥外国语学院.学校简介[EB/OL].[2017-05-20].http://www.hqwy.com/hqwy/gaikuang/gaikuang.asp.
② 北京城市学院.学术科研[EB/OL].[2017-05-19].http://www.bcu.edu.cn/html/xsky/kjycyfzb/1.html.

形成了较强的竞争力,并在特定领域形成了自身的独有优势。[①]

三是政府及研究机构开始对民办高校的科研能力进行评价和排名,科研业绩成为衡量民办高校发展内涵的关键指标之一。政府方面,福建省自2010年开始在全省进行高校发展潜力评价,其中对科研水平评价包括高水平论文发表、省部级以上科研机构数量及科研经费等指标。这种基于省级高等学校办学监测体系为基础的评价,为各校提升质量提供标杆的同时也带来了发展压力。研究机构方面,浙江树人大学中国民办高等教育研究院自2012年起连续5年发布民办高校科研竞争力评价研究报告,在社会上产生了较大影响。在其2016年全国30强民办本科高校科研竞争力排名中,浙江树人大学(第1)、北京城市学院(第18)、广东培正学院(22)、西安外事学院(23)、上海杉达学院(26)这5所非营利性民办高校入围。[②] 从长远影响来看,这种比较在促进非营利性民办高校重视科研水平提升的同时也带来了同质化倾向。

3.社会服务

非营利性民办高校在这一时期开展的社会服务集中在以下三个方面:一是培养学历和非学历的各种人才,二是结合区域经济社会发展需要开展应用科研、咨询等服务;三是积极参加公益性文化活动,传承和传播传统优秀文化,成为区域文化传播中心。

在人才培养方面,根据各个高校公布的毕业生就业质量报告和高等职业教育年度质量报告,本书选取了不同区域7所非营利性民办高校进行统计(如表3-9),发现其培养的毕业生(除北京较低外)主要在当地就业,广东培正学院在广东省就业的比例高达95%以上,为当地产业发展提供了人力资源。不仅如此,非营利性民办高校还为社会提供了大量的继续教育培训服务,如表中北京培黎职业学院,年公益性培训高达21580人次。在应用科研和咨询服务方面,非营利性民办高校提供了许多切实服务。如浙江树人大学仅2015年度与区域行业企业开展的经费在2万

---

① 杨礼雕.2016中国民办高校(本科)及独立学院科研竞争力报告发布[R/OL].(2016-12-26)[2017-05-19].http://edu.zjol.com.cn/system/2016/12/23/021406358.shtml.

② 杨礼雕.2016中国民办高校(本科)及独立学院科研竞争力报告发布[R/OL].(2016-12-26)[2017-05-19].http://edu.zjol.com.cn/system/2016/12/23/021406358.shtml.

元以上的横向课题就有 81 项,横向课题到账经费总额累计达 918.25 万元,其课题内容涵盖软件开发、规划设计、技术改造、项目咨询等多个方面。① 在区域文化传承方面,各个高校普遍参与了大学生志愿者活动、区域特色文化研究等。

表 3-9 我国不同区域部分非营利性民办高校社会服务情况

院校名称	项目					
	毕业生人数	就业人数	留在当地(本省市)就业%	到中小微企业等基层服务比例%	横向技术服务到款数(万元)	公益性培训服务(人次)
辽宁对外经贸学院②	3051	2842	66.69	——	——	——
上海杉达学院③	2893	2846	70.61			
三江学院④	5344	4969	88.44			
广东培正学院⑤	2965	2957	95.19			
北京培黎职业技术学院⑥	961	915	45.57	81.87	12.5	21580

---

① 浙江树人大学.浙江树人大学 2015 年度科研成果[EB/OL].(2017-01-11)[2017-05-17].https://www.zjsru.edu.cn/info/1120/3259.htm.

② 辽宁对外经贸学院.辽宁对外经贸学院 2015 届毕业生就业质量年度报告[R/OL].(2016-01)[2017-05-20].https://wenku.baidu.com/view/8de3d3c379563c1ec4da7124.html.

③ 上海杉达学院.上海杉达学院 2015 届毕业生就业质量年度报告[R/OL].(2015-12)[2017-05-20].http://www.sandau.edu.cn/_upload/article/files/52/49/5a2785f64d26b4f22e33040d5c1b/2427b3c3-fe96-4618-85b7-1b17acfc3fe5.pdf.

④ 三江学院.三江学院 2015 届毕业生就业质量年度报告[R/OL].(2016-01-11)[2017-05-20].http://sju.91job.gov.cn/news/view/aid/85488/tag/tzgg.

⑤ 广东培正学院.广东培正学院 2015 届毕业生质量年度报告[R/OL].(2015-12)[2017-05-20].http://www.gradjob.com.cn/News/2016/2015/file/12059.pdf.

⑥ 北京培黎职业学院.北京培黎职业学院 2016 质量年度报告[R/OL].(2015-12)[2017-05-20].https://www.tech.net.cn/web/rcpy/articleview_sch.aspx? id=3409.

续表

院校名称	项目					
	毕业生人数	就业人数	留在当地（本省市）就业%	到中小微企业等基层服务比例%	横向技术服务到款数（万元）	公益性培训服务（人次）
上海东海职业技术学院①	1322	1301	70.64	73.47	28.7	3988
民办南华工商学院	3552	3327	84.07			

备注：表格中数据本科院校来自各校2015年度就业质量报告，高职院校来自2016年度高职院校年度质量报告。

三、发展问题与成效

（一）发展问题

1.外部环境因素

这一时期影响我国非营利性民办高校发展的外部环境因素主要有关于公益性非营利性民办学校基本法律制度的不完善，公办高校生均财政拨款普遍提高带来的不利竞争，就业困难、待遇差及制度性原因引发的生源问题，社会对非营利性学校认知观念不一等。

尽管2010年《规划纲要》提出积极探索民办学校实行营利性和非营利性分类管理，2016年民办教育促进法修订确立了分类管理的法律依据，并从法律层面明确了非营利性民办学校内涵，但诸如公益性法人基本制度及配套制度的缺失仍是阻碍非营利性民办高校发展的因素。有学者认为，民促法的修订也只是为进一步研究和制定鼓励捐资设立公益性民办学校的专门法律、法规打开了立法之门，距离形成基本的、专门的、具体

---

① 上海东海职业技术学院.上海东海职业技术学院2016质量年度报告[R/OL].(2015-12)[2017-05-20].https://www.tech.net.cn/web/rcpy/articleview_sch.aspx?id=4346.

的、有效的提倡和鼓励捐资兴学的法律规定还尚有时日,这在很大程度上影响了非营利性民办高校办学的积极性和自主性。[①]

从 2010 年开始,国家加大了对教育的财政性经费投入,教育财政性经费占 GDP 4% 的目标实现后,公办民办高校之间经费差距额度不断拉大,非营利性民办高校感受到了巨大的竞争压力。以上海为例,2015 年度公办高校的生均经费已经达到 3 万元/生,而民办高校仅以学费作为经费主要来源。由于民办高校通过提高学费来增加收入的空间有限,所以在没有其他资金注入的情况下,和公办院校相比,其办学实力就相对弱化了。[②]

生源问题让民办高校,尤其是民办高职院校感受到了巨大的生存压力。造成高考人数下降或高校生源不足的问题根本在于制度性因素,一是高中阶段教育分为中等职业教育和普通高中教育,这使得相当数量的中职生被排斥在高考之外。另外,我国目前的高考毛入学率只有 40%,还有 60% 的适龄人口并没有接受高等教育,所以生源问题更多的是一个制度性的假问题。[③] 在相应制度还未出现较大改变的情况下,非营利性民办高校仍然会在生源市场竞争中处于不利地位。

长期以来,受 2002 年民促法观念的影响,在国家分类管理规定出台后,"投资要求合理回报"的学校是否应该纳入非营利性学校的争论一度使得非营利性学校的划分标准很难达成共识,也导致新修订的民办教育促进法在 2013 年提出征求意见稿后,直至 2016 年才通过。即使通过后,人们对修订后民促法提出的非营利性民办学校内涵仍无法完全接受,尤其是非常多有投资回报要求和产权所有权要求的举办者。这使得各省在此期间出台的扶持非营利性民办高校发展的政策不一,对其扶持的财政政策也不能完全落实,这种认识上的不统一,影响了非营利性民办高校办学的积极性和内部治理机制的完善。

2.自身发展因素

从非营利性民办高校自身来讲,这一时期面临的问题也很多:一是学校的转型发展;二是非营利性民办高校体制机制的建设问题。别敦荣教

[①] 邵金荣.民办教育促进法立法案例研究[M].北京:知识产权出版社,2015:139-143.
[②] 别敦荣.民办高校转型发展的思考[J].大学(学术版),2014(2):13-19.
[③] 别敦荣.民办高校转型发展的思考[J].大学(学术版),2014(2):15.

授认为根据生命周期理论,社会组织每发展到一个阶段都必须有适当的模式或战略,民办高校已经发展到一个新的时期和新的阶段,必须要转变发展的模式。但目前很多民办高校包括非营利性民办高校在内,其发展模式还未完全转到精细化、高水平的发展形态上去。[①] 这表现在学科专业布局和结构还不够合理,核心学科专业的竞争力优势不够突出;教师的专业发展压力较大,师资队伍的结构及水平还不能完全满足学校发展的需要;应用型人才培养内涵的认知和实践都不够到位,其人才培养的水平和质量都有待提升,等等。本书认为这个阶段我国的非营利性民办高校已进入按照收费服务型实体的公益性法人属性进行规范和建设的时期,但学校方面无论是法人财产权落实、内部管理体制机制、资产财务管理制度、内部监督机制完善等多个方面还未到位,既影响了学校的公益性,也影响了学校的可持续发展。

(二)发展成效

1.支持非营利性民办高校发展的政策环境氛围进一步改善

在政策环境氛围方面,这一时期显著的特征就是国家和各省市都密集出台了促进民办教育和民办高等教育发展的政策,其支持和规范非营利性民办高校的环境氛围显著改善。根据江苏省课题组的整理,"十二五"期间全国及各省发布的上述政策主要有60项,内容涉及党的领导、分类管理、差别化政策扶持、拓宽办学筹资渠道、扩大办学自主权、完善治理结构、建设现代大学制度、提高教育教学质量等多个方面。[②] 其政策效果较为显著地体现在三个方面:一是允许符合非营利性民办高校内涵条件的高校登记为事业单位法人;二是陕西、浙江、上海及重庆等部分省市开始落实对民办高校进行专项资金扶持的待遇。尤其是开始给予民办高校生均财政拨款这一政策,较好地体现了财政经费的公共性原则。如上海"自2011年,根据民办高校资产过户情况,对部分完成资产过户、大部分完成资产过户、基本完成资产过户的院校,分别按照生均500元至1200

[①] 别敦荣.民办高校转型发展的思考[J].大学(学术版),2014(2):15.
[②] 江苏省教育厅课题组,无锡太湖学院.民办教育法律政策汇编[G].2017-02.

元标准拨付内涵建设经费"①。三是体现分类管理原则,确立了差别化政策扶持体系,其中对非营利性民办高校明确要采取政府补贴、基金奖励、捐资激励等扶持政策,为后续进一步细化和完善制度提供了依据。这一时期我国非营利性民办高校联盟成立,开展了系列工作,为进一步增强中介组织在促进非营利性民办高校发展方面做出了贡献。

2.积极进行了支持和规范非营利性民办高校发展的探索,为修法奠定了基础

自2010年后,不少省市开始探索支持和规范非营利性民办高校发展的相关工作。其中上海市和浙江省温州市做了大量工作,对修法提供了宝贵的经验基础。上海市以坚持办学的公益性为出发点,以体制机制的改革创新为切入点,以提高教学及办学质量促进民办学校的可持续健康发展为落脚点开展试点。② 创建了非营利性民办高校示范校,对非营利性民办高校提出了五个要求:"坚持教育公益性,依法规范办学,财务管理规范,落实法人财产权,建立年金制度",并据此落实情况核定资金拨付内容和额度。这样一来只有国有资产举办或者捐资举办的高校才能符合其条件成为非营利性民办高校。温州市在这一期间先后发布了《关于民办学校分类等级管理的实施办法(试行)》《关于非营利性民办学校财务管理的实施办法(试行)》等"1+14"的政策体系,据此在分类管理基础上,就财政支持、税费优惠、土地政策、队伍建设、资产管理、产权管理等改革要素进行系统设计。温州经验对于在政府层面以体制机制创新为重点,健全教育公共政策,优化发展环境,促进公办民办教育健康发展格局的形成有重要借鉴作用。③ 正是基于上述深入实践,才进一步推动了非营利性民办高校建设在理论和实践层面的完善提升,也为修法打下了坚实基础。

3.非营利性民办高校分类定位特色发展,水平和质量进一步得到提升,社会认可度进一步增强。

这一时期我国高等教育进入了以质量为核心建设的发展阶段,高等

---

① 上海市教委.上海市教育委员会关于拨付上海市民办教育政府扶持资金的通知[EB/OL].(2012-04-17)[2017-01-20].http://old.moe.gov.cn//publicfiles/business/html-files/moe/s6642/201207/139509.html.
② 王佐书.中国民办教育发展报告(2013—2014)[M].北京:科学出版社,2014:163.
③ 王佐书.中国民办教育发展报告(2013—2014)[M].北京:科学出版社,2014:238-256.

教育的整体布局正在发生革命性的调整,600多所地方本科高校陆续转型为职业技术学院。高等教育的人才培养结构将更多的转向技术技能型人才。[①] 在这样的背景下,我国的非营利性民办高校进一步明确了自身定位,强化特色发展。"十二五"期间前述普通本科非营利性民办高校提出的办学定位包括"高水平民办大学"[②]"教学服务型大学"[③]"高水平应用型大学"[④]等。高职院校提出办学定位包括"非营利性公益慈善大学"[⑤]等。这一时期非营利性民办高校的水平和质量进一步提升,部分学校具备了研究生培养资格,以此在我国高等教育的体系中占据了专科、本科和研究生教育三个层次的位置。相当数量的院校科研水平和能力有了显著提升,服务社会的能力也显著增强。尤其是这些学校坚持公益性办学的成就赢得了社会的广泛赞誉和认可。像浙江树人大学从办学开始就连续获得政府专项财政资金扶持,吉林外国语大学,在短短二十余年的办学历程中就实现了从专科到研究生层次的跨越式发展,贵州盛华职业学院则获得了中央、省市各级领导的关心及包括广大海外志愿者的帮助,都证明社会对优质高水平非营利性民办高校的高度认同和支持。总之,经过多年积淀,非营利性民办高校终于迎来向更高水平迈进的新时代。

---

① 胡卫,张继玺.新观察:中国教育热点透视(2012—2014)[M].上海:上海人民出版社,2015:901.

② 上海杉达学院.上海杉达学院"十二五"发展规划[EB/OL].[2017-05-20].http://www.sandau.edu.cn/wmcj/_t28/1e/f4/c137a7924/page.htm.

③ 浙江树人大学2015—2016学年本科教学质量报告[R/OL].(2017-01)[2017-05-25].http://jwc.zjsru.edu.cn/public/upload/fck/2dd5ea69f81b71444ab9e392cd425333.pdf.

④ 三江学院.学校简介[EB/OL].[2017-05-25].http://www.sju.js.cn/39/list.htm.

⑤ 贵州盛华职业学院.学校简介[EB/OL].[2017-05-25].http://www.forerunner-college.com/Menus.aspx?id=34.

第四章　我国非营利性民办高校发展的个案研究

在对我国的非营利性民办高校发展进行了系统的纵向历史回顾后，有必要进一步探究我国自改革开放以来兴起和发展的非营利性民办高校中的个体是如何发展及为什么能够发展这样的问题。为此借助具备更形象、更具体、更感性特征的个案研究方法进行剖析，以丰富和深度的描述来呈现植根于我国现有社会制度、经济制度、历史条件和文化背景下非营利性民办高校个案的具体情况，挖掘其可以带来的新意义和新发现，洞悉和剖析其所折射出的我国非营利性民办高校发展中的普遍性问题，不失为一个好的尝试。结合前述对我国不同发展模式非营利性民办高校的划分，本章选取其各自模式中不同层次的三所民办高校，对其发展环境、院校发展情况及经验和影响进行阐述和分析。一是具备硕士学位授予资格的吉林外国语大学，其是我国私人出资通过捐赠财产所有权方式举办非营利性民办高校的样板；二是具备本科层次人才培养资格的厦门华厦学院，其是我国政府支持下，集社会力量举办的非营利性民办高校的成功范例；三是具备专科层次培养资格的贵州盛华职业学院，其是我国基金会方式举办的首家公益慈善高校。下文将依次对三所个案学校进行研究和剖析。

第一节　吉林外国语大学发展的个案研究

吉林外国语大学（以下简称"吉林外大"）创建于 1995 年，1998 年成为学历文凭考试试点院校，1999 年成为具有统招资格的全日制专科高等职业学校，更名为民办吉林华桥外语职业学院。2003 年学校成为全日制民办普通本科高校,更名为(吉林华桥外国语学院);2007年成为吉林省"省重点"高校。2011年经国务院学位委员会批准,学校成为全国首批培养专业学位研究生的民办高校[①],2018年,学校被国务院学位委员会批准为硕士学位授予单位,经教育部批准更名为吉林外国语大学。从1995年建校至2018年,在仅20余年的时间里学校就升格为大学,吉林外大由此成为我国民办高校中坚持高标准、高水平办学,实现跨越式发展的典范。不仅如此,作为私人举办的民办高校,吉林外大的创办人秦和在2006年通过财产处置公证仪式,郑重承诺:"放弃个人对校产所有权,将学校偿还债务后的所有财产全部留给社会,继续用于发展国家的教育事业。"[②] 2010年吉林外大成为国家教育体制改革——"探索非营利性民办高校办学模式"的试点单位,并于2013年成为教育部非营利性民办高校联盟主席单位。

作为我国举办者个人探索开启非营利性教育事业的引领者,吉林外大以创建成为百年私立名校的愿景,坚持公益性办学理念,通过明确学校法人非营利性属性,完善内部治理结构,建立健全制度,强化内涵建设,致力于高水平非营利性民办大学建设,对我国民办高等教育分类管理改革后高校非营利性办学道路的选择具有引领和示范作用,对我国私人和私法人办学真正迈向非营利性发展方向有重要的启示和借鉴意义。基于以上考虑,将其作为个案研究,集中对该校以战略规划引领跨越式发展和积极进行非营利性民办高校办学模式探索两个方面进行研究。

一、战略规划引领跨越式发展

(一)对外部环境机会的把握

"高校的跨越式发展是指高校在政府政策支持下,利用外部环境中的

---

① 获得首批培养专业硕士学位资格的院校是吉林华桥外国语学院、北京城市学院、河北传媒学院、西京学院、黑龙江东方学院。摘自张春铭."升硕"冲破民办校"天花板"[N].中国教育报,2011-11-11(3).

② 郝新生.高尚的政治诚信,完美的人格魅力——记秦和院长公益性办学[EB/OL].[2017-02-20].http://www.hqwy.com/hqwy/News_View.asp?NewsID=801,2006-11-23/.

战略机会和自身优势,获得更多的资源并让资源得到更合理的分配与利用,从而比其他大学更快速度发展的状况。"①吉林外大在建校后仅用16年的时间就实现了从专科、本科直至研究生层次的快速发展,显然是同类院校中实现跨越式发展的典范。这与其办学团队运用战略思维,善于捕捉外部环境中的战略机会努力积累和自身优势密不可分。

1.顺应外部环境需要确立语言类院校的战略定位

吉林外大是我国改革开放以后经国家教育部门批准成立的第一所民办外语类高校。该校选择以外语类为特色办学,并以成为高水平的民办大学为战略定位,首先源于举办者秦和对社会经济发展对语言类复合型人才的大量需求,但现有供给却严重不足的发展机会捕捉。20世纪90年代初期在亚投行工作的秦和发现,中国由于缺乏同时通晓金融、经贸知识,又具备外语交际能力的复合型人才,给国际贸易谈判增添了很多麻烦。这让她萌生了要办一所学院,专门为国家培养实用型、外向型和高素质翻译人才的想法。其次吉林外大创办正逢邓小平南方谈话后,改革开放向纵深发展,民办高等教育掀起新一轮兴办热潮的社会背景下②。1993年国务院颁布了《中国教育改革和发展纲要》,明确提出:"国家对社会团体和公民个人依法办学,采取积极鼓励、大力支持,正确引导、加强管理的方针。"③同年国家教委颁发了《民办高等学校设置暂行规定》,民办高等教育进入了依法办学的新阶段。④ 这为新生的吉林外大带来了政策机遇。再次吉林外大充分利用黑龙江、吉林等广阔省域内无语言类大学,但高校林立、人力资源丰富的优势,在当地政府的大力支持下起步办学。1995年,仅吉林外大所在的长春市就有普通高校27所⑤,但并无语言类大学。学校建校第二年就得以在长春经济开发区获得土地;2001年升本

---

① 武亚军.面向一流大学的跨越式发展:战略规划的作用[J].北京大学教育评论,2006(1):109-124.

② 1992—1994年间批准成立的民办高校有33所。详见中国成人教育协会民办高等教育委员会.中国民办高等教育的理论与实践(第2辑)[M].北京:大众文艺出版社,1999:234.

③ 中共中央国务院.中国教育改革和发展纲要[EB/OL].(1993-2-13)[2017-01-22]. http://www.moe.edu.cn/jyb_sjzl/moe_177/tnull_2484.html.

④ 陈宝瑜.我国民办高等教育发展的阶段[J].教学与教材研究,1994(2):30-31.

⑤ 安莉.长春市地方志编纂委员会,长春年鉴编纂委员会.长春年鉴1996[Z].长春:吉林人民出版社,1996:224.

时又获得了 35 万平方米土地的批复。市政府两次对学校用地的大力支持为吉林外大的跨越式发展奠定了坚实基础。

2.运用战略思维适度超前发展，累积自身竞争优势

不囿于既有政策导向的束缚，吉林外大在建设优质高水平民办大学的战略目标指引下采取了适度超前发展的举措，从而较快地累积了自身优势。20 世纪 90 年代，我国的高等教育仍然秉持内涵发展的思路，对民办高等教育的发展方针政策主要是大力支持民办高校举办非学历高等教育，且办学层次上以专科为主[①]；考虑到民办高等教育的实际发展情况，在设置条件上还允许有租借的办学场所存在等。但吉林外大在 1995 年初始办学的四个专业中就包含英语（国际市场）的本科层次，并以突出像日语（旅游）、韩语（国际商法）等复合型外语类人才的培养定位。不仅如此，学校同年就与吉林省人才交流开发中心合作布局了留学生培养事宜。

尽管学校最初也是租借场所办学，但吉林外大的创办者在学校成立当年的 12 月就向银行申请贷款，规划买地、建设校舍等事宜；仅在建校后的第二年 8 月份就已建成了 7000 平方米综合楼；至 1998 年已经拥有了占地 4.3 万平方米、建筑面积 3.8 万平方米的校园[②]。相比之下，1998 年来自全国百所民办高校的调查却显示，仅有 71.8% 的院校拥有自有校舍，且有 95% 的院校是于 1995 年之前建校。[③] 吉林外大的超常规发展策略由此可见一斑。

2001 年，在学校仅成为全日制高职院校的第 4 年，举办者就向省教育厅提交了升格全日制普通本科教育的申请，并在 2002 年 8 月就完成了总建筑面积达 10.6 万平方米的用房建设。学校在同年接受了教育部全国高校设置评议委员会专家组的考察，于 2003 年顺利升格。直至 2006 年国家才出台了《普通本科学校设置暂行规定》，较大幅提高了设置本科院校在办学规模、学科专业、师资队伍、办学条件及办学水平方面的要求。如该文件要求院校申请设置时全日制在校生规模应在 5000 人以上、专任

---

① 徐敦湑,咸立亭,刘大为.关于举办民办高等学校若干问题的探讨[J].中国高等教育,1993(10):4-5,48.

② 秦和.民办高校的持续发展从科学定位开始[J].现代教育科学,2011(2):22-24.

③ 中国成人教育协会民办高等教育委员会.中国民办高等教育的理论与实践(第2辑)[M].北京:大众文艺出版社,1999:239.

教师生师比不高于 18∶1、生均占地面积要 60 平方米以上等。① 吉林外大赶在国家提高院校设置相关条件之前,前瞻性的大手笔投入提升办学水平,亦显示了其不同于其他同类院校发展的战略性思维与举措。

进入本科层次后,吉林外大并没有完全受制于市场力量的影响,而是集中精力深耕本科教育,为其 2012 年成功进入国家特需服务人才培养项目中的硕士资格授予单位打好了基础。与同类民办院校着力进行规模扩张,多样化办学形式并举的发展方式不同,吉林外大走了一条"注重质量,内涵发展为主"的道路。2003 年学校停止招收学历文凭考试及自学考试生源;2004 年学校提出办好精品本科的定位,并规划办学规模保持在 6000 人左右;2006 年起学校取消专科招生计划,并坚持不降分招生,在相当长的一段时期内学校都保持 8000 人左右的办学规模,以保证办学品质。按照创办人秦和所述,吉林外大在办学过程中坚持社会效益优先,兼顾经济效益的原则;通过制定规划,克服短期行为,讲究办学质量,提升管理效率,提高学校声誉,在稳步建设中实现了发展。②

(二)战略规划与实施应用

1.战略规划概况③

吉林外大在发展的关键阶段都通过战略规划指导发展。1995 年学校创办当年就制定了学院 1995—2000 年发展规划,而"专升本"的重要战略事项也是在此期间启动。2006 年初,学校召开干部办学研讨会,研讨制定学院五年发展规划及三个配套的子规划,主要是师资队伍建设规划、学科专业建设与科研发展规划以及校园建设规划。随后该规划于 2006 年 4 月发布。2010 年《吉林华桥外国语学院中长期教育改革和发展规划(2010—2020)》发布,学校以此为依据制定了《吉林华桥外国语学院"十二五"(2011—2015)教育改革与发展规划》以及《教学创新计划》《人才强校

---

① 教育部.教育部关于印发《普通本科学校设置暂行规定》的通知[EB/OL].(2006-09-28)[2017-07-21].http://old.moe.gov.cn//publicfiles/business/htmlfiles/moe/s181/201006/88612.html.

② 秦和.对提升我国民办高校发展水平的认识[J].北京城市学院学报,2007(2):19-21.

③ 规划相关信息主要来自学校大事记.吉林华桥外国语学院大事记(1995—2013)[Z].长春:吉林华桥外国语学院,2013.

计划》和《文化强校计划》三个计划项目。① 从产生程序上看,这些规划的制定不仅在学校的理事会层面进行了研讨,也通过了学院的教代会表决,做到了规划制定的上下联动。不仅如此,学校各部门、各院系部也根据要求制定了自身的"十二五"发展规划。与上一个五年规划相比,这次规划的系统性和完整性更强。2016年吉林外大又制定了十三五规划,明确提出建设应用型高水平大学目标,以及申办大学、申办博士点和保障省级重点高校建设等重大战略任务,为新时期学校发展指明了发展蓝图和路径。

2.战略实施与变革

吉林外大通过广泛参与来实施战略变革。既有研究也认为大学和学院规划与工商业规划的最大不同,就是学院和大学在广泛参与的环境中进行规划的重要性。② 成功的战略需要建立在组织成员共享的价值观上,吉林外大在战略实施中非常注重战略共识的形成。学校通过不同层次的研讨与会议,构筑对学校发展理念、目标、重要战略任务的广泛认同。十三五规划执行的头两年,吉林外大先后召开了处级干部、二级学院院长、专职教师座谈会、干部研讨会、专项工作研讨会(应用型人才培养、科研、人才项目)、教职工代表大会③等各类会议,主旨都是围绕学校的十三五规划和年度工作要点进行交流和讨论,以便学校关键管理层及员工能够更新观念,凝聚共识。另外,学校以总规划为引领、专项规划为支撑及单位规划为着力点④,形成了由粗至细的规划体系,确保任务能够层层分解落实。学校通过及时总结和评估,追踪重要战略任务的执行情况和效果。如吉林外大在2017年就对实施一年的人才强校战略落实情况进行检查回顾,以此为基础进一步明确今后人才项目的目标、具体任务和

---

① 吉林华桥外国语学院工会.我校召开第三届教职工代表大会[EB/OL].(2011-04-03)[2017-08-13].http://www.hqwy.com/xingzheng/News_View.asp? NewsID=1649.

② 丹尼尔·若雷,赫伯特·谢尔曼.从战略到变革——高校战略规划实施[M].周艳,赵炬明,译.桂林:广西师范大学出版社,2006:106.

③ 吉林华桥外国语学院工会.我校召开四届三次教职工代表大会[EB/OL].(2016-05-19)[2017-08-14].http://www.hqwy.com/hqwy/News_View.asp? NewsID=5225.

④ 吉林华桥外国语学院.我校召开期末中层干部扩大会议[EB/OL].(2017-01-09)[2017-08-14].http://www.hqwy.com/hqwy/News_View.asp? NewsID=5785.

措施。①

著名的战略管理专家迈克尔·波特认为,组织可以成为它目标市场的低成本生产者,或者是依靠特别的产品或特别市场战术使自己不同于竞争对手,以此创造竞争优势。② 吉林外大采用的是后者,即差异化战略,这突出地表现在强化外语特色和应用型学科专业布局上。对外语类院校来说,语种增加是其发展实力的重要标识,截至2017年,吉林外大所开设的语种已经达12种,紧随国内传统的9所语言类大学③之后。学校因此成为东北地区开设外语语种最全的高校,其中蒙古语和印度尼西亚语在东北地区高校首开先河。④ 为更好地满足市场中应用型、复合型外语类人才的需要,吉林外大以"双外语""外语+专业""专业+外语"和"小语种+英语"等灵活多样的方式设置专业,由此形成了自己的优势和特色。学校的五年制英语(双语方向)成为国家级特色专业;英语、翻译、日语、韩语、俄语、德语、法语和国际贸易等8个专业成为省级特色专业。⑤ 2016年根据艾瑞深中国校友会网的排名,吉林外大高居民办语言类大学榜首,⑥这在一定程度上反映了社会公众对其竞争力的认可。

---

① 吉林华桥外国语学院教师教学发展中心.我校召开人才项目工作总结汇报会[EB/OL].(2017-05-25)[2017-08-14].http://www.hqwy.com/hqwy/news_view.asp?newsid=6052.

② 丹尼尔·若雷,赫伯特·谢尔曼.从战略到变革——高校战略规划实施[M].周艳,赵炬明,译.桂林:广西师范大学出版社,2006:52.

③ 截至2011年4月,国内传统九大语言类大学开设语种数分别为:北京外国语大学49,上海外国语大学20,广东外语外贸大学15,西安外国语大学11,天津外国语大学11,四川外国语大学11,大连外国语学院10,北京第二外国语学院10,北京语言大学9。详见杨学义,李茂林.国内外语类高校的建立和发展之路——写在北京外国语大学建校70周年之际[J].国家教育行政学院学报,2011(10):3-8.

④ 吉林华桥外国语学院.我校新增四个本科专业[EB/OL].(2017-03-23)[2017-07-23].http://www.hqwy.com/hqwy/news_view.asp?newsid=5914.

⑤ 景体渭,隋丽爽.吉林外大学科建设与专业建设的原则探析[J].吉林华桥外国语学院学报,2014(1):16-20.

⑥ 艾瑞森中国校友会网.2016中国语言类大学排行榜 中国传媒大学跻身中国一流大学[EB/OL].(2016-04-05)[2016-08-14].http://www.edu-gov.cn/news/34065.html.

二、非营利性民办高校办学模式探索

(一)公益性办学理念与目标

1.坚持办学的公益性原则,坚持端庄办学思想,创建百年私立名校

吉林外大从创办起,其创办人秦和就怀揣着"中国哈佛梦",以打造一所百年私立名校为愿景,将坚持办学的公益性原则,坚持端庄的办学思想作为自己建设一所高水平民办大学的理念。2006年创办人秦和将价值4亿多元的校产通过财产公证的方式宣布在其身后全部赠予社会时,她说道:

> 兴教、育人是我毕生的追求和理想,为国家培养综合素质高的外语外事人才是我永远不变的初衷,也是我对国家应尽的社会责任和义务。
>
> 记得我在国外攻读教育学博士时,许多百年大学的公益性办学思想,给我留下了深刻的印象和无限的启迪。那种献身教育事业的崇高信念,那种取之于社会、回报于社会的非营利理念,那种为社会培养有教养的合格公民的自觉精神,深深地打动了我,使我在办学之初,就把坚定不移地走公益性道路的办学思想写入了学校的章程中。
>
> 华外的历史很短,任重而道远,只有依靠更加强烈的社会责任感和服务普通大众的职业操守和精神,谋划未来发展方向和空间,华外才能真正走向世界,成为像美国哈佛一样的世界私立名校,成就百年梦想。①

2.以学生为中心,办最负责任的教育

办学思想是一所大学精神文化的核心,也是大学组织使命和价值观的重要组成部分,而公益性恰是非营利性民办大学精神文化中的灵魂。吉林外大公益性办学思想就集中地体现在其"以学生为中心,办最负责任的教育"这一理念上。

"以学生为中心",体现了吉林外大更倚重大学培养人才这一核心职

---

① 秦和.关于吉林华桥外国语学院财产处置的声明[EB/OL].(2006-11-23)[2017-08-15].http://www.hqwy.com/hqwy/News_View.asp?NewsID=805.

能的价值选择。这让学校在面临社会效益与经济效益、教育规律与市场规律孰重孰轻的抉择时,更倾向于前者。如学校自创办起就坚持"外教主讲、小班授课、强化听说、综合培养"的人才培养模式,努力为社会提供高质量的应用型外语类人才。这种较少考虑办学成本的更多投入,而专注人才培养质量的提升,正是将公益性办学精神贯穿在学校办学实践的具体体现。

"办最负责任的教育",体现的则是吉林外大作为一所大学对社会责任的主动担当。创办人秦和对此的阐述是:

> 华桥外院(现吉林外大)的事业是人民的事业,是社会的事业,是百年大业。基于这一信念,我们坚持办最负责任的教育……着力培养学生成为具有国际视野和高度社会责任感的优秀职业人和合格世界公民。①

办最负责任的教育体现在吉林外大自开办以来就坚持以战略任务的高度抓校风、学风和教风,以强化质量;通过大力弘扬公益性精神和志愿服务文化,以培育和熏陶学生成人、成才;充分发挥外语类院校的优势,承担建设孔子学院的国家战略任务等。新时期,吉林外大正大力推动覆盖所有专业的合作教育,旨在与区域经济社会保持更紧密的联系,以谋求更好的与外部社会的联动发展。

(二)管理体制梳理及法人财产权的落实

吉林外大比较早就着手梳理外部管理体制及学校法人财产权的落实,为学校的自主发展创设了良好的环境。1995年时任吉林华桥翻译公司总经理的秦和自筹资金150万元,以公司名义向吉林省教委提出建校申请,后该公司被登记为学校的举办者,但实际出资人为秦和。② 学校建校获批后,确立其主管单位分别为吉林省归国华侨联合会和吉林省社会力量管理办公室。1998年为进一步明确学校的法人财产权,经吉林振华会计师事务所资产评估后,吉林省归国华侨联合会和吉林省社会力量管理办公室分别出示证明:主管部门没有资金投入,吉林省华桥外国语专修

---

① 吉林华桥外国语学院.2015中外大学校长论坛暨吉林华桥外国语学院建校20周年成果汇报会隆重举行[EB/OL].(2015-09-21)[2017-02-27].http://www.hqwy.com/hqwy/News_View.asp?NewsID=4586.

② 吉林华桥外国语学院.大事记(1995)[Z].长春:吉林华桥外国语学院,2013.

学院所有固定资产,包括房屋产权都归属学校法人所有。1999年学校与吉林省归国华侨联合会达成改制协议,改为民营单位,并不再属于其下属单位,归吉林省教育委员会管理。2006年学校出资人秦和进行财产公证仪式,宣布将校产在其身后全部捐赠社会。2009年省教育厅发文,学校举办者由吉林省华桥翻译公司变更为秦和。外部管理体制及产权归属的梳理,使吉林外大在举办者、学校法人主体和主管部门之间的关系更加顺畅,同时也为学校构建民主化和制度化的治理结构体系打下了基础。

(三)治理结构的完善

1.决策和执行机构的建设和探索

吉林外大在成立时学校最高决策机构为董事会,2003年改为理事会并制定了理事会章程。2013年学校将"第三届理事会的人数由原来的5~7人扩充到11~13人,人员构成由原来的举办者、教职工代表、省内教育界知名人士,扩展到包括举办者、教职工代表、国内知名专家(教育专家、学科专家、管理专家)、相关行业专家、社会贤达人士等"[①],充分体现了非营利组织决策机构的开放性和多元化。根据章程,理事会主要就学校章程修订、办学方针、发展规划等重大事宜进行决策。"在执行机构方面,学校加强校务委员会建设,完善《校务委员会工作条例》;明确校长、副校长遴选标准、办法和评价、考评机制;校务委员会在校长领导下,充分发挥了调控指挥运行中枢的作用,并建立起一套行之有效的行政运行机制。"[②]

在这些机构的建设中,秦和作为学校的举办者,是以理事会会长和学校校长的身份深度参与学校的组织运营与管理,这在一定程度上最大限度地发挥了创办者在学校发展中的作用,避免了诸如董(理)事会会长与校长意见不同的决策冲突;但也不免让人有学校命运发展主要系于创办者一人的风险隐忧。当然创办者同时兼任董(理)事长和校长这一现象在我国民办高校也较普遍,但也由此引发了对董(理)事会领导下校长负责

---

① 秦和.创新体制机制探索非营利民办高校发展路径[J].中国高等教育,2013(17):32-34,39.

② 秦和.创新体制机制探索非营利民办高校发展路径[J].中国高等教育,2013(17):32-34,39.

制的决策制度作用发挥的思考。① 吉林外大在治理结构上做的种种探索,就是尝试将学校的治理更多的依托于组织和制度,而不是仅依赖创始人的知识、背景、经历和性格及由此产生的办学理念。

2.党组织领导机制和作用的探索

党的组织介入非营利性民办高校的治理属中国特色,它关系着民办高校的办学方向和办学方针,吉林外大在此方面也做了不少探索。学校于"2001年成立党总支,于2005年成立党委,并在实践中不断探索和发挥民办高校党组织的有效机制和作用"②。学校党委在办学体制中主要发挥政治核心作用,这一作用主要是通过让党委主要成员依法定程序进入学校决策机构理事会、执行机构院务委员会等制度方式实现。③ 学校党委的定位是把握正确的办学方向、领导学校的思想政治及德育工作、保障和支持学校改革发展等。在办学过程中,吉林外大积极推进基层党组织建设,截至2012年学校已有9个党总支,11个直属党支部。④ 覆盖广泛的党组织与行政组织"无缝对接",确保了学校的办学思想和重大决策能够通过系统的组织体系贯彻落实。作为一所外语类院校,吉林外大特别注重学生的德育教育,通过构建"德育为首"的育人体系、高质量的校园文化培育高素质的应用型人才。经过多年的摸索,吉林外大的党的建设与治校办学高度融合,有效抵制了异质文化及不良思潮的影响,保障了学校在正确的办学方向上健康发展。

3.监督机制的构建

为加强对学校办学行为的监督,学校于2013年成立了监事会。"作为学校最高的监督机构,监事会主要根据监事会章程,履行对学校办学方向、宗旨、执行国家法规和教育方针及贯彻执行理事会重大决议及发展规划实施等事宜进行监督;对预算执行、经费使用、会计、资产、审计等制度

---

① 王一涛,刘继安.中国民办高校董事会规范结构和行为结构偏差的实证分析[J].复旦教育论坛,2015(4):75-81.

② 吉林华桥外国语学院课题组.民办高校把德育放在首位的研究与实践[J].吉林华桥外国语学院学报,2007(1):10-15.

③ 矫育步,柯研祖.民办高校党建工作的实践和探索——吉林华桥外国语学院[J].新长征,2012(5):60-61.

④ 矫育步,柯研祖.民办高校党建工作的实践和探索——吉林华桥外国语学院[J].新长征,2012(5):60.

及重大建设项目启动及执行进行检查;同时对学校的重要教学、科研及行政活动和环境与安全进行监督等。"①在机构设置上,"监事会与理事会、校务委员会并行,接受教职工代表大会监督,对全社会负责"②。不仅在办学行为方面,吉林外大还就加强财务监管,确保公益性的充分实现,成立了财务委员会。"该委员会成员人数为9~11名,主要包括:主管财务副校长,纪检委书记,计财处、人事处、总务处、工会等部门负责人,学校专职审计人员及政府部门特派专家。"③委员会职责主要为加强校内财务监督和资产监管,实行财务公开和民主理财,为实现学校的经费安全和效益发挥作用。

在民主议事和民主监督机制建设方面,学校完善了教职工代表大会和学生代表大会,并理顺各种教职工和学生反馈意见的渠道,增强师生对学校决策的参与度。"学校加强对学术委员会、学位评定委员会和院系教授委员会建设,健全学术民主和决策程序,为学术权利的实现提供充分保障。"④

通过以上种种举措,吉林外大初步形成了符合非营利性民办大学特色的治理结构体系,在规范自身运作的同时极大地降低了办学风险,在赢得社会认可的同时为自身发展营造了良好环境,吉林外大的这种自我探索对其他民办高校治理结构体系的完善亦有借鉴意义。

(四)非营利性高水平民办大学的声誉维护

1.声誉的考量

如何判定一所非营利性民办高校的非营利性实现程度?社会各界对其声誉影响的认可是一个评价维度。因为根据非营利组织相关理论,"在外部治理方面,由于非营利组织'无所有者'和受'非分配约束',所以社会

---

① 秦和.创新体制机制探索非营利民办高校发展路径[J].中国高等教育,2013(17):32-34,39.

② 秦和.创新体制机制探索非营利民办高校发展路径[J].中国高等教育,2013(17):33.

③ 秦和.创新体制机制探索非营利民办高校发展路径[J].中国高等教育,2013(17):33.

④ 秦和.创新体制机制探索非营利民办高校发展路径[J].中国高等教育,2013(17):33.

信任机制取代市场价格机制发挥作用……而这种信任机制主要依靠非营利组织的声誉。"①而前文的研究也表明,中外声誉良好的优秀私立大学总是相比其他声望低的院校获得更多的政府资助和社会支持(如更多的捐赠、更好的生源等)。这恰好反映出政府和社会公众的心态,他们更愿意把经费交付给他们认为值得信赖,并满足社会公众期望完成其担负使命的组织。

本书以为,就吉林外大的声誉影响来说,它应是国内现有民办高校中非营利性实现程度最高的院校。首先就能客观代表社会公众对学校办学质量认可度的招生情况来说,吉林外大仅在升本第3年,即2004年就进入本二批次招生;2006年学校在25个招生省份的17个省(市、自治区)的录取分数线高于相应批次的控制线;2016年吉林外大在最好大学网发布的"2016生源质量排名中"成为唯一进入生源排名前600名的民办高校,荣居本土民办高校之首。②其次在政府支持和认可方面,吉林外大2002年就被省厅同意与其他公办高校联合培养本科生;2008年被省教育厅纳入开展高校自主评聘改革试点院校;2007年被列为吉林省重点高校行列,并于2011年开始享受省级财政重点高校经费专项扶持;2010年学校被列为国家教育体制改革——"探索非营利性民办高校办学模式"试点单位;2016年学校入选国家中西部高校基础能力建设工程,其发展进一步得到中央和省财政资金支持。③由上可见,该校在非营利性高水平实践成效上充分得到了政府层面的认可。

2.社会声誉的建设与维护

吉林外大的个案,再一次验证了对非营利组织而言信任机制代替市场机制所发挥的作用。但是这种信任机制为基础的社会声誉并不是凭空而来,需要院校持之以恒的建设和维护。理论研究认为"非营利组织社会声誉的建立依赖于非营利组织的使命及其履行情况,以及其行为是否符

---

① 阎凤桥.从非营利组织特性分析我国民办学校的产权和治理结构[J].民办教育研究,2006(1):35-40.

② 吉林华桥外国语学院.2016生源质量最好民办大学出炉 我校荣居中国本土民办之首[EB/OL].(2016-03-30)[2017-08-17].http://www.hqwy.com/hqwy/News_View.asp? NewsID=5078.

③ 吉林华桥外国语学院.吉林华桥外国语学院2016年十件大事[EB/OL].(2016-12-30)[2017-08-17].http://www.hqwy.com/hqwy/news_view.asp? newsid=5772.

合社会规范"①。而既有的一些研究则表明,大学的良好声誉更多地依赖于优秀的研究、学科、师资及毕业生质量(希尔斯②,科南特③,林建华④)。

吉林外大在声誉建设上有三个方面特别突出。一是对创建公益性百年私立名校的使命维护和认同。创办人秦和对校产的公益性捐赠承诺,对外明晰和强化了社会公众对学校非营利性属性的高度认知;对内则增强了校内教职员工对学校愿景和使命的强烈认同。而且为避免营利性因素的不利影响,秦和将运营良好的吉林华桥翻译公司关闭,一心一意只为更好地创办非营利性民办大学。⑤ 二是特别重视师资队伍的建设。在2001—2004年间,学校就先后培养了硕士学位的教师60余名;同时大力引进外籍教师,截至2014年,学校已有外籍教师50余人,占比学校师资的11%。而且自2014年起,学校为全体教职员工缴纳补充养老保险,以保障教师退休后待遇。优质师资为学校办学质量的提升奠定了坚实基础。三是吉林外大的毕业生质量突出,已被社会广泛认可。一位教育部领导在参观完学校后认为,吉林外大让他增强了民办教育可与公办教育一较高低的信心。⑥ 而来自中国一汽集团的个案则表明,该集团内部曾评选了21个优秀翻译人员,除1个来自北京外国语大学、1个来自上海外国语大学、1个来自天津外国语大学外,其余18个均来自吉林外大。⑦ 实际上,吉林外大的学生频繁承担省内及国内各个重要商务或大型学术活动翻译服务工作已成常态,其过硬的专业素质亦获得了诸多部门的认可和赞扬。而来自麦可思的调查也表明,学校毕业生就业总体能力满足

---

① 阎凤桥.从非营利组织特性分析我国民办学校的产权和治理结构[J].民办教育研究,2006(1):39.

② 希尔斯.学术的秩序——当代大学论文集[M].李家永,译.上海:商务印书馆,2007:181-183.

③ 科南特曾任哈佛大学校长,他认为大学的声誉不在于它的校舍和人数,而在于它一代代教师的质量。详见吕志和,严复淇.科学教育观研究[M].成都:西南交通大学出版社,2013:89.

④ 林建华为北京大学校长,他认为毕业生的成就是大学声誉最重要的来源。详见吴珏,刘镇杰.北大精神[M].北京:现代出版社,2015:33.

⑤ 罗先锋.吉林华桥外国语学院研究人员在线访谈[Z].厦门,2017-08-17.

⑥ 吴岩.教育部副部长杜玉波的评价(厦门大学教育研究院高等教育管理讲座)[Z].厦门,2015-08-16.

⑦ 吴岩.教育部副部长杜玉波的评价(厦门大学教育研究院高等教育管理讲座)[Z].厦门,2015-08-16.

度、月收入等诸项指标均高于全国非"211"本科院校。

三、吉林外大的发展述评与思考

(一)发展经验与影响

吉林外大办学二十多年来,其经验集中地体现于坚守教育的公益性,牢牢把握应用型定位,实行非营利性办学。其影响则表现为厚植非营利性民办大学文化底蕴,以精神文化引领学校科学发展;紧密围绕社会需求"精品办学",以培养高质量的应用型人才彰显生存价值;坚持"民""新""特"的发展道路,以战略规划指导学校实现跨越式发展。

吉林外大以公益性精神为核心,通过形塑独特的非营利性民办大学文化引领学校发展的理念和实践,为我国民办高校从规模扩张转向内涵式发展提供了示范。创办人秦和认为:

> "民办高校是否拥有深厚的文化底蕴,是否确立一个科学的、个性化的办学理念,是否拥有本土的、积极向上的大学文化、大学精神,这才是品牌建设的关键所在。"[1]

得益于办学者对大学文化支撑学校提升办学水平和内涵发展的深刻认知,吉林外大把文化建设作为最重要的基本建设常抓不懈:一是确立了体现学校使命和价值观的"一切为了学生成人、成才和成功"的办学理念;二是确立了"求公致远,追求百年"的发展战略目标和总体目标,旨在明确学校坚持走公益性发展道路,追求建设成为百年私立名校的愿景;三是确立了校风、学风、校训等,以进一步明晰学校精神文化的重要内容和核心内涵,凝聚师生共识,走内涵式发展道路。[2] 通过多年的办学实践,吉林外大为我们全方位地呈现了非营利性民办大学文化的样貌和实质,也展现了大学文化在提升民办高校竞争力方面的重要作用。当前创建非营利性高水平民办大学已经成为我国全面提升高等教育质量发展中的一项重要任务,而培育强大的、以公益精神为核心理念的文化软实力以支撑民办

---

[1] 秦和.对提升我国民办高校发展水平的认识[J].吉林华桥外国语学院学报,2006(1):1-5.

[2] 秦和.论民办高校的文化建设[J].现代教育科学,2010(3):158-159.

高校发展逐渐成为共识,吉林外大的经验可为诸多民办高校的文化建设提供借鉴和启示。

吉林外大办学以来紧密围绕社会需求"精品办学",为社会提供了大量优质应用型人才,成为高水平应用型本科院校发展的样板。学校以"必须要为学生提供最认真、最负责、最好的教育,要无愧于家长的信任、学生的时间、社会的关注和教育者的良心,还给大学生一个完整教育"[①]的理念培养人才。坚持不降分录取保证优质生源,以教育资源的可承载力来控制办学规模,不惜血本建设师资队伍,以市场需求为导向布局学科专业,构建全套人才培养新模式,实行"全员、全过程、全方位、全住宿"的"严、精、细"科学管理,终于实现了"办学高质量,文化高品位和工作高水准"。

办学二十多年来,学校就跻身民办语言类大学榜首,并成为民办高校首批专业硕士学位授予权院校,而其培养的近2万名毕业生则有25%在世界500强和国内100强的企业工作。[②] 吉林外大专注于打造高水平的应用型人才培养基地的做法对我国诸多应用型本科院校的转型发展具有示范作用。潘懋元教授曾指出:"进入高等教育大众化阶段,高等教育的发展主力是应用型本科高校,中国在推进一流大学和一流学科的建设中,应用型高校和学科亦很重要……各个层次、各种类型的高等教育,都应有其一流大学和一流学科。"[③]从这个意义上讲,我们需要诸多的地方应用型本科院校都能像吉林外大一样,紧紧把握应用型人才培养这个核心任务,向应用型高等教育中的"双一流"目标进发。

吉林外大坚持走"民""新""特"发展道路,成为我国非营利性民办高校中以战略规划引领发展的典范。创办人秦和有着强烈的战略规划意识,自建校开始就持续不断制定阶段性的战略规划指导发展。面对激烈的外部环境竞争,战略规划为吉林外大能够在发展中保持与环境的协调,凝聚形成学校内部的文化及帮助学校识别和实现自身的潜力,继而达到自身擅长领域的卓越地位发挥了重要作用。相比公办院校,民办高校自

---

① 秦和.构建完整教育体系,提高本科教育教学质量——以吉林华桥外国语学院完整教育实践为例[J].吉林华桥外国语学院学报,2008(1):1-5.

② 朱德超.二十载风华 桃李满天下——吉林华桥外国语学院建校20周年校庆巡礼[N].2015-09-22(09).

③ 潘懋元.建设一流本科 全面统筹推进[J].中国大学教学,2016(6):4-5.

诞生起就处在市场的激烈竞争中,且在资源劣势中要继承和保持竞争优势,更需要选择和应用战略规划来帮助学校与环境间实现协调发展。当前高等教育的外部环境已日趋复杂多变,院校需积极变革才能应对,运用战略管理思想和工具谋求院校的更好生存和发展已在高校管理者当中达成了共识。显然,吉林外大结合自己的省情、文化传统及院校状况需要所进行的战略规划和战略管理,已成为院校科学管理领域的宝贵经验,值得我国数量庞大的地方性应用型本科院校学习和借鉴。

(二)吉林外大个案引发的思考

思考之一是吉林外大发展模式的普遍性和特殊性的探讨。吉林外大发展模式的普遍性在于其是私人出资作为举办者创办的公益性民办高校的成功范例。私人出资举办民办院校,其显著优势之一是办学者是学校产权的主体,学校的产、权、利相对较为清晰,对办学者及其主要成员的约束和激励作用明显;其优势之二是创办者个人对学校的办学宗旨、办学目标及办学经费有较多的决断权,其个人的办学理念和理想较容易得到贯彻和实现,利于学校形成自己的特色和传统。其特殊性在于相比其他私人或营利组织出资的民办高校,举办者秦和选择放弃学校的财产所有权形式来实现学校真正的非营利性办学。以捐赠产权作为非营利性民办高校现代大学制度建设的逻辑起点,吉林外大所做的系列文化建设、制度安排和实践尝试都紧密围绕非营利性大学的内涵要求进行,取得了显著的成效,尤其是获得了政府和社会公众的高度认可。当前,在我国社会的价值取向普遍倾向于民办高校应成为真正的公益性和非营利性属性鲜明的办学组织,但现实却是有相当数量的民办高校办学者无法放弃财产所有权而对办学有投资回报要求,在此情形下期待更多的民办高校举办者有像秦和这样的视野和情怀,在产权制度安排中做出非营利性民办大学道路的自觉自愿选择,还有待时日。

思考之二是私人和营利组织出资的民办高校如何建设真正的非营利性民办大学。当前我国的民办教育促进法已经明确,民办学校的举办者可以自主选择设立非营利性或营利性的民办学校,并进一步明确非营利性民办学校的举办者不得取得办学收益,办学结余全部用于办学。对于举办民办高校的个人或企业等举办者,在这样的背景下,如果要建设真正的非营利性民办大学就必须放弃资产的回报要求,实质上就是需要放弃原先出资资产的所有权(对后续办学主要来源于学费形成的资产所有权归属目前争议较大)。因为真正的非营利性私立学校,"学校的财产为公益法人所有,任何财产不归私人所有;亦有不为任何私人谋利的公益性法人治理机制和运行机制;学校终止时剩余财产不得归任何私人或营利组织;学校享有法定的免税等优惠待遇,向学校捐赠的纳税人享有法定的税收扣除待遇。"①且不论当前我国的民办高校距离这样的非营利性私立学校的内涵标准有多远,但是学校投资举办人通过层层转让教育举办权获利却是有活生生的实例,为此南方周末有详细报道,在此不再赘述。② 这也意味着在民办教育领域,多年来仅以教育目标不以营利为目的来凸显民办教育的非营利性时代已经结束,以公益组织法制、监管机制及具体的制度政策来落实民办教育的非营利性属性的时代开始了。

综上,吉林外大的探索和实践确实是改革开放以来我国民办高等教育领域私人出资办学自主选择非营利性办学之路的样板,创办人秦和超越物质利益一心为社会创办优质民办高等教育的崇高精神境界、全身奉献甘愿做民办高等教育铺路石的教育情怀及崇尚理想人文品质要创建百年私立名校的远大追求令人敬佩。诚如私立南开大学校长张伯苓所言:"本人以为建立一个大学,精神难而物质易""教育是立在精神上的,而不是立在物质上的。"③吉林外大的发展个案,充分展示了非营利性公益办学的精神文化对构建我国高水平非营利性民办大学的重要作用和意义。

第二节 厦门华厦学院发展的个案研究

厦门华厦学院(以下简称"华厦学院")是 1993 年由时任中国人民政治协商会议福建省厦门市委员会(以下简称"厦门市政协")主席蔡望怀先生发起倡议,由厦门市政协牵头集社会力量创办的厦门市第一所民办全

---

① 邵金荣.公益组织认定与社会公平正义——构建科学发展民办教育等公益性组织和事业的法制[M].北京:中国社会出版社,2010:89.

② 王瑞锋.产权一团乱麻 法律不明不白 买卖民办高校[N].南方周末,2015-11-19(8).

③ 宋秋蓉.超越营利与高水平民办大学[J].现代教育科学,2005(6):67-69.

日制大学。1996年秋经国家教委批准成为全国89所高等教育学历文凭考试的试点学校之一。2001年经福建省人民政府批准,教育部备案,正式纳入全国统一招生,更名为厦门华厦职业学院。2014年经教育部批准,学校成为应用型本科院校,更名为厦门华厦学院。2010年,学校被列为国家"非营利性民办高校办学制度"改革项目试点院校。

华厦学院是在1992年邓小平同志南方谈话及《中国教育改革和社会发展纲要》发布的时代背景下,在厦门市要进行"教育之城"建设这一重要城市发展战略的举措下,催生出的被寄予教育体制改革试验、探索民办高等教育发展之路厚望的民办高等院校。华厦学院的发展壮大体现了20世纪90年代以来我国教育改革和发展过程中,民办教育在促进改变办学体制、充分挖掘社会教育资源和潜力、适应社会主义市场经济需要培养人才、分担国家财政负担发展教育的意义和作用。作为厦门特区第一所具有鲜明"民办公助"特色的高校,华厦学院是我国80年代以来"民办不私有,公益性更强"这一类民办高校发展模式的代表,是我国在特定历史发展阶段背景下非营利性民办高校发展的具体个案。其董事会秉持的"只做奉献、不求回报"的宗旨,有别于一般民办学院兴办教育"零回报"非营利办学模式的探索,充分发挥民办高校机制优势进行的改革创新、坚持职业教育定位建设绿色应用型大学的实践,对于促进新时期我国建设非营利性高水平民办高校有启迪和借鉴意义。基于以上考虑,将其选为本书个案进行剖析。

一、厦门特区第一所"民办公助"高校的发展与再思考

(一)承载特区高等教育体制改革使命的办学尝试

华厦学院的创办始于1993年厦门市社会发展蓝图提出的把厦门建成"教育之城"的构想,这一构想的目标之一就是使厦门市总人口中的大学生占比从20世纪90年代的4.64%提高到21世纪初的10%。1993年国务院发布了《中国教育改革与发展纲要》,洞悉到民办教育即将大发展的先机,厦门市政府相关领导提出筹建并开办"私立华厦大学"(华厦学院初始名称),以作为实现厦门成为教育之城的补充力量。"华厦学院创办的特殊意义,就是要为厦门的民办高等教育事业发展杀出一条血路来,其

主要目的就是要进行民办教育的探索与试验。"①

这种探索与试验突出地表现在对计划经济时代形成的高等教育办学体制、管理体制、投资体制的改变。在办学体制上,由非国家机构的厦门市政协作为举办者,助力创办华厦学院;在管理体制上,学校实现了举办者、管理者和办学者三者的分离:厦门市政协是举办者,福建省教委是管理者,学校的董事会及校长是主要的办学者;在投资体制上,明确了学校的建设资金、经常办学经费自筹解决,开办费以自筹为主,市财政适当补助的原则。② 服务于厦门当时高等教育格局中缺乏培养一线各类技术人员等专门人才的需要,学校定位为高等职业教育层次,专业设置也以应用型为主,初创时专业为现代会计、国际商务和应用英语。具体在办学方面,办学者在人事和工资制度、招生和毕业制度、学校领导管理体制、后勤服务和教学管理等方面提出了系列不同于公办院校办学体制的改革要求。如在人事和工资制度方面,明确提出要实行教师、员工聘任制,学校自行确定工资。③ 1993年,在市政府财政支持30万元开办费,社会各界捐赠155万元的经费支持下,带有强烈改革使命色彩的华厦学院在租借的厦门嘉滨小学中成立了。随后,厦门市又有7所民办高职院校相继成立,截至2010年,民办高职院校(8所)数占比厦门市高等职业院校数(11所)的72%,借助创办华厦学院探索为厦门市民办高等教育杀出一条血路的设想得以实现。

(二)政府大力支持下的大学自治实践

1.政府支持

华厦学院诞生所处的社会时代背景及所肩负的特殊使命,让它能够非常幸运地得到较多的政府支持和帮助,而这些支持和帮助在学校发展的关键阶段发挥了重要作用。政府的支持主要体现在三个方面:一是通过政策制定等举措为学校发展创设良好的环境;二是帮助解决学校发展的重大问题,这些问题往往需要系统性地发挥政府多个部门的作用;三是

---

① 罗先锋.蔡望怀访谈[Z].厦门,2017-08-12.
② 厦门市人民政府.关于开办私立厦门华厦大学的批复(厦府〔1993〕150号)[Z].厦门:厦门市人民政府,1993.
③ 市政协私立厦门鹭岛大学筹备组.关于创办私立厦门鹭岛大学的报告[Z].厦门,1993.

提供了部分经费支持。

在发展环境上,以学校初创时为例,厦门市政府就发文明确为学校划拨教育用地;确立了招生工作纳入计划管理;开办费以自筹为主,市财政适当给予补助的原则;不仅如此,为确保首批毕业生学历能够获得一定范围的认可,文件同时明确"在学校未获得国家教委正式批准之前,毕业生在我市范围内承认其大专学历"[①]。这对于切实解决当时厦门市第一所民办高校的组织合法性问题发挥了重要作用。而在诸如征地、学校搬迁、土地产权落实、学校升格等重大问题方面,更显示了政府不可替代的重要作用。以2012年厦门市政府调研解决华厦升本发展问题为例,除带队的黄强副市长外,还包括市政府办公厅、教育局、发改委、财政局、国土房产局、规划局、编办、建设局等多家单位的领导。[②]这充分体现了发挥体制性优势集中协调解决民办高校发展问题的优势和强大影响力。在经费支持方面,学校开办时曾获得政府财政经费支持的开办费30万元;1997年学校开始建设第一栋教学楼时,也曾获得政府的一次性补助300万元。这种支持的最大益处就是进一步吸引和带动了社会力量的多方支持,尤其是在吸引社会捐赠方面。以1997年建设为例,除政府支持外,华厦学院吸引的社会捐赠就有500多万元。

2.大学自治的实践

理论上"大学自治是大学作为法人实体不受国家、教会、任何其他私人或公共的法人社团以及任何诸如统治者、政治家、政府官员、教会负责人、政策评论家或实业家等人干涉的自由"[③]"其核心是大学自身对独立处理内部事务上的独立决定权"[④]。华厦学院初创的目标之一就是让学校成为独立自主的法人实体,面向社会自主办学。这种自主办学从管理体制、经费、内部事务处理等多个方面都进行了卓有成效的探索。

在管理体制上,一开始学校就明确为由厦门市政府领导,福建省教委管理,学校设立董事会,实行董事会领导下的校长负责制,保证党的方针

---

① 市政协私立厦门鹭岛大学筹备组.关于创办私立厦门鹭岛大学的报告[Z].厦门,1993.
② 厦门华厦学院办公室.黄强副市长一行莅临厦门华厦职业学院调研[EB/OL].(2012-11-21)[2017-08-22].http://www.hxxy.edu.cn/A/? C-1-4279.Html.
③ 爱德华·希尔斯.学术的秩序[M].李家永,译.北京:商务印书馆,2007:283-284.
④ 爱德华·希尔斯.学术的秩序[M].李家永,译.北京:商务印书馆,2007:285.

和政策的贯彻执行。并且在学校的办学中,厦门市政府在给予学校必要支持时,并未过多干预学校的办学,给学校的自治实现提供了良好空间和环境。经费方面,除前期政府资助、社会捐赠及全体教职员工低薪奉献外,华厦学院努力实现自我造血,到1997年,华厦学院办学积累已达2500万元,此后经费来源进一步多元化,逐步实现了自力更生。以2012年为例,学校年度办学经费总收入6039.376万元,其中学费收入约占63.8%,政府奖助学金等经常性补助占3.9%,社会捐赠占0.03%,其他收入约占32.27%。[①] 这让学校实现自治有了较为坚实的物质基础。在内部事务上,学校对人员的聘任和使用、专业的布局与建设、内部管理机构的设置与管理方式、资金的使用与管理等多个方面进行了不同于公办院校的自治实践。以人员聘任为例,华厦学院自2002年起就启动了具有院校自身特点的教师职称评聘计划,开始根据学校需要自主进行教师职称的评定与聘任,并对教师实行岗位责任制,发放岗位津贴,以专兼并举的方式进行师资队伍建设。[②] 相比之下,华厦学院的实践比福建省自2012年正式发文由各高校自主设定职称聘任条件,自主评聘教师的举措整整早10年。[③] 这充分体现了民办高校相比公办高校有较大自主权的优势。

(三)"民办公助"办学模式的再思考

自我国1982年民办高等教育事业恢复发展以来,"民办公助"的办学模式曾一度是我国民办高校多样化发展形式中最主要的一种形式,[④]发展迄今也是我国当前民办高等教育发展的主要模式。[⑤] 就其内涵而言,也发生了变化。早期"民办公助"是指"其所有制为公民集体办学,办学经

[①] 厦门华厦职业学院.厦门华厦职业学院2012年度质量报告[R/OL].(2012-11-19)[2017-01-14].http://www.tech.net.cn/web/rcpy/articleview_sch.aspx?id=793.

[②] 郑学檬.衣带渐宽终不悔——厦门华厦学院办学十谈[M].香港:香港天马出版有限公司,2010:27.

[③] 福建省公务员局,省人力资源开发办公室,省教育厅.福建省公务员局 省人力资源开发办公室 省教育厅关于印发《福建省高校教师等专业技术职务聘任制实施办法(试行)》的通知[EB/OL].(2012-12-31)[2017-08-23].http://www.fjrs.gov.cn/zw/zfxxgk/zfxxgkml/gfxwj/201212/t20121231_1257643.htm.

[④] 陈宝瑜."民办公助"办学模式与海淀走读大学的实践经验[J].教育管理研究,1995(1):27-31.

[⑤] 潘世墨,吴永年.民办大学如何"借势"兴学[J].中国高等教育,2016(2):36-37.

费以自筹为主,同时也得到政府在经费和办学条件上的一定支持和帮助"。① 华厦学院属于这一种。当前"民办公助"的办学模式是指"以人民群众为主体的个人、团体、民营企业等社会力量在政府、公办高校等公共机构的支持帮助下创建与经营民办高校的机制"②。显然"民办公助"办学模式的内涵扩大,反映的是社会观念对政府、民办高校与社会三者之间关系更为深刻的认知。有学者认为"民办"合理地顺应了高校与社会的关系,"公助"则恰当地反映了高校与政府的关系。③"民办"能够充分发挥高校作为法人主体办学的自主性和灵活性,而"公助"则充分体现了政府对促进发展民办高等教育事业承担的责任。实际上,随着民办高等教育事业的发展,政府及公办高校等公共机构对民办高校的支持已越来越多,但是距离进一步扶持建成我国一批高水平民办高校的实际需求尚远。在当前我国公立高等教育仍然在高等教育结构中占据着绝对优势和垄断地位的背景下,需要再一次认识到"民办公助"办学模式对于我国高等教育事业发展的重要意义,早期该模式有力地支持了民办高等教育的恢复发展;在未来该模式的优势需进一步发挥,以助力民办高等教育事业壮大,从而形成与公办与民办高等教育健康并存发展的格局。

二、"零回报"非营利性民办高校办学模式的探索

(一)"零回报"的公益性办学理念与实践

华厦学院的非营利办学实践中最具特色的就是"零回报"的办学模式,而"零回报"的公益性办学理念是由其创办人蔡望怀先生提出的。以其为首的董事会自创校起就宣示了"只作奉献,不求回报"的宗旨,并在其章程中明确:"董事会不要求取得任何回报,学校积累资金全部用于学校的建设和发展。"对于为什么要坚持这样有别于一般民办学院的"零回报"办学模式,蔡望怀曾撰文指出有三个方面的重要作用和意义。

---

① 陈宝瑜."民办公助"办学模式与海淀走读大学的实践经验[J].教育管理研究,1995(1):27-31.
② 潘世墨,吴永年.民办大学如何"借势"兴学[J].中国高等教育,2016(2):36-37.
③ 安世遨.公助民办:高等教育举办体制的理性选择[J].教育文化论坛,2014(5):13-16.

其一,董事会的"零回报"使得办学盈余百分之百地再投入到办学中去,提供了学校基本建设和其他硬件建设之所急需,也让学院有可能聘任优秀人才,奖励做出贡献的教师,逐步提高教师工资水平,提升学院的实力和竞争力。其二,奉行这样这一种兴办教育的理念,"净化"董事会的精神境界。不为私利所惑,不堕青云之志,只有这样,才能排除种种不必要的纷争,专心致力于学院的成长和发展。"谋利应谋天下利,求名当求万世名",教育是一种教化人的高尚事业,兴办教育者应该有一种操守和品格上的追求。其三,董事会的这种操守和品格上的追求发挥了榜样和示范作用,对董事会在学院倡导的艰苦奋斗、勤俭办学、求真务实、清正廉明的作风形成,有着十分积极的意义。"公生明,廉生威",诚哉斯言。①

在具体的办学实践中,"零回报"的公益性办学理念也体现在学校的章程、制度、文化中。学校章程规定:学校对举办者投入的财产、其他受赠的财产、办学积累,以及其他依法取得的收入,享有独立的法人财产权;学校办学收入和结余全部用于学校教育事业的建设与发展;学校办学终止后的剩余财产属于社会公益性资产,不得直接向任何组织和个人分配;举办者捐资办学,不得抽逃资金,不以营利为目的,不要求取得任何回报。②制度方面,以学校的财务管理制度为例,自从1997年开始,学校就进行年度审计,出具审计报告(比福建省2011年要求高校进行外部审计提早了14年),并且董事长和校长离任时均进行离任审计;2004年学校开始实行预算管理,规范资金使用,健全财务管理制度;同时学校向主管教育机关、税务机关、举办者、捐赠者和非特定的社会公众公开财务信息,接受社会监督,以此构建了符合非营利性学校性质的财务制度。学校倡导公益性的精神和文化,仅学校董事的捐赠已累计达900余万元,毕业生设立了校友基金,师生也在学校的建设过程中多次捐赠经费和实物。学生培养方面大力倡导志愿者活动和精神,将公益理念辐射社会。

---

① 蔡望怀.一所十多年坚持"零回报"的民办高校——创办厦门华厦职业学院的实践和思考[J].国是咨询,2010(5):38-40.

② 厦门华厦学院.厦门华厦学院章程[EB/OL].(2015-04-30)[2017-01-10].http://www.moe.gov.cn/srcsite/A03/s181/201504/t20150430_189524.html.

(二)举办者

1.举办者及其作用

华厦学院能够成为真正满足"无所有者"和"不分配约束"核心特征的非营利性民办高校,除了与创办人提出的"零回报"办学理念密切相关外,还与其举办者也密切相关。学校发展中登记的第一个举办者为厦门市政协,其是助力创办华厦学院,并让其能够生存和发展在特定历史条件下的产物。蔡望怀在访谈中曾提及:

> 政协章程有一条,政协要推动和协助社会力量兴办有利于社会主义建设的事业,华厦学院就是当时厦门市政协切实落实这一条为厦门人民做的一件实实在在的事。①

鉴于厦门市政协并未给华厦学院出资,故不是学校的出资人,也不享有学校的所有权。这保证了学校的非营利性属性。并且政协作为举办者为学校的发展发挥了重要作用。学校初创时是由厦门市政协筹备,以时任厦门市政协主席蔡望怀为负责人的筹备组不仅起草申办报告和董事会章程,提出办学思路与专业建设构想,明确学校性质定位及管理体制,还遴选了校长。后筹备组转为董事会,成员主要由厦门市政协领导(后期为退休的政协领导)、捐赠组织代表及校长等人组成。举办者厦门市政协充分发挥了其与社会各界有广泛联系,并具有一定影响力的优势,为华厦学院的初始发展和后续建设争取了政府支持和社会资金的捐赠。

2.举办者的变更与发展展望

厦门市政协作为学校的举办者,也在培育学校成功生存发展后为学校的发展带来了身份困扰。这种困扰主要来自法规冲突和社会认同两个方面。法规方面,随着1998年《民办非企业单位登记管理暂行条例》发布,民办高校被划归为民办非企业单位登记管理。2002年《中华人民共和国民办教育促进法》及2004年《中华人民共和国民办教育促进法实施条例》颁布,明确了"国家机构以外的社会组织或个人,可以利用非国家财政性经费举办各级各类民办学校"。按照我国《宪法》规定政协不属于国家机构,因此政协是属于按《民促法》规定可以举办民办高校的组织;但《民办非企业单位登记管理条例》却规定"企事业单位、社会组织和公民个

---

① 罗先锋,黄芳.蔡望怀先生访谈[Z].厦门,2016-02-16.

人是民办非企业单位的举办者。党的机关、人大机关、政府机关、政协机关、审判机关、检察机关、军队不能作为民办非企业单位的举办者"[①]。可见两个法规对于政协机关能否有资格成为民办学校举办者的规定是有冲突的。尽管从法律效力上,《民促法》显然高于《民办非企业单位登记管理条例》,但因此带来人们认知混乱的影响却长期存在。社会认同方面主要是关于学校的民办属性认知方面。2012年学校筹备升格本科层次院校,但鉴于国内民办高校举办者多为个人、企业组织等情况,有专家认为政协作为举办者这一身份有可能会带来关于对学校"民办"身份的质疑,因此建议变更。实质上关于学校的举办者也曾一度有人提议由蔡望怀先生担任,因为他对学校的创立和发展发挥了关键作用,是被公认的华厦学院发展的灵魂人物。但蔡望怀先生认为这有悖于他提出的"零回报"模式办好华厦学院的初衷,故不能接受。[②] 在此背景下华厦学院于2013年将举办者变更为厦门市社会发展研究会。根据对学校创办者及办学团队的访谈,未来华厦学院将走上由基金会为举办者的发展道路,以保障其建设成为一所高水平的非营利性民办大学。

(三)治理结构的探索

1.董事会及监督机制建设

华厦学院自创校起就成立了董事会并订立了董事会章程,在其章程中明确规定"董事会为学校的最高决策机构"。发展迄今,学校董事会已历经五届,董事会人数最少时为5人,最多时为11人(不含名誉董事长及名誉董事)。根据董事会章程,学校董事会主要由本校创办人及海内外热心教育事业、积极赞助本校的社会贤达、实业家、教育家及教职工代表等组成。以学校第四届董事会为例,其董事会成员构成实现了行政管理专家(5人)、学校管理专家(2人)和工商企业人士(4人)[③]的充分结合,并且校长与党委书记均在决策层内,确保了执行与决策的充分沟通,也保障了

---

① 民政部民间管理局.社会组织登记指引[M].北京:中国社会出版社,2011:182.
② 罗先锋.蔡望怀访谈[Z].厦门,2017-08-12.
③ 学校管理专家主要是民办高校的领导或公办高校退休的领导,行政管理专家是指拥有行政管理经验的专业人士,这些专家主要是已退休的政府官员;工商界人士主要是企业高管,也包括财务或金融领域的专家。详见王一涛,刘继安,王元.我国民办高校董事会实际运行及优化路径研究[J].教育研究,2015(10):30-36.

党组织政治核心作用的发挥。

学校董事会除根据章程规定实施董事会权限,在事关学校发展的筹资、搬迁集美新校区、落实学校法人财产权及风险监管等重大事项方面充分发挥了决策作用。

> 在学校的实际治理中,董事会主要坚持三条原则。一是坚持"零回报"的办学理念,董事会成员不领取学校的任何薪酬和红利,学校的办学盈余都是百分之百的再次投入到办学中。二是把握好学校的发展方向,让学校教育能够始终坚持贯彻党的教育方针和坚持职业技术教育的办学定位。三是重视加强党在学校的领导和政治核心作用的发挥,注重学校意识形态和廉政生态建设。[①]

学校董事会不仅在理念(零回报)、制度和运行机制上确保了其科学、民主决策作用的发挥,同时通过信息公开(所有历届董事成员名单,以及历次会议主要决议均在官网公开)、设立监事会等方式构建监督体系,保障组织的公信力。总之,华厦学院的董事会制度为学校的健康发展提供了制度保障,其所进行的探索和实践对当前我国民办高校治理结构的完善也提供了经验借鉴。

2.校长任用与考核

华厦学院在办学中特别注重校长的遴选,其遴选注重三个方面:一是要具有丰富的教育教学经验,二是要有一定的学术专长,三是要有优秀的品格。[②] 创办人蔡望怀先生认为华厦的成功与学校董事会选任的三位优秀校长密不可分。这三位校长分别是常勋教授、郑学檬教授和王小如教授(如表4-1)。三位校长在学校发展的不同历史阶段均发挥了关键作用。他们凭借高度的责任心和丰富的教育教学经验,结合学校的条件和区域经济社会发展的需要,逐渐把华厦学院从一所初期"一无校舍""二无资金""三无师资"的民办学校从在校生150人发展为校资产5亿多元、学生规模近6000人的省内知名的优质应用型本科院校。

---

① 罗先锋.蔡望怀访谈[Z].厦门,2017-08-12.
② 罗先锋.蔡望怀访谈[Z].厦门,2017-08-12.

表 4-1 华厦学院历任校长情况表

校长姓名	任期	简况
常勋	1993—2002	厦门大学会计系教授,国际会计教学与研究的开拓者;曾任民革中央委员、省人大常委、民办高等教育委员会常委等职务。
郑学檬	2002—2010	厦门大学历史系教授,博士生导师,我国知名唐史专家;曾任厦门大学历史系主任、教务长,厦门大学常务副校长等职;曾兼任福建省社联副主席、中国唐史学会会长、中国经济史学会副会长、全国高校古籍整理研究委员会委员、国家教委历史学科教学指导委员会副主任等社会职务。
王小如	2010—2017	厦门大学化学系教授,博士生导师,我国原子光谱、质谱及相关学科领域知名专家;曾任厦门大学校长助理、副校长;曾任第八届全国人大代表,中国化学会第四、五、六届原子光谱分析学术委员会委员,现代分析科学教育部重点实验室主任等职务。

学校董事会在赋予校长充分办学自主权的同时,也注重对校长的监督和考核。董事会奉行:"一不要钱(回报),没有物质上的追求;二不要权,不染指学校的具体事务,如财务和人事等,只负责筹款、审批预决算及选定校长等这样的大事。"① 这使得校长能够发挥专长,独立行政。在监督和考核方面,学校实行规范的年度财务审计;校长定期向董事会做预决算及资产、财务状况报告,接受审核;大额用款必须先经董事会批准等。在制度设计上,学校董事会设秘书长一人,其职责除处理董事会相关日常事务、联络沟通事宜外,也负有监督校长之责。

实际上对于华厦学院的校长们来说,对民办高等教育的奉献情怀和对"零回报"办学理念的高度认同,才是他们办好华厦学院的动力之源。如首任校长常勋任期 9 年内的所有薪酬连同其出版著作的所得共计 65 万元悉数捐给学校,第二任校长郑学檬为贫困生设立了助学金项目,第三任校长王小如则捐款 20 余万元建立了如春基金。这是新时期非营利性

---

① 罗先锋,黄芳.蔡望怀先生访谈[Z].厦门,2016-02-16.

民办高校办学精神和品质的最生动的阐释。

三、坚持职业教育定位，建设绿色应用型大学的探索实践

(一)职业技术教育定位的确立与实践

华厦学院选择以职业技术教育作为办学定位和理念是经过实践后的理性选择和坚守。2002年,当华厦学院的第二任院长郑学檬教授履任之际,蔡望怀就提出：

> 华厦学院在厦门教育发展格局中如何定位？如果把华厦办成一所像厦大、集大那样的高校,我感到是不可取的……办教育要从全局来加以考虑,要注意优化教育结构,在厦门现行教育的框架中,社会经济发展所需要的各类型技术人才,特别是高级技师、技工的培养仍是一个较薄弱的环节,华厦就应该朝着这个方向去调整、去努力,力争用20～30年的时间,把华厦办成我市、我省乃至全国一流的职业技术教育和培训的一所名校。①

华厦学院在不同的发展阶段都把"职业技术教育"作为办学的方向和定位。从2002年蔡望怀提出的"用20～30年的时间,把华厦办成我市、我省乃至全国一流的职业技术和培训的一所名校"的发展愿景,到2003年第二任校长郑学檬教授提出把华厦建成"厦门市教育框架体系内'银领'人才的摇篮"②直至2016年第三任校长王小如教授提出的"建设一所可持续发展的绿色应用技术大学"的更高目标中可发现,职业技术教育始终是华厦办学者们一贯秉持的核心理念。

职业技术教育办学定位的核心内涵是学校要培养适合产业一线发展的技术技能型人才,具备能更好地服务于区域地方经济社会的发展能力,彰显其存在的价值和意义。在2000年初期,刚刚进入全日制高等职业教育行列的华厦学院就是围绕这两个核心要点开始走上职业技术教育的发

---

① 蔡望怀.蔡望怀谈华厦职业学院的建设发展[Z].政协快讯,2002(29).
② 郑学檬.衣带渐宽终不悔——厦门华厦学院办学十谈[M].香港:香港天马出版有限公司,2010:32.

展道路。办学者洞悉到区域产业发展对工科类一线技术人才的迫切需求,将学校的专业布局从传统的财经商科逐步转为工科为主,大力进行了校内图书馆、实验室建设,积极拓展与校外企业的合作办学和国际交流合作。其中特别花费力气建设的是师资队伍,学校通过自行评聘师资,大力提升教师薪酬待遇及开展教师培训等方式建立起一支专兼结合的师资队伍。在人才培养方面,学校进行了与职业技术人才需求相匹配的培养模式转变,在课程内容、教学方式、毕业考核等多个方面进行了改革和实践。最为典型的如2011年学校启动的以提升学生培养质量标准、塑造学生追求更好发展成长的"副学士学位称号"的改革,成为国内第一所进行高等职业教育领域学位制度本土化试点的院校,[①]试点以来已经为近70%的高职毕业生颁发了证书。这种通过"副学士学位称号"制度规范人才培养过程,提升人才培养质量,彰显高等职业人才价值,促进其与不同层次人才培养衔接的尝试对探索形成我国特色的副学士学位制度有重要意义。[②] 进入到本科发展的新时期后,学校仍然秉持职业技术教育产教融合的核心思想,始终聚焦应用型人才核心能力和素质的培养,为提升学校的价值和影响力而努力探索。

(二)建设绿色应用型大学的探索

1.可持续发展理念与战略的运用

2010年华厦学院的第三任校长王小如履新后提出了建设"绿色华厦"的战略构想,并随之运用系统性的战略规划进行推进。"绿色华厦"是学校在洞悉到以可持续发展为内涵的绿色教育已经成为联合国教科文组织倡导的教育发展新方向,建设绿色大学,培养具备绿色理念的应用型人才也已成为我国生态文明建设国家战略提出的时代使命新要求背景下提出的。"绿色华厦"的建设以"培养绿色人才和建设可持续发展的绿色大学"为使命,以打造"人文、自然、简约、和谐"的绿色校园为目标,全方位深入开展融绿色教学、绿色科研、绿色服务及绿色文化为一体的实践,由此构筑形成了完整的、具有华厦特色的绿色大学发展体系(如图4-1)。

---

① 汪长福.厦民办学校首设"专业副学士"[N/OL].(2011-06-26)[2017-01-12].http://www.taihainet.com/news/xmnews/szjj/2011-06-26/711447.html.

② 罗先锋,黄芳.论高等职业教育学位制度的域外实践及启示——基于美国、英国、澳大利亚和荷兰四国的分析[J].高校教育管理,2017(3):80-85.

第四章 我国非营利性民办高校发展的个案研究

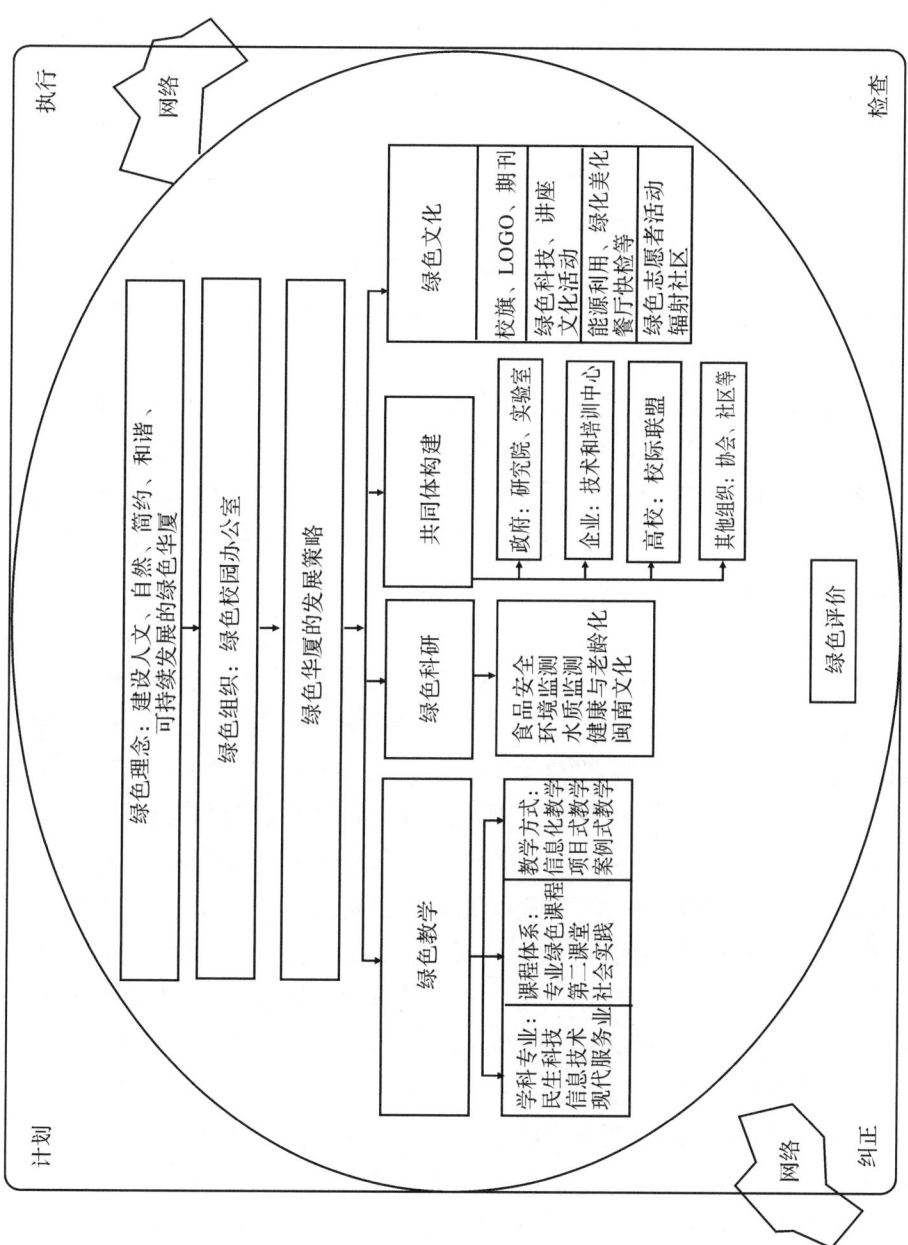

图4-1 "绿色华夏"战略框架图

在可持续发展理念的引领下,华厦学院于2015年成功升格为应用型本科院校,其发展进入了新阶段。在面临国家"一带一路"倡议下福建自贸区发展和应用技术型大学建设推进的历史机遇前,华厦学院提出了2016—2030年中长期发展阶段的"三步走""两手抓"战略,稳步推进应用技术大学的建设和发展。"三步走"即第一阶段全面加强学校内涵建设,顺利通过高等学校学士学位授予评估;第二阶段进一步提升本科教学水平,顺利通过本科教学工作合格评估;第三阶段将学校建成一所特色鲜明、以质量著称的应用技术型本科高校。"两手抓"即以教育质量和办学特色为抓手,力推学校升格发展。十三五期间,学校将实现三大目标:构建特色的应用型人才与创新创业人才培养相融合的体制机制;形成产教融合、校企合作的办学模式;成为福建省民办地方应用型本科特色院校,完成学校向应用技术大学的升格发展,进一步提高学校支撑地方产业升级、技术进步和社会管理创新的能力。可以说运用战略思想,以战略规划为发展工具是华厦学院在新的发展阶段的新举措,也是其管理层在可持续发展理念指引下的新共识。

2.绿色应用型大学建设的实践

华厦学院自升格应用型本科以来,着力围绕"高质量的应用技术型人才培养和应用技术研究服务地方"这一本质属性[①]进行绿色应用型大学建设。首先学校将建设"以教学为主的应用型本科高校"为办学定位;把致力于服务以厦门为核心,并辐射周边区域的先进制造业和现代服务业,面向中小微企业和产业一线为服务定位;以培养具有绿色理念、创新精神、国际视野、理论功底扎实、实践能力突出的高素质应用型、技术技能型人才为人才培养定位,为学校发展指明方向。其次学校围绕福建省乃至厦门市区域计算机与通信设备、软件与信息工程、航运物流、生物医药及环保、文化创意、旅游会展等千亿产业链发展,以及要建设"休闲之城""艺术之城""智慧城市"的"美丽厦门"对应用型人才的需要,布局形成了环境与公共健康、信息与智能机电及商管经济与人文三大应用型学科专业群,为服务地方经济发展,培养人才构建了基本载体。

学校注重通过产教融合、校企合作的方式推进应用型大学建设。以首批本科专业通信工程人才培养为例,学校作为"教育部-中兴通讯产教

---

① 董立平.地方高校转型发展与建设应用技术大学[J].教育研究,2014(8):67-74.

融合创新基地"首批全国30所本科合作院校之一,在该专业的内涵建设中,通过校企共建平台、师资双向融通、信息化课程资源建设、产品研发等全方位深度合作,极大地提升了应用型培养人才的水平,成效显著。该专业《基于校企融合的通信工程专业应用型创新人才培养模式的构建与实践》荣获福建省2017年高等教育省级教学成果奖一等奖。

作为植根地方的应用型本科高校,学校长期以来注重与政府、行业、企业、科研院所等机构的良性互动,搭建发展集产、学、研、用于一体的发展平台。如中国科学院地球环境研究所与学校联合成立的"大气环境研究中心";福建省科技厅依托学校设立"福建省产品质量和食品安全检测试剂与仪器工程技术研究中心"等,截至目前学校已拥有1个省级、2个市级重点实验室和工程中心,2个省高校重点实验室和工程研究中心。在这些平台中,学校目前已凝聚了包括国家高技术研究发展计划(863计划)项目首席科学家杨芄原、国家高技术研究发展计划(863计划)项目主题专家王小如等一批高水平的师资,并具备了可承担国家科技部星火计划子项目的科研能力和基础,其服务地方的能力进一步提升。以学校优势突出的环境与公共健康学科领域为例,学校先后与德国林内因斯特有限公司、厦门斯坦道科学仪器股份有限公司等企业合作开展技术攻关,开发了在线重金属水质分析仪、二硫代氨基甲酸酯类农药快速检测仪等一系列新产品,为合作单位带来数百万元的销售收入,并助力银祥集团"肉食品质量与安全控制实验室"成功获批国家重点实验室。2011—2015年间,受厦门市环保局委托,学校对全厦门市73个点位的环境空气污染物进行检测,检测样品数达1.5万个;并对109家生产性企业进行强制性清洁生产的审核评估。华厦学院以其切实的行动践行了作为一所绿色应用型大学的目标。

3.应用型大学建设发展中面临的问题及举措

华厦学院从专科升格至本科,面临着组织系统性变革发展的挑战和压力,这些压力集中地体现在理念、组织结构、经费和师资等方面。理念方面学校从办学定位、学科专业布局、人才培养方案及课程体系开发等系列建设中都面临着如何把握专科向本科转变的重任。组织结构方面,行政机构与学术机构布局也需调整,如没有专门机构负责信息化能力建设,系部分散不利于学科专业群建设等。经费方面,学校本科生源逐年扩大,学生住宿空间亟待扩展,需要大笔基建经费。师资方面短板尤为突出,学科专业带头人匮乏,梯队建设需统筹考虑等。

面对这些问题,华厦学院采用了系列措施进行解决。首先在理念方面,学校通过规划的制定与实施推进,以规划研讨、报告辅导、教代会召开等多种方式不断就应用型大学建设的核心问题进行共识凝聚。在组织结构方面,学校应发展需要成立了信息中心、规划处和实验办,并拟围绕前述三个学科专业群进行二级学院建设,整合归并现有五个大系的组织建制。在经费方面,董事会已明确要集中力量进行资金筹集;学校办学团队正积极与省、市地方政府部门密切沟通,争取财政经费支持;已吸收新的董事为学校发展提供资金;并拟以基金会作为学校举办者,增强制度化的筹资能力建设等。在吸引人才方面,学校已经通过完善特聘教授制度、教师职务聘任制度、博士工程项目等系列举措,完善师资队伍结构,提高师资队伍水平,已取得初步成效。目前学校现有专任教师304人,其中副高级专业技术职务及以上教师129人,占比42.4%;具有硕士以上学位教师162人,占比53.3%;双师素质教师145人,占比47.7%,基本能够满足学校应用型人才培养的需要。

四、发展评述与思考

(一)发展经验与影响

教育部原副部长王湛曾评价华厦学院的办学成绩:"办学近二十年,成就辉煌、经验弥足珍贵,董事会'不求回报'的无私奉献精神令人敬佩。"[①]这些成就集中地体现在对创办人蔡望怀所珍视的教育理念的全面实践上,即董事会坚持的"零回报"办学模式、学校坚持职业教育定位培养人才、坚持民办教育性质大胆改革创新及传承第一代办学者艰苦创业和无私奉献的精神。

从更广阔的视角来看,华厦学院的经验与影响之一在于其打破公办高等教育发展垄断格局,发挥民办高校体制机制优势所体现出的民办高校强大生命力,对引领促进区域民办高等教育壮大,推动区域教育改革发

---

① 厦门华厦职业学院.厦门华厦职业学院2012年度质量报告[R/OL].(2012-11-19)[2017-01-14].http://www.tech.net.cn/web/rcpy/articleview_sch.aspx?id=793.

展产生了重要影响。华厦学院是厦门地区的第一所民办高校,是福建省第二所民办高校。它的发展推动了特区公众教育观念的转变,形成了促进民办教育发展的良好氛围。从扶持华厦学院这第一所民办大学起,厦门市政府就逐步形成了在地方教育发展总体格局中统筹考虑扶持民办教育的传统。以用地保证为例,截至2008年厦门市累计为在厦的民办高校划拨用地3490亩,在寸土寸金的沿海中心城市,这可谓是大手笔。不仅用地方面,在人才引进、师资培养、校园建设、教育教学改革等方面,厦门市亦给予了全方位的鼓励、扶持和服务。[①] 这些措施都有力地促进了全市民办教育的发展,对优化厦门市教育格局,提升城市教育的整体水平发挥了重要作用。

华厦学院的经验与影响之二在于学校创办者及办学群体以完全公益的"零回报"方式办大学,对探索中国真正的非营利性民办大学发展道路有重要意义。学校诞生于中国私学传统刚刚复兴的起步期,如何创办一所真正的公益性民办大学并无现实模板。学校的创办者在法制、政策及条件都不完备甚至缺失的情况下,以推动教育体制改革、为更多适龄青年创造成才机会、并为国家减轻财政负担的公益角度发起学校的设立,并与决策的董事们一起选择以"零回报"的方式进行办学。这种公益性不仅体现在创业初期办学者的奉献精神和志愿服务中,还体现在章程、治理结构、制度体系及具体的办学实践中。尽管随后我国民办高校发展多以投资方式进行,但华厦学院仍然坚持"民办不私有"的方式办学,这为当前我国分类管理背景下发展真正的非营利性民办大学提供了现实基础和依据。

华厦学院的经验与影响之三在于办学者对民办高校独立精神和品格的珍视和培育,对促进民办高校成为独立法人和构建现代大学制度有重要意义。"民办教育要独立,首先是精神上的独立"。[②] 在公、民二元对立的传统思维格局下,在鄙薄职业教育观念盛行的大环境下,华厦学院的创办者坚持学校的民办属性和职业技术教育的定位,力求为学校发展营造宽松、自由和富有活力的发展氛围,并着力培养学校自主发展的能力,是

---

① 谭南周.厦门市:采取系列措施有力促进民办教育发展[N/OL].(2008-01-27)[2017-01-16].http://www.chinacity.org.cn/csfz/cswh/38470.html.

② 南开女中五四届毕业生,创价文化事业推进机构.毕业南开 中国教育创新启示录之二[M].北京:中国社会出版社,2004:280.

要学校能够从精神、文化到经济上都能实现自立。创办者将此视为学校的生命力和核心价值所在,体现出对私立教育传统独立性和大学自治精神的洞悉和把握,也体现出要把华厦学院培育成真正意义独立自主法人的务实抱负。独立性一直被视为现代大学的核心价值观,而提升大学的独立性和自主性乃是当前中国高等教育改革的一个核心问题。从这个角度讲坚守非营利性民办高校的独立性和民办性(私立性),对当今构建现代大学制度的中国高等教育发展和谋求健康可持续发展的民办高等教育事业而言是必需的、有意义的。

(二)华厦学院发展个案引发的思考

思考之一是对华厦学院发展模式的普遍性与特殊性探讨。华厦学院发展的普遍性在于其是集社会力量举办公益性民办高校的成功范例。与私人所有或私法人所有的民办高校不同,这类学校多是社会名人出于创办教育的公益性目的、较多利用了政府体制性资源,发动不同层次社会力量集资或捐资建设而成。学校资产的提供者无论政府、社会团体、个人还是企业组织都是出于兴办民办高等教育事业这一公益目的将资产捐赠给学校,并未主张所有权,其学校资产属性类同于基金会这类社会组织,属于公益财产,所以学校的非营利性属性鲜明,公信力高,能获得较多的政府和社会公众的支持。在当前我国实行分类管理的背景下,该类学校将是最易被认定为非营利性民办高校类别的院校,也将是我国未来非营利性民办高校阵营中的重要组成部分,值得关注。华厦学院发展的特殊性在于其发展的环境和治理结构。得益于厦门市政府相关领导的高瞻远瞩和英明睿智,学校自创立就被纳入整个城市的社会事业发展规划,政府扶持但不干预学校办学,在保障学校的办学自主权发挥的同时也给予其充分的发展空间和改革余地。另外学校的发展也得益于组建了不拿薪酬、热心教育事业的社会贤达组成的董事会,且董事会又选任了一批高素质的领导者,他们的市场意识和创业精神也是华厦能够成功的重要因素。正如华厦学院的第二任校长郑学檬教授所言:

> 华厦成功的关键是特定时空下的谋略与方法,因此可以说成功"这个核心就是历史"。具体说就是时代的呼唤、创办人的远见卓识

和办学者们谋略与方法这个历史。①

思考之二是对社会力量举办公益性民办高校可持续发展问题的探讨。与华厦学院的情况类似,自十一届三中全会以来我国社会力量举办的民办高校数量不断增加,典型的如 1982 年由聂真、张友渝、刘达等老教育家发动社会力量举办的中华社会大学(现为北京经贸职业学院)②、1983 年由中国民主同盟四川省委 85 位老同志发起成立的凉山大学(2003 年并入西昌学院)③、1985 年由民革广西区委会主办的邕江大学(现为南宁学院)④、1994 年由培正校友发起创立的私立培正商学院(现为广东培正学院)⑤及 1994 年由北京海淀区委主办的国有民办高校⑥等。回顾这些学校的发展史可知,其主要是依靠学费收入滚动发展起来,⑦但其举办者或创办人并不要求所有权,因此该类学校是我国制定捐资兴学法制的基础,对此要在观念上有清楚的认识。其次要进一步鼓励和规范以捐助行为设立的公益性法人制度,为该类院校法人治理结构的完善和组织结构健全提供法律依据。像举办者方面,究竟该类大学要以什么样的组织作为举办者是历史发展过程中累积下来需要面对的问题之一。像

---

① 郑学檬.衣带渐宽终不悔——厦门华厦学院办学十谈[M].香港:香港天马出版有限公司,2010:3.

② 中国民办高等教育委员会.中国民办高教之光[M].武汉:湖北科学技术出版社,1998:18.

③ 中国民办高等教育委员会.中国民办高教之光[M].武汉:湖北科学技术出版社,1998:24.

④ 中国民办高等教育委员会.中国民办高教之光[M].武汉:湖北科学技术出版社,1998:28.

⑤ 中国民办高等教育委员会.中国民办高教之光[M].武汉:湖北科学技术出版社,1998:143.

⑥ 中国民办高等教育委员会.中国民办高教之光[M].武汉:湖北科学技术出版社,1998:13.

⑦ (海淀大学)经费要自筹,学费是主要收入,占全部经费的 60%,其他部分是培养费(15%)、自办社会赞助(10%)、自办公司及社会服务创收(10%)、区政府补贴(5%)。摘自陈宝瑜."民办公助"办学模式与海淀走读大学的实践经验[J].教育管理研究,1995(1):27-31.截至 2004 年 5 月,本院(广东培正学院)资产总额达 3.5 亿元人民币,其中校友及热心教育的社会力量捐赠金额为 81695728 元人民币,其余资产为办学积累、金融机构(银行等)信贷、个人和法人等投(融)资和合作,以及土地增值等方式形成的资产,上述资产未包括无形资产。摘自广东培正学院章程[EB/OL].(2010-10-26)[2017-01-17]. http://www.peizheng.com.cn/SYSTEM/about_system_gdpzxyzc.html.

中华社会大学从设立起"其主办单位原为中国科学社会主义学会和中国政治学会,由于这两个学会无实体,很多问题无法解决。1987年主办单位改换挂靠中国管理科学研究院,1990年因原单位改制脱钩,主办单位又改换挂靠中国人才研究会。"①还有像董事会这样决策机构的组成,也会左右该类大学的命运。如北京海淀大学(现北京城市学院)的校长傅正泰曾提及:

> 我现在最忧虑的是学校的可持续发展机制问题,不能我不办了,就变成了公办。……当初贾春旺当海淀区长时是(北京)海(淀走读)大(学)的董事长,保证了我办学时不受干扰。到第二届董事会时,董事都是一些"大官",为海大的发展撑起了"保护伞",现在急了还是管用的。我已经是70岁的人了,以后海大到底怎么保持持续发展?说到股份制,本人没兴趣,但没股份说话又不管用。②

与投资办学的院校类型不同,该类院校从办学初始,学校举办者就是捐资者,学校公益化、校产社会化的特征鲜明,其治理结构也倾向于多元化和社会化,学校的内部控制权③没有被某一个人、某一家族、某一企业或企业集团所控制。诚如学者王诺斯所说:"非营利性民办高校控制权的社会化、多元化和透明化才是真正实现其非营利性和公益性的保证。"④对于社会力量举办的民办高校,尽管在这个方面做了很多有益的探索,但是还有很多现实的问题需要在发展中进一步解决。

总之,作为当前中国非营利性民办高校的一种发展类型和模式,我们期待这类院校能够在实践中不断摸索,健康发展,成为非营利性高水平民办大学的发展样板。

---

① 于陆琳.没有围墙的大学[M].北京:海潮出版社,1999:3.
② 张立勤.等待哈佛[M].北京:中国社会科学出版社,2004:69.
③ 民办高校的控制权是指占有民办高校的关键性资源并可以对学校的经营和决策拥有主导影响的权力,关键性资源包括人事任免、财产处置等。摘自王诺斯,张德祥.制度创新视域下民办高校分类管理的现实困境分析[J].中国高教研究,2017(2):14-18,23.
④ 王诺斯,张德祥.制度创新视域下民办高校分类管理的现实困境分析[J].中国高教研究,2017(2):14-18,23.

第三节　贵州盛华职业学院发展的个案研究

贵州盛华职业学院(以下简称盛华学院)是2009年经贵州省教育厅批准建立,由威盛信望爱公益基金会举办的全日制普通高等职业院校。[①]自20世纪80年代国内民办高等教育恢复发展以来,盛华学院是目前唯一一所以基金会方式发起设立,并致力于教育扶贫的非营利性民办高校,被称为我国一所没有先例的、独特的、高标准的公益性高等职业院校。在最为落后和偏僻的贵州省惠水县百鸟河村,盛华学院从最初2011年3个专业137人的办学规模发展至2019年28个专业4062人的规模,其发展成绩令人瞩目。在当前国家大力扶持非营利性民办高校发展的明确政策价值取向下,在社会各界期望更多社会资金投入民办高等教育事业的发展背景下,盛华学院作为国内首家以基金会为举办者,致力于建设慈善扶贫大学的实践颇具引领性和创新性。基于此,将该校选为个案进行剖析,以期为今后拟以基金会为举办者进行捐资办学的非营利性民办高校提供借鉴。

一、我国第一所慈善扶贫大学的创设与发展

(一)慈善扶贫大学的创设

1.来自贫困地区的外部环境挑战

作为国内第一所慈善扶贫大学,盛华学院发展的典型意义之一就是它创设并崛起于中国最贫困的省份——贵州省,它适应环境、创造环境的发展经验值得关注。盛华学院所在的贵州省由于历史和地理等因素,长期以来都是我国典型的欠发达省份,贫困和落后问题尤其突出。在学校

[①] 贵州省教育厅.省教育厅关于同意筹建贵州盛华职业学院的批复(黔教民办发〔2009〕363号)[EB/OL].(2009-12-29)[2016-12-20]. http://mbjyc.gzsedu.cn/Item/11089.aspx.

批准筹建前的2007年,有数据表明贵州省经济总量只占全国经济总量的1.09%,人均水平居全国末位;城镇人口占总人口比重的27.5%,亦居全国末位;农村贫困面大,贫困程度深,农村居民人均年纯收入仅为2374元,居全国倒数第二,贫困人口占全国贫困总人口的13.1%。① 在受教育程度方面,以高等教育为例,其发展水平也显著落后于全国的平均水平。"2011年,贵州省普通高等教育在校生为34.4万人,仅占全国普通高等教育在校生总数2308.5万人的1.49%;高等教育毛入学率为23.2%,比全国平均水平26.9%低3.7个百分点;贵州省每10万人中高等院校在校生人数仅为1254人,全国平均水平为2253人,教育资源严重不足。"②

由于地处西部的欠发达地区,盛华学院在创办初期曾遭遇了信任危机、资源不足、观念落后等诸多困难。学校选址的惠水县当时全年的财政收入只有2亿多元,是典型的贫困地区,当办学者来此表明要耗费数千万元创办一所不求回报的大学时,首先遭遇的是怀疑。③ 县城里几乎没有像样的企业和工厂,人才匮乏一度让办学者备感压力;④生源方面,学校2011级在校生仅137人,存亡都成为问题;⑤最致命的就是贫困地区的思想观念落后,而这是造成贫困的根源。⑥ 但正是这样的发展环境,盛华学院的创办者却特意要把学校选址于此,意在要把大学办到最需要的地方去,用教育的方式去扶贫。⑦

2.抓住发展机遇,积极创设利于自身发展的环境

尽管盛华学院面临种种落后地区不利的环境挑战,但也迎来了贵州省"十二五"期间深入实施西部大开发战略和加快工业化、城镇化发展的

---

① 雷厚礼.论贵州省情再认识[J].理论与当代,2008(12):10-15.
② 贵州省教育厅.贵州年鉴[J/OL].(2016-12-24)[2017-07-21].http://www.gzsjyt.gov.cn/Item/33346.aspx.
③ 周鹏.慈善大学乌托邦[J/OL].(2010-06-05)[2017-08-29].http://news.sina.com.cn/c/2010-06-22/055617688240s.shtml.
④ 谭芸,范觉文.盛华学院8000万开建的乌托邦[N].每日新报,2011-01-14(12).
⑤ 贵州盛华学院.盛华:高职院校招生如何做到报考爆满[EB/OL].(2015-12-12)[2018-08-28].http://www.forerunnercollege.com/NewsInfo.aspx? id=3140.
⑥ 贵州盛华学院.盛华:高职院校招生如何做到报考爆满[EB/OL].(2015-12-12)[2018-08-28].http://www.forerunnercollege.com/NewsInfo.aspx? id=3140.
⑦ 贵州盛华学院.盛华:高职院校招生如何做到报考爆满[EB/OL].(2015-12-12)[2018-08-28].http://www.forerunnercollege.com/NewsInfo.aspx? id=3140.

重大机遇,而高等教育资源的供给不足则给民办高等职业教育提供了充足的发展空间。盛华学院充分抓住所在区域发展环境的机遇,积极争取多方支持赢得发展优势。在政府方面,盛华学院的办学宗旨和使命与贵州省"扶贫攻坚"的"十二五"重要战略任务要求高度契合,学校办学因此被作为区域"扶贫先扶智"战略的重要组成部分,得到了所在县、州、省政府乃至国家有关部门的支持和关怀。各级政府在学校发展过程中从土地划拨、跨部门协作支持、基础配套设施援建、科教创新园区(百鸟河数字小镇)建设等诸多方面为学校的发展提供了切实帮助。学校公益慈善扶贫的理念和办学模式也特别得到了政府部门的认可。仅 2016 年下半年就先后有国务院副总理汪洋、国务院扶贫办开发指导司副司长吴华、团中央书记处第一书记秦宜智、国务院参事室调研组等领导到盛华学院进行教育扶贫工作调研,并对盛华学院的教育扶贫模式和成效表示赞赏。①

为拓展办学所需资源,学校以培养高技能职业人才为纽带,与企业、政府机构及院校互动交融,形成良好的教育与产业和区域发展联动的局面。除创办人王雪红成立的宏达国际电子股份有限公司(High Technology Computer Corporation,简称 HTC)外,还有万豪国际集团、北京百度网讯科技有限公司、浙江淘宝网络有限公司、北京唐人坊文化有限公司、多彩贵州有限公司等多家实力雄厚的优质企业支持学校发展。它们通过实训场所建设、教师资源支持及人才培养模式改革等方面的深度合作来实现校企的共同发展。学校迎合贵州省"互联网+"行动的产业政策推动,2016 年牵头与贵州省部分专科和中职院校,以及阿里巴巴淘宝事业部等 14 家企业组成贵州省互联网产业职业教育集团,进一步为实现产教一体化,校政、校企、校校之间资源共享搭建平台。② 总之,盛华学院凭借公益性的办学理念和扎实的办学实践成效,成功地与学校所处的环境互动交融,从而获得了外部力量的支持,为组织自身的发展创造了良好的外部条件。

---

① 根据盛华学院新闻整理[EB/OL].[2017-07-21].http://www.forerunnercollege.com/Menus.aspx? id=51.
② 张辉伟,张航进.贵州互联网产业职业教育集团成立[N].黔南日报,2016-05-27(1).

(二)慈善扶贫大学的办学理念与目标

盛华学院自创校起,就把教育扶贫作为使命,并积极进行职业教育改革创新,作为贵州省现代职业教育改革创新试点的唯一院校,该校把争创中国第一所教育扶贫的非营利民办大学作为发展愿景,其办学理念和目标集中体现在以下两个方面。

1.培养讲诚信、有爱心、高尚的人,实现教育扶贫

盛华学院自创校起,就把教育扶贫作为办学宗旨,并始终致力于培养讲诚信、有爱心、高尚的人。创办者王雪红曾说:

> 我们学校的校训是诚信、爱心、高尚,我希望我们的每一位同学都有诚信和爱心,并且是品德高尚的人。①

盛华学院的校训源自创办人王雪红父亲王永庆先生提出的"生根、深耕"的精神内涵。学校把帮助学生学成一技之长,实现个人和家庭脱贫作为办学目标,并在这个过程中注重学生品格与礼仪文化教育,使其成为"讲诚信,有爱心,行为高尚",既有良好职业素质又有实际操作技能的人。学校的专业紧密围绕贵州区域产业发展需要设置,并且采用了每一个专业都有合作企业深度介入的方式进行办学,确保学生能够切实学到实用的技术与技能。在具体的育人过程中,学校通过行为习惯养成、兴趣课程建立及校园文化熏陶等方式帮助学生形成良好的人格,已收到了良好的成效。学校第一届毕业生和第二届毕业生中有相当数量的人进入了合作企业就业,实现了自食其力的目标。而第一届的毕业生更是主动发起了"校友爱心传递基金",将自己有限的收入捐出帮助经济困难的学弟学妹,2012级民族工艺品制作专业的37名实习生为该基金捐赠了6205元,占比该班级人数的94.87%。②

2.进行职业教育改革创新,争创中国第一所教育扶贫的非营利性民办大学

盛华学院自创办起就秉持着教育改革创新的理想,这些创新体现在

---

① 贵州盛华职业学院.创校专题片[Z/OL].(2011)[2016-12-21].http://v.youku.com/v_show/id_XNTQzMTU1MzY4.html.

② 贵州盛华职业学院.贵州盛华职业学院高等职业教育人才培养质量报告(2015)[R/OL].(2015-01-12)[2016-12-20].https://www.tech.net.cn/web/rcpy/articleview_sch.aspx?id=3208.

学校的办学理念、实践和愿景中。校长孙伟曾提及：

> 我想办一所不一样的大学。如果办一所常规的、平庸的、追求财务投资回报的大学，肯定不是我千里迢迢来贵州所追寻的，更不是一批世界各地的爱心志愿者到此来的目的。①

在办学理念方面，盛华学院的创新体现在很多方面。以办学的服务对象为例，学校主动选择以贫困地区的适龄青年作为职业教育的对象，并招收盲人，体现了学校对社会弱势群体的教育人文关怀和对社会责任的主动担当。作为贵州省唯一一所面向视觉障碍群体进行办学的民办高等职业院校，盛华学院的实践对引领区域乃至全国的职业教育公平有积极作用。据统计，"截至2011年底，经教育部批准，我国实施单考、单招政策专门招收残疾人的高等院校仅有18所，其中专科层次院校10所，均为公办院校。"②盛华学院由此成为民办高等教育领域单独招考、专门为视障残疾人提供职业教育培养的第一所院校。以办学宗旨为例，盛华学院迄今被认为是中国第一所慈善扶贫大学，学校的办学目标就是帮助学生实现个人脱贫、家庭脱贫，继而通过学校与产业的互动推动区域社会脱贫。学校从选址贫困的乡村，到努力让学生"零成本"完成大学，直至构筑产教融合发展的平台——百鸟河数字小镇，都是为了实现这一办学宗旨所做的探索，由此学校成为职业教育领域"精准扶贫"的样板。

盛华学院自建校起，就有明确的使命和愿景。2010年一篇《慈善大学乌托邦》的报道对此的描述是："一群来自海内外的理想主义者，准备在贵州的穷乡僻壤建起全国第一所非营利性的民办善慈大学。"③六年后，盛华学院将这一愿景表述为"争创中国第一所教育扶贫的非营利性民办大学"。④ 这体现了学校要追求的发展方向、价值观、道德标准及社会责任感。盛华学院自身的快速健康发展正是得益于这一使命和愿景的引领，而诸多利益相关者对它发展的热情支持和帮助，也体现了使命和愿景

---

① 孙伟.盛华职业学院要办不一样的职业教育[N/OL].(2014-03-10)[2016-12-22]. http://www.forerunnercollege.com/NewsInfo.aspx? id=1678.
② 麻一青,孙颖.残疾人高等教育现状及发展对策[J].中国特殊教育,2012(7):19-24.
③ 周鹏.慈善大学乌托邦[J].南都周刊,2010(22):52-54.
④ 贵州盛华学院.学校简介-办学理念[EB/OL].[2016-12-22].http://www.forerunnercollege.com/Menus.aspx? id=459.

在凝聚共识和发挥精神纽带方面的巨大作用。盛华学院的个案再一次印证了愿景和使命在大学组织发展中的重要作用。

(三)慈善扶贫大学的办学实践

1.服务最落后地区最贫困的学生

盛华学院从办学开始就以"要改变贫困,就要把大学建设到最需要的地方去"的信念进行办学,并把服务最落后地区、最贫困学生作为其办学的根本原则。校长孙伟说:

> 贵州盛华职业学院的办学定位是非常独特的,我们去那儿办学是为了教育扶贫,因此我们的学生定位主要是贵州农村的学生,像我已经去了大部分贵州的县,我没有去贵阳或者是中心城市招生,我也不去做这方面的规划。①

盛华学院2011—2015年的在校生数据显示,学校从生源入口处扎实地体现了自己服务于贵州贫困人口的办学定位(如表4-2)。2011—2015年,学校累计招收了3626名学生,其中来自贵州本省的有3532名,占比五年入校就读学生总数的97.40%。在贫困生方面,以学校2016年度质量报告中的数据为例,学校2015年上半年的在校生2967人中有2358人来自贵州省连片特困地区县(市、区、特区),2006人来自农村,贫困生人数达2340人,其中少数民族学生占全校学生人数近一半。不仅如此,该校还服务于盲人高等教育,2012-2015年,学校累计入学盲人115人。学校也特别关注贫困地区女性的高等教育,以2011—2014年数据为例,该校总共招收了1152名女生,占这四年学生总数的51.2%。

表4-2 盛华学院2011—2015年生源情况表

单位:人

入学年份(年)	总人数	性别		生源地		少数民族学生	盲人学生
		男生	女生	贵州	外省		
2011	137	53	84	137	0	——	——
2012	522	270	252	506	16	213	20

---

① 威盛信望爱公益基金会.公益项目[EB/OL].(2009-02-09)[2016-12-20].http://www.viafoundation.org.cn/wen/gongyi.html.

续表

入学年份（年）	总人数	性别		生源地		少数民族学生	盲人学生
		男生	女生	贵州	外省		
2013	399	197	202	375	24	150	12
2014	1219	595	624	1185	34	555	22
2015	1349	——	——	1329	20		61

数据来源：贵州盛华职业学院高等职业教育质量年度报告（2015）.https://www.tech.net.cn/web/rcpy/articleview_sch.aspx? id=3208；贵州盛华职业学院高等职业教育质量年度报告（2016）.https://www.tech.net.cn/web/rcpy/articleview_sch.aspx? id=3609。

为更有针对性地扶持贫困生顺利完成学业，盛华学院构筑了完整的扶贫资助体系。学校坚持每年将应收学费的50%以上用于奖励资助学生。其资助体系主要有：新生奖学金、优秀学生奖学金、勤工助学金、爱心帮扶基金、特困补助金。[①] 以新生奖学金为例，学校承诺有85%的入校新生可以获得。建校五年来，办学的支出大于学费收入，五年平均用在学生身上的费用就占应收学费的71.07%。[②]

2.运用志愿机制招募教师

地处贫困的贵州乡村，盛华学院发展面临的挑战之一就是教师的招募与留用。学校根据创校时的构想，成功实现了招募全球志愿者担任教师，营造准英文教学环境的目标。据统计，从2011年至2016年8月，先后共有279人次的志愿者教师服务于学校。[③] 这些志愿者中将近80%都是外籍志愿者，他们不仅根据学校的需要服务于教学、科研和行政管理的各个岗位上，而且已打破了英语教学的单一性，扩展到艺术、摄影、摄像、

---

① 贵州盛华职业学院.贵州盛华职业学院高等教育质量年度报告（2016）[R/OL].（2016-01）[2016-12-12].http://www.tech.net.cn/web/rcpy/articleview_sch.aspx? id=3609.

② 贵州盛华职业学院.贵州盛华职业学院高等教育质量年度报告（2016）[R/OL].（2016-01）[2016-12-12].http://www.tech.net.cn/web/rcpy/articleview_sch.aspx? id=3609.

③ 贵州盛华学院.国务院副总理汪洋到贵州盛华职业学院调研教育扶贫工作[EB/OL].（2016-08-24）[2016-12-28].http://www.zjchina.org/platform/service/zxnews/shtml/201608/10125.shtml.

吉他、足球、篮球、健身、戏剧、园艺、音乐、西餐等各个方面。① 这种以"志愿者文化"进行国际化引智的模式成为盛华学院的特色和创新。

成功的志愿者教师招募首先得益于管理团队的示范和引领。像校长孙伟博士、副校长——曾担任微软大中华区副总裁的英国人柏尚杰（Nigel Burton）、互联网营销学院院长姜旭平教授、唐人坊非物质文化遗产传承学院院长主任唐燕都是不领薪酬的志愿者。② 首先盛华学院管理团队成员充分发挥个人影响力，亲自进行志愿者招募，有相当数量的知名人士都加入了支持学院发展的行列。"像北京广播电视大学校长胡晓松、中央社会主义学院党组书记叶小文、博鳌亚洲论坛秘书长龙永图、中国工程院院士倪光南、微软亚洲研究院院长洪小文等人成了学校特聘专家顾问。"③ 而中国红十字会光明天使基金会主席杨福梅女士也是志愿者，她积极促成了其所在的光明天使基金会配套400万元为盲人在盛华学院建设了光明天使学院，并且担任了该院的名誉院长。④ 其次得益于学校较为完善的志愿者招募工作机制。学校设立了志愿者中心（外事处），专门负责全球志愿者招募及相关工作，并为此制定了完善的志愿者福利方案和招募流程，招募信息同时在学校中文和外文网及其他国家的大学及社交网站上发布，志愿服务工作结束后，威盛信望爱基金会和盛华学院还会为志愿者提供服务证明和推荐信（中英文件）。⑤ 当然，最吸引和打动志愿者的应该是盛华学院致力于教育扶贫的办学理念。因为很多来盛华学院的国际志愿者都表达了自己的真实想法和动机："来这里支教是一件有意义的事。"⑥

---

① 贵州盛华职业学院.贵州盛华职业学院高等教育质量年度报告（2016）[R/OL].（2016-01）[2016-12-12].http://www.tech.net.cn/web/rcpy/articleview_sch.aspx? id=3609.

② 罗建华.贵州盛华职业学院"志愿者文化"另辟引才蹊径[N/OL].（2015-09-08）[2016-12-28].http://www.gz.xinhuanet.com/2015/09/08/c_1116500554.htm.

③ 朱丽亚.一所高职的招生之惑[N].中国青年报，2011-07-01(03).

④ 谭芸,范觉文.首家民办慈善大学落户黔南[N].贵州都市报，2011-01-04.

⑤ 贵州盛华职业学院.志愿者招募[EB/OL].（2015-01-07）[2016-12-28].http://www.forerunnercollege.com/NewsInfo.aspx? id=2552.

⑥ 黄华.百余名海内外志愿者赴贵州山村支教[EB/OL].（2016-04-04）[2016-12-28].http://www.chinanews.com/sh/2016/04-01/7820765.shtml.

3.产教融合的扶贫实践

为更好地落实和体现学校教育扶贫的办学理念,盛华学院围绕贵州区域经济发展的需要进行了专业布局,并且在专业建设中采取了与企业深度融合的方式办学。

2011年至2016年间学校共建立了28个专业,形成了围绕贵州省大数据云服务产业和现代服务业两个专业群,以及2个面向招收盲人大学生的康复治疗技术专业及现代流行音乐专业。学校在专业设置过程中已经形成了每一个专业学院都有若干合作企业支持的发展方式(如表4-3)。以大数据云服务产业专业群为例,学校建设了国内第一个以互联网营销为方向的高职专业,围绕这个大方向,学校又开设了电子商务、网络营销、广告策划与营销及移动商务等专业,形成了特色小专业群。而这些专业的办学合作支持企业则包括了工信部-百度互联网营销学院、北京航空航天大学软件学院、百度营销研究院、北京微众文化传媒有限公司等。以企业支持的方式办专业不仅为学校提供了资源,提高了学校专业水平,也为学生提供了良好的实习和就业渠道。为传承优秀民族文化,学校开设了民族刺绣与蜡染、民族工艺品设计与制作等专业,并在北京唐人坊文化有限公司的支持下建立了唐人坊非物质文化遗产传承学院,主要招收以惠水县为重点的、贵州省范围的、连片贫困地区少数民族初中毕业女生,在保护和发展贵州省的少数民族特有民间工艺的同时,也有力地帮助贫困地区的女性实现了教育公平。

表4-3 盛华学院专业设置与合作企业支持情况

学院名称	所含专业名称	主要支持企业或机构名称
互联网营销学院	电子商务 网络营销 市场营销 数字媒体应用技术 大数据技术与应用 计算机应用技术(大数据应用) 广告策划与营销	工信部-百度互联网营销学院、北京航空航天大学软件学院、百度营销研究院、北京微众文化传媒有限公司、北京慧科教育公司、贵州梦动科技有限公司
会计学院	财务管理 会计	用友公司、华泽科教、正保网中网、畅捷通

续表

学院名称	所含专业名称	主要支持企业或机构名称
酒店管理学院	酒店管理 餐饮管理 西餐工艺	万豪集团、希尔顿、澳拜客
虚拟现实产业发展学院	计算机应用技术（VR内容制作） 计算机应用技术（虚拟现实技术开发） 无人机应用技术 虚拟现实应用技术 数字展示技术（虚拟现实方向）	宏达国际电子股份有限公司、威爱教育
茶学院	茶树栽培与茶叶加工 茶艺与茶叶营销 文化创意与策划（茶文化方向）	多彩贵州生态农业有限公司
唐人坊非物质文化遗产传承学院	工艺美术品设计	北京唐人坊文化有限公司
盲人（音乐）学院	康复治疗技术 现代流行音乐	光明天使基金、贵州省残联、上海音乐学院

备注：根据盛华学院官网信息整理。

当前,盛华学院的教育扶贫不再限于通过人才培养来实现,已经通过教育与产业互动来实现社会扶贫的创新实践。2014年10月,在贵州省政府的大力支持下,盛华学院与创办人王雪红所领导的威盛集团及惠水县人民政府一起开始了百鸟河数字小镇建设。"该小镇将以产学互动、教城互动的模式,计划用三年的时间,实现五个'一'工作目标:即引进100家以上大数据开发企业、其中10家以上世界知名企业,实现带动相关产业规模100亿元以上,解决1万名以上大学生创业就业,培育10家以上上市公司,引进10名左右'两院院士'到数字小镇。"①"截至2016年12月12日,该数字小镇已经引入联想之星、梦动科技等企业50余家,引进初创型企业及创客团队50余家,实现带动相关产业规模10亿元,实现大学生就业3000余人。"②不仅如此,学校在促成百鸟河数字小镇建成的基础上,还牵头成立了贵州互联网产业职业教育集团和贵州民族文化创意产业职业教育集团,引领区域职业教育资源共享和优质协同发展。

4.慈善扶贫大学发展中面临的问题及举措

盛华学院办学中面临的问题首先聚焦在资源方面,即生源、师资和经费。学校办学初始遭遇了招生困境,这个困境主要来自两个方面,一是生源危机大战,二是观念方面,学校和学生认识有差异。在师资方面因学校选址较为偏僻,生活设施配套不便利,教职工收入相比同行处于中等或偏低水平,薪酬满意度不高等因素,导致2012—2014年间教职工流失率都超过了20%。③ 经费方面,学校"提倡不向家长要学费",每年力争把应收学费的50%用于奖励和资助贫困生,办学四年来,用于学生奖励和资助的资金远远超过50%。④ 如果仅靠学费,没有威盛信望爱公益基金会的鼎力支持,这样花费巨大的扶贫教育事业是难以为继的。其次是关于如何更好地实现职业教育精准扶贫方面。由于学校声誉影响和招生分数的逐年上升,导致学校招收的农村贫困生源减少,这有悖于学校的"教育扶贫"办学宗旨。⑤ 如何让更多的农村贫困学生接受高等教育,改变家庭的代际贫困是学校在教育精准扶贫中遇到的一个具有普遍性的问题。

面对这些问题,盛华学院尝试创新了多种举措进行解决。在应对生源不足问题上,学校自2012年开始,研发了名为"招生派"的工作模式,该模式借助互联网优势和大数据、云服务等高新技术,多层次、多渠道、全方

---

① 惠水县工信局.百鸟河数字小镇简介[EB/OL].(2016-07-06)[2016-12-21]. http://www.forerunnercollege.com/NewsInfo.aspx?id=1678.

② 路江,陈占相,苟义远.惠水打造百鸟河数字小镇 打造大数据应用产业发展[N].贵阳日报,2016-12-12(8).

③ 朱丽亚.公益慈善高职为何遭遇生源危机[N].中国青年报,2012-09-24(11).

④ 贵州盛华职业学院.贵州盛华职业学院2015年质量年度报告[R/OL].(2015-01)[2016-12-21].https://www.tech.net.cn/web/rcpy/articleview_sch.aspx?id=3208.20.

⑤ 贵州盛华学院.贵州盛华学院2017年质量年度报告[R/OL].(2016-12-31)[2017-09-02].https://www.tech.net.cn/web/rcpy/articleview_sch.aspx?id=5308.

位深度精确招生、高效招生,①取得了显著成效。2015年填报该校志愿的有8000人,极大地缓解了生源问题。截至2016年,学校的在校生规模已达3848人。② 对于师资紧缺的问题,除了前述应用志愿招募机制外,学校从2014年开始,启动了"归巢计划",返聘已经毕业但在各行各业工作的优秀盛华学子回校担任项目经理及实训指导教师。③ 迄今已经有十几名毕业生返校任教。另外还有一部分教师是通过与企业联合办学,由合作企业派出的专业课程教师,其薪酬由企业支付。④ 截至2016年,学校已有专职教师160人,生师比为15.33∶1,已能满足学校的教学要求所需。⑤ 经费方面除了基金会的鼎力支持外,学校也积极争取爱心企业捐赠。像微软中国2011年和2012年累计向盛华学院捐赠了价值100多万美元的软件,⑥"北京清尚环艺建筑设计院为盛华学院整体建筑进行了公益设计,惠普中国给盛华学院每一名教师和新生赠送了一台笔记本电脑,上海某企业捐建了一座攀岩墙。"⑦政府部门也积极介入,如贵州省残联安排专项资金对2015年考上大学的残疾大学新生全部给予资助,每人2000元,这是省残联成立以来第一次全覆盖对残疾大学新生给予资助。⑧ 至于在更精准实现教育扶贫方面,学校拟采取歧视城市学生的招生政策,争取多招收农村贫困生;但同时也建议有关部门在招生政策方面多考虑贫困生而设计倾斜性的政策。

---

① 赵冀昌.32所高校齐聚盛华学院,共话"互联网+"招生新模式[N/OL].(2016-12-20)[2016-12-28].http://www.forerunnercollege.com/NewsInfo.aspx? id=3748.

② 贵州盛华学院.贵州盛华学院2017年质量年度报告[R/OL].(2016-12-31)[2017-09-02].https://www.tech.net.cn/web/rcpy/articleview_sch.aspx? id=5308.

③ 中国台湾网.陈敏儿省长到贵州盛华职业学院调研[EB/OL].(2015-07-28)[2016-12-29].http://www.taiwan.cn/local/dfkx/201507/t20150728_10350797.html.

④ 刘超群."微型私立大学"的中国模式[N].每日新报,2011-01-28(14).

⑤ 贵州盛华学院.贵州盛华学院2017年质量年度报告[R/OL].(2016-12-31)[2017-09-02].https://www.tech.net.cn/web/rcpy/articleview_sch.aspx? id=5308.

⑥ CNET科技资讯网.微软向贵州盛华职业学院捐赠价值逾百万美元软件[EB/OL].(2012-05-29)[2017-09-06].http://www.cnetnews.com.cn/2012/0529/2095562.shtml.

⑦ 张枭翔.中国式基金会办大学——贵州盛华职业学院[J/OL].(2014-03-24)[2016-12-23].http://news.xinhuanet.com/gongyi/2014-03/19/c_126287001.htm.

⑧ 汪希兴.省残联阳光助学金发放仪式在我校举行[EB/OL].(2015-09-30)[2017-09-02].http://www.forerunnercollege.com/NewsInfo.aspx? id=3024.

二、基金会方式建设非营利性民办大学的探索

(一)举办者

盛华学院的举办者是威盛信望爱公益基金会。该基金会属于非公募基金会,业务主管单位为国务院台湾事务办公室。① 基金会由威盛电子股份有限公司(以下简称威盛公司)发起成立,以"关怀弱势群体,改善贫困及偏远地区之环境和灾区重建,为其提供教育、医疗、科技等服务,参与社会公益活动,促进社会安定和谐,发扬信望爱之精神"为宗旨,在中国积极开展针对各类慈善事业及爱心公益活动的捐赠、赞助工作。② 该基金会的主要慈善项目就是捐资建设盛华学院(如表4-4)。据统计,仅2010-2015年威盛信望爱公益基金会就为盛华学院捐赠了21414.46万元。

表4-4 2010—2015年基金会组织对盛华学院捐赠情况一览表

单位:万元

序号	捐赠基金会名称	捐赠金额	捐赠年度
1	威盛信望爱公益基金会	3671.50	2010
2	威盛信望爱公益基金会	12897.46	2011
3	威盛信望爱公益基金会	929.91	2012
4	威盛信望爱公益基金会	1427.03	2013
5	威盛信望爱公益基金会	1513.56	2014
6	威盛信望爱公益基金会	975	2015
合计		21414.46	——

数据来源:基金会中心网.贵州盛华职业学院公益项目情况[EB/OL].http://data.foundationcenter.org.cn/projects.html.

那么威盛信望爱公益基金会的经费来源又是从何而来?根据基金会

---

① 民政部.民政部关于威盛信望爱公益基金会设立登记的批复(民函〔2009〕45号)[EB/OL].(2009-02-09)[2016-12-20].http://www.lawxp.com/wl/statuteInfo/Provision.aspx?iid=13051930.

② 威盛信望爱公益基金会.关于我们[EB/OL].(2009-02-09)[2016-12-20].http://www.viafoundation.org.cn/wen/about.html.

中心网的数据显示,2010—2015年间,该基金会的大额捐赠项目总额共217,072,068.72元,其中财团法人基督教中华信望爱公益基金会捐赠的金额为204,501,497.5元,占比大额捐赠项目金额总额的94.21%,由此可见财团法人基督教中华信望爱公益基金会是盛华学院举办者的主要捐赠人。① 财团法人基督教中华信望爱公益基金会则是由威盛公司捐资成立。② 由于公司的董事长为王雪红女士,其配偶陈文琦为总经理,王雪红女士和陈文琦先生实际上是盛华学院的真正创办者。王雪红系台湾著名商人、台塑集团创始人王永庆之女。1981年毕业于加州大学伯克利分校,获经济学硕士学位,1988年创立威盛电子,1997年创立宏达电子(HTC),现任威盛集团董事长、宏达国际董事长、建达国际董事长、全达国际董事长。③ 作为一名成功的商业领袖,王雪红深受其父母影响,她曾谈及:

> 父母亲出生于贫困的环境,他们历经困难却努力不懈,不断耕耘而终有所成就。父母亲一生中在扶助贫困和支持教育方面的诸多亲身实践成为自己的表率及榜样。④

由此可见,盛华学院的创办主要源于王雪红女士对教育扶贫事业的奉献情怀。

(二)内部治理的探索

1.基金会对盛华学院的治理分析

理论上认为,"基金会是公益产权的典型实现形式,而公益产权体现公益财产上的产权关系,表现为捐赠人、受托人和受益人基于公益捐赠所形成的以公益财产为基础的信托关系,以委托权、受托权和受益权彼此分

---

① 根据基金会中心网数据中心公布的威盛信望爱公益基金会2010—2015财务年度中大额捐赠项目信息整理[DB/OL].[2017-09-02].http://data.foundationcenter.org.cn/financeInfo_60.html.

② 威盛电子股份有限公司.威盛信望爱基金会[EB/OL].[2016-12-22].http://www.viatech.com/tw/social-welfare/.

③ 贵州盛华职业学院.举办者简介[EB/OL].[2016-12-24].http://www.forerunnercollege.com/Menus.aspx?id=35.

④ 贵州盛华学院.贵州盛华职业学院举行首届开学典礼林文漪王富玉出席[EB/OL].(2011-09-23)[2016-12-24].http://news.163.com/11/0923/09/7EKIQU9K00014JB5.html.

离并对立统一的形式存在。"①盛华学院举办者威盛信望爱公益基金会与其利益相关者之间的关系就体现了这一点,具体如图4-2所示。实际捐赠人威盛公司通过财团法人基督教中华信望爱基金会将财产捐赠给受托人威盛信望爱公益基金会,再由受托人根据捐赠人合约让受益人盛华学院获得实际受益。在这个过程中,当威盛公司捐赠财产时就间接将产权转让给受托人威盛信望爱公益基金会,并对其具有了委托权,这种委托权表现为对基金会的运作和管理具有监督权。而受托人威盛信望爱公益基金会必须按照捐赠人订立的捐赠合约,履行对接受到的公益财产的代理职责,保障捐赠人的知情权并履行向捐赠人报告的义务。在这一组关系中,受托人——威盛信望爱公益基金会和受益人——盛华学院都是独立的法人组织,其需要完成各自的法人治理。

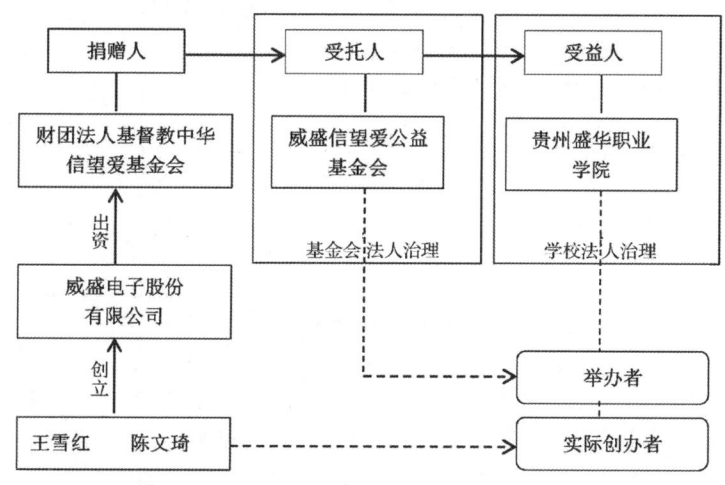

图4-2 威盛信望爱公益基金会主要利益相关者关系图

"基于公益捐赠的基金会因捐赠来源的不同会出现不同的产权结构及其相应类别的基金会,并因而形成不同的治理模式。独立产权、共同产权和公众产权是因三类不同的捐赠来源所形成的三种典型的产权结构,由此形成独立基金会、共同基金会和公众基金会三种典型基金会类别。"②威盛信望爱公益基金会因捐赠来源主要来自独立并特定的捐赠

---

① 王名,徐宇珊.基金会论纲[J].中国非营利评论,2008(1):16-54.
② 王名,徐宇珊.基金会论纲[J].中国非营利评论,2008(1):16-54.

人——财团法人基督教中华信望爱基金会,所以产权结构方面更像独立产权类型,但是在治理模式方面却采用了共同产权的治理结构——理事会监督(如表4-5)。通过基金会理事会成员情况表可知,威盛公司有相当数量的管理人员进入了基金会理事会,捐赠人和受托人的分离程度不高,委托权对受托权形成了一定的控制,受益权更多地体现了捐赠人的意愿。在治理结构方面,基金会根据规范设立理事会及监事一名,并很好地履行了信息公开原则,接受社会监督。根据基金会中心网2015年度基金会透明度评价,威盛信望爱公益基金会的得分为64分,在全国5470家基金会中排名第184名。①

表4-5 威盛信望爱理事会成员情况表

理事姓名	工作单位	理事会职务	是否在基金会领取报酬(津贴)
黎少伦	威盛电子(中国)有限公司总裁特别助理	理事长	否
王雪红	威盛电子股份有限公司董事长	理事	否
陈文琦	威盛电子股份有限公司总经理	理事	否
江素兰	财团法人威盛信望爱慈善基金会南区执行长	理事	否
卓火土	财团法人宏达文教基金会董事长执行长	理事	否
张育达	威盛电子股份有限公司处长	理事	否
倪光南	中国科学院计算研究所	研究员	否
徐涛	威盛电子股份有限公司全球副总裁 威盛电子(中国)有限公司执行长	监事	否

来源:威盛信望爱公益基金会2014年度审计报告G财务报表附注[EB/OL].(2015-03-02)[2016-12-20].http://www.viafoundation.org.cn/xxy.asp?nid=418.

① 基金会中心网.威盛信望爱公益基金会[EB/OL].[2016-12-20].http://data.foundationcenter.org.cn/LucencyGood_60.html.

2.内部治理结构探索

盛华学院的最高决策机构为董事会,校务委员会是学校日常事务管理与决策的常设机构,其组织机构的具体情况如图4-3所示。① "盛华学

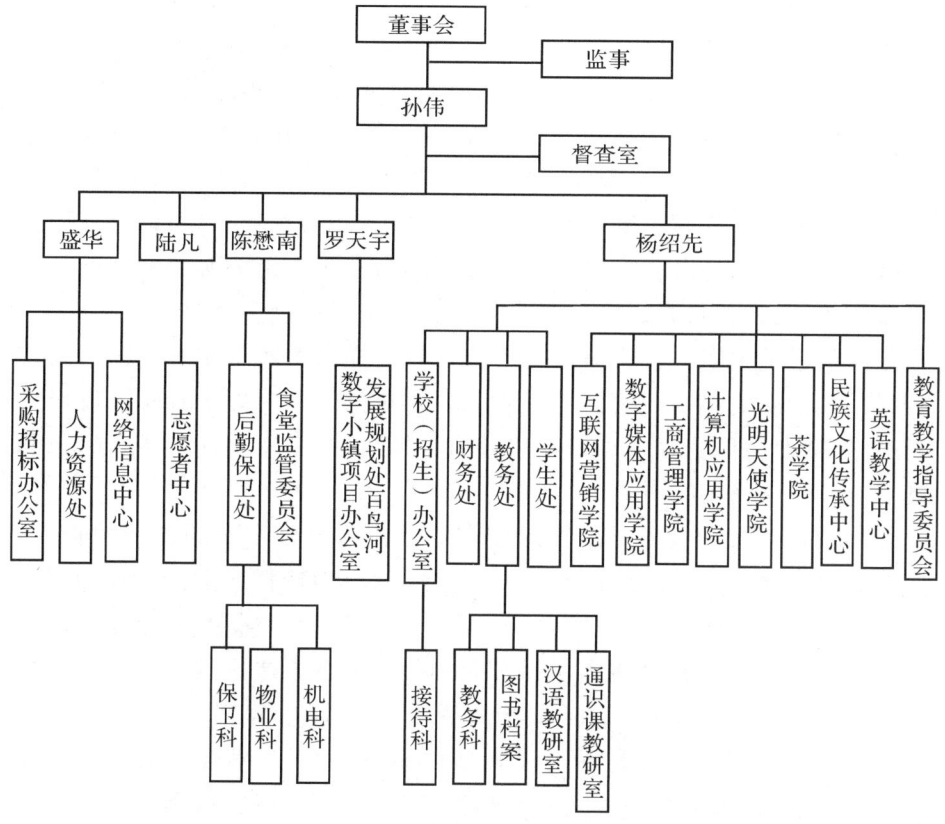

图4-3 盛华学院组织机构图

院首届董事、董事长及副董事长均由举办者推选产生,以后按照董事会章程推选。学校建立了监事一职,但章程规定监事不能由董事会成员、校长及财务负责人兼任。其中监事拥有以下职权:①检查学校的财务;②对董事、校长违反法律、法规或章程的行为进行监督;③当董事、校长的行为损

---

① 贵州盛华学院官网.贵州盛华学校组织机构图[EB/OL].[2016-12-20].http://www.forerunnercollege.com/Menus.aspx? id=594.

害学校的利益时,要求其予以纠正。监事列席董事会会议。"①

学校的首任校长为孙伟。其1990年在美国依利诺大学电子工程和计算机科学系获得博士,曾任美国航空航天总署(NASA)区域数据中心副主任及美国迈阿密佛罗里达州州立大学FIU计算机学院终身教授。2001年底到2003年4月,加入威盛电子(VIA Technologies,Inc.)任董事长特别助理,2003年5月起任北京航空航天大学软件学院院长。② 2009年受创办人王雪红和陈文琦夫妇委托,孙伟带领团队负责盛华学院的筹建工作,随后担任学校执行校长、威盛信望爱公益基金会特别授权代表、校董事会执行董事、校务委员会主任及学校学术委员会主席等职务。得益于创办者的信任及内部治理架构中赋予校长的多重重要职务,孙伟能够有较大的权力充分发挥其领导力和影响力。作为第一所非营利慈善扶贫大学的校长,孙伟是以志愿者身份参与学校建设,其所领导的校务委员会的8位成员中有4位都是志愿者身份。这样的团队组建对于国内高校校级决策团队的构成而言是一种创新。盛华学院仅在办学八年就取得广泛关注,并获得国家、省、市等各级政府的认可,与其所选任的优秀校长和核心办学团队密不可分。

学校在校长和校务委员会之间设立督察室。督察室的主要职责为:"一是根据学校工作规划和年度工作计划,制定学校督导工作计划和制度并组织实施,重点对学校教育教学、基础建设、财务人事等进行经常性督导。二是对上级做出的重大决议和学校形成的重要决定的落实情况进行督促检查。三是经常深入一线,听课评教,调查研究等。"③

校务委员会由学校教职工代表大会选举产生、董事会任命的校务委员会委员组成,主要负责执行董事会决议,在董事会的授权下审议学校中长期发展规划、年度计划、学校大型基础建设、大宗物品采购、科级及以上干部人事任命和变动、学校财务预决算、重大事故处理、重要的对外合作

---

① 贵州盛华学院官网.董事会[EB/OL].[2016-12-20]. http://www.forerunnercollege.com/Menus.aspx? id=278.
② 贵州盛华学院.孙伟[EB/OL].[2016-12-20]. http://www.forerunnercollege.com/NewsInfo.aspx? id=1136.
③ 贵州盛华职业学院官网.督导室[EB/OL].(2011-10-18)[2016-12-20]. http://www.forerunnercollege.com/NewsInfo.aspx? id=299.

与交流等。①

(三)基金会方式办学的思考

首先是关于基金会作用发挥的思考。不同于目前国内众多大学成立的旨在通过基金保值增值来服务大学教学和设施建设的基金会组织,创办盛华学院的基金会组织并不从属于学校,而是作为一个独立社团法人组织发挥筹资作用,同时以举办者身份依规参与学校办学和管理。通过对学校办学的实际情况观察可知,该基金会组织的经费主要来源于创办者王雪红名下的企业捐赠,社会捐赠的吸收有限,筹资能力有待进一步提升;基金会对学校办学的参与一是体现在办学使命的确定及办学团队的遴选组建上;二是体现在对学校管理运行的稽查②和帮助上。由于基金会作为举办者参与学校办学与管理目前在我国并没有先例和经验可循,故需进一步实践和研究。其次是对非营利性民办高校的创办及发展壮大的进一步思考。兴办大学耗费巨大,相比受利润驱动的营利性大学的创建,非营利性大学的成功创办和存活显得更为不易。非营利性公益大学初始建立就要涉及土地、资金、人才等系列问题,还要经过包括申请、审批等程序,且根据政策学校一建成就得投资一两亿元,这曾让一些基金会组织要创建公益大学的设想无法实现。③ 盛华学院历经艰辛终得成功,这在凸显民间公益慈善力量对教育的巨大热情和潜力的同时,也在强烈呼唤着更多在法制、制度和体制上的切实支持和帮助。

---

① 贵州盛华职业学院官网.校务委员会[EB/OL].(2011-10-18)[2016-12-20]. http://www.forerunnercollege.com/NewsInfo.aspx? id=294.
② 基金会定期一年派出两次稽核组进校稽核,对学校管理的方方面面进行稽核,提出改进建议,其主要目的在于全面提升学校管理质量和水平,支持帮助学校发展。来自罗先锋.杨绍先副校长访谈[Z].贵州,2017-09-26.
③ 2009年增爱公益基金会计划创办一所"公益大学",福耀玻璃集团董事长曹德旺也计划建设"公益学院",但都因种种困难未能如愿。详见中国慈善家.李嘉诚又办了一所大学,看看中国的基金会如何办大学[J/OL].(2015-12-17)[2017-09-08].http://news.xinhuanet.com/gongyi/2015-12/17/c_128540489_2.htm.

三、发展评述和思考

(一)发展经验与影响

对于盛华学院办学形成的特色,校长孙伟将其总结为四个方面:"授人以鱼不如授之以渔"的教育扶贫模式;深耕职业教育领域,培养优秀蓝领人才;夯实校企深度合作,整合教学资源;国际化引智,汇集爱心师资。① 这些特色的形成得益于其明确的目标使命、清晰的办学定位、专业高效的办学团队和务实创新的办学实践。学校的发展凸显了民办高校坚持公益性办学理念的重要意义、高等职业教育促进社会公平的价值和作用,以及基金会方式举办大学模式的创新性和职业院校激活西部区域落后地区经济社会发展的示范性。

盛华学院从学校章程、组织结构设计、制度建设直至办学实践都遵循公益性办学的理念。正是源于这一理念的高度认同,创办者能源源不断地对学校的发展提供资金的捐赠支持;办学团队尽管多数是志愿者身份,但却竭尽所能地为学校的发展奉献心智;学校按照公益法人的属性进行治理。创办人和办学者洞悉非营利组织发展的深刻内涵,以捐赠者身份参与学校发展的同时,也注重培育和激励其他的捐赠者(机构、个人),向他们展示支持公益扶贫教育事业的价值和意义。正是基于对教育公益性理念的成功示范和引领,学校赢得了很高的社会认可与信任支持,发展成为一所公益性强、特色鲜明和质量优良的非营利性民办高校。

盛华学院选择把学校建到最需要的地方去,通过教育的方式阻断贫穷的代际遗传,体现了创办者以促进社会公平作为价值取向的务实追求。学校为贫困群体、少数民族群体、女性群体及视觉障碍的残疾人群体提供了向上流动机会,在改善个人生存状态的同时也带动了其整个家庭生活状态的改善。盛华学院的办学成绩是对高等职业教育作为实现社会平等工具价值和功用的有力诠释。当前在我国高等教育从大众化迈向普及化

---

① 贵州盛华学院.执行校长孙伟参加全省民办教育改革发展现场推进会[EB/OL].(2014-07-07)[2016-10-12]. http://www.forerunnercollege.com/NewsInfo.aspx? id=2051.

的进程中,"高质量高等教育公平作为一项国家政策、政府行为和社会福利分配机制,已成为现阶段我国高等教育改革发展的重要目标和行动纲领"①。民众迫切需要高质量、多元化和优质的高等教育资源,而盛华学院的实践是高等职业教育领域以公益形式提供优质、多元的高等职业教育服务的范例。

  盛华学院以基金会为举办者创办非营利性民办高校对当前的国内民办高校发展而言是新的办学模式尝试。相比其他类型的非营利性民办高校,其特殊性在于基金会、学校均作为独立法人治理,前者治理的规范性将影响后者。在民办教育分类管理的法律依据明确的背景下,"基金会办大学这种模式,对于目前的大学教育具有重要意义。可以通过培育更多社会公益机构,发展教育基金会办大学,来分担政府发展教育的压力,提高教育发展的效率。而且基金会办大学因其本身的运作要求财务透明、公开,这就能把钱用到该花的地方,在防止腐败、挥霍的同时,也可以树立良好的教育形象,吸引更多的社会资金注入。"②

  盛华学院立足地方、服务地方办好扶贫大学的实践对很多小规模民办高职的发展有示范作用。学校选址的贵州省惠水县百鸟河村,距离省会城市有50公里,2010年全县全年的财政收入只有2亿多元,是典型的"贫困地区"。尽管是捐资举办的扶贫大学,但盛华学院仍在办学初始遭遇了政府官员的"信任危机"、学生家长不愿意子女入村读书的观念障碍及资源和条件都相当落后等困境。但是学校积极作为、主动出击,不仅与各级政府都建立了良好互信的关系,吸引了大批学生前往就读,还通过百鸟河数字小镇的建设成功地实现了教育、产业和区域社会的联动发展,激活了曾经贫穷落后地区的发展活力。盛华学院的实例表明,即使在高考适龄人口下降的大背景下,民办高等职业院校如果定位准确、目标清晰,仍然是可以大有作为并有光明前途的。

---

① 张继平.高质量高等教育公平的主要特点及实现机制[J].高等教育研究,2016(2):13-18.
② 目前国内以基金会方式举办的民办高校有:1994年仰恩基金会创办的仰恩大学,2009年威盛信望爱公益基金会创办的贵州盛华职业学院,2016年杭州教育基金会创办的西湖大学(筹)。李泉翔.中国式基金会办大学[J].中国慈善家,2014(3):56-67.

(二)盛华学院个案引发的思考

思考之一是对盛华学院办学模式的普遍性和特殊性的探讨。普遍性在于基金会方式办学作为国外非营利性私立大学较为常见的办学模式,未来可成为我国民办高校分类管理后办学形式的可选项之一。尽管目前我国以基金会方式举办的民办大学个数非常稀少,但伴随着国内社会财富的增长、非公募基金会的迅速成长和企业社会责任意识的增强,培育基金会成为吸纳社会资源支持民办高等教育发展的主要机构将成为政府、高校、企业及社会公众的共同责任。而盛华学院办学模式的特殊性在于,相比其他民办高校的办学形式,举办者威盛信望爱公益基金会的专业性与自治性高,而且因同时接受政府监管、注册会计师审计、基金会内部治理及信息公开等多种方式的监督,举办者——基金会的受托责任得到了很好的履行,基金会与学校两个治理主体的优势也得以充分发挥,保证了两个非营利组织公益目标的实现和组织的非营利性特征。而形成这种特殊性的关键就在于创办人对公益性民办高校内涵的准确把握和清晰认识,一线办学者在实践中的制度和机制创新。基于此,我们认为应进一步加强对于基金会办学的研究与关注,为民办高等教育改革中的观念转变和制度创新提供决策支持。

思考之二是通过盛华学院的个案关注民办高校的可持续发展问题。作为捐资举办的非营利性民办高校,盛华学院在运营三年后,校长孙伟表达了对学校财务数据的隐忧,因为力争做到收支平衡的压力很大。的确就盛华学院的个案而言,如果没有基金会组织的持续投入,仅凭学费收入是难以生存的。而很多早期建立院校的投资者缺位或者创办者仅有社会声誉资本而无资金资本的院校,尽管是不分配结余公益性法人属性鲜明的非营利性民办高校,也会因组织发展内外部的种种原因而陷于困境。如何提升非营利性民办高校的可持续发展能力,培育有利于非营利性民办高校发展的宏观环境,使其成为真正能够自给自足的独立法人组织,需要民办高校的自身努力和各级政府的支持。

思考之三是盛华学院可为民办高校现代大学制度建设进行若干探索。基金会方式举办大学被认为是公益性强、特色鲜明、办学规范的高水平民办大学的理想模式,因为在这一模式下关于现代大学制度构建中的若干问题都有了解决路径。如在实现高校自治方面,基金会方式举办的大学因主要遵照捐赠者意图而实现教育服务的公益目的,受政府和市场的干预较少,有助于学校成为自治的治理主体;又如在完善高校治理结构方面,因举办者与学校两个主体的治理边界清晰,有助于形成利益相关者共同参与的治理结构体系;再如在构建民办高校公益性产权方面,基金会方式举办的大学实现了民办高校"产权公有"的制度安排。

总之,在我国,以基金会方式举办大学的实践才刚刚开始,还有很多理论、实践方面的问题需要解决,这需要高等教育的理论工作者和实践者一起努力,创建具有中国特色的、高水平的非营利性民办大学。

第五章　我国非营利性民办高校发展的理论分析与展望

从研究的初衷出发，本研究主要是想呈现非营利性民办（私立）高校这种组织从诞生到现在是如何发展变化的，其变化和演进的过程中需要关注影响其发展的关键部分是什么，对于第一个问题显然应从时间维度出发，运用历史学的方法进行梳理和呈现。为此前文已围绕非营利性民办（私立）高校发展环境变化影响与组织自身变革回应这两个核心主题，以历史和比较的视角，全方位系统地描述了美国非营利性私立院校400多年来发展的历程；同时系统地回顾了我国非营利性民办（私立）高校发展的三个不同历史发展阶段并详细剖析了三种不同类型的非营利性民办高校发展个案。但这些研究在某种程度上只是系统地呈现了在政治、经济、社会、文化截然不同背景下的中美两国非营利性民办（私立）高校发展的历史演进和现状，并未在理论层面对非营利性民办高校这一组织在发展中需要关注的关键部分进行分析，也未就如何促进我国非营利性民办高校发展这一现实问题做进一步的概括、联结和剖析。为了更好地从理论的视角凝练和剖析非营利性民办高校这种组织在发展中需要关注的部分，本章将以组织发展理论、大学组织理论及非营利组织理论为基础，就组织发展、大学组织发展及非营利组织发展中各自需要关注的关键领域进行归集，以此凝练理论分析框架，并对我国非营利性民办高校的发展进行进一步的思考展望。

第五章　我国非营利性民办高校发展的理论分析与展望

第一节　理论分析

一、组织发展理论及其应用

(一)组织发展理论概况

从组织发展具有共性这一思想出发,本书认为首先需要关注组织发展理论。组织发展理论兴起于20世纪五六十年代,促使其兴起的主要因素在于外部环境的变化。[①] 研究者们认为在巨变的时代背景下,组织本身最为需要的就是自身的革新,或许当每一个组织中的某个部分需要革新时都应该把组织本身看作是一个需要持续更新的系统。第二次世界大战之后,有关组织的知识、研究和理论有了长足的发展,这要归功于组织行为学、组织理论、管理学、人力资源管理和战略管理研究中的贡献。对于组织是如何运作的这一问题日益浓厚的兴趣,催生了组织发展这一作为帮助组织更好运行途径的学科。由于组织必须适应日益复杂和不确定性的技术变革、经济变革、社会变革和文化变革,而组织发展则可以帮助组织有效回应这种变化。所以自从"组织发展"这一名词自1969年首次发表后,在实践者和研究者的推动下,围绕"组织发展"的理论不断丰富扩大,衍生出众多流派。在这些诸多的组织发展理论研究成果中,对本研究特别有启发和应用价值的是沃伦·G.本尼斯(Warren G.Bennis)提出的组织发展理论。

(二)本尼斯的组织发展理论

1.理论概况

沃伦·G.本尼斯(Warren G.Bennis,1925—　)是美国著名的组织理

---

① WARREN G. BENNIS. Organization Development: Its Nature, Origins, and Prospects[M]. Addison-Wesley Publishing Company,Inc.,1969:3.

论学家,组织发展理论和权变理论研究的倡导者和发起者。"他在1969年对机械、刻板的组织结构与管理理论进行了批判,提出了组织与环境变化的关系,由此开创了组织理论研究中权变理论学派的先河。"①本尼斯把组织看作社会大的组织系统中的一个部分,主张从社会大的系统中来观察具有一定独立性的组织。"他认为组织要生存下去,必须要完成两项相互关联的任务:一是要协调成员之间的活动,维持内部系统的正常运转;二是要协调组织与外部环境的关系。前者是通过复杂的社会过程,在组织内部协调成员之间的关系,这是一种'内协调'或'内适应';后者则是将组织作为一个整体,在组织外部协调双方关系,这是一种'外协调'或'外适应'。"②

本尼斯认为,在当代社会中,为了实现上述两项任务,管理者采用的工具是官制体制(bureaucracy)。他认为"官制体制"可以说是一个重要的社会发明和创造,在产业革命时期,它被用来组织和指导企业的生产经营活动,然后由德国社会学家韦伯将其上升为理论,被更多人熟知并接受。尽管许多人把"官制体制"列为贬义词,但是从纯粹技术的角度来看,官制体制是最成功和最流行的组织工具,这一点已经通过大量的理论分析和实践证实。③尽管该体制完美地适应了维多亚时代的价值观和需要,但是这种体制却不能够成功地适应20世纪的现实,主要原因就在于外部环境的变化,这些变化主要来自以下四个方面。④

第一个变化是迅速和不可预期的变化。这些变化主要来自知识和人口的爆炸,这对于擅长应对例行的和有预见性人类事物的官制体制来说完全不能适应这迅速的变化。第二个变化是组织规模的扩大,理论上金字塔结构的官制体制对规模未有任何限制,但在实践中规模增大总会导致复杂性增加。第三个变化是多样化的增加。这主要是针对组织中的人,今天的活动要求人们更具多样性和更高的专业能力。第四个变化是管理行为的改变。这种改变源于三个方面认识的转变:首先是关于对人的认识的转变,用知识不断增加、需求不断改变的复杂人代替简单、毫无

---

① 朱国云.组织理论:历史与流派[M].南京:南京大学出版社,1997:249.
② 朱国云.韦伯官僚组织结构理论的新演变[J].国外社会科学,1995(11):17-23.
③ 孙进.50部管理学经典解读[M].成都:四川人民出版社,2015:120.
④ WARREN G.BENNIS. Organization Development:Its Nature,Origins,and Prospects[M]. Addison-Wesley Publishing Company,Inc.,1969:19-22.

思想的人;其次是对权力的认知的转变,用基于合作和理性的权力观取代基于强制和威胁的权力观;再次是关于组织的价值观的转变,以人性化的民主理念取代官制体制非人性化、机械化的价值观。

2.组织发展面临的六大领域问题

本尼斯认为任何组织发展中都需关注以下六个领域:整合(Integration)、社会影响(Social Influence)、合作(Collaboration)、适应力(Adaptation)、身份认同(Identity)及革新(Revitalization)。[①]

整合(Integration)是指如何协调个人需求和组织目标。本尼斯认为随着新时代人们对人的复杂性理解的加深,社会将会选择更加人性和民主的价值观。

社会影响(Social Influence)本质上是指权力及如何分配权力。本尼斯认为新时代高层管理者角色将发生巨大变化,所有权和管理权分离,工会崛起和教育普及会让独裁主义控制受到消极影响。

合作(Collaboration)是指管理和解决冲突。本尼斯认为新时代将通过专门化、职业化和需求增加使组织内部相互依存,这会让领导力变得更加复杂。

适应力(Adaptation)是指组织要对环境导致的变化恰当回应。本尼斯认为随着外部环境的快速变化,经济与社会其他方面的依存度不断加深,经济组织将更加沉浸于立法和公共政策之中,政府会更多介入,组织之间将尽最大可能进行合作而不是竞争——因为它们之间的命运是紧密相连的。

身份认同(Identity)是指就组织目标达成清晰共识并为此倾力投入。本尼斯认为组织在发展的不同阶段都会遭遇到身份认同危机,这种危机更多的都是围绕组织目标表述的清晰度及达成度。他认为当组织已经被嵌入一个动态、不断变化的环境中时,持续的自我检视是非常必要的。

革新(Revitalization)是指组织的成长与衰退。本尼斯认为当技术、任务、人力资源、原材料、社会的价值观和规范都发生迅速变化时,企业和社会的目标都不可避免地要持续关注修正的过程,组织发展中应引入革新概念。

[①] WARREN G.BENNIS. Organization Development:Its Nature,Origins,and Prospects[M]. Addison-Wesley Publishing Company,Inc.,1969:19-22.

3.支配组织命运的条件展望

本尼斯认为"环境、总体的人口特征、工作的价值观、组织的任务与目标、组织本身及激励这六个方面将在未来的 20-30 年支配组织的命运。"①

一是环境。本尼斯认为未来环境将具备以下四个特征:相互依存而不是竞争;动荡、不确定性而不是准备和确定性;大规模的而不是小规模的企业;复杂的跨国公司而不是简单的民族企业。二是总体的人口特征。受高等教育的人口比重大幅增加,为适应更富弹性化的工作环境,人口流动性增加。三是工作的价值观。教育水平的提升和人口流动性的增加使得人们将更加理智地看待工作,并期待更多的参与、分享和自治。四是组织的任务与目标。组织任务更复杂而更多依靠智力及专业化团队来完成。组织目标也变得复杂,企业会越来越关注自身的适应力和创新创造能力。组织绩效评定方面,专业人士倾向于更认同他们的职业目标,而不是他们的直接雇主。五是组织本身。未来社会组织将会是一个适应性的、可快速变化的系统,这些任务要求围绕问题解决安排拥有不同专业技能的陌生人团队来完成。本尼斯将这种组织称为有机-适应型体系。六是激励。适应性的组织应该增加激励,应该创造条件提升员工对工作的满意度。

(三)本尼斯组织发展理论在本研究中的应用

本尼斯组织发展理论对本书的研究有诸多启示。在研究发展问题的视角上,该理论强调以环境与组织之间的互动为基础,关注组织发展中的"对内协调"和"对外协调"两个方面。前述中美两国非营利性民办高校发展的历史回顾呈现就是以这样的视角分析的。在研究组织发展的内容方面,本尼斯提出的组织发展需要关注的六大领域,对非营利性民办(私立)高校发展的问题颇具解释力和指导意义。如关于组织的身份认同,前述美国非营利性私立院校发展历程中所经历的理念冲突和使命抉择,就是为解决院校所遭遇的身份认同危机所进行的努力,这警醒非营利性民办(私立)院校在发展中应根据组织成长的不同阶段审视和调整院校的使命和目标。又如关于组织适应力和有机适应型组织内涵的阐释,则为前述

---

① WARREN G. BENNIS. Organization Development : Its Nature, Origins, and Prospects[M]. Addison-Wesley Publishing Company,Inc.,1969:32-35.

不同历史发展阶段非营利性民办（私立）院校的演进变化提供了理论支撑；能够存活并发展良好的非营利性民办（私立）院校，都是能够积极回应外部环境变化的有机适应型组织，但也揭示出非营利性民办（私立）院校自身要保持独立性、私立性与外部紧密依存度之间的更大冲突。在研究影响组织发展的重要影响（因素）方面，相比提出要关注多变的外部环境而言，本尼斯更倚重和强调对组织自身及组织中人的变化和影响的关注。前文对中美两国非营利性民办（私立）院校的发展研究，选择运用更多的笔墨描述院校组织自身情况外，同时也关注了院校中的创办人、校长、教师、学生等群体，正是受该理论的启发所致。

二、大学组织理论及应用

（一）大学组织理论概况

组织理论应用于大学组织分析后，为大学组织发展研究提供了新视角和新工具。伯顿·克拉克1984年指出，"在本世纪70年代，关于组织的理论工作开始考虑高等教育的各种机构。"[①]正是从这个时期开始，"以克拉克、鲍德奇为代表的学者借鉴组织理论与模型研究大学的组织模型、组织结构与组织文化"[②]，在技术、方法和策略上推进了该领域的研究。"接下来开放系统理论、权变理论和资源依附理论、组织生态学等为高等教育研究者所吸收，研究的重点被转移到大学组织与环境的关系上来，高等教育战略规划与管理技术等研究问题成为研究者的新宠。"[③]这些研究都充分表明，"关于大学组织的研究是一个多学科交叉的领域，背后的驱动力一方面来自于组织理论的进展，另一方面来自于大学组织管理的内

---

① 伯顿·克拉克.高等教育新论——多学科研究[M].王承绪，等译.杭州：浙江教育出版社，1987：12.
② 林杰.组织理论与中国大学组织研究的实证之维——读《大学组织及治理》[J].北京大学教育评论，2006(10)：176-186.
③ 林杰.组织理论与中国大学组织研究的实证之维——读《大学组织及治理》[J].北京大学教育评论，2006(10)：176-186.

在需要"①。在组织理论与管理理论的发展和推动下,高等教育专门研究领域出现了大学组织理论与大学管理理论两个分支,其中前者"专门针对大学组织结构、组织过程、组织个体及组织域进行考察"②;而后者则面向大学管理中的经典问题进行分析性研究和政策性研究,引导大学实现自己的目标。大学组织理论与大学管理理论领域的相关研究成果为研究大学组织发展问题提供了分析的视角和工具,让我们在理解大学组织本质内涵的基础上,探究影响大学组织发展的内外部因素。为此下文将就上述领域中有启发性的重要观点归集,以应用于非营利性民办(私立)高校发展的问题研究。

(二)大学组织的独特性

研究非营利性民办(私立)大学的发展问题,需要洞悉其作为大学组织的特殊性。克拉克·克尔(Clark Kerr)认为把大学作为一个组织与其他类型的组织进行比较研究是理解大学特殊性的最好方法之一。学者约翰·F.科森(John F. Corson)在与政府、企业和基金会等三种组织比较的基础上,认为大学组织在组织目标、组织活动、组织特征、组织成员与组织的关系以及组织的共享价值观等五个方面都有所不同。③

在组织目标方面,不像其他类型组织,大学组织缺乏清晰、统一和有形的目标。在组织活动及过程中,大学组织的独特性在于它主要执行教学和研究两项活动,并要求在给予学术自由保护的同时也给予自治的权力。鉴于大学的活动多在精深的专业领域之内,大学组织呈现出高度的专业化,且外人难以控制。在组织特征方面,大学在保有一般科层官僚制的组织特征外,更倾向于努力维持组织内部成员之间的关系,其内部是鲜明的松散结构,这在一定程度上抵制了组织变革。在组织成员及他们与组织的关系方面,大学组织主要依靠才能、效率和人力资源的汇聚;与其他组织相比,组织成员对大学的忠诚度和紧密度都不够。起着纽带作用

---

① 林杰.组织理论与中国大学组织研究的实证之维——读《大学组织及治理》[J].北京大学教育评论,2006(10):179.

② 林杰.组织理论与中国大学组织研究的实证之维——读《大学组织及治理》[J].北京大学教育评论,2006(10):179.

③ The University as an Organization[M]. Berkeley: The Carnegie Foundation for the Advancement of Teaching, 1973: 155-168.

的组织的共同信仰、态度和价值观方面,对于大学组织而言这一纽带已经断裂了。其主要原因就在于大学组织规模的扩大,难以在不同校区、不同专业学院的不同教职员工中维系一系列的信仰、态度和价值观。

(三)大学发展中值得关注的领域

1.大学的使命和价值观

大学的使命和价值观是关系大学组织身份认同的核心问题,因为大学和其他组织一样必须回答它是什么及为什么存在。不仅如此,"大学作为一种社会组织而非企业机构或服务机构来发展,同时也强烈地要求所有和大学有关的人士对大学保持忠诚"[1]。这事实上要求大学能够有效实现组织的整合,即协调好个人需求和组织目标的要求。战略管理理论认为,使命是阐明一个组织的目的,或者为什么它应该那样做;在此基础上往往还要求有个成功的愿景。愿景是澄清组织应是什么样的及如何采取行动才能完成它的使命,它为组织提供目的性、价值观及共同的基础,能使完全不同的、本质上独立的组群或组织为了共同的目标而一起奋斗。[2] 基于此每个大学都需要明确自己的使命,就自身存在的目的、核心价值、信念和原则进行明确的揭示,同时阐明自己要将往何处去的发展愿景,以便为大学明确奋斗方向、目标、发展定位和行动原则,同时也凝聚大学内外的利益相关者以支持学校发展。大学在错综复杂的环境中,必须重视使命和价值观的构建。

2.大学的权力

大学组织发展需要关注大学组织的社会影响,即组织中的权力及权力分配问题。这一问题往往聚焦于大学的治理结构,因为治理结构的核心就是权力关系。研究者认为,对于在大学运行的若干关键领域,如财务控制、人力资源管理、学术项目和学位及对它们的批准与终止、学生缴纳的费用、学生资助、入学标准等,这些领域的权力哪些保留在董事会,哪些

---

[1] 弗雷德里克·E.博德斯顿.管理今日大学——为了活力、变革与卓越之战略[M].王春春,赵炬明,译.桂林:广西师范大学出版社,2006:10.

[2] 约翰·布赖森.公共与非营利组织战略规划:增强并保持组织成就的行动指南[M].孙春霞,译.北京:北京大学出版社,2010:87-88.

权力应授予学校的其他部门都应明确。^① 至于校长,从管理学的理论来看,是对大学组织发展有着举足轻重影响的关键人物。除此之外,大学组织所特有的权威分散结构和双轨制权力运行机制的特征也被特别关注。由于大学是一个由不同单位组成的结构松散的学术组织,各单位在运行中的离散程度不同,由此导致学术机构部分权力分散。而由于学校规模扩大,行政结构部分的行政职能、服务范围和费用也随之增加。人们认为大学的权力平衡被打破,行政组织与学术组织间的价值观冲突由来已久,行政权力侵害学术权力的情况也广被诟病。大学及其更好的管理需要一种更强大的权力,而保持其长期活力的最重要条件是健全的治理结构^②。

3.大学的资源

把资源视为大学发展的关键要素,是受资源依赖理论的影响。该理论认为,"组织的生存发展需要资源,这些资源包括人员、资金、社会合法性、顾客及技术和物资投入等,组织依赖于它环境中的因素获取资源"。^③ 同样,"资源也是大学全部活动的基础。有了资源,学校才能采取行动,发展和实施战略规划,缺少资源则阻碍学校的发展,或许连维持现状都成问题"。^④ "对于高校来说,大多数资源通常为资本资产(物质资源、房地产资源、资助和捐赠),也包括很多非资本资产(声望、师资水平、校友、与各界的联系和知识产权)。"^⑤ 博德斯顿认为,"没有学生、教师、财务资源,大学将无法生存"。^⑥ 而这些恰恰是各个大学在学术界竞争市场上争夺最为激烈的部分。^⑦ "资源的相对多寡能增强或削弱高校内部进行主要变

---

① 弗雷德里克·E.博德斯顿.管理今日大学——为了活力、变革与卓越之战略[M].王春春,赵炬明,译.桂林:广西师范大学出版社,2006:36.

② 弗雷德里克·E.博德斯顿.管理今日大学——为了活力、变革与卓越之战略[M].王春春,赵炬明,译.桂林:广西师范大学出版社,2006:199.

③ J. PFEFFER, G. R. SALANCIK. The External Control of Organizations: A Resource Dependence Perspective. New York: Harper and Row, 1978.

④ 丹尼尔·若雷,赫伯特·谢尔曼.从战略到变革——高校战略规划实施[M].周艳,赵炬明,译.桂林:广西师范大学出版社,2006:18.

⑤ 丹尼尔·若雷,赫伯特·谢尔曼.从战略到变革——高校战略规划实施[M].周艳,赵炬明,译.桂林:广西师范大学出版社,2006:19.

⑥ 弗雷德里克·E.博德斯顿.管理今日大学——为了活力、变革与卓越之战略[M].王春春,赵炬明,译.桂林:广西师范大学出版社,2006:35.

⑦ 弗雷德里克·E.博德斯顿.管理今日大学——为了活力、变革与卓越之战略[M].王春春,赵炬明,译.桂林:广西师范大学出版社,2006:18.

革或把握主要机会的能力,因为有限的资源往往意味着院校对其利益相关者的依赖程度更大。"①毋庸讳言,大学为获得更好的发展,必将重视开发多种资源增加的渠道,同时也要面对由此带来的种种问题。

4.大学的职能

一般认为,组织最基本的分类是基于目标和活动的性质。大学组织的职能(function),有时也被称为使命(mission),主要有三个:教学、研究和社会服务。大学的独特性就在于它们把教学和推进学术研究及应社会要求提供其他服务的功能紧密连接在一起。② 学者们认为,教学是大学最核心的职能;研究尽管与教学紧密相连并能被组织目标很好包容,但实质上却侵蚀了教学;社会服务常被视为与大学组织结构相对立的职能;所以这些职能往往相互冲突使大学陷入困境。③ 大学如果要更好的发展,就必须持续关注和改进自己的这三大职能。

(四)影响大学组织发展的外部环境

从社会学的视角来看,环境影响组织,组织也影响环境。④ 政治、经济、社会、文化诸因素对大学发展有重要影响。潘懋元教授在其教育的外部关系规律中指出"社会生产力的发展,科学技术的成就,政治制度、经济制度的变革和文化观念的演变往往会直接反馈到高等学校的办学方向、课程教材之中。因而从高等教育的角度看政治、经济、文化同教育的关系,就比较直接、深入、具体、生动,对于如何使教育与社会发展相适应,更为关心而具有紧迫感"。⑤ 研究大学组织发展不能离开它所在的社会环境和背景。"大学是一种独特的教育机构,它们有着共同的历史渊源,又

---

① 弗雷德里克·E.博德斯顿.管理今日大学——为了活力、变革与卓越之战略[M].王春春,赵炬明,译.桂林:广西师范大学出版社,2006:19.
② JAMES ALFRED PERKINS. The University as an Organization[M].Berkeley:The Carnegie Foundation for the Advancement of Teaching,1973:Foreword XV.
③ JAMES ALFRED PERKINS.The University as an Organization[M].Berkeley:The Carnegie Foundation for the Advancement of Teaching,1973:3.
④ CHARLES PERROW. Organizational Analysis: A Sociological View [M].Belmont:Wadsworth Publishing Company,1970:513.
⑤ 潘懋元.潘懋元文集:卷二·理论研究(上)[M].广州:广东高等教育出版社,2010:513.

深深植根于各自所处的社会之中。"①所以当大学面临的社会环境发生剧烈变化时,大学发展就要面临挑战,因为每所大学都需要在新的时代重新定义和确认自我。②

在重要环境力量的相关研究中,来自组织视角领域的研究认为法律环境、不同类型政府机构、与大学形成契约关系的财团、认证机构、协会、地区性和全国性志愿的高等教育组织等是影响大学发展的重要力量。③来自战略规划领域的研究认为,各级政府机关、法律环境、认证机构、校友、基金捐赠者等是影响大学组织变革的重要力量。④ 来自大学治理领域的研究认为,政府、市场(如企业)、社会专业学术组织、校友等是影响中美大学发展的外部力量。⑤综上各个领域的研究,法律环境、政府各级组织、与大学发展密切相关的外部团体如企业、基金会、专业性团体、校友等组织群体可被视为对大学组织发展有重要影响的外部力量。

(五)大学组织理论在本研究中的应用

大学组织理论为进一步剖析非营利性民办(私立)高校的发展问题提供了指导。它运用组织领域和管理领域的知识和视角,在大学组织发展为什么应聚焦大学理念与目标(使命与价值观)、内部治理(权力)、资源及职能履行这四个关键方面提供了理论方面的阐释。以这四个方面作为本书分析维度的逻辑是:非营利性民办(私立)院校作为一个要面向外部环境不断调整适应的独立组织,其发展受办学理念和目标的引领,并需构建合理的治理结构处理组织中不同治理主体的职责权限关系,同时要获取经费、师资和学生等重要资源,完成并平衡好教学、研究和社会服务这三大职能,以谋求组织的生存和可持续发展。同样对于究竟有哪些外部环

---

① CHARLES HASKINS, The Rise of Universities[M].Ithaca, N.Y.:Cornell University Press,1957.
② 丹尼尔·若雷,赫伯特·谢尔曼.从战略到变革——高校战略规划实施[M].周艳,赵炬明,译.桂林:广西师范大学出版社,2006:11.
③ JAMES ALFRED PERKINS. The University as an Organization[M].Berkeley:The Carnegie Foundation for the Advancement of Teaching,1973:173-197.
④ 丹尼尔·若雷,赫伯特·谢尔曼.从战略到变革——高校战略规划实施[M].周艳,赵炬明,译.桂林:广西师范大学出版社,2006:158-162.
⑤ 别敦荣.中美大学治理对谈[J].清华大学教育研究,2016(7):36-45.

境因素影响大学的发展,来自多学科领域的相关理论研究同样对此进行了阐述和说明,这为本书研究中所选取的外部环境因素提供了理论支撑。

三、非营利组织相关理论及其应用

(一)非营利组织理论概况

"关于非营利组织的研究自 20 世纪 70 年代开始急剧增加"[①],并逐渐成为一门跨学科整合的新领域。纵观多种学科理论对非营利组织的研究,其内容主要可分为两个层面:认识层面和实践层面。在认识层面主要研究非营利组织兴起的原因、发展历程、发展状况及非营利组织的定义、内涵、特点等。在实践层面主要聚焦在不同的政治、经济框架下,非营利组织与国家、市场之间的关系;非营利组织的治理结构、治理机制等。非营利组织理论的研究成果为更进一步聚焦非营利性民办高校发展的关键性问题提供了新视角和新工具。

(二)非营利组织及其特点

1.关于定义的共识

关于非营利组织的定义,学者们达成共识的方面主要包括:①非营利性,"即组织以造福社会大众为唯一宗旨,不以营利为目的;组织的全部资产及收益为设立该组织的公益性法人或非营利性法人所有,即社会公共所有,而不包括捐资创办人在内的任何私人或营利组织所有;其收益只能用于组织的运作和发展,而不得以任何方式向出资者分配利润;组织终止时其财产只能用于社会公益事业,而不得归属任何私人或营利组织"[②]。②非政府性,"即非营利组织是既不隶属于政府,也不隶属于企业的相互独立的自治组织;它们依靠的是广大的公民,通过横向网络联系与坚实的民众基础动员社会资源,形成自下而上的民间非营利组织;是采用竞争性手段提供公共物品的部门"[③]。③志愿公益性或互益性,即非营利组织的

[①] 田凯.西方非营利组织理论述评[J].中国行政管理,2003(6):59-64.
[②] 邵金荣.公益性民办社会服务组织的规范[N].法制日报,2004-01-29(6).
[③] 梁亮.非营利组织发展理论与实践[M].哈尔滨:黑龙江人民出版社,2009:3.

内在驱动力不是利润动机,也不是权力原则,而是以志愿精神为背景的利他主义和互助主义。这集中地体现为志愿者和社会捐赠是非营利组织的重要社会资源;其活动应具备社会公开性和透明性,接受社会监督;以提供"公益性的公共产品"和"互益性的公共产品"为主。①

2.非营利组织的特点

作为有别于政府和企业组织的另一类组织形式,非营利组织的特点主要体现在组织的使命与价值观、产权、治理等几个方面。在使命和价值观方面,非营利组织中"所有权"的概念是完全缺位的,因而导致非营利的"使命"有着完全不同的延伸,非营利组织的实体旨在为广泛的公共目标服务,其生存发展永续于公益性目标。产权方面,其产权特性表现为公益性产权(如图5-1)。其资产不拥有一个完整产权的拥有者,非营利组织的捐赠人、受赠人和受益人三者分离。产权中的剩余索取权和剩余控制权分离。非营利组织作为受托人享有有限责权,且其受益权缺乏明确主体。

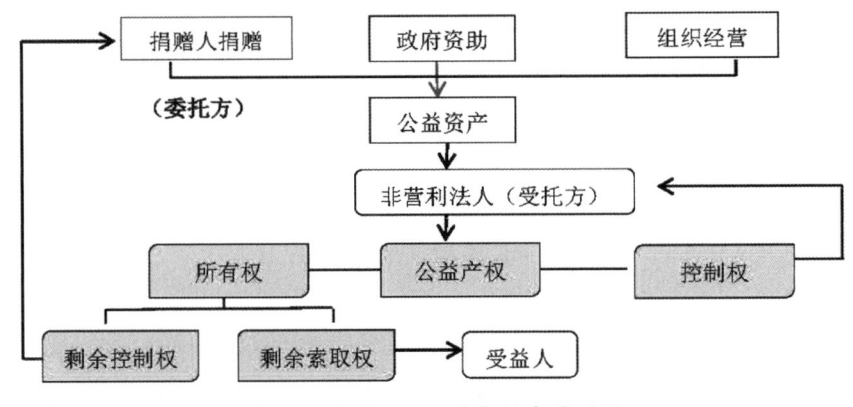

图5-1 非营利组织产权特点关系图

3.治理

治理结构方面,非营利组织对外部环境的依赖性很大,属于外部资源依赖型组织,因而其治理结构与外部环境的匹配就更显得重要。"与营利组织相比,非营利组织的治理结构模式选择具有较强的外在约束性;其治理结构中的利益相关者具有不确定性,这导致他们参与非营利组织治理过程是不确定的;非营利组织的产出评价是多维度的,这导致理事会决策

---

① 梁亮.非营利组织发展理论与实践[M].哈尔滨:黑龙江人民出版社,2009:4-5.

层对负责执行的管理层约束较弱。"①"由于非营利组织发展缺乏高效的竞争机制,这使其更需要依赖于建立一个完善的治理结构促进其平稳的发展。"②治理机制方面,非营利组织的激励、监督和决策机制都与营利组织不同。非营利组织成员工作的驱动力更多的来自成员的使命感和奉献精神,这使得其激励措施中更多地采取目标管理、人本建设及团队建设等柔性方式。监督机制限于"所有者缺位"的先天不足及负有公共责任的典型特征,除强调董事会内部监督机制设置外,也强调利益相关者的外部监督。因非营利组织广泛服务于多元利益相关者,故强调协调治理、多元参与的决策机制。

(三)非营利组织发展需要关注的领域

1.使命与价值观

"清晰地阐明组织公共服务的使命是非营利组织面临的第一个挑战。……因为要想明确界定、表达非营利组织的使命,并因此建立标准测量成功与否是一件极为困难的事。"③对于非营利组织的发展而言,必须要清晰地界定使命,制定成功的标准来评估组织使命的意义和效果,同时建立一个正式的制度来确定组织的使命是否适宜和有效。④ 这样才能更好地应对使命和价值观建立的挑战。

2.权力

在非营利组织权力分配及运行方面,特别强调最高决策机构建设、领导者的角色作用及监督机制发挥。"非营利组织内部管理最基本的法律问题是最高决策机构的设置。因此,法律规定中对这种权力机构的基本要求要明确并保证其稳定。"⑤对领导者,法律规范通常要求组织在章程

---

① 程昔武,朱小平.非营利组织治理结构:特征分析与框架建设[J].审计与经济研究,2008(5):87-91.

② 程昔武,朱小平.非营利组织治理结构:特征分析与框架建设[J].审计与经济研究,2008(5):87-91.

③ 托马斯·沃尔夫.管理21世纪的非营利组织[M].胡春艳,董文琪,译.上海:商务印书馆,2016:9.

④ 托马斯·沃尔夫.管理21世纪的非营利组织[M].胡春艳,董文琪,译.上海:商务印书馆,2016:23.

⑤ 郑国安,等.国外非营利组织法律法规概要[M].北京:机械工业出版社,2000:57.

中明确任职者的条件、资格、任期等,而组织实际运行则要求领导者以组织榜样和代言人的角色,保持组织的可持续发展,并能够引领奉献组织使命的成员把伟大的梦想转变为卓有成效的实际行动。由于非营利组织处在多元复杂主体的权责关系之下,问责和监督机制被视为其治理机制的核心,其中监督包括内部监督和外部监督两个方面。

3.资源

受资源依赖理论的影响,非营利组织也特别强调资源对其生存和发展的重要性。"与政府和企业组织有所不同,对于非营利组织而言,除了自身发展所必需的组织内部的发展资源,如组织的人力资源和结构资源外,非营利组织的生存与发展延续更多依靠的是向其所服务的对象提供各种相关的公益资源。"① 非营利组织作为外部资源依赖型组织,需要积极与外部环境中掌握关键资源的利益相关者进行交换,通过积极合作获得对方的优势资源以弥补不足。管理学大师彼得·德鲁克特别给非营利组织的管理者提醒要重视人力资源建设,帮助组织中的成员成长;他认为企业与非营利组织之间最大的差别莫过于人力资源管理和关系网络的维护。② 而来自实证领域的研究则表明,在被调查的全球42个国家中,非营利组织的收入主要来源于会费和公共部门支持,中国的情况也与此类似。③ 资金不足,资源存在结构性矛盾则是我国非营利组织面临的主要问题。④

(四)影响非营利组织发展的外部环境

1.政治经济社会文化环境的影响

非营利部门的出现是一个历史现象,它与社会政治制度、经济发展水平、社会权力结构、文化观念等密切相关。⑤ 概括来讲,政治制度法律传

---

① 翁士兵.公益资源的运作途径与机制[J].国外理论动态,2016(6):56-63.
② 彼得·德鲁克.非营利组织的管理[M].北京:机械工业出版社,2009:113-120.
③ 贾西津.第三次改革:中国非营利部门战略研究[M].北京:清华大学出版社,2005:110.
④ 贾西津.第三次改革:中国非营利部门战略研究[M].北京:清华大学出版社,2005:110.
⑤ 贾西津.第三次改革:中国非营利部门战略研究[M].北京:清华大学出版社,2005:141.

统常常会影响非营利组织与政府部门之间的关系及规模;经济积累水平则往往影响非营利部门的社会需求和慈善捐赠状况;社会分化程度或贫富差距会影响到非营利部门结构和功能;参与和慈善捐赠的习惯会对非营利部门资源产生影响;历史文化传统方面,人们对公民权利的认知及社会自主组织观念影响非营利部门社会定位,且有些传统也特别影响了非营利组织的类型,如美国宗教办学的传统就极大地影响了其私学发展。

2.重要的环境力量

在非营利组织发展的研究中,政府、企业、法制环境被认为是重要的环境力量。政府对非营利组织的影响主要体现在为组织发展创设法律政策环境,管理、监督、培育和发展非营利组织,为非营利组织发展提供资金、人员和信息等资源,同时政府通过职能转换、购买服务等活动与非营利组织密切合作,相互支持。相应的非营利组织则从政府方面获得资金、人员及信息等资源,在决策过程中导入民间机制,并且承接部分政府职能转变的职能。[1] 企业公益和企业社会责任的发展都影响着非营利组织的发展。[2] 越来越多的企业把和非营利组织合作当作企业履行社会责任的重要策略。企业既可为非营利组织发展提供捐赠资金、研发技术、专业人员及信息等,同时也在管理思想和实践方面影响非营利组织。相应企业也开始以非营利组织为师。法律政策环境对非营利部门影响也很大。"法律环境是在特定的法律体系中建立非营利法律、法规的可能性。另外还有一个重要的问题是指公民基本权利的保障,包括言论、非暴力的集会或游行、结社自由以及保护私有财产等等,对于保证一个非营利组织的正常活动是至关重要的。"[3] 为保证非营利组织的健康运行,各个发达国家都制定了严格和明确的法律法规和制度体系来保障,其内容主要涉及机构与管理、个人利益限制、对公众的责任、商业活动、募集资金及使用和政治活动等方面,以及相对系统的针对非营利组织免税地位的税收政策等。

---

[1] 贾西津.第三次改革:中国非营利部门战略研究[M].北京:清华大学出版社,2005:159.

[2] 贾西津.第三次改革:中国非营利部门战略研究[M].北京:清华大学出版社,2005:158.

[3] 郑国安,等.国外非营利组织法律法规概要[M].北京:机械工业出版社,2000:1.

(五)非营利组织理论在本研究中的应用

非营利组织理论有助于我们进一步把握非营利性民办(私立)高校发展中的特殊问题。如为什么非营利性民办(私立)高校要特别强调其公共性,重视办学理念和目标建设,这是其所具有的非营利性特征使然。为什么要特别关注非营利性民办(私立)高校的产权问题,是因为真正的非营利性民办高校的产权应该具备前述非营利组织理论所阐述的公益产权特征,但目前我国以投资为主办学的现实与公益产权的彻底实现存在冲突,这是影响当前很多举办者选择非营利性道路的主要障碍。为什么尤其要关注和研究非营利性民办高校内部治理,尤其是董事会决策机构的建设?那是因为其所具有的外部资源依赖型组织及非营利性组织"无所有者"的典型特征,使得其组织的命运更维系于完善的治理结构及机制,尤其是决策机构的建设。再如对外部环境中文化传统、法律环境影响的剖析,促使研究者从更广阔的视角思考当前我国非营利性民办高校发展所遭遇的观念及制度困境。这表明非营利组织理论领域的若干重要观点可以很好地应用于解释前文所述中美非营利性民办(私立)高校发展的现实,以助我们更好指导院校的发展。

四、非营利性民办(私立)高校发展的理论分析框架的构建

在前文对中美两国非营利性民办(私立)高校发展情况描述的基础上,同时归集组织发展理论、大学组织发展理论和非营利组织理论三个领域中对本领域组织发展问题的阐述,本书提出一个理论分析框架。该理论分析框架认为非营利性民办高校发展的研究可以运用组织发展理论、大学组织理论和非营利组织理论作为理论分析基础。借鉴上述理论对组织发展观点的要点归集,以环境和组织自身两个维度为切入点分别剖析发展的关键领域。其中在外部环境领域,需分别聚焦政治、经济、社会、文化等宏观环境,以及影响非营利性民办高校发展的几个重要外部环境力量,即法制环境、政府各级组织、市场(主要指企业)及公立和营利性高校等不同类大学等。在组织自身领域,则主要关注非营利性民办高校的办学理念和目标、治理结构、资源、教学科研社会服务职能的履行。在上述

两个维度分析的基础上,可对非营利性民办高校发展中这些关键领域所呈现出来的问题和成效进行评述,为促进我国非营利性民办高校发展提供借鉴。应用该框架既可以很好地解释前文所研究的非营利性民办高校发展现状,也可用于本章后续对该问题的思考和展望。

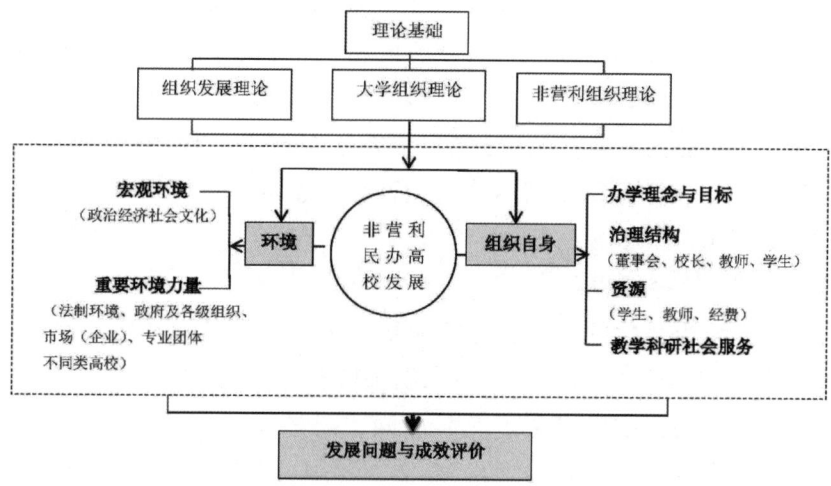

图 5-2 非营利性民办高校发展研究的分析框架图

第二节 历史与传承

一、我国非营利性民办(私立)高校发展的历史经验

(一)民智民力兴办私学传统的传承与创新

1.整体贡献

我国非营利性民办(私立)高校发展的整体贡献首先体现在宏观环境中的社会文化传统上。"所谓传统,指的是在历史的传承递嬗过程中始终

起着作用的因素。"①这一因素体现在我国非营利性民办(私立)高校发展的历史进程中,就是中国几千年来绵延不绝,民智民力兴办私学的传统。从春秋战国时期孔子门徒,至汉魏南北朝之精舍,至宋明两朝书院,至清朝学堂和近代教会大学与国人自办的私立大学,再至改革开放以来民办高校的复兴,中国由此成为私立教育最发达、历史最悠久的国家之一。"'私学'与'官学'双峰对峙,二水分流的格局,不仅造成了儒家文化自身的活力,滋养了'学在民间'的学术传统;而且还形成了全民尊师重教、兴学办学极其高涨的教育热情;形成了儒教社会作为一种'社会教育'的特质与面貌……"②这是历史留给非营利性民办高校的宝贵精神财富,而且这一财富表现在很多方面。

2.丰富的教育思想和实践

私学传统为我国的高等教育事业积淀了丰富的思想和实践。如孔子提出的"有教无类"观念影响深远;宋明书院倡导的"注重个性、自由探究"的风气与现代研究的学术要求有异曲同工之妙;近代私立南开大学实施的"知中国、服务中国"的"土货化"办学方针中所蕴含的民族精神,直至今日仍具强烈的感召力;而改革开放后复兴的民办高校,不惧观念和制度的种种束缚,大胆践行面向市场、服务基层的办学理念,更是开启了我国高等教育大众化办学思想和实践的先声。如此种种,都鲜活地体现了富有生命力和创造力私学的独特价值和意义。

3.代表性的人物和群体

私学传统的又一贡献是为我国育成了一批具有共同人格和价值观系统的教育家群体和知识精英。代表性人物像近代"毁家倾学"的爱国华侨陈嘉庚、爱国平民教育家张伯苓、改革开放后全身心投入民办大学事业的教育工作者于陆琳等。知识精英群体则集中地体现在近代从诸多私立大学中走出的知识分子上,他们构成了当时流派纷呈、思潮迭起的教育家和知识精英群体。他们的特征之一就是有强烈的社会责任感和使命感,把兴办非营利性民办(私立)高校作为实现教育救国、教育强国梦想的伟大事业。特征之二就是富有"带着一颗心来,不带半根草去"的教育情怀和

---

① 吴忠魁.私立学校比较研究——与国家关系角度的分析[M].北京:北京师范大学出版社,1999:148.

② 杨东平.艰难的日出:中国现代教育的20世纪[M].上海:文汇出版社,2003:294.

志愿奉献的精神,摒弃个人私利,尽己所能地奉献自己的智慧和财富,并用这样的精神和境界凝聚了大批社会力量投身私立高等教育事业。特征之三是以面向大众办高等教育的平民教育理念践行丰富多样的教育育人活动,用身体力行的躬行和实践推动教育的普及化和民主化。这些都是值得我们在发展非营利性民办高校中继承、汲取的宝贵思想、道德和文化资源。

(二)非营利性民办高校发展的制度环境形成

1.法律环境

近代和现代我国民办(私立)高等教育发展史表明,良好的法律环境是促进非营利性民办高校发展的切实保障。这些法律方面的举措主要有承认民办(私立)高校的法律地位,明确非营利性民办(私立)高校的公益性质,通过法律制度规范其设置、变更、废止及管理等活动。近代国民政府就在此积累了相当多的经验,颁布的法令除包括《大学令》(1912)、《公立、私立大学章程》(1912)、《私立大学规程》(1917)、《私立学校规程》(1929)外,还包括明确私立大学教育任务的《五五宪章》(1935)和赋予公立、私立大学同样法律地位的《中华民国宪法》(1947)。在表明政府着力要促进非营利性、公益性私立高校发展的价值取向的基础上,为私立高校群体构筑了相对完备的法律制度环境。改革开放后,随着我国的非营利性民办高校的复兴,相应的法律制度也不断完善。据北大法宝数据库数据显示,截至2019年9月,我国发布的涉及民办教育的中央法规司法解释总共22篇,其中法律7篇,行政法规3篇,部门规章11篇,党内法规1篇;地方性法规规章达503篇,其中地方性法规32篇,地方政府规章8篇,地方性行政规范文件302篇,地方工作文件158篇,行政许可批复3篇。[①] 剔除相当数量的非高等教育领域及营利性民办教育机构的行政规范文件外,仍有大量的法律制度涉及了非营利性民办高校组织。另还有其他领域如《基金会管理条例》(2004)、《中华人民共和国慈善法》(2016)、《中华人民共和国企业所得税法实施条例》(2007)等影响到非营利性民办高校法人属性确定、免税资格、受赠等事项。总之,通过不断完善私立高等教育的法制体系进行法治化的管理,也是我国非营利性民办高校发展

---

① 北大法宝.民办教育数据检索情况[EB/OL].[2019-09-30].http://pkulaw.cn/.

过程中取得的有益经验之一。

2.政策环境

运用政策实现政府对非营利性民办(私立)高校规范和导向、控制和协调、管理和发展的职能,是近代和现代我国政府管理非营利性民办高校的基本依据和手段之一。在我国私立高等教育发展过程中,政府都把积极鼓励民办(私立)大学发展,尤其是非营利、高质量的民办(私立)大学作为政策的价值取向,并在实施过程中以给予经费支持等多种措施来落实这一取向,以此作为引导民间力量发展私立高等教育的目标和方向。在控制和协调非营利性民办高校发展方面,政府常常从宏观规划、指导,营造公平的市场环境和保障市场化运作效率入手。如对民办高校设置的种类、布局和规模的审核和准入,给予公办、民办高校在学生资助、教师权力保障等方面同等的政策待遇,根据公办、民办高校的办学绩效实施竞争性的经费拨款等。在管理和促进非营利性民办高校方面,政府逐步放宽了对民办高校的管制,如在招生、收费和专业设置等方面加大了给民办(私立)高校的自主权;同时加强了对优质非营利性民办高校的资助力度等。总之,通过政策环境的营造,政府在实现自身对非营利性民办高校发展干预目标和功能的同时,也促进了这些高校的成长与发展。

(三)非营利性民办(私立)高校独特品质的形成

1.私立性

从创设意图、控制方式、经费来源及教育形式等方面,我国的非营利性民办高校逐渐形成了私立性品质,根据组织发展理论,这一品质是明确"非营利性民办(私立)高校究竟是谁"这一组织身份认同的基础。私立性在创设意图上是指学校的创办是基于办学者的意图和教育理想,依照一定的法律程序,经当局主管批准而非官方旨意及其支配下办学。① 在控制方式上强调不由政府主持,由私人或私人集团(包括社会集团)主持、经营、管理。② 在经费来源上强调非国家投资,主要仰赖私人或私人团体筹

---

① 杨树兵.民办高校发展战略和政策需求研究:基于核心竞争力理论之视角[M].镇江:江苏大学出版社,2009:18.

② 华银投资工作室.思想者的产业——张伯苓与南开新私学传统[M].海口:海南出版社,1999:1.

资为主要的办学经费。① 教育形式上则包括了"在固定教育场所产生之前的游动四方的私人讲学,又包括一个学术大师为核心的私人学派,当然,也包括与官学相对应的、有固定教育场所的正式的私立学校类型"②。历史地来看,尽管我国部分非营利性民办高校在创设意图和控制方式方面有政府参与的痕迹,但是在经费来源和教育形式方面仍体现了鲜明的私立性品质。不仅如此,在当前基金会举办的民办高校陆续在我国出现后,意味着私立性品质更加突出的非营利性民办高校队伍又壮大了,这亦是发展的成就之一。

2.非营利性

非营利性是关于非营利性民办高校组织身份认同的第二个关键要素。根据前述非营利组织"非营利属性"的阐述可知,其组织的非营利性综合起来可体现在其使命价值观和运作机制两大方面。我国的非营利性民办高校普遍的在办学理念和定位上都强调了公益性、非营利性的理念;在运作机制上通过治理结构和治理机制落实"不分配约束",即出资者、捐赠人和理事会成员不从学校的财产及财产运营中获取利益;学校在决策、执行和监督中注重建立风险保障机制,避免用利润收益作为激励机制的评价标准;同时也存在"财产保全限制"机制,即学校法人在章程中明确当学校停办时,其剩余财产继续用于非营利性高校办学。不仅如此,根据非营利组织性质,不少非营利性民办高校积极主动进行信息公开,接受社会监督,履行所负的社会公责。

3.独立性

从我国非营利性民办高校发展形成的传统来看,其独立性的表现主要有两个方面:一是坚守大学精神和品格的独立,二是实行大学自治,捍卫学术自由的独立。我国的非营利性民办高校从近代开始就有强烈的追求精神和品格独立的意愿和行动,这种独立不仅体现在各个大学风格迥异的办学理念和定位上,也体现在其办学的活动中。近代不少非营利性的私立大学都曾为捍卫国家教育主权,抵制西方宗教教义进入大学课堂,也曾因国民党的党化教育入侵而屡闹学潮,更为保持其独立品质而拒绝

---

① 张志义.私立、民办学校的理论与实践[M].北京:中国工人出版社,1994:3,10.
② 王炳照,吴霓,胡艳.中国古代私学与近代私立学校研究[M].济南:山东教育出版社,1997:4.

在政府备案及接受经费资助等。即使是改革开放后复兴的非营利性民办高校,在社会观念和政府都未曾认可的情况下,就矢志不渝的将高等教育服务送至工厂、农村,甚至边远的民族地区,这亦是独立精神支撑下破除旧观念的高等教育改革举措。在大学自治方面,国人自办的非营利性民办(私立)高校不论是近代还是现代都未隶属过政府和宗教组织,始终是面向社会自主办学的独立主体。它们充分利用其私立性、较少受政府干预的优势,积极进行自我管理,并在保有学术自由方面进行了若干有益的尝试。这些尝试不仅成就了如私立南开大学、燕京大学等诸多名校,也为我国非营利性民办(私立)高校的发展积淀了大学自治的文化传统。

4.适应性

本尼斯的组织发展理论特别强调组织适应性对组织发展的重要性。在快速变革的外部环境下,非营利性民办高校这一组织如果不是一个适应的、可快速变化的系统,是不能够生存和发展的。非营利性民办高校在近代和现代的发展历程,已清晰地展示了这一组织"适应性"的鲜明特征。尽管处在迥异不同的社会环境背景下,非营利性民办高校还是以系统自身的主动性变革,积极回应了组织"内部协调"和"外部协调"的发展需求,从而获得了生存和发展。另一方面文中所详细描述的三个不同类型的非营利性民办高校的发展个案,也生动地展现了本尼斯所说的"有机—适应型"体系组织的自我变革成就。由此我们把组织适应性品质的形成作为非营利性民办高校健康可持续发展的经验之一。

二、我国非营利性(私立)民办高校发展的历史教训

(一)社会传统带来的观念障碍长久存在

1.私学辅助地位格局带来的歧视

宋秋蓉认为中国延续两千年之久的封建专制统治及由此形成的社会历史文化传统,极大地制约了我国近代私立大学的发展。[①] 实际上不只是近代,在现代这种制约仍然存在,并影响深刻。这种影响首先表现在对私学地位和作用的认知方面,私学始终处于辅助和补充地位。从历史的

---

① 宋秋蓉.近代中国私立大学研究[M].天津:天津人民出版社,2002:9.

角度看,教育和政治合二为一,官学始终处于封建教育正宗主体的"显学"地位,使得私学长期处于辅佐地位,由此造成的官学、私学地位格局,直至近代也未改变。① 长久以来这使得社会公众对民办(私立)的教育存在观念歧视,非常明显地表现在政府的态度上就是刻意压制民办(私立)教育的发展,使其长期无法与公立教育处于同等地位。具体到非营利性民办高校的发展而言,受这种观念的影响不能够得到政府必要的及时支持,在近代出现为维持学校生存最终牺牲私立性转为公立院校的情况,实在与这种传统观念造成的束缚有密切关系。观念的转变往往最为不易,营造公平公正的发展环境,摒弃社会公众对民办教育的偏见估计还需要很长的时间。

2.大众教育与精英教育的观念冲突

私学与官学在大众教育与精英教育两者间的观念冲突由来已久。春秋时代孔子"有教无类"教育思想的提出和实施,直接与当时官学只以贵族为教育对象的理念和实践相对。以后历代私学绵延不绝,与官学对峙,并始终承担着文化普及与传承的重任,可以说大众化的教育观念贯穿在私学的发展历程中。传统教育观念中,精英教育主要立足为国家统治阶级培养人才,故层级较高的大学教育主要由公立教育承担,而专科层次面向大众的教育多由私立教育来承担。近代国民政府规定"大学除法商外,如文、理、工、医、农大学,均应由国家设置",由此造成私立专科学校以上以法商居多,高校中又以专科学校达78.8%的情形。② 这无疑反映了以上观念影响下政府对私立大学的发展限制。进入到20世纪90年代以后,在面临世界高等教育大众化、普及化发展已成趋势之际,我国仍持精英教育固定不变的准则来讨论(大众化带来)的数量的增长,并为此感到困惑而陷入两难的困境。③ 而政府也并未意识到民办高等教育对推进高等教育大众化的重要作用,仍对民办高等学校持"严格控制"的政策④,限制其快速发展。由此可见错误观念导致政策脱离现实之需的坏处。

---

① 宋秋蓉.近代中国私立大学研究[M].天津:天津人民出版社,2002:99.
② 张志义.私立、民办学校的理论与实践[M].北京:中国工人出版社,1994:3,32.
③ 潘懋元.潘懋元文集:卷三·问题研究(下)[M].广州:广东高等教育出版社,2010:382.
④ 《社会力量办学条例》(1997年7月31日发布)第五条:"国家严格控制社会力量举办高等教育机构。"

3.对经费与质量的质疑

非营利性民办(私立)高校因常常仰赖学费收入生存,故经费困难,设备不全,所以质量普遍比公立大学低,这样的偏见从历史到现在非常普遍。不排除有些非营利性民办(私立)高校的确存在经费不足导致的教育质量低下问题,但不能就此认为质量偏低是民办高校的必然现象。政府和社会公众用传统的知识质量观来衡量民办高校的办学质量,用财力充裕的公办高校的办学成本和要求来衡量运用市场机制办学的民办高校办学条件,甚至在招生时人为地将民办高校放置在招生批次的最后位置,都是受这种偏见的影响所为。事实上,非营利性民办(私立)高校经费来源主要以学费为主乃是世界各国非营利性私立高校的常态;而经费少,规模小多半和学校的发展历史及院校的自我选择有关。用处在不同发展阶段,成长处在不同发展周期,面向不同受教育对象的高校情况,来质疑非营利性民办高校的经费问题和质量问题是不科学的。但不可否认的是,这两个问题乃是非营利性民办高校在发展中不可回避的挑战。

(二)制度供给不足造成的困境

1.法制缺失带来的非营利性权益保障不足

尽管我国从近代到现代都为非营利性民办高校的发展构建了系列的法律制度规范,但远未满足该类组织对完善法制体系的需求。这种不完善主要体现为除基金会法人以外,尚无其他公益组织的公益法人性质、管理体制、运行机制、政府管理监督等做出全面具体规范的法律和法规。① 早在2010年我国未明确对民办高等教育实行分类管理以前,这种法制缺失带来的直接后果已体现为营利组织乔装成非营利组织在民办高等教育领域大行其道,最终损害了社会大众的根本利益。由于法制并没有对营利性和非营利性民办高校做严格区分,更没有配套法规和规章有效监督民办高校的运营,这造成了学校控制权被买卖,董事会家族化、企业化,学校运营以追逐利润为主要目标等问题层出不穷。2016年新修订的《民办教育促进法》出台,尽管已经对非营利性民办高校的资格认定、管理及政府监督做了原则性的规定,但尚未有具体的规范,尤其是在监管措施方

---

① 邵金荣.公益组织认定与社会公平正义——构建科学发展民办教育等公益组织和事业的法制[M].北京:中国社会出版社,2010:255.

面。可见通过法制化的手段,实现非营利性民办高校非营利性、公益性的权益保障的工作任重而道远。

2.政策不力引发的非营利性办学激励不足

在法制体系未完善健全之前,政府政策对非营利性民办(私立)高校的发展影响更具体、更直接。但是我国的民办高校发展局限于历史发展的条件和背景不是以捐资办学的非营利性民办高校为主体,而是以投资办学的营利性民办高校为主体,这与政府的政策落实不力不无关系。尽管我国是穷国办大教育不易,需要给投资者回报才能有效吸引社会资本进入民办高等教育领域,但政策对营利性与非营利性院校不加以区分,一律的歧视或不分伯仲的支持,都不是良策。再者鉴于非营利性民办高校的公益性质,世界上的许多国家除政府给予免税的政策以外,都给予了力所能及的直接补助和奖助。[①] 但在我国囿于非营利性与营利性学校鱼龙混杂的现状和政府积极作为的不足,政府对非营利性民办高校财政资助的政策迟迟不能制度化,亦不能落实。这在一定程度上也造成部分非营利性民办高校转向公办的命运,而真正的非营利性民办高校又只能在营利性高校和公办高校激烈竞争的夹缝中生存。此外,关于能够促进非营利性民办高校进一步发展的鼓励社会捐资、允许非营利性民办学校开办营利事业补充办学资金、切实解决民办学校教师与公办学校教师同等地位等诸多问题方面,都有政府政策规范和扶持不到位的情况,如此种种都成为非营利性民办高校发展中的障碍。

(三)组织合法性存疑的困境

1.组织合法性及其分类

合法性(legitimacy)是政治科学和制度主义理论的核心概念。[②] 帕森斯(Parsons)首先将合法性纳入组织社会学的研究中。[③] "合法性对于组

[①] 邵金荣.公益组织认定与社会公平正义——构建科学发展民办教育等公益组织和事业的法制[M].北京:中国社会出版社,2010:177.

[②] 吴重涵,沈文钦.组织合法性理论及其在教育研究领域的应用[J].教育学术月刊,2010(2):3-9.

[③] T. PARSONS. Structure and Process in Modern Societies[M]. New York: The Free Press,1960.

织的发展至关重要,具备合法性的组织可以获取资源以及持续的支持"①"诸如技术、财务及关系等资源"②。组织合法性的界定有多种维度。帕森斯认为合法性意味着与组织活动相关的或组织活动所体现的社会价值观与社会系统中可接受的行为准则之间的一致性③。萨奇曼(Suchman)则认为合法性是指在由规范、价值观、信念和定义建构的社会体系内,一个实体的行为被认为是可取的、恰当的或合适的一般性感知或假设;合法性是普遍性的评价,而非对具体事务的评价。④ 综合对各种定义的分析,"学者们对合法性的定义主要强调两个方面:组织的行为需要与其所处的环境相匹配;在与环境匹配的基础上得到利益相关者的认可"。⑤

根据国内学者的梳理,对组织合法性的分类主要有斯科特(Scott)的三支柱合法性、萨奇曼的三维度合法性、辛格(Singh)等的二维度合法性和达钦(Dacin)等的五维度合法性等。⑥ 本研究拟用斯科特的三支柱法作为分析框架。斯科特认为制度由管制、规范和认知三个支柱构成,管制合法性、规范合法性和认知合法性对应于三支柱制度的三个维度,三个维度的制度分别赋予了组织三种合法性。管制支柱强调遵守规章制度而获取合法性,具备合法性的组织是那些依据相关法律法规的要求而建立的并符合这些要求的组织。⑦ 因此,管制合法性强调正式管制程序的压力,这

---

① B. E. ASHFORTH,B. W. GIBBS. The Double-Edge of Organizational Legitimation[J]. Organization Science,1990,1(2):177-194.

② M. A. ZIMMERMAN,G. J. ZEITZ. Beyond Survival:Achieving New Venture Growth by Building Legitimacy[J]. Academy of Management Review,2002,27(3):414-431.

③ M. A. ZIMMERMAN,G. J. ZEITZ. Beyond Survival:Achieving New Venture Growth by Building Legitimacy[J]. Academy of Management Review,2002,27(3):414-431.

④ M. C. SUCHMAN. Managing Legitimacy:Strategic and Institutional Approaches[J]. Academy of Management Review,1995,20(3):571-610.

⑤ 陈怀超,陈安,范建红.组织合法性研究脉络梳理及未来展望[J].中央财经大学学报,2014(4):87-96.

⑥ 详细内容请参见陈怀超,陈安,范建红.组织合法性研究脉络梳理及未来展望[J].中央财经大学学报,2014(4):87-96.

⑦ M. C. SUCHMAN. Managing Legitimacy:Strategic and Institutional Approaches[J]. Academy of Management Review,1995,20(3):571-610.

些管制程序包括制定规则、监督和对行为进行制裁的措施。① 规范支柱则强调评估合法性的较深层的道德,相对而言,规范性控制更有可能被组织内化。② 因此,规范合法性侧重于具有规范性的各类法规把规范的可评估和强制的维度引入社会体系中。③ 组织必须经由社会公众根据共同的价值观和道德规范来感知企业的行为"是否正确"而获取这种合法性。认知/文化——认知支柱则强调通过遵守共同的情境界定和参照体系,或被认可的角色/结构模板而获取合法性。④ 与前者相比,认知合法性基于"普遍接受",侧重于被人们理解和所认可的状态;规范合法性则基于"评价",强调符合共同的道德规范和价值观。⑤

2.非营利性民办高校组织合法性困境

非营利组织的合法性有时是更大的问题。⑥ 我国非营利性民办高校存在的组织合法性困境也是其发展的障碍之一。管制合法性方面的困境在于根据《民办教育促进法》设立的民办高校,尽管在设立的章程中表明学校不以营利为目的,但实际上却是以营利为目的,完全按照营利组织的方式运作。典型的如已经拥有4家民办高校⑦的民生集团在2017年3月的港交所上市,其公布出来的综合损益及其他全面收入表中连续4年(2013—2016)的净利润率维持在50%以上。⑧ 这进一步坐实民办高等教育领域所谓非营利性高校实质在大肆营利的现实。其次管制合法性存在的问题还在于我国2002年出台的《民办教育促进法》并未严格区分投资性办学与捐资性办学差异,进一步的也并未对两者进行相应的监督。这

---

① W. R. SCOTT. Institutions and Organizations[M].Thousand Oaks:Sage,1995.

② M. C. SUCHMAN. Managing Legitimacy:Strategic and Institutional Approaches[J].Academy of Management Review,1995,20(3):571-610.

③ W. R. SCOTT. Institutions and Organizations[M].Thousand Oaks:Sage,1995.

④ 陈怀超,陈安,范建红.组织合法性研究脉络梳理及未来展望[J].中央财经大学学报,2014(4):87-96.

⑤ 陈怀超,陈安,范建红.组织合法性研究脉络梳理及未来展望[J].中央财经大学学报,2014(4):89.

⑥ CHARLES PERROW. Organizational Analysis:A Sociological View[M].Wadsworth Publishing Company,Inc.,1970:99.

⑦ 4所民办高校分别为重庆人文科技学院,重庆工商大学派斯学院,重庆应用职业技术学院,内蒙古丰州职业学院(青城分院)。

⑧ 搜狐教育.四所民办高校价值60亿港元,净利润率50%的民生教育成功赴港上市[EB/OL].(2017-03-22)[2017-09-10].http://www.sohu.com/a/129775238_115563.

实际上在给投资办学创造一定发展空间和条件的同时,变相忽视和打击了捐资办学。① 同时这一困境事实上也引发了非营利性民办高校在规范合法性方面的危机,由于并没有明确细致区分营利和非营利性民办高校的规范,导致高校的利益相关者普遍地否认或质疑民办高校的非营利性。如政府财政资助政策的迟迟不能落实就与此相关。再者认知合法性方面更是争执颇多,焦点集中在非营利组织是否能有营利行为？营利性与公益性是否兼容？等等。这表明非营利性民办高校的利益相关者并没有对这一类型组织应该有的状态达成普遍的认可。鉴于合法性的取得既与环境有关也与组织的发展能力有关,非营利性民办高校面临的合法性困境从根源来讲实质是环境和组织自身两个方面带来的。

三、传承与启示

(一)传承

1. 慈善兴学的传统

在我国非营利性民办高校发展的历程中,支撑其发展的内核应是在强烈的社会责任感和爱国热情驱动下志愿投身教育事业的奉献精神。这种精神的渊源从历史的角度追寻,来自"士大夫"的精神。余英时指出:"中国的大学精神起源于'士'的精神,它与西方教徒的宗教精神不同之处在于'前者把对社会的责任感发展为宗教精神,而后者则是把宗教精神转化为社会的责任感'。"② 在近代,我国社会转型之际,秉持"经世致用"思想的士绅阶层或利用自己的社会地位,或仰仗自己的经济实力,直接和间接地资助了近代私立大学,由此成为近代私立大学的社会基础。③ 改革开放以后,我国的非营利性民办高校事业复兴发展,也是在这种以社会责任感为核心的奉献精神的支持下从无到有、从小到大发展起来的。我国第一所非营利性民办高校中华社会大学(现北京经贸职业学院)的校长于陆琳在回忆学校艰苦创业的历程时就提及,学校初创时一无场地、二无经

---

① 贾西津.对营利和非营利民办教育的思考[J].科学新闻,2003(17):16-17.
② 余英时.中国近世宗教伦理与商人精神[M]//士与中国文化.上海:上海人民出版社,2003:439.
③ 宋秋蓉.近代中国私立大学研究[M].天津:天津人民出版社,2002:75.

费、三无师资,聂真等"老一辈的教育家满怀着对社会主义教育事业的责任感,迎着困难,发扬自我牺牲和艰苦奋斗的精神,全身心地投入社大开创的事业。"①这几乎是复兴时期第一代民办教育创业者所共有的精神面貌和品质。事实上不只是在创业者身上,复兴后诸多为非营利性民办高校发展捐赠资金、实物的社会各界人士,拿着微薄薪水奋斗在办学一线的广大教职员工,都是在传统慈善助学文化的影响下支持学校发展的。如今伴随着我国《慈善法》《基金会管理条例》等法规的颁布,慈善兴学的行为将进一步得到制度的激励和保障,这种对非营利性民办高等教育事业的奉献精神将更加发扬光大。

2.本土化的实践

首先,从实践来看比较特殊的是非营利性民办高校与外部环境之间的关系。我国的非营利性民办高校复兴是从大一统的公办高等教育格局中发展起来的,且一诞生就与现代经济社会密切相连。阿什比认为美国对高等教育的贡献就是拆除了大学校园的围墙,②而中国民办大学的贡献则是开始就是"没有围墙的大学"③。这种自发展伊始就与外部环境形成的紧密渗透和交融的互动关系,造就了我国非营利性民办高校的较强适应性,使其天生成为"有机-适应型"的组织。其次,从生存哲学上来讲,我国的非营利性民办高校是典型的需求导向型,这使得它们在学校类型上密集地分布在高等职业院校和应用型本科院校这两类院校中。相比美国的非营利性私立大学则具有供给导向型的特点,它们更多的选择与自己使命相符合的服务人群来办学④。最后,就高等教育体系的定位而言,我国的非营利性民办高校承担着高等教育大众化及普及化的重任,这极大地影响了这些学校的办学理念和实践。

---

① 于陆琳.于陆琳文集[M].北京:海潮出版社,2010:37.
② 德里克·博克.走出象牙塔——现代大学的社会责任[M].徐小州,陈军,译.杭州:浙江教育出版社,2001:1.
③ 早在1990年,顾兰英在《中国妇女》杂志第10期撰文称中华社会大学为"没有围墙的大学",后于陆琳编纂《没有围墙的大学》一书全面反映中华社会大学十五年的办学历程和业绩。详见于陆琳.没有围墙的大学[M].北京:海潮出版社,1999:72-77.
④ 长征.美国私立大学与公立大学之比较[J].出国与就业,2003(20):13.

(二)几点启示

通过对我国非营利性民办高校发展的经验和教训的总结和分析,对我们有以下几点启示。

第一,在外部环境的改变方面,改善法制缺失的困境尤为重要。构建能够明确区分非营利性和营利性民办高校法人属性的法律规范,继而进一步制定并完善我国捐资兴学的法制,加强非营利性民办高校法人营利行为的监督和制约,切实保障非营利性民办高校的公益性,破解其存在的管制合法性问题。

第二,相比法律制度,政府政策对非营利性民办高校的发展影响更大。政府需要改善目前政策不完善,落实不力的现状。在通过保障公平的市场资源配置环境的同时,应加大对非营利性民办高校的财政资助力度,增强其核心竞争力,而不是任其公益性弱化转向营利性民办高校,或私立性消失转为公办高校。

第三,对非营利性民办高校自身而言,首先应加大培育以公益性精神为核心的非营利性民办大学文化,把这种精神浸润在学校独特的办学理念和价值追求中,以此引领学校的发展。其次学校应注重建构体现非营利性属性的治理结构和机制,凸显自身的公益性和非营利性,增强社会公众的认可度。

第三节 比较与借鉴

一、美国非营利性私立院校发展的历史经验

(一)宗教慈善兴学传统的巨大影响力

1.宗教慈善兴学传统

宗教力量影响教会和私人创办美国的非营利性私立大学,开启了美国私立高等教育的历史。早期的基督教新教徒正是出于维护和传承自己

信仰的需要,纷纷致力于兴办大学,以培养具有高深学问的传教士、教会工作者和虔诚于基督教的政府官吏。从文化的视角看,宗教需要和信仰是美国创办并捐赠高等教育发展的驱动力。[①] 托维克曾说:"在美国,启发民智的是宗教。"[②]以《圣经》为基础的基督教教义对美国人的思想影响根深蒂固,尤其是基督教教义中强调的对他人利益和社会公众的集体责任,并有一套相应的机制和规则来帮助他人,多年来得到了信徒的广泛认同和支持。[③] 慈善助学行为是这种认同下的自然之举和志愿行为,久而久之成为美国社会大力提倡的文化传统。

2.宗教慈善兴学传统的巨大影响力

这种文化传统对美国的非营利性私立大学产生了巨大的影响。"宗教过去是美国私立高等教育的控制力量和主要的哲学基础,现在仍然主导着人们的价值观取向和私立高等教育的部分内容,并且教会仍然举办高等院校"。[④] 从组织发展的角度来看,宗教不仅为美国非营利性私立大学的生存带来了宝贵的资源——经费,还带来了捐赠的新机构、新机制及志愿精神的传统。

前文叙及的美国非营利性私立院校发展的历史回顾中,已经完美地展现了慈善捐赠带给高校的丰富财源,其慷慨程度足以成为世界其他国家都难以企及的神话。在资本主义生产力逐渐发达并创造出数量颇丰的财富巨人时,这些巨人在慈善兴学传统的影响下,为美国私立高等教育捐赠又创设了一种新型的慈善运作机构——慈善基金会,并且逐步构建了鼓励慈善捐赠的法律架构和制度规范。由此以宗教为最原始驱动力的慈善兴学行为上升到了制度和机制的层面,并最终汇聚成滚滚洪流,支持了包括非营利性私立大学在内的更广泛的公益事业。至于志愿精神,已经渗透到非营利性私立大学的育人中,非常显著的就是这类院校更加注重对学生价值观和道德的关注;其结果就是非营利性私立大学的校友更多

---

① 伍运文.美国高等教育捐赠的动因考察——宗教与文化的视角[J].湖南师范大学教育科学学报,2006(9):54-58.

② 托克维尔.论美国的民主[M].董良果,译.北京:商务印书馆,1997:406.

③ 伍运文.美国高等教育捐赠的动因考察——宗教与文化的视角[J].湖南师范大学教育科学学报,2006(9):54-58.

④ 张旺.美国私立高等教育发展的制度环境研究[M].北京:知识产权出版社,2009:221.

的从事非营利性和教育的职业,并积极参加志愿活动。①

(二)适宜的制度环境的形成

1.法制环境

美国完备、严密的法律体系就政府的角色定位、对院校和学生的资助及对院校的管理这三个方面为非营利性私立院校的发展提供了保障。美国宪法并没有赋予联邦政府在教育上的特定责任,而是由州来承担所有层次教育的基本责任。② 对非营利性私立院校而言,联邦政府主要通过行政立法、财政资助及教育部来施加影响;州政府管理非营利性私立院校的方式与联邦政府类似,同时它们还负责私立院校办学特许状和许可证方面的审批。③ 资助方面,一是形成了一个有利于家庭和院校的复杂的税收网,通过这一网络资助私立院校及就读的学生和家庭;二是通过《高等教育法》第四章设立的常规资助项目,由联邦政府给公私立院校财政资助。④ 至于州政府除了少数的几个州给予私立院校补助金外,主要以资助公立院校发展为主。在院校管理方面,政府遵循依法管理的原则,主要在资格确认、机构设立、教师学生管理、学术项目管理、财务收支及评估方面进行规范和管理。总之,经过长期的建设和完善,美国为私立高等教育体系的发展构建了从立法、执法到监督良性循环的法律体系,其经验值得各国借鉴。

---

① JOHN R. THELIN,AlVIN P. SANOFF,WELCH SUGGS. Meeting the Challenge:America's Independent Colleges and Universities Since 1956[R/OL].(2006)[2016-10-07]. http://www.cic.edu/About-CIC/Documents/CIC-50th-Anniversary-Book.pdf.

② 劳伦斯·E.格莱迪,杰奎琳·E.金,麦兰尼·E.柯里根.联邦政府与高等教育[M]//菲利普·G.阿特巴赫,罗伯特·O.波达尔,帕崔凯·J.甘波特.21世纪的美国高等教育:社会、政治和经济的挑战(第2版).施晓光,蒋凯,译.青岛:中国海洋大学出版社,2007:125.

③ 张旺.美国私立高等教育发展的制度环境研究[M].北京:知识产权出版社,2009:236.

④ 劳伦斯·E.格莱迪,杰奎琳·E.金,麦兰尼·E.柯里根.联邦政府与高等教育[M]//菲利普·G.阿特巴赫,罗伯特·O.波达尔,帕崔凯·J.甘波特.21世纪的美国高等教育:社会、政治和经济的挑战(第2版).施晓光,蒋凯,译.青岛:中国海洋大学出版社,2007:148.

2. 政策环境

政策环境方面,联邦政府主要致力于营造一个公平对待公私立院校的环境,同时实施更加分权的资助政策。联邦高等教育的政策总是采取中立的态度来避开公私立高等教育的差别,而把基本的问题留给州政府。[①] 总体来看,联邦一般都不会特别区分公私立院校而主要立足以下三个方面的资助:购买研发支出、填补缺口和满足特殊需求,以及资助学生家庭。[②] 联邦资助非常分散和分权,因为除了美国教育部之外,还有包括国防部、劳工部、农业部、交通部、卫生与公共服务部、退伍军人管理局、国际发展署等诸多联邦机构为美国的高等教育资助,这些资助中的相当部分也惠及了非营利性的私立院校。其次在州政府层面除注重加强与联邦政策的协调,也逐渐把私立高校纳入其州范围的高等教育管理中。如20世纪60年代开始,教育部的高等教育项目开始考虑公、私立高等教育的协调问题;而私立院校也开始结盟积极影响州高等教育政策;1972年教育修正案授权州政府要成立能够广泛代表州高等教育的"高等教育综合规划委员会",系统考虑公私立高等教育发展问题。[③] 至此,更多的州开始考虑私立院校的生存发展问题,并开始给予资助。总之,联邦和州政府对非营利性私立院校在制度、政策、经费方面的支持为其发展营造了良好的政策环境。

3. 市场环境

美国的"高等教育系统本身就构成了一个巨大的市场,为获得各种资源,各高等院校都以平等的身份参与市场的竞争"。[④] 构成这一市场环境的首先是不同性质、不同层次、不同类型的院校,它们彼此竞争生源、教师和经费,进而对整个高等教育系统的发展形成了一种巨大的压力和挑战,

---

① DAVID W. BRENEMAN, CHESTER E. FINN, JR. Public Policy and Private Higher Education[M]. Washington: The Brookings Institution, 1978: 227.

② 劳伦斯·E.格莱迪,杰奎琳·E.金,麦兰尼·E.柯里根.联邦政府与高等教育[M]//菲利普·G.阿特巴赫,罗伯特·O.波达尔,帕崔凯·J.甘波特.21世纪的美国高等教育:社会、政治和经济的挑战(第2版).施晓光,蒋凯,译.青岛:中国海洋大学出版社,2007:126.

③ DAVID W. BRENEMAN, CHESTER E. FINN, JR. Public Policy and Private Higher Education[M]. Washington: The Brookings Institution, 1978: 323.

④ 张旺.美国私立高等教育发展的制度环境研究[M].北京:知识产权出版社,2009:241.

推动了整个私立高等教育系统的多样化。其次是为非营利性私立院校发展提供资源的企业、基金会、校友及家长等,他们对高等教育发展需求的偏好改变,影响着非营利性私立院校的办学理念和实践。再次是认证机构、协会、专业团体、区域性契约组织等,它们评价、监督非营利性私立大学的发展情况,促进院校间的沟通联合及资源互助服务等,通过对院校品质提升提供积极和支持性的帮助,并最终对非营利性私立院校的发展产生了深远的影响。

(三)美国非营利性私立大学独特品质的形成

1.私立性

美国非营利性私立院校的私立性确立首先源于"达特茅斯学院案"的判决。因为该判决的中心思想是,"根据共和国的宪法,必须维护私立院校取得的法律保障,州议会不应更改私立学院所获得的权利"[1]。该判决清楚地表明,不能用对私立院校施加控制的方式来建立公立高等院校,不能将公共意志强加于私立院校,由此为公私高等教育发展格局奠定了法律基础,并导致了美国公私立高等教育的分野。[2] 另该判决还表明,学院法人与特许其成立的州政府之间不存在独有或垄断的关系,一旦一所学院获得了特许状就不受州政府的控制。[3] 除了在法律地位上明确了非营利性私立大学的私法人地位外,在学校运行过程中,其私立性还体现为它们的财政支持来源和它的最高管理机构的人员构成与模式上[4]。这些学校几乎所有的收入来自学生学费、捐赠资金和私人赠予,并且它们从州政府拿不到一分钱。希尔斯认为非营利性私立大学的主权属于最高管理机构——董事会,且这个董事会不是通过政府任命或普选产生的。[5] 董事

---

[1] 张维平,马立武.美国教育法研究[M].北京:中国法制出版社,2005:137.

[2] 张旺.美国私立高等教育发展的制度环境研究[M].北京:知识产权出版社,2009:35-36.

[3] DONALD G. TEWKSBURY. The Founding of American Colleges and Universities Before the Civil War[M]. New York : Teachers College, Columbia University,1932:64.

[4] 爱德华·希尔斯.学术的秩序——当代大学论文集[M].北京:商务印书馆,2007:181.

[5] 爱德华·希尔斯.学术的秩序——当代大学论文集[M].北京:商务印书馆,2007:182.

会的董事通常是由对经济、政治和道德秩序有强烈信念的人组成,他们并不代表各自的利益,而被要求服务于大学的利益。这意味着在内部管理机构的选举方面非营利性私立大学有自主权,以此进一步延伸出来的就是预算的自主权,这使其真正成了自治的主体。

2.非营利性

美国非营利性私立院校的非营利性鲜明地体现在对其公共性的建设和维护方面。从组织自身而言,非营利性私立大学以服务社会的公共利益为使命;其资产开始是以有志者捐赠的财产为基础,继而形成了经费使用时需要遵照捐赠者的意图,用于公共性目的的传统;管理体制上被委托的董事们出于对公共事业的使命感服务学校,而不能谋取个人私利;且董事会的组织形式也使得董事个人不能对决策产生重大影响。从组织外部讲,美国联邦国内税法认定了非营利性私立大学的法人属性,而各州的非营利公司法和非营利组织法规范它们的管理和运营。非营利性私立大学就此获得了免税的资格,而且个人给该组织的捐款也免交税金。这表明私立大学提供的服务与政府组织一样具有公共性。再者美国的税法条款也特别规定,具有公共性的"慈善团体"(非营利性私立大学也属于此类)不仅不能向特定的股东分配利益,收支还要接受第三方的督察。[①] 除此之外,"非营利性私立大学不仅接受认证团体的监督,也接受来自州政府的监督,以及联邦政府奖学金授予资格的评定等。这些管理措施,从总体上保证了私立大学的公共性"[②]。

3.多样性

美国非营利性私立院校的多样性集中地体现在办学使命、经费来源及培养项目等多个方面。源于创办者独特的教育理想和理念,美国的非营利性私立大学呈现出不同的办学使命和理念,如前文提及的2015年卡耐基高等教育分类的33种院校类型中,非营利性私立院校遍及每一种类型,足见其发展的多样性。经费方面美国非营利性私立院校较早地就形成了学费收入、各样政府部门资助、基金会和私人捐款、自营其他收入等多样化的格局。经费来源多元化进一步激发了非营利性私立院校筹款的主动性,带动了院校的变革和创新。学术项目的多样性体现在非营利性

---

① 金子元久.高等教育财政与管理[M].上海:华东师范大学出版社,2010:64.
② 金子元久.高等教育财政与管理[M].上海:华东师范大学出版社,2010:64.

私立院校给美国的学生提供了非常广泛的选择,从黑人学院(black colleges)、女子学院(women's colleges)、宗教学院(religious colleges)、专业学院(specialized schools)、莎拉·劳伦斯学院(Sarah Lawrence College)这样提供革新教育的学院(progressive education institution)等等,不一而足。① 事实上,正是非营利性私立院校的多样性成就了美国高等教育多样性的优势和特色。

4.精英性

美国的非营利性私立大学在漫长的发展演进过程中,逐渐形成了鲜明的精英性品质。其精英性品质集中地体现在它的地位、作用及贡献方面。地位方面,美国非营利性私立大学是研究生制度确立的先驱者,而且历史悠久的私立大学,如哈佛、耶鲁、普林斯顿、哥伦比亚等一流大学的学术地位长久的不能被撼动。在关于学科领域的排名调查中,较早的1969年的取样调查显示,在人文、社会、生物和物理学科等32个领域中,21个领域的前6名有4名或更多的是非营利性私立大学。② 作用方面,历史的来看,非营利性私立高校是美国高等教育的源头。由此私立教育是整个系统的先导,在观念和实践方面对这个系统都产生重要的引导作用。③ "公立大学的卓越地位,部分来说也是私立大学成就的结果。艾伦·卡特博士所调查的每一领域最有名的5个系中,其教师绝大部分是私立大学培养的。"④ 贡献方面更是显著。"仅以1946到1971年获得诺贝尔奖的66名美国人来看,有三分之二是从美国的私立大学获得他们的最高学位。"⑤ 这样的高品质成就了美国一流非营利性私立大学的独特性,因为没有任何一个国家的私立大学能够有它这样的地位和影响力。

---

① M. O'NEILL. The Third America: The Emergence of the Nonprofit Sector in the United States[M]. Jossey-Bass, 1989:51.

② KENNETH D. ROOSE, CHARLES J. ANDERSON. A Rating of Graduate Programs[Z].Washington D.C.:American Council on Education,1971.

③ ROGER L. GEIGER. Private Section in Higher Education:Structure,Function, and Change in Eight Countries[M].Ann Arbor:The University of Michigan Press,1986: viii.

④ 爱德华·希尔斯.学术的秩序——当代大学论文集[M].北京:商务印书馆,2007:180.

⑤ 这些数据来自詹姆斯·劳瑞教授一篇未发表的论文,载于爱德华·希尔斯.学术的秩序——当代大学论文集[M].北京:商务印书馆,2007:180.

5.适应性

激烈的高等教育市场竞争成就了美国非营利性私立院校的适应性。回顾早期院校发展的历史可知,这些非营利性私立院校在经历了大量创建和大量死亡的组织生命成长周期的轮回后,侥幸存活下来的必定是经历了组织的适应性变革。它们或是改变了使命与定位,或是改变了学术项目的范围和内容,或是进行了组织机构的调整与变化,或是应用了新的管理思想和方法……总之它们对外部环境变化保持了足够的警惕,同时也愿意随着环境的变化适时进行调整。如今美国非营利性私立院校已经在私立高等教育的内部形成了三种不同形式的院校,这些院校分别承担提供更多、更好和更多样的教育形式。① 这是它们自主选择,积极应变,主动适应高等教育的市场使然。

二、美国非营利性私立院校发展的历史教训

(一)政府干预下的私立性隐忧

1.非营利性私立院校与政府关系的困扰

美国非营利性私立院校与各级政府的联系已经被牢固地建立起来,而这种联系同时也为学校的发展带来了诸多困扰。这种困扰反映在价值观冲突、独立性影响、管理负担增加、差异性减少等多个方面。如在资助的价值取向方面,"非营利性私立院校希望联邦政府以入学人数为基础向院校提供资助,但国会却将资助的重点放在学生资助项目上"。② 独立性影响方面,公共资助占私立院校收入的比重愈大,则对院校施加的影响和控制就越强;即使不是比重增大,就竞争性的科研经费资助而言,由于政府目标的急需性及应急性,长期累积也会损害一流私立大学在基础性、人文性方面的学术传统。至于管理负担方面,被诟病的方面如联邦政府提供的复杂和代价高昂的学生资助项目对申请的院校有多种要求,而有些要求与资助项目本身并无联系,但为获得这些项目,院校就必须得按规章

---

① 阎凤桥.大学组织与治理[M].北京:同心出版社,2006:228.
② 张旺.美国私立高等教育发展的制度环境研究[M].北京:知识产权出版社,2009:87.

满足各种要求和标准,这实质增加了院校的管理成本。相比联邦政府,州政府对非营利性私立院校的影响更大,但是在管理和资助的过程中,不免会产生让私立性院校越来越遵从州的要求的趋势。"这一发展趋势产生的问题是州的资助是否会以牺牲私立院校与众不同的特征为代价,而这些特征正是私立院校存在的理由。"[1]

2.私立性的部分消失

希尔斯认为,"就目前的情况来看,美国一流的私立大学已经失去了一部分的私立性"。[2] 美国的非营利性私立院校的优势本来是基于私立性的特点,相比公立院校有更大程度的灵活性和不受政治干预的自由,但是鉴于目前它们与联邦政府依赖的不断增加,在当前这种政策条件下,面临着将要失去这种优势的威胁。政府的经费,尤其是研究经费,往往对政府有价值,而对院校没价值;缺乏灵活性并受政治和公众舆论左右,所以当需要可持续性发展的大学过度仰赖这种变化无常的经费项目时,就会让自己陷入困境。如果非营利性私立大学没有能够很好地保持来自私人财源支持的比重,那么它将更多地依靠政府的资助,受制于一种专横跋扈、变化无常,但又不总是慷慨大方的外部权力的制约,久而久之它可能有因此失去更大部分私立性的危险。[3] 当非营利性私立大学的私立性部分消失时,它以私立性为基础发展起来的良好的传统、独立性的品质及显赫的声誉也终将受到损害。

(二)过度市场导向带来的消极面

1.竞争导致的同一性和低质量问题

按照高等教育经费分配的模式划分,美国属于典型的市场导向模式,即控制资源分配的权力掌握在大批学生和研究成果购买者的手里。[4] 这

---

[1] 张旺.美国私立高等教育发展的制度环境研究[M].北京:知识产权出版社,2009:121.

[2] 爱德华·希尔斯.学术的秩序——当代大学论文集[M].北京:商务印书馆,2007:195.

[3] 爱德华·希尔斯.学术的秩序——当代大学论文集[M].北京:商务印书馆,2007:195-196.

[4] 伯顿·克拉克.高等教育新论——多学科的研究[M].王承绪,等译.杭州:浙江教育出版社,1988:100.

种模式的优点是它可以不断刺激学院和大学使其适应不断变化的经济和社会状况;但缺点同时就是使得院校越来越表现出同一性。

"高等院校间的相互竞争,以及地位较低的院校对地位较高的院校的模仿,整个高等教育系统的差别又趋向于缩小,向着名牌大学的特点和风格发展。"[1]这对于非营利性私立院校,尤其是小规模的院校生存带来了极大的挑战。1975年两位美国学者专门就全美近500所非营利性小型私立院校(有超过70%的院校学生规模少于1000)进行了研究[2],结果发现这些能够为学生提供更多选择、更好体验的私立小型学院在激烈的竞争中,却因财源和生源不足而陷入危机。为此研究者建议为更好地让这些多样化并传承美国本科教育传统的院校在激烈的竞争中生存下去,政府需要为它们提供支持。

竞争的另外一个负面结果就是导致高等教育出现低质量。美国激烈的高等教育市场竞争已经使得不少院校为招生陷入了价格竞争与学校营销的大战之中。非营利性私立院校在这种竞争中极易陷入经费不足和生源不足的困境,为抢夺生源,采取降低入学要求和标准的做法往往会被采用,而相应的组织行为都会以市场需求为价值导向来进行,这最终导致高等教育质量的降低。再者即使是优秀的非营利性私立大学,也因为竞争的关系,可能无法长期坚守在投资期长、收益又不稳定或成效短期无法预见的基础研究上,其学术精神和传统的坚守也将不易。

2.营利性对非营利性的侵蚀

市场竞争的另外一个结果就是私营化的浪潮席卷了美国高等教育领域,营利性机构大举入侵,成为公立和非营利性院校的强有力的竞争对手;非营利性私立院校也增加了营利行为,最终这种营利性的市场化倾向伤害到了高等教育作为人类社会文明灯塔的传统价值。

仅在过去20世纪80年代开始的30年的时间中,美国的营利性高等

---

[1] 伯顿·克拉克.高等教育新论——多学科的研究[M].王承绪,等译.杭州:浙江教育出版社,1988:160.

[2] ALEXANDER W.ASTIN.The Invisible Colleges[M].New York:McGraw-Hill Book Company,1972:Ⅺ.

教育机构数增长了8倍,而在校生数增长了1800%。① 这种增加加剧了高等教育资源的竞争,从而让非营利性私立院校面临更大的挑战和生存危机。尤其是联邦援助资金的近四分之一投入到了招生占比不到10%的营利性高等教育机构时②,更引发了人们的质疑和不满。为了生存,不少非营利性私立大学开始设立派生的营利性机构,这些机构可以按照营利性机构运作。如康奈尔大学、纽约大学等都成立了提供远程教育服务的营利性分支机构,并将这些机构的利润用于支持学校其他项目和提高教职工待遇。③ 除此之外还有包括更多的面向非传统学生提供职业培训项目、实施国际合作项目、成立规模庞大的"发展机构"等营利行为也在这些大学普遍发生。总之有学者认为,美国的高等院校快速商业化——任何东西都能被出售——威胁到学术价值的标准,削弱了大学基本上为民主社会进行教学和研究的声誉,降低了公众的信任,增加了州政府的干预。④

(三)非营利性私立院校倒闭的教训

在美国非营利性私立院校发展的历史上,院校倒闭所揭示出来的教训令人印象深刻。"20世纪70年代,美国有144所学校停办,主要原因就是它们的招生不足。"⑤至于非营利性私立院校的倒闭情况,有研究者发现其每千所院校的倒闭率从20世纪60年代到20世纪90年代最高时达到千分之十,最低时也有千分之一点七。⑥ 1965年到2005年全美共有

---

① Fall Enrollment and Number of Degree-Granting Institutions, by Control and Affiliation of Institution: Selected Years, 1980 Through 2010[EB/OL].(2011-11)[2016-03-01].http://nces.ed. gov/programs/digest/d11/tables/dt11_206.asp.

② 2012 Introduced Bills: For-Profit Colleges Universities[R].NCSI,2012.

③ Brown University.A New Challenge for Higher Education Policy: Channeling the Power of Market Forces to Achieve a New Vision for Higher Education [R/OL].(2002-10-12)[2017-06-20]. https://www. immagic. com/eLibrary/ARCHIVES/GENERAL/BROWN_US/F010200P.pdf.

④ DEREK BOK. Universities in the Marketplace: The Commercialization of Higher Education[M].Princeton, NJ: Princeton University Press,2003.

⑤ 伯顿·克拉克.高等教育新论——多学科的研究[M].王承绪,等译.杭州:浙江教育出版社,1988:101.

⑥ LAURIE J. BATE. A Time Series Analysis of Private College Closures and Mergers[J]. Review of Industrial Organization,2000(17):267-276.

248所4年制非营利性私立院校倒闭,对此学者特里·保罗·普罗文斯(Terry Paul Province)选取了40所院校就其倒闭的原因进行分析。[①] 结果可归纳为以下四点。

一是拒绝变革的文化。这种拒绝变革表现在很多方面,如顺应市场需求变化开设新的学位课程、尝试迎接新的技术开始线上课程等,和同类的其他院校相比,这些倒闭的院校无一例外都没有在这些方面做出变革。它们固守成规,拒绝变化,最终错失了种种能够抓住环境变化带来的机遇而陷入发展困境。

二是争取资源不力。这些倒闭的院校中很多院校的捐赠都是零,即使有校友捐赠也微乎其微,更别说有针对性的募捐战略性安排和规划。学生的保留率也比竞争对手低很多,且即使在学生下降时的最近两年内也没有开设过新的学位项目来吸引学生。而且由于在倒闭前的几年使用超过35%的学费折扣而最终影响了联邦资助、捐赠等事项,更让学校发展陷入困境。至于教师也是大量聘用兼职,结果导致质量的进一步下降。

三是内部治理有问题。最典型的莫过于对院校已经陷入财务危机的各种讯号应对不力,如运营经费超过10%来自贷款、维持和更新设备的经费将近40%没有着落、净资产/总费用的比例一直在下降,等等。还有就是当危机来临时,校长因怕失去董事会的支持,总是限制财务信息向董事会披露,因此影响了董事会在扭转不利局面时核心决策能力的发挥。

总之,面对外部环境的变化不能够及时变革最终导致这些院校关门大吉。

三、比较与借鉴

(一)比较

1.环境的差异性

在外部环境方面,非常明显的中美两国存在着巨大的政治、经济、文

[①] TERRY PAUL PROVINCE. An Investigation into the Factors Leading to the Closure of 40 Private Four-Year Colleges Between 1965 and 2005[R]. University of North Texas,2009.

化和社会的巨大差异。政治方面美国小政府、大社会的传统为非营利性私立院校创设了较为宽松的发展环境,而中国还处在政府权力不断向市场和社会让渡的转型阶段,相比较而言其是管制门槛较高的环境。经济方面美国奉行自由化的市场经济,市场发挥资源配置的主要作用,而中国的市场经济正不断完善,计划经济的影子仍在很多领域游荡,教育领域尤其明显,故而两个国家的非营利性民办(私立)院校面临的市场竞争程度不一。文化方面非常显著的美国因为历史传统与国家政策的导向,对公、私立教育较为平等和包容,远没有中国那样歧视的观念根深蒂固。社会方面,人口的受教育程度不一、适龄人口的数量不一、两国高等教育的发展程度不一等情况,使得两国非营利性民办(私立)院校需要回应不同的社会需求和期望。如再具体到法律、政策和市场环境这三个方面,其差异更加明显。我国法制的完备程度远不及美国,还有很多需要改进的空间。政策环境方面,政府对民办高校的资助政策还远未制度化、系统化,支持的力度也远不及美国。市场环境方面,我国第三方中介力量也远不及美国强大,其政府对此的激励和规范亦不足。

2.院校自身的差异性

使命和价值观方面,美国的非营利性私立院校并没有像我国的院校那样特别提出要坚持公益性的办学理念,相比它们更多地提倡服务社会的公共利益,为人类的文明传承、国家、城市和社区的繁荣及增进人民的福祉服务。再者在关于组织的共同信仰及价值观的构建方面,体现出两者对战略管理思想的吸纳和运用的程度不同。美国的非营利性私立院校,尤其是一流的私立大学,在其官网都有非常明确的关于大学的使命、愿景和核心价值观的阐述,以此作为组织信念与目标的引领。但相比我国的院校,大多只停留在办学理念和定位的层面,组织信念的构建方面缺乏像美国那样清晰的阐述。

治理结构及能力建设方面,美国的非营利性私立院校与我国的情况也大有不同。董事会是外行为主且可以自我永续发展的最高决策机构;校长是被赋予执行权,全面负责学校事务的执行官;学术权力分散至系和学院,并主要由教授掌控等。为应对非营利组织"所有者缺位"带来的决策层对执行层约束力较弱的问题,美国已构建了较为完备的内外部监督机制。相比我国非营利性私立院校的董事会尽管也已经开始走向外行为主的情况,但其产生的过程及人员来源都相对封闭,且权力的分配和应用的规范程度都不及美国,监督机制也较为薄弱等。

在组织职能发挥方面,美国的非营利性私立院校比我国的院校呈现出更大的差异性与多样性,服务更广泛的人群。它们对私立性的优势发挥更为充分,凭借其卓越的争取资源的能力,其独立性也更强。尤其它们经过历史的长期积淀所具备的精英性,乃是我国的非营利性民办高校难望其项背之处。

(二)几点借鉴

第一,积极影响、改变和创造发展环境。根据组织制度理论,在组织发展过程中,不能仅考虑采用战略活动,而忽视外部制度环境的影响;也不能一味地遵从外部环境,而在适当时候可采用一些战略性活动改变并创造制度环境。[①] 美国非营利性私立院校就是如此。如它们对捐赠事宜进行不断的运作和创新,从而为自身发展创建了强大的校友捐赠系统;它们主动结成不同的联盟和团体开展研究及相关活动,在指导自身发展的同时也影响政府施策及公众认知等。

第二,珍视并充分发挥私立性的优势。美国的非营利性私立院校历来对私立性的品质都非常珍视,它们对影响私立性,进而侵害到学术自由及大学自治核心价值观的任何干预都始终保持警醒。正是由于时刻保持关注自身的私立性,美国的非营利性私立院校保持了小规模、充足的生均财政资源和关注本科生教育的传统,也形成了精英性的品质并由此获得了显著的声望。对私立属性的高度价值认同并发挥其优势,值得我国非营利性民办高校借鉴。

第三,力求经费来源多元化。不论是争取政府资助、募集捐款还是提升自我造血能力,美国的非营利性私立院校都在经费来源多元化方面为我国的院校做出了表率。对于目前我国的非营利性民办高校仍以学费为主、其他方面争取资源的能力不足的局面,这种借鉴更具意义。

---

① 陈怀超,陈安,范建红.组织合法性研究脉络梳理与未来展望[J].中央财经大学学报,2014(4):87-96.

第四节 思考与展望

一、我国非营利性民办高校发展的思考

(一)外部环境

1.环境与组织发展的关系再思考

非营利性民办高校与外部环境之间究竟如何协调才能更好地发展,是本书一直力图要揭示的关键问题。通过对通篇非营利性民办(高校)发展的历程和个案的描述性研究,可以非常明显地发现,在促进组织发展方面,我们似乎更加强调组织自身的变革能力胜于强调环境的影响力。且经过对中美两国非营利性民办(私立)院校的发展经验和教训的系统回顾和比较后,又可知两国院校对待环境的认识和行为亦有差异。美国的非营利性私立院校比较多地吸收了战略管理的思想,除了适应环境外,还积极参与环境的培育和创建。相比较而言,我国的非营利性民办高校在改造环境方面则明显不足,民间结社的第三方组织才起步,其能力和影响力都有待提升。

2.观念变革乃是改善环境的首要之举

在我国非营利性民办高校的发展环境因素中,观念才是首要障碍,故变革观念是为营造更好发展的关键之举。观念变革中政府需在对民办高等教育的认识和干预理念方面首先实现转变。政府需要正确认识民办高等教育在我国高等教育体系中的地位和作用,并切实通过落实政策来体现这种正确认识。在政策制定的价值导向上要力求实现公办、民办同等、公平的取向。对民办的性质认识上,建议围绕其实质性的特点主要是办学者自筹资金[①]这一点来确认民办的身份。同时应能包容并支持非营利

[①] 潘懋元.私立学校之所以称为"私立",实质性的特点也就是办学者自筹资金。详见潘懋元.潘懋元文集:卷三·问题研究(下)[M].广州:广东高等教育出版社,2010:179.

性和营利性两类组织属性不同的民办院校发展。"改变以往'全能政府''管制型政府'的思维惯习,树立'有限政府'与'服务型政府'观念,防止政府失灵,提高政府干预的效率。"①非营利性民办高校则要增强对非营利性这一属性的身份认同,并通过建设组织文化、完善治理结构、严格监督机制、提升服务能力等方式全面展现自己的公共性,以此赢得社会的广泛支持和认可。再者如前所述,非营利性院校需要增强适应环境、改造环境和创建环境的勇气与能力,以破解组织合法性困境。

3.系统考虑制度环境的完善

我国非营利性民办高校发展的制度环境完善需要系统考虑,并不局限在教育领域来解决。首先,应加大对非营利性民办高校的政府资助力度和税收激励制度。政府资助应法治化、系统化和多样化,以促进该类事业兴办和发展。国家对公益事业的税收优惠政策体系需要进一步完善,如切实落实个人捐赠教育税收优惠政策、允许企业对捐赠教育事业的支出在应纳税所得额中进行扣除等。其次,在我国民办教育促进法已经对非营利性和营利性两类不同组织予以明确界定的基础上,进一步为两类民办院校提供相应的制度体系安排。这些制度安排应针对法人性质、管理体制、运行机制、政府监督管理等做出全面具体的规范。最后,由于非营利学校的发展与整体的非营利组织发展的法律环境密切相关。"非营利组织的注册登记、税收体制、监督管理、财政支持、人事体系、社会保障等各个方面的困境,也是非营利学校面临的问题。"②因而从整体来看,我国需要进一步健全非营利组织的管理体系,建立详细、配套的规范标准和方法,使非营利部门成为与政府部门和企业部门并存的社会结构的一部分,并实现其规范发展。③为非营利性民办高校发展创设更好的宏观发展环境。

(二)非营利性民办高校的产权分析

非营利组织治理中,产权问题尤为重要,我国的非营利性民办高校要

---

① 曾小军.民办高等教育政府干预研究[M].北京:中国社会科学出版社,2014:161.
② 贾西津.第三次改革:中国非营利部门战略研究[M].北京:清华大学出版社,2005:227.
③ 贾西津.第三次改革:中国非营利部门战略研究[M].北京:清华大学出版社,2005:228.

实现善治下的可持续发展,必须直面产权问题。现有研究认为,民办高校在产权管理方面存在法人产权不完整、内部治理缺乏制衡、资产财务监管不力、融资渠道不畅等问题,亟待通过完善法规制度体系及院校内部治理等措施解决。为更好地理解我国非营利性民办高校的产权关系情况,现根据我国学者贾西津提出的"公益性"产权概念和刘侠提出的民办高校产权管理的四个环节[①]的框架进行分析。

1.产权界定

首先是对非营利性民办高校进行产权界定,其产权情况如图5-3所示。我国非营利性民办高校的资产来源于举办者捐赠资产、政府资助及办学累积下来的盈余三个部分。这三个部分构成了隶属于非营利性民办高校法人名下的公益性资产,其公益性产权的所有权与控制权二者分离。其中捐赠人和政府基于资助教育公益事业的目标将资产无偿让渡给非营利性民办高校使用,因而放弃了资产所有权,他们不是非营利性民办高校公益产权的所有者,只是把资产交付非营利性民办高校进行办学的委托人。受托人非营利性民办高校需要根据设立时学校章程所规定的目的履行占有、管理和处分资产的权能,但不能把资产所产生的利益归属于任何个人(包括捐资人和举办者在内)和其他营利组织。非营利性民办高校的剩余索取权和剩余控制权也相互分离。鉴于教育的公益属性受益具有外公共性,故非营利性民办高校的收入在扣除固定合同支付外余额的部分最终受益人也将是社会上的不特定多数。但目前国外有一种观点从产权角度研究大学治理,认为教师对大学的剩余索取权有部分要求权,其也是

---

① 刘侠认为,民办高校产权管理包括产权界定、产权配置、产权监管和产权运作四个环节。其中产权界定是确认民办高校法人、举办者(出资人)等产权主体拥有资产的归属、初始出资和追加投资的数额、有形资产和无形资产的比例,设定学校发展过程中形成的办学积累和增值资产的分配规则;产权配置是内部控制权的分配,即所有者、决策者、管理者对学校资产财务等重大事务的决策权和管理权的权力制衡;产权监管是外部控制权的反映,即通过外部利益相关者对学校产权结构、产权关系和产权制度的监管,确保法人财产权不受侵害,保护产权主体的合法权益;产权运作是处置权的反映,涉及举办者(出资人)的退出机制和债权债务处理方式、融资渠道和金融机构信贷措施,以及相关法律法规环境等因素。详见刘侠.民办高校产权管理法律法规的现状、实践与建议[J].北方工业大学学报,2016(12):80-85.

受益人①。该观点有待于进一步商榷。至于剩余控制权,根据人力资本与控制权共享理论②,对于非营利性民办高校这种既属于高度专业化、知识型、劳动密集型,又没有对物质资本有所有权要求的组织来讲,其剩余控制权在董事会、管理层及教职员工中共享。

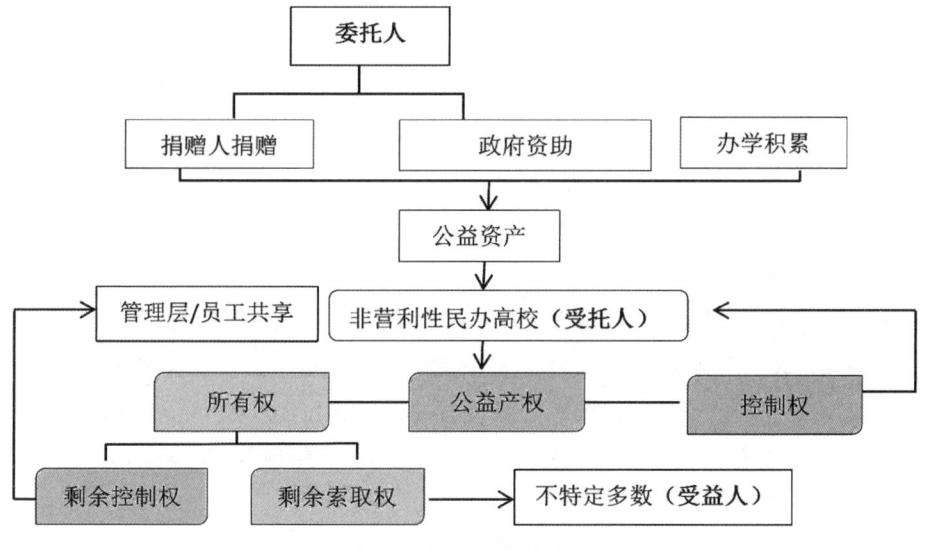

图 5-3 非营利性民办高校产权关系图

2.产权配置

在产权配置方面,非营利性民办高校中与控制权密切相关的包括董事会(理事会)、监事会、以校长为首的执行机构,还包括学术委员会、工会、学生会等组织。本书仅阐述影响力大的前三者。董事会(理事会),是学校最主要的管理者,对组织负有监管责任。其次是监事会,监事会是学校的监督机构,代表出资者对董事会和管理者进行监督。对于非营利性

---

① 国外有学者以产权理论视角研究大学治理问题,认为教师对大学的剩余索取权有部分的要求权,从此意义上讲,教师是受益人之一。详见 ROBERT E.MCCORMICK, ROGER E. MEINERS. University Governance: A Property Rights Perspective[J]. The Journal of Law & Economics,2008(3):423-442.

② 该理论的要点是在新型的企业中,决定企业生存的关键要素是具有不可让渡性的人力资本,这意味着权力不仅来自物质资本的所有者,也来自人力资本的所有者,所以企业中有资格分享剩余控制权的不仅有经理层,还应有员工。详见傅绍文,邓秋云.剩余控制权理论综述[J].经济学动态,2004(11):91-96.

民办高校而言出资者主要是政府、企业、基金会、包括举办者在内的个人捐赠者或其他非政府组织等。执行机构是以校长为代表的管理层,其中校长的角色最为关键。他与董事会(理事会)密切配合,一起负责全校性的政策标准和权力分配。

3.产权监管

在产权监管方面,对于我国的非营利性民办高校目前建议主要集中在以下两点:一是健全法律法规体系并依照执行,针对保障非营利性民办高校法人财产权不受侵害,对学校产权结构、产权关系和产权制度进行规范;二是通过建立政府审计及信息公开制度,强化外部委托人对非营利性民办高校产权运营的监督。

4.产权运作

产权运作包含与非营利性民办高校法人产权处置、债权债务及融资借贷等事宜。产权处置的核心是资产所有权的变更。[①] 对非营利性民办高校,政府需明确其产权处置流程及规范。同时考虑到一个组织发展的要求,我国也应完善支持其进行债权债务处理和融资借贷事项的制度体系。

(三)组织自身

1.明确组织的使命与价值观

我国的非营利性民办高校必须重视组织使命与价值观的明确。"一个组织的使命,提供了组织存在最重要的理由,同时也为组织最终创造公共价值提供了方向。使命和组织目标的确定要比组织生存的保证更为重要。"[②]但是相比美国的非营利性私立院校,我国的非营利性民办高校普遍对此重视不足,甚至缺乏对组织自身清晰的组织使命与价值观的阐述。

如何才能明确自己的使命和价值观是什么呢?根据战略管理思想的精髓,组织要想阐述清楚自己的使命和价值观,必须回答以下六个关键问题[③]:①我们是谁?②我们的存在是为了满足何种社会或政治需求,又或

---

① 董大胜.现代企业制度与理财手册[M].沈阳:辽宁人民出版社,1994:7.
② 约翰·布赖森.公共与营利组织战略规划:增强并保持组织成就的行动指南(第三版)[M].孙春霞,译.北京:北京大学出版社,2010:32-33.
③ 约翰·布赖森.公共与营利组织战略规划:增强并保持组织成就的行动指南(第三版)[M].孙春霞,译.北京:北京大学出版社,2010:97-99.

者是要解决何种社会问题？③为了认识、预测并回应这些社会需求或问题，我们应该如何去做？④我们应如何回应我们的利益相关者？⑤我们的哲学观、价值观及文化观究竟是什么？⑥是什么使得我们有特色甚至独一无二？当每一个院校就这些生存和发展的基本哲学问题进行充分的探讨后，它们就会形成指导组织的哲学和价值观——使命，从而把组织中不同的人凝聚在一起。

当前我国很多非营利性民办高校的使命和价值观仅以办学理念和定位进行描述，还未与学校的历史传统、长远发展规划及利益相关者需求等进行联结，其能否发挥引领组织发展的作用不得而知。在外部环境急剧变化，大学组织变革也不断发生的背景下，我国的非营利性民办高校需要运用战略思维和方法，为组织发展清晰地阐明自己的使命和价值观，在指引自身发展时，也为组织的存在提供合理的理由。

2.完善治理结构

我国非营利性民办高校治理结构完善中有很多工作需要做。主要有以下四个方面：一是需要重视董事会的建设工作。董事会如何才能更好地发挥最高决策机构的作用，取决于董事会的决策能力，但是这个能力需要专业性建设工作来获得。这些工作包括挑选、指导和培养董事、组织董事会并配备相应人员、遴选合适的校长、确保良好的财务与战略管理、定期对董事会工作进行回顾和评估等。二是注重校长的聘用及为校长作用的发挥创造积极的条件，同时亦有对校长工作业绩的评估机制。三是加强对执行机构管理团队的建设，无论是管理干部还是专业性的院系主任等。四是应该构筑内部治理的权力制衡和监督机制。普遍的非营利组织中会存在监督缺失、内部人控制及代理问题等，这些问题在我国的现有非营利性民办学校中也不同程度的存在，并不能仅靠道德约束来解决，制度建设之路任重而道远。

3.加强争取资源的能力

我国的非营利性民办高校目前主要是以学费为主进行办学，并没有形成较好的多元化资金结构，长远来看需要增强争取资源的能力。首先，需要争取政府的资助和支持，积极通过同行结社、开展研究、增强交流等方式推动政府资助政策的法治化和系统化。其次，要重视捐赠工作的开展，增强募捐工作的专业化和系统化，扩大捐赠经费在学校经费收入中的比重。再次，要继续发挥办学与社会紧密联系的特点，通过校企合作、校校合作、校地合作等方式,争取多样化的资源支持。最后,至于教师和学生资源,主要在于提升学校的办学水平和质量,增强学校的美誉度和影响力,提升师生在学校学习生活的体验。

4.充分发挥组织职能

不同类型的非营利性民办高校其组织职能的发挥应该有所不同。围绕区域经济社会发展的需要,结合各类学校的办学历史、资源条件及办学的使命和目标,不同的学校应在教学、科研和社会服务方面有不同侧重。遵循教学是大学核心职能的要求,我国的非营利性民办高校应在人才培养方面突出自己的特色和核心竞争力。条件和基础较好、办学历史较长、具备研究生授予资格的非营利性民办高校可以逐步考虑往"准精英型"的大学迈进。毕竟在中国的土壤上将来也能有与公办高校比肩的优秀民办大学是不少非营利性民办大学创办者的梦想,以此作为这些院校的发展愿景也未尝不可。再者吸取前文美国非营利性民办高校倒闭的教训,积极在教学、科研和社会服务领域开展回应环境变化的新尝试,对组织的发展而言也很重要。非营利性民办高校需要一种不怕变革的文化,而这一文化常常会通过组织职能的发挥来体现。

(四)非营利性民办高校身份确认的思考

如何将真正的非营利性民办高校从现有的民办高校队伍中分离确认出来,是当前新的《民办教育促进法》出台需要回答的现实问题。本书认为其身份确认的关键在于制度完善与落实、举办者规范、公益产权明确及监督机制实施。

1.制度完善与落实

首先,要发挥现有制度的作用。目前在民办教育界普遍热望各个省份基层制度创新,期待在基层制度上能够对非营利性民办高校的身份厘清提供可操作性的方案,但问题的关键之一是现有制度的作用并未发挥。理论认为非营利性民办高校具有第三部门和公共组织这两种属性,[①]实

---

① 何国伟.试论非营利性民办高校的两种基本属性——基于第三部门理论和公共组织理论视角[J].教育理论与实践,2016(24):3-5.

践中对这些属性的确认多通过税法(典型如美国[①])、专门法(典型如日本[②])和委员会组织(典型如英国)等来进行认定。通过前文研究已知,非营利性民办高校当属非营利组织,宏观层面我国已有《财政部、国家税务总局关于非营利组织免税资格认定管理有关问题的通知》《民间非营利组织会计制度》等部门规章对非营利组织的确认做出了清晰界定,但并未在民办教育领域实施。显然通过既有制度的合力,规范非营利性民办高校在法律层面的身份认可,以增强其组织合法性,避免伪非营利性的民办学校混迹其中是当务之急。其次,要正视制度落实中的现实困难。以认定非营利组织免税资格为例,来自一线的调研发现,如果民办高校要进行免税资格认定,仅完成学校资产审计事项就会增加至少几十万甚至上百万元的审计费用。在公共财政经费政策支持还未明确的情况下,这很挫伤学校主动进行身份确认的积极性。再次,有些省份开始允许民办高校进行自收自支事业单位法人认定,有民办学校管理者表示本来以为这可作为非营利性身份的认定,但发现很多实质是营利的学校也进入了此行列。最后,要完善相关的配套制度并积极落实,尤其是经费资助制度,凸显非营利性民办高校的公共属性,而不是任其自行竞争转向营利性。

2.举办者规范

前述中美的研究表明,即使在制度不尽完善的早期,也有很多优秀的非营利性私立大学存在,所以非营利性院校的属性在某种程度上主要是由其举办者身份决定的,更进一步说与其创办人的动机有密切关系。这非常鲜明地体现了非营利性私立院校是以服务公共利益为使命引领的公益组织属性。实际上能够获得组织合法性认可的非营利性民办高校,其举办者本身就带有鲜明的非营利性特征,如社团、基金会、捐赠者等。在我国,当前对企业直接举办民办高校,公众很难对其非营利性取得认同。"有的高校引入国有企业作为民办高校的举办者,我对国有企业也不放心,非营利性的民办高等教育事业要保持纯洁性,企业进来了如何保持?我知道有企业办的民办高校,就是在营利,根本没有把经费全部投入到学

---

① 美国的《国内税收法典》是认定非营利组织能否具有获得联邦免税资格的基本法律依据。详见徐虹.论我国非营利组织免税资格认定法律制度规范[D].成都:西南政法大学,2012.

② 日本由《私立学校法》来规范认定私立大学的身份。详见李建民.日本私立学校法人制度:溯源与改革[J].浙江树人大学学报,2017(5):7-13.

校的办学中。"①慈善界不少人士也认为,企业直接办学很难保证民办高校的非营利性,真正的非营利性私立大学应该是由基金会这样的组织来创办。② 不可否认,仍有一些企业或个人的确是出于公益在创办非营利性的大学,但在其运行方式及机制方面仍亟待规范,以解决组织的合法性困境。

3.公益产权明确

非营利性民办高校从本质上来讲是不同于营利性民办高校的一种产权制度安排,其产权属于公益产权。但经过笔者调研,前文中改革开放以来发展起来的非营利性民办高校中,有些学校的房屋、土地等产权因历史陈积的问题还未落实;另外一种则因早期办学政府给予了较多的支持,则产权被认为归属于国家,民办性质遭到质疑。如前所述,非营利性民办高校公益产权的明确需要在产权界定、产权配置、产权运作及产权监管等各个环节和方面符合其产权的本质特征,尽管全部达到这种境况仍需相当时日,但这应该是厘清非营利性民办高校身份的关键举措。

4.监督机制实施

由于非营利性民办高校属于"所有者"缺位的非营利性组织,内外部监督机制的建立及实施对保障其非营利性运作,增强公众的认知合法性特别重要。其中内部监督机制主要在于通过加强独立监事会、教职工代表大会等机构建设,加强对董事会及其执行机构的监督约束,着力于保障董事会、校长团队等决策层和执行层能够忠实于学校公益性使命的贯彻和实施。外部监督机制应重点在于通过政府监控、社会监督和行业监管等三种手段,全方位地构筑对非营利性民办学校办学方向、办学行为及办学质量和效益的监督体系,在促进其公益性不断提升的过程中,凸显其美誉度和社会声望,增强公众对其非营利属性的辨识度,强化其非营利性民办高校的身份认同。

---

① 罗先锋.蔡望怀访谈[Z].厦门,2017-08-12.
② 中国慈善家.李嘉诚又办了一所大学,看看中国的基金会如何办大学[J/OL].(2015-12-17)[2017-09-08].http://news.xinhuanet.com/gongyi/2015/12/17/c_128540489_2.htm.

二、我国非营利性民办高校发展的展望

(一)三个发展阶段的展望

营利性民办高校与非营利性民办高校自诞生起,其差别就存在,但认识到这种差别并从制度上做出规范,继而获得组织的合法性则需要经历很长的时间。从某种意义上讲,两类不同高校的实践早于人们的认识而存在。这在美国非营利性私立高校的发展历史上已显露无遗。尽管非营利性的哈佛大学和营利性的波士顿公共语言学校同时在1636年就成立了,但是两者在观念上、继而在制度上分野是在二次世界大战之后才开始的。从观念建立到制度建立再到社会普遍认可,本书认为我国的非营利性民办高校需要经历下述三个发展阶段。

第一个阶段为观念建立的阶段。这个阶段是指人们对非营利性与营利性这两种不同性质的教育活动开始认识,并不断深化的阶段。从中外民办(私立)教育的发展历史来看,对非营利性与营利性的认识远远落后于私立与公立的认识。尽管近代我国的非营利性私立大学无论在办学理念上还是在办学实践上都体现了教育的公益性质,并且国家政策以鼓励支持非营利性的私立院校为价值导向,但并没有明确提出非营利性的概念。众所周知,非营利组织的概念来源于西方。在我国最早在民办教育领域应用这一概念的是李传奇,他于2000年撰文提出应按教育属性,将民办教育分为营利与非营利两类不同院校分别进行管理。[①] 潘懋元、胡赤弟于2002年从产权制度的角度出发,提出"营利或是非营利的高等学校作为两种不同类型的产权制度,在我国高等教育发展中都可发挥各自的作用。当然对营利性学校和非营利性学校应给予分别规范、分类管理"。[②] 2002年,我国《民办教育促进法》颁布,明确提出民办教育是公益性事业,要不以营利为目的,但又提出了"可取得合理回报"的概念。至此我国很多民办高校都在学校章程中提及办学不以营利为目的,且不要求

---

① 李传奇.分清属性 势在必行——民办学校应分为营利和非营利性分别管理[J].教育与职业,2000(2):30-32.

② 潘懋元.潘懋元文集:卷三·问题研究(下)[M].广州:广东高等教育出版社,2010:228.

合理回报。但实际上,我国却还存在大量投资办学的营利性民办学校,人们在认识非营利性民办高校的问题上产生了若干分歧。直至2010年《我国中长期教育发展规划纲要》提出要对民办教育进行分类管理以及2016年新修订的《民办教育促进法》为此确立了法律依据后,这一在观念上的争论才告一段落。可以说从认识到非营利性民办高校是不同属性的院校,并在国家的法律层面得以立法认可这一阶段,我国非营利性民办高校的发展都属于在观念建设的阶段。

第二阶段是制度建设①的阶段。这个阶段是指国家对非营利性和营利性两种不同的教育活动建立基本制度、一般制度和具体制度的阶段。自2016年新修订的《民办教育促进法》颁布后,意味着我国的非营利性民办高校发展进入到了制度建设阶段。和上一个发展阶段相比,尽管人们在观念上对非营利性民办高校的认识比原先更加深刻,但是离完全认同和依照法律规范的要求执行距离尚远。当法律制度明确了非营利性民办高校的性质和内涵后,现有的非营利性民办学校将不能仅停留在章程中提及"不以营利为目的、不分配办学结余"这样的观念表述阶段,而需要进入到依照制度体系要求在自身体制机制方面建设和完善的阶段。

第三阶段是社会普遍认可的阶段。这个阶段是指社会公众对非营利性和营利性两种不同的教育活动的行为适当性、恰当性和合意性普遍认可的阶段。通过上一个制度阶段的建设,我国的非营利性民办高校在组织行为方面完全体现了非营利组织的价值观,也符合制度要求的非营利组织应有的制度规范,并且也与社会大众的期望相契合。人们对非营利性民办大学的组织合法性不再抱有过多的怀疑,认可它们是免税的、从事教育公益事业大有可为的组织,并主动捐助资源帮助其发展。正如美国当今非营利性私立大学的情况一样,经过几百年的建设和发展,人们不仅认同其组织私立、非营利性的属性,而且更慷慨资助其发展。但这样的阶段必将是通过相当长的制度环境改善和院校组织的共同努力才达到的。

综上,我国当前的非营利性民办高校正处在从观念阶段转向制度建设的第二阶段,要想获得社会公众的普遍认可,还需要相当长的时期。对我国非营利性民办高校发展问题的剖析不能离开其所处的阶段性。

---

① 关于制度及制度建设的内涵表述。详见刘献君.大学之思与大学之建[M].武汉:华中科技大学出版社,2013:97.

(二)组织对外协调的展望

1.外部环境的展望

未来的外部宏观环境将是以联合国教科文组织提出的促进社会的可持续发展为核心议题的环境。其变化将是:全球化不断深入推进,各国依存度不断增强,科技、人才及综合国力的竞争更加激烈;国内政治继续保持稳定,国家治理能力不断提升,经济发展进入"新常态",城市化进程加快,后工业化时代持续发展;人民生活和保障水平不断提升,生态环境更加优化等。更具体的,高等教育将进入普及化发展阶段,高等教育理念、功能、课程和教学形式、学术标准、入学条件、管理模式和利益相关者的关系等都有新的变化。[①] 信息技术与教育深入交融,新的教学方式、课程形式将层出不穷。高等教育的国际化进程加快,跨境师生流动将更加频繁。面对经济社会转型发展的新趋势,高等教育需要提供更加多样化、优质和公平的教育服务。

直接影响非营利性学校发展的政府、法制环境及社会捐赠氛围这三方面,也将有所不同。未来政府将在规范的基础上加大扶持力度,其界定和评估非营利性民办高校的标准出台,详细具体的监督体系也将建立,资助政策会系统化、制度化。非营利性民办高校与公立性高校的公平的法律地位进一步得到落实。鼓励社会力量捐赠的税收激励机制将进一步建立,相关法制体系也会进一步完善。更可喜的是,伴随我国综合国力进一步增强,居民私人财富大幅度增加,私人捐赠的积极性进一步提高,这有望进一步形成促进非营利性民办高校发展的社会捐赠氛围。

2.我国非营利性民办高校应对环境变化趋势的建议

面对环境的变化,我国的非营利性民办高校应结合自身条件分别进行适应环境、选择环境、创造环境的不同应对战略。顺应高等教育进入新的发展阶段的环境要求,我国的非营利性民办高校应突出质量内涵建设,围绕普及化阶段人才培养的新理念要求开展教学、科研和社会服务。面对高等教育国际化进程加快的趋势,非营利性民办高校可以选择与自己高校资源匹配的国际高校,针对自己擅长的学术项目领域开展合作。至

[①] 潘懋元,李国强.2030年中国高等教育现代化发展前瞻[J].中国高等教育,2016(17):5-7.

于区域经济社会发展的需求和信息技术的影响,非营利性民办高校则可以通过运用新技术,与政府、产业及社区建立伙伴关系等方式进行关于学术项目、人才培养方式等方面的创新和变革。

(三)组织对内协调的展望

1.我国非营利性民办高校发展趋势的展望

毫无疑问,未来将是公立高校、非营利性和营利性民办高校三种不同属性高校共存的时代。非营利性民办高校将比现在更加倾向于"消费者导向"的生存哲学,它们将更加关注市场的需要,并依据市场的要求来设计研究进程和课程。研究方面也将更加关心应用研究,并把精力集中在要在教学方面力争优秀,把满足日益增长的、选择性的及有多样化需求的学习者作为其主要的吸引力之一。鉴于资源在组织发展中的重要性,它们将比过去更加注重运用专业化的手段来争取资源,如设立专门机构负责校友、企业的联络事宜,聘请专业化的公司进行财务规划或长期投资规划等。如果从整个高等教育院校市场的角度看,配合高等教育普及化阶段的发展要求,非营利性民办高校群体将比现在更加多样化并富有竞争力,学校之间的差异程度也将增大,以此能够形成竞争优势并得以生存发展。

2.我国非营利性民办高校应对发展趋势的建议

面对这样的发展趋势,可以借用美国学者博德斯顿的话,那就是"大学需要更加开放和更系统的管理"。[①] 由于大学管理必须同时看到两个方面:一是大学与外部环境之间的关系(生源、资源市场、赞助者和资金),二是大学与学校的各种过程、大学与大学成员之间的内部关系。[②] 这与本书所阐述的大学组织发展所关心的维度几乎一样。非营利性民办高校作为比公办高校更加依靠外部资源发展的组织,需要更加开放的管理;同时鉴于其组织和功能的复杂性,亦需要更系统的管理。未来,希望我国的非营利性民办高校能够运用战略思想和理性的管理,完美实现自身的变革和发展。

---

① 弗雷德里克·E.博德斯顿.管理今日大学——为了活力、变革与卓越之战略[M].王春春,赵炬明,译.桂林:广西师范大学出版社,2006:3.
② 弗雷德里克·E.博德斯顿.管理今日大学——为了活力、变革与卓越之战略[M].王春春,赵炬明,译.桂林:广西师范大学出版社,2006:310.

三、我国非营利性民办高校未来发展问题的思考

1."大学公私界限模糊"可能导致非营利性民办高校的"公办化"

在对我国非营利性民办高校的发展前景进行充分展望后,有必要对其可能面临的问题也进行思考。限于篇幅仅就其中一个较为主要的问题进行阐述,即在"大学公私界限模糊"已经成为一种全球现象的背景下,我国非营利性民办高校可能出现"公办化"倾向。普遍的很多国家都对私立高校进行公共财政的资助,有些私立高校的经费几乎有 2/3 来自公共资金,私立大学公有化的现实情况广泛存在;公立大学则随着财政经费拨款的减少,其发展越来越仰赖于私人资金,公立大学私有化也渐成趋势。[①] 可以预见的是,在当前我国主要以鼓励发展非营利性民办高校作为民办高等教育主体的政策价值导向下,非营利性民办高校将越来越多的获得来自政府公共财政资金的支持,而其与公办高校处于同等法律地位的很多权益也将逐步实现。这样带来的一个潜在不利影响就是,我国非营利性民办高校与公立高校之间的界限变得模糊,从而导致非营利性民办高校出现"公办化"倾向。

2.警惕非营利性民办高校私立性和独立性优势的丧失

前文研究中已经提及了美国非营利性私立院校私立性和独立性逐渐丧失的发展教训,对于我国的非营利性民办高校而言,也需要警惕这样的问题发生。当政府越来越把非营利性民办高校等同于公立院校对待时,非营利性民办高校所受到的政府干预和管理将愈多,其自身的办学自主权发挥的空间就越小,由此可能带来"行政化"问题。本来对比公办高校而言,民办高校具有相对的独立自主性与机动灵活性,所受的行政干预也少,其机制优势是突出优势。[②] 但是当非营利性民办高校因接受政府较多资助而更具"公办化"特征时,这种优势有丧失的危险性。"因此,有的私立院校,宁愿少接受政府的资助以保持较大的自主权。控制与反控制,

---

① 陈涛.大学公私界限日益模糊:全球现象与动态特征[J].复旦教育论坛,2015(4):9-15.

② 潘懋元,罗先锋.民办高校机制优势[J].浙江树人大学学报,2014(9):9-16.

是资本主义私立高等学校经常议论的问题。"①从长远来看,我国的非营利性民办高校可能更具"公私混合"的特征,如何平衡政府支持与自身自治是永恒话题。

四、结语

整体而言,我国的非营利性民办高校在我国的高等教育系统中,尚属于占比不多、影响力弱小的群体,但这并不能成为忽视其发展价值和独特意义的理由。而且恰恰由于我国现有非营利性民办高校的弱小性,更应关心和支持它的发展。

我国的非营利性民办高校应该传承其历史发展遗留下来的宝贵精神和物质财富,积极借鉴美国非营利性私立院校发展的经验,同时直面如制度缺失、组织合法性危机等问题进行变革。在当今我国公益组织领域法制不断健全、管理体制不断完善及民间公益捐赠热情愈加高涨之际,非营利性民办高校应抓住时机,不断提升质量、水平和声望,以获得更好的发展。我们相信在外部环境的有力支持和非营利性民办院校自身的积极努力下,我国必将成长起一批优质、高水平的非营利性民办大学,未来一流民办大学的群体也必将在这一基础上产生。

---

① 潘懋元.潘懋元文集:卷三·问题研究(下)[M].广州:广东高等教育出版社,2010:180.

参考文献

一、外文文献

(一)著作

[1] ALEXANDER W. ASTIN. The Invisible Colleges[M]. New York: McGraw-Hill Book Company, 1972.

[2] Carnegie Commission on Higher Education. A Digest of Reports of the Carnegie Commission on Higher Education[M]. California: McGraw-Hill Book Company, 1974.

[3] CHARLES PERROW. Organizational Analysis: A Sociological View[M]. Wadsworth Publishing Company, Inc., 1970.

[4] CHARLES W. ELIOT. University Administration[M]. Boston: Houghton Mifflin Co., 1908.

[5] RICHARD T. INGRAM, et al. Governing Independent Colleges and Universities: A Handbook for Trustees, Chief Executives, and Other Campus Leaders.[M]. California: Jossey-Bass, Inc.1993.

[6] DANIEL C. GILMAN. The Building of the University: An Inaugural Address Delivered at Oakland[M]. San Francisco: John H. Carmany & Co., 1872.

[7] DAVID J. MAURRASSE. Beyond the Campus: How Colleges and Universities Form Partnerships with Their Communities[M]. Taylor & Francis, 2001.

[8] DAVID W. BRENEMAN, CHESTER E. FINN, JR. Public

Policy and Private Higher Education[M].Washington: The Brookings Institution,1978.

[9]DEREK BOK. Universities in the Marketplace: The Commercialization of Higher Education[M].Princeton, NJ: Princeton University Press,2003.

[10] DONALD G. TEWKSBURY. The Founding of American Colleges and Universities Before the Civil War[M]. New York: Teachers College, Columbia University,1932.

[11] CHARLES WILLIAM ELIOT. Addresses at the Inauguration of Charles William Eliot as President of Harvard College,Tuesday,October 19,1869[M].Cambridge:Sever and Francis,1869.

[12] JAMES ALFRED PERKINS. The University as an Organization [M]. Berkeley: The Carnegie Foundation for the Advancement of Teaching,1973.

[13]FRANK AYDELOTEE.Breaking the Academic Lock Step: The Development of Honors Work in American Colleges and Universities [M].New York:Harper,1944.

[14]ROBERT C.BROOKS.Reading for Honors at Swarthmore: A Record of the First Five Year 1922-1927[M].New York:Oxford University Press,1927.

[15]G.WALLACE CHESSMAN. Denison:The Story of an Ohio College[M]. Granville:Denison University,1957.

[16]ROGER L. GEIGER. Private Sectors in Higher Education: Structure,Function,and Change in Eight Countries[M].Ann Arbor:The University of Michigan Press,1986.

[17]GEORGE WILSON PIERSON. Yale College: An Educational History,1871-1921[M].Yale University Press,1952.

[18]JAMES A. PERKINS. The University as an Organization[M]. New York:McGraw-Hill Book Company,1986.

[19]M. O'NEILL. The Third America: The Emergence of the Nonprofit Sector in the United States[M].Jossey-Bass,1989.

[20] F. RUDOLPH. The American College and University: A

History[M].New York:Knopf,1962.

[21] W.R. SCOTT. Institutions and Organizations[M].Thousand Oaks:Sage,1995.

[22] REYES TAMEZ. Country Case Studies: Mexico [M]// SVAVA BJARNASON, HARRY PATRINOS, JEE-PENG TAN. The Evolving Regulatory Context for Private Education in Emerging Economies: Discussion Paper and Case Studies. Washington, D.C.: World Bank Publications,2008.

[23] The Carnegie Foundation for the Advancement of Teaching. The States and Private Higher Education Problems and Policies in a New Era[M].San Francisco:Jossey-Bass,1977.

[24]U.S. Department of Commerce, Bureau of the Census. Historical Statistics of the United States from Colonial Times to 1970[M]. Washington,D.C.:1975.

[25]WARREN G.BENNIS. Organization Development :Its Nature, Origins, and Prospects [M]. Addison-Wesley Publishing Company, Inc.,1969.

[26] WILLIAM RAINEY HARPER. The Prospects of the Small College[M].Chicago: University of Chicago Press,1900.

(二)期刊

[1]American Association of University Professors. Joint Statement on Rights and Freedoms of Students[J].AAUP Bulletin,1968,54(2).

[2]B. E. ASHFORTH, B. W. GIBBS. The Double-Edge of Organizational Legitimation[J].Organization Science,1990,1(2).

[3] C. GOLDIN, L. F. KATZ. The Origins of State-Level Differences in the Public Provision of Higher Education: 1890-1940[J]. The American Economic Review, 1998, 88(2).

[4]CARTER DAVIDSON. Government Support of Private Colleges and Universities[J]. The Annals of the American Academy of Political and Social Science,1955(301).

[5]CLAUDIA GOLDIN, LAWRENCE F. KATZ. The Shaping of

Higher Education: The Formative Years in the United States, 1890-1940[J].The Journal of Economic Perspectives,1998,13(1).

[6]C. A. HONICK. The Story Behind Proprietary Schools in the United States[J].New Directions for Community Colleges,1995(91).

[7] JURGEN HERBST. The Institutional Diversitification of Higher Education in the New Nation 1780-1820 [J]. The Review of Higher Education,1980(3).

[8]LAURIE J. BATE. A Time Series Analysis of Private College Closures and Mergers[J]. Review of Industrial Organization,2000(17).

[9] LOS A. FISHER. State Legislatures and the Autonomy of Colleges and Universities: A Comparative Study of Legislation in Four States,1900-1979[J].Journal of Higher Education,1988(59).

[10]WALTER P. MAY. The History of Student Governance in Higher Education[J].College Student Affairs Journal,2010,(28)2.

[11]PHILIP G. ALTBACH. Private Higher Education: Themes and Variations in Comparative Perspective[J].Comparative Journal of Curriculum,Learning,and Assessment,1999.

[12]RICHARD G. DURNIN. The Role of the Presidents in the American Colleges of the Colonial Period[J]. History of Education Quarterly, 1961.

[13] ROBERT E. MCCORMICK, ROGER E. MEINERS. University Governance: A Property Rights Perspective[J].The Journal of Law & Economics,2008(3).

[14]M. C. SUCHMAN. Managing Legitimacy: Strategic and Institutional Approaches[J].Academy of Management Review,1995,20(3).

[15]THOMAS BARTLETT.Phoenix Risen:How a History Professor Became the Pioneer of the For-Profit Revolution[J].The Chronicle of Higher Education,2009(10).

(三)电子资源

[1] AAUP. The Annual Report on the Economic Status of the Profession 2005-06[R/OL].(2006-03-30)[2016-11-01].https://www.aaup.

org/file/2005-06-Economic-Status-Report.pdf.

[2] Carnegie Classification of Institutions of Higher Education by Indiana University Center for Postsecondary Research.CCIHE 2015 Carnegie Classifications Data File[EB/OL].(2016-02-01)[2016-10-06].http://carnegieclassifications.iu.edu/downloads.php.

[3]JOHN R.THELIN,AlVIN P.SANOFF,WELCH SUGGS.Meeting the Challenge:America's Independent Colleges and Universities Since 1956[R/OL].(2006)[2016-10-07].http://www.cic.edu/About-CIC/Documents/CIC-50th-Anniversary-Book.pdf.

[4] National Center for Education Statistics. Digest of Education Statistics 2015: Table 318.40[DB/OL].[2016-11-24].http://nces.ed.gov/programs/digest/d15/tables/dt15_318.40.asp.

[5] UNESCO. 2009 World Conference on Higher Education: The New Dynamics of Higher Education and Research for Societal Change and Development[R/OL].(2009-07-08)[2016-10-21].http://unesdoc.unesco.org/images/0018/001831/183174e.pdf.

(四)其他文献

[1]BRIAN PUSSER.The Challenge of Convergence:Nonprofit and For-Profit Governance in Higher Education[C].Annual Meeting of the Cornell Higher Education Research Institute,2002.

[2] Carnegie Foundation for the Advancement of Teaching. The Control of the Campus: A Report on the Governance of Higher Education[R]. Princeton,NJ:1982.

[3]W.H. COWLEY. Professors,Presidents,and Trustees,unpublished manuscript[Z].1964 and 1971.

[4]CLARK KERR,MARIAN L. GADE. The Many Lives of Academic Presidents: Time, Place, and Character[R]. Washington, D.C.:Association of Governing Boards of Universities and Colleges,1986.

[5]TERRY PAUL PROVINCE. An Investigation into the Factors Leading to the Closure of 40 Private Four-Year Colleges Between 1965 and 2005[R].University of North Texas,2009.

二、中文文献

(一) 著作类

[1] 爱德华·希尔斯. 学术的秩序——当代大学论文集[M]. 李家永,译. 上海:商务印书馆,2007.

[2] 彼得·德鲁克. 非营利组织的管理[M]. 北京:机械工业出版社,2009.

[3] 伯顿·克拉克. 高等教育新论——多学科研究[M]. 王承绪,等译. 杭州:浙江教育出版社,1987:12.

[4] 德里克·博克. 走出象牙塔:现代大学的社会责任[M]. 徐小洲,陈军,译. 杭州:浙江教育出版社,2001.

[5] 丹尼尔·A.雷恩. 管理思想的演变[M]. 赵睿,等译. 北京:中国社会科学出版社,2000.

[6] 丹尼尔·若雷,赫伯特·谢尔曼. 从战略到变革:高校战略规划实施[M]. 周艳,赵炬明,译. 桂林:广西师范大学出版社,2006.

[7] 菲利普·G.阿尔特巴赫,丹尼尔·C.列维. 私立高等教育:全球革命[M]. 胡建伟,等译. 北京:中国社会科学出版社,2014.

[8] 菲利普·G.阿特巴赫,罗伯特·O.波达尔,帕崔凯·J.甘波特. 21世纪的美国高等教育:社会、政治和经济的挑战(第2版)[M]. 施晓光,蒋凯,译. 青岛:中国海洋大学出版社,2007.

[9] 菲利普·G.阿特巴赫,帕特丽夏·J.冈普奥特,D.布鲁斯·约翰斯通. 为美国的高等教育辩护[M]. 别敦荣,陈艺波,译. 青岛:中国海洋大学出版社,2007.

[10] 弗雷德里克·E.博德斯顿. 管理今日大学——为了活力、变革与卓越之战略[M]. 王春春,赵炬明,译. 桂林:广西师范大学出版社,2006.

[11] 弗雷德·赫钦格,格雷丝·赫钦格. 美国教育的演进[M]. 汤新楣,译. 香港:美国驻华大使馆文化处,1984.

[12] 吉尔伯特·C.菲特,吉姆·E.里斯. 美国经济史[M]. 沈阳:辽宁人民出版社,1981.

[13] 杰克·R.弗林克尔,诺曼·E.瓦伦. 教育研究的设计与评估[M].

北京:华夏出版社,2004.

[14]杰西·格·卢茨.中国教会大学史(1850—1950年)[M].曾钜生,译.杭州:浙江教育出版社,1987.

[15]克拉克·克尔.大学的功用[M].陈学飞,等译.南昌:江西教育出版社,1993.

[16]莱斯特·M.萨拉蒙,S.沃加斯·索可洛斯基,等.全球公民社会:非营利部门国际指数[M].北京:北京大学出版社,2007.

[17]托马斯·沃尔夫.管理21世纪的非营利组织[M].胡春艳,董文琪,译.北京:商务印书馆,2016.

[18]约翰·布赖森.公共与营利组织战略规划:增强并保持组织成就的行动指南(第三版)[M].孙春霞,译.北京:北京大学出版社,2010.

[19]约翰·塞林.美国高等教育史(第二版)[M].北京:北京大学出版社,2014.

[20]金子元久.高等教育财政与管理[M].刘文君,译.上海:华东师范大学出版社,2010.

[21]阿什比.科技发达时代的大学教育[M].滕大春,滕大生,译.北京:人民教育出版社,1983.

[22]纽曼.大学的思想(节本)[M].顾建新,何曙荣,译.杭州:浙江教育出版社,2001.

[23]詹姆士·托勒.全球教育产业——发展中国家私立教育的经验教训[M].曲恒昌,等译.上海:上海人民出版社,2004.

[24]"大学战略规划与管理"课题组.大学战略规划与管理[M].北京:高等教育出版社,2007.

[25]《中华学府志》编辑委员会.中华学府志·山西卷[M].北京:中共中央党校出版社,2003.

[26]薄井由.东亚同文书院大旅行研究[M].上海:上海书店出版社,2001.

[27]曾小军.民办高等教育政府干预研究[M].北京:中国社会科学出版社,2014.

[28]陈宝瑜.跨世纪中国民办高等教育探赜[M].北京:中国物资出版社,2000.

[29]陈柄权.大学教育五十年——陈柄权回忆录[M].香港:南天书业

公司,1970.

[30]陈国庆,田兵权,刘莹.中国近代社会转型研究[M].北京:社会科学文献出版社,2005.

[31]陈磊.民办高等教育研究[M].武汉:武汉理工大学出版社,2008.

[32]陈瑞林.20世纪中国美术教育历史研究[M].北京:清华大学出版社,2006.

[33]陈子辰.研究型大学与研究生教育研究[M].杭州:浙江大学出版社,2006.

[34]程必定.从区域视角重思城市化[M].北京:经济科学出版社,2011.

[35]邓菊英,高莹.北京近代教育行政史料[M].北京:北京教育出版社,1995.

[36]董宝良.中国近现代高等教育史[M].武汉:华中科技大学出版社,2007.

[37]杜作润,等.高等教育的民办和私立——比较研究[M].上海:上海科学技术文献出版社,1993.

[38]谷贤林.美国研究型大学管理——国家、市场和学术权力的平衡[M].北京:教育科学出版社,2008.

[39]顾琴轩.组织行为学(第4版)[M].上海:上海人民出版社,2015.

[40]顾学稼,林霨,伍宗华.中国教会大学史论丛[M].成都:成都科技大学出版社,1994.

[41]和震.美国大学自治制度的形成与发展[M].北京:北京师范大学出版社,2008.

[42]洪永宏.厦门大学校史:1921—1949(第一卷)[M].厦门:厦门大学出版社,1990.

[43]胡卫,张继玺.新观察:中国教育热点透视(2012—2014)[M].上海:上海人民出版社,2015.

[44]会计制度研究组.民间非营利组织会计制度讲解与操作[M].大连:东北财经大学出版社,2005.

[45]贾大泉.四川历史辞典[M].成都:四川教育出版社,1993.

[46]贾西津.第三次改革:中国非营利部门战略研究[M].北京:清华大学出版社,2005.

[47]焦作工学院史志编辑室.焦作工学院校史:1909—1999(第一卷)[M].2002.

[48]李均.中国高等专科教育发展史[M].上海:学林出版社,2005.

[49]李巧针.美国研究性大学校长的权力研究[M].北京:北京出版社,2007:38.

[50]李天纲.马相伯卷[M].北京:中国人民大学出版社,2014.

[51]李文海,夏明芳,黄兴涛.民国时期社会调查丛编:文教事业卷(二编)[M].福州:福建教育出版社,2014.

[52]李晓明.中国民办高等教育30年(1978—2008)[M].北京:人民武警出版社,2008.

[53]李优良.中国十一五教育探究(职业教育卷)[M].北京:人民日报出版社,2008.

[54]梁亮.非营利组织发展理论与实践[M].哈尔滨:黑龙江人民出版社,2009.

[55]刘海峰,史静寰.高等教育史[M].北京:高等教育出版社,2010.

[56]刘礼堂.高等教育理论与实践研究探索集[M].武汉:武汉大学出版社,2016.

[57]刘礼堂.高等教育理论与实践研究探索集[M].武汉:武汉大学出版社,2015.

[58]刘少雪.中国大学教育史[M].太原:山西教育出版社,2007.

[59]刘文修.世界著名学府哥伦比亚大学[M].长沙:湖南教育出版社,1993.

[60]刘献君.大学之思与大学之建[M].武汉:华中科技大学出版社,2013.

[61]卢彩晨.危机与转机:从民办高校倒闭看民办高等教育发展[M].广州:广东高等教育出版社,2009.

[62]吕红军.民办高校可持续发展的路径选择[M].北京:中国商务出版社,2013.

[63]吕志和,严复淇.科学教育观研究[M].成都:西南交通大学出版社,2013.

[64]马伯英.中国医学文化史[M].上海:上海人民出版社,2010.

[65]马红宇.中国大学学报发展简史[M].兰州:甘肃科学技术出版

社,2013.

[66]马军.近代中国高校校歌选[M].上海:上海社会科学院出版社,2006.

[67]苗丽静.非营利组织管理学[M].大连:东北财经大学出版社,2006.

[68]民政部民间管理局.社会组织登记指引[M].北京:中国社会出版社,2011.

[69]南京大学高教研究所.金陵大学史料集[M].南京:南京大学出版社,1989.

[70]南开大学校史编写组.南开大学校史(1919—1949)[M].天津:南开大学出版社,1989.

[71]南开女中五四届毕业生,创价文化事业推进机构.毕业南开中国教育创新启示录之二[M].北京:中国社会出版社,2004.

[72]欧阳哲生.蔡元培卷[M].北京:中国人民大学出版社,2014.

[73]潘懋元.潘懋元文集:卷三·问题研究(上)[M].广州:广东高等教育出版社,2010.

[74]潘懋元.潘懋元文集:卷三·问题研究(下)[M].广州:广东高等教育出版社,2010.

[75]潘懋元.潘懋元文集:卷四·历史与比较研究[M].广州:广东高等教育出版社,2010.

[76]乔玉全.21世纪美国高等教育[M].北京:高等教育出版社,2000.

[77]乔治·凯勒.大学战略与规划:美国高等教育管理革命[M].别敦荣,译.青岛:中国海洋大学出版社,2005.

[78]裘沛然.杏苑鹤鸣——上海新中国医学院院史[M].上海:上海中医药大学出版社,2000.

[79]全国政协文史资料委员会.文史资料存稿选编第24辑(教育卷)[M].北京:中国文史出版社,2002.

[80]邵金荣.公益性组织认定与社会公平正义——构建科学发展民办教育等公益性组织和事业的法制[M].北京:中国社会出版社,2010.

[81]邵金荣.民办教育促进法立法案例研究[M].北京:知识产权出版社,2015.

[82]史静寰.狄考文和司徒雷登在华的教育活动[M].台北:文津出版

社,1991.

[83]舒新城.中国近代教育史资料(中册)[M].北京:人民教育出版社,1981.

[84]宋秋蓉.近代中国私立大学研究[M].天津:天津人民出版社,2003.

[85]孙进.50部管理学经典解读[M].成都:四川人民出版社,2015.

[86]谭双泉.教会大学在近现代中国[M].长沙:湖南教育出版社,1995.

[87]陶美重.高等教育消费研究:基于"学生消费者"的视角[M].上海:华中师范大学出版社,2008.

[88]田成义.历史与超越[M].哈尔滨:黑龙江大学出版社,2008.

[89]王炳照,吴霓,胡艳.中国古代私学与近代私立学校研究[M].济南:山东教育出版社,1997.

[90]王处辉.转型中高等教育的反思与构建[M].合肥:合肥工业大学出版社,2003.

[91]王杰,祝士明.学府典章——中国近代高等教育初创之研究[M].天津:天津大学出版社,2010.

[92]王小丁.中美教育关系研究(1840—1927)[M].成都:四川大学出版社,2009.

[93]王学珍,于洸,张万仓.北京高等教育史(上卷)[M].北京:中国广播电视出版社,2010.

[94]王英.美国教育[M].长春:吉林教育出版社,2000.

[95]王云五,丘汉平,阮毅成.私立中国公学[M].南京:南京出版有限公司,1982.

[96]王智慧.非营利组织管理[M].北京:北京大学出版社,2012.

[97]王佐书.中国民办教育发展报告(2013—2014)[M].北京:科学出版社,2014.

[98]翁智远.同济大学史(第1卷)(1907—1949)[M].上海:同济大学出版社,1987.

[99]吴洪成.中国教会教育史[M].成都:西南师范大学出版社,1998.

[100]吴惠龄,李壑.北京高等教育史料第一集(近现代部分)[M].北京:北京师范大学出版社,1992.

[101]吴民祥.流动与求索——中国近代大学教师流动研究(1898—1949)[M].杭州:浙江教育出版社,2006.

[102]吴忠魁.私立学校比较研究——与国家关系角度的分析[M].北京:北京师范大学出版社,1999.

[103]向玉乔.人生价值的道德诉求——美国伦理思潮的流变[M].长沙:湖南师范大学出版社,2006.

[104]谢竹艳,周川.中国近代基督教大学外籍校长办学活动研究(1892—1947)[M].福州:福建教育出版社,2015.

[105]忻福良.上海高等学校的沿革[M].上海:同济大学出版社,1992.

[106]徐绪卿.我国民办高校内部管理体制改革和创新研究[M].北京:中国社会科学出版社,2012.

[107]徐绪卿.新时期中国民办高等教育发展研究[M].杭州:浙江大学出版社,2005.

[108]徐以骅,韩信昌.海上梵王渡——圣约翰大学[M].石家庄:河北教育出版社,2003.

[109]许涤新,吴承明.中国资本主义发展史(第二卷)[M].北京:人民出版社,1990.

[110]许纪霖,等.近代中国知识分子的公共交往(1895—1949)[M].上海:上海人民出版社,2008.

[111]许美德,等.中外比较教育史[M].上海:上海人民出版社,1990.

[112]许睢宁,张文大,端木美.历史上的中法大学(1920—1950)[M].北京:华文出版社,2015.

[113]阎凤桥.大学组织与治理[M].北京:同心出版社,2006.

[114]杨东平.艰难的日出:中国现代教育的20世纪[M].上海:文汇出版社,2003.

[115]杨树兵.民办高校发展战略和政策需求研究:基于核心竞争力理论之视角[M].镇江:江苏大学出版社,2009.

[116]杨移贻.市场经济与高等教育[M].广州:广东高等教育出版社,1993.

[117]杨智瀚.中国民办大学20年[M].北京:光明日报出版社,1999.

[118]于陆琳.没有围墙的大学[M].北京:海潮出版社,1999.

[119]余英时.士与中国文化[M].上海:上海人民出版社,2003.

[120]张博树.王桂兰.重建中国私立大学:理念、现实与前景[M].北京:教育科学出版社,2003.

[121]张慧洁.中外大学组织变革[M].上海:复旦大学出版社,2005.

[122]张连红.金陵女子大学校史[M].南京:江苏人民出版社,2005.

[123]张旺.美国私立高等教育发展的制度环境研究[M].北京:知识产权出版社,2009.

[124]张维平,马立武.美国教育法研究[M].北京:中国法制出版社,2005.

[125]张耀荣.广东高等教育发展史[M].广州:广东高等教育出版社,2002.

[126]张志义,李家永.民办教育的研究与探索:民办学校教育国际研讨会论文集[M].北京:北京师范大学出版社,2000.

[127]张志义.私立、民办学校的理论与实践[M].北京:中国工人出版社,1994.

[128]章开沅.章开沅文集(第六卷)[M].武汉:华中师范大学出版社,2015.

[129]章玉政.光荣与梦想:中国公学往事[M].杭州:浙江人民出版社,2014.

[130]赵一凡.美国文化批评集[M].北京:生活·读书·新知三联书店,1991.

[131]赵永利.教育变革与社会转型:近代上海高等商科教育活动研究(1917—1937)[M].武汉:华中科技大学出版社,2014.

[132]郑登云.中国高等教育史(上册)[M].上海:华东师范大学出版社,1994.

[133]郑国安,等.国外非营利组织法律法规概要[M].北京:机械工业出版社,2000.

[134]郑学檬.衣带渐宽终不悔——厦门华厦学院办学十谈[M].香港:香港天马出版有限公司,2010.

[135]中国成人教育协会民办高等教育委员会.中国民办高等教育的理论与实践(第2辑)[M].北京:大众文艺出版社,1999.

[136]中国高等教育学会.改革开放30年中国高等教育发展经验专

题研究[M].北京:教育科学出版社,2008.

[137]中国基金会发展报告课题组.中国基金会发展报告(2015—2016)[M].北京:社会科学出版社,2016.

[138]中国民办高等教育委员会.中国民办高教之光[M].武汉:湖北科学技术出版社,1998.

[139]中国民办教育协会,陶西平,王佐书.中国民办教育[M].北京:教育科学出版社,2010.

[140]周川,黄旭.百年之功——中国近代大学校长的教育家精神[M].福州:福建教育出版社,1994.

[141]周谷平,张雁,孙秀玲,郭晨虹.中国近代大学的现代转型:移植、调适与发展[M].杭州:浙江大学出版社,2012.

[142]周挥辉.百年华大与百年记忆:掌故·逸事·风物[M].武汉:华中师范大学出版社,2013.

[143]周江林.民办高校可持续发展的基本条件研究[M].上海:上海人民出版社,2015.

[144]朱国云.组织理论:历史与流派[M].南京:南京大学出版社,1997.

[145]朱有瓛,高时良.中国近代学制史料[M].上海:华东师范大学出版社,1993:499.

[146]左玉河.中国近代学术体制之创建[M].成都:四川人民出版社,2008.

(二)论文

[1]安世遨.公助民办:高等教育举办体制的理性选择[J].教育文化论坛,2014(5):13-16.

[2]别敦荣,陈梦.普林斯顿大学的发展历程、教育理念及其启示[J].现代教育管理,2012(6):107.

[3]别敦荣,郭冬生."象牙之塔"与"无形之手":大学市场化矛盾解析[J].江苏高教,2001(5):21-24.

[4]别敦荣.民办高校转型发展的思考[J].大学(学术版),2014(2):13-19.

[5]别敦荣.中美大学治理对谈[J].清华大学教育研究,2016(7):

36-45.

[6]蔡望怀.一所十多年坚持"零回报"的民办高校——创办厦门华厦职业学院的实践和思考[J].国是咨询,2010(5):38-40.

[7]陈宝瑜."民办公助"办学模式与海淀走读大学的实践经验[J].教育管理研究,1995(1):27-31.

[8]陈怀超,陈安,范建红.组织合法性研究脉络梳理及未来展望[J].中央财经大学学报,2014(4):87-96.

[9]陈列.市场经济与高等教育——一个世界性的课题[J].教育研究,1994(4):62-67.

[10]陈曼娜,陈伯超.论近代中国社会结构的转型[J].河南大学学报(社会科学版),1996(7):6-11.

[11]陈涛.大学公私界限日益模糊:全球现象与动态特征[J].复旦教育论坛,2015(4):9-15.

[12]陈湘永,张剑文,张伟文.我国上市公司"内部人控制"研究[J].管理世界,2000(4):103-109.

[13]陈志琴,俞光虹,周玲.社会捐赠在我国民办高等教育成本分担中的现状研究——对江浙沪部分民办高校接受社会捐赠情况的调研[J].民办教育研究,2005(1):91-95.

[14]程昔武,朱小平.非营利组织治理结构:特征分析与框架建设[J].审计与经济研究,2008(5):87-91.

[15]单大圣.非营利性民办学校的困境与出路[J].现代教育管理,2013(12):68-71.

[16]第五战略专题调研(周远清,张德祥).高等教育发展战略研究[J].教育研究,2010(7):26-57.

[17]董立平.地方高校转型发展与建设应用技术大学[J].教育研究,2014(8).

[18]付佳.中国近代国立大学与私立大学校长任期的比较[J].煤炭高等教育,2013(1):47-55.

[19]傅绍文,邓秋云.剩余控制权理论综述[J].经济学动态,2004(11):91-96.

[20]高华.近代中国社会转型的历史教训[J].战略与管理,1995(4):1-10.

[21]郭剑林.中国近代社会的转型与过渡[J].历史教学,2001(2):

43-47.

[22]何国伟.试论非营利性民办高校的两种基本属性——基于第三部门理论和公共组织理论视角[J].教育理论与实践,2016(24):3-5.

[23]胡鞍钢,鄢一龙,吕捷.中国发展奇迹的重要手段——以五年计划转型为例(从"六五"到"十一五")[J].清华大学学报(哲学社会科学版),2011(1):43-52.

[24]贾西津.对民办教育营利性与非营利性的思考[J].教育研究,2003(3):47-52.

[25]蒋宝麟.学人社团、校董会与近代中国私立大学的治理机制——以上海大同大学为中心(J).华中师范大学学报(人文社会科学版),2015(1):126-134.

[26]蒋洪池,李文燕.我国高校生源危机的原因及对策[J].高教探索,2014(3):123-126.

[27]康叶钦.在线教育的"后MOOC时代"[J].清华大学教育研究,2014(2):85-92.

[28]柯佑祥.新时期我国民办高等教育的发展[J].高等教育研究,2002(4):32-34.

[29]雷厚礼.论贵州省情再认识[J].理论与当代,2008(12):10-15.

[30]李传奇.分清属性 势在必行——民办学校应分为营利和非营利性分别管理[J].教育与职业,2000(2):30-32.

[31]李海萍.私立非私有:民国初期私立大学内部职权体系研究[J].高等教育研究,2011(11):90-109.

[32]李建民.日本私立学校法人制度:溯源与改革[J].浙江树人大学学报,2017(5):7-13.

[33]李志前.民国时期私立高校的发展背景与动因[J].河南师范大学学报(哲学社会科学版),2013(7):173-176.

[34]刘毳.中国近代私立大学自主招生政策及其实践探析[J].河北师范大学学报,2013(5):11-14.

[35]刘成柏,迟晶.高等学校的社会服务职能及其历史演进[J].现代教育科学,2007(9):32-35.

[36]刘军.中国近代大学预科发展与中等教育关系研究[J].华东师范大学学报(教育科学版),2012,30(01):77-85.

[37]刘侠.民办高校产权管理法律法规的现状、实践与建议[J].北方工业大学学报,2016(12):80-85.

[38]罗先锋,黄芳.论高等职业教育学位制度的域外实践及启示——基于美国、英国、澳大利亚和荷兰四国的分析[J].高校教育管理,2017(3):80-85.

[39]罗先锋.福建省"十二五"民办高等教育政策述评[J].教育评论,2016(9):34-37.

[40]麻一青,孙颖.残疾人高等教育现状及发展对策[J].中国特殊教育,2012(7):19-24.

[41]马晓河,赵淑芳.中国改革开放30年来产业结构转换、政策演进及其评价[J].改革,2008(6):5-22.

[42]乜晓燕,吴俣.美国大学生参与学校共同治理的经验及启示[J].教育探索,2013(7):149-151.

[43]潘懋元,李国强.2030年中国高等教育现代化发展前瞻[J].中国高等教育,2016(17):5-7.

[44]潘懋元,罗先锋.民办高校机制优势[J].浙江树人大学学报,2014(9):9-16.

[45]潘懋元,肖海涛.改革开放30年中国高等教育思想的转变[J].高等教育研究,2008(10):1-5.

[46]潘懋元.建设一流本科 全面统筹推进[J].中国大学教学,2016(6):4-5.

[47]潘懋元.教育的基本规律及其相互关系[J].高等教育研究,1988(3):1-7.

[48]潘世墨,吴永年.民办大学如何"借势"兴学[J].中国高等教育,2016(2):36-37.

[49]秦和.创新体制机制探索非营利性民办高校发展路径[J].中国高等教育,2013(17):32-34,39.

[50]冉云芳.民办高校筹资中的社会捐赠问题[J].教育发展研究,2008(2):13-16.

[51]宋秋蓉.近代中国私立大学办学成功的因素分析[J].高等教育研究,2003(9):99-103.

[52]孙建华.论近代中国社会思潮的历史演进与马克思主义传入的

可能性[J].科学社会主义,2009(6):53-57.

[53]田凯.西方非营利组织理论述评[J].中国行政管理,2003(6):59-64.

[54]田正平,陈桃兰.中国近代私立大学创建考辨[J].现代大学教育,2007(4):10-15.

[55]王名,徐宇珊.基金会论纲[J].中国非营利评论,2008(1):16-54.

[56]王诺斯,张德祥.制度创新视域下民办高校分类管理的现实困境分析[J].中国高教研究,2017(2):14-18,23.

[57]王一涛,刘继安.中国民办高校董事会规范结构和行为结构偏差的实证分析[J].复旦教育论坛,2015(4):75-81.

[58]翁士兵.公益资源的运作途径与机制[J].国外理论动态,2016(6):56-63.

[59]邬大光,卢彩晨.艰难的复兴 广阔的前景:30年回顾与前瞻——我国民办高等教育[J].中国高教研究,2008(10):12-16.

[60]吴华.民办教育地方立法需要关注的两类主题和五个关键词[J].教育发展研究,2006(10):17-22.

[61]吴重涵,沈文钦.组织合法性理论及其在教育研究领域的应用[J].教育学术月刊,2010(2):3-9.

[62]伍运文.美国高等教育捐赠的动因考察——宗教与文化的视角[J].湖南师范大学教育科学学报,2006(9):54-58.

[63]武亚军.面向一流大学的跨越式发展:战略规划的作用[J].北京大学教育评论,2006(1):109-124.

[64]徐敦淯,咸立亭,刘大为.关于举办民办高等学校若干问题的探讨[J].中国高等教育,1993(10):4-5,48.

[65]阎凤桥.从非营利组织特性分析我国民办学校的产权和治理结构[J].民办教育研究,2006(1):35-40.

[66]阎凤桥.非营利大学的营利行为及约束机制[J].北大教育评论,2005(2):15-16,64.

[67]阎凤桥.私立高等教育的全球扩张及其相关政策——对2009年世界高等教育大会报告文本的分析[J].教育研究,2010(11):95-101.

[68]于杨.美国大学学生评议制度探析[J].外国教育研究,2014(3):73.

[69]长征.美国私立大学与公立大学之比较[J].出国与就业,2003(20):13.

[70]郑吉昌.教学服务型大学:背景、内涵及战略举措——以浙江树人大学为例[J].浙江树人大学学报(人文社会科学版),2011(6):1-6.

[71]张继平.高质量高等教育公平的主要特点及实现机制[J].高等教育研究,2016(2):13-18.

[72]周远清.大改革 大发展 大提高——中国高等教育30年的回顾和展望[J].中国高教研究,2008(1):1-4.

[73]朱浩,陈娟.美国营利性高等教育监管政策的历史沿革与特点分析[J].复旦教育论坛,2014(3):92.

[74]朱国云.韦伯官僚组织结构理论的新演变[J].国外社会科学,1995(11):17-23.

(三)学位论文

[1]高莹.非营利性民办高校法律扶持[D].沈阳:沈阳师范大学,2014.

[2]胡艳霞.政府改革视角里的非营利组织发展研究[D].长沙:中南大学,2004.

[3]田雪飞.中美高等教育制度伦理比较[D].沈阳:东北大学,2014.

[4]徐虹.论我国非营利组织免税资格认定法律制度规范[D].重庆:西南政法大学,2012.

[5]尹丽.民办高等学校的发展:一个亟待解决的问题[D].上海:华东师范大学,1999.

[6]朱强.北京市两类民办高校比较分析研究[D].北京:中央民族大学,2004.

(四)电子资源

[1]基金会中心网数据中心.威盛信望爱公益基金会2010—2015财务年度数据[DB/OL].[2017-09-02].http://data.foundationcenter.org.cn/financeInfo_60.html.

[2]搜狐教育.四所民办高校价值60亿港元,净利润率50%的民生教育成功赴港上市[EB/OL].(2017-03-22)[2017-09-10].http://www.

sohu.com/a/129775238_115563.

[3]新华社.习近平总书记给中国工合国际委员会、北京培黎职业学院的回信[EB/OL].(2017-04-24)[2017-05-01].http://www.bjpldx.edu.cn/show.php?type=1&item=1&aid=2559.

[4]杨礼雕.2016中国民办高校(本科)及独立学院科研竞争力报告发布[R/OL].(2016-12-26)[2017-05-19].http://edu.zjol.com.cn/system/2016/12/23/021406358.shtml.

(五)其他资源

[1]国家教育委员会政策法规司.部分国家和地区私立学校法规选编[Z].北京:北京师范大学出版社,1993.

[2]教育部高等教育司.全国高等教育统计[Z].北京:商务印书馆,1932.

[3]第二次中国教育年鉴(第五编):高等教育 第一章概述[Z].台北:台北宗青出版社,1991.

[4]中国大学校长名典编辑委员会.中国大学校长名典(上卷)[Z].北京:中国人事出版社,1995.

[5]第二次中国教育年鉴(第五编):高等教育[Z].上海:商务印书馆,1948.

[6]顾明远,鲁洁,王炳照,等.中国教育大百科全书(第1卷)[Z].上海:上海教育出版社,2012.

[7]潘懋元,刘海峰.中国近代教育史资料汇编:高等教育[G].上海:上海世纪出版股份有限公司,2007.

[8]中国第二历史档案馆.中华民国史档案资料汇编(第三辑教育)[G].南京:凤凰出版社,1991.

后　记

　　以非营利性民办高校发展研究作为我的博士论文选题缘于自己多年在非营利性民办高校工作的职业情感和2012年与吴凤章先生的一次对话。吴凤章先生是我所在学校的第四届董事会的董事长，当他第一次见我，知悉我正进入厦门大学高教院师从潘懋元先生攻读博士学位事宜时，曾建议我选择像华厦学院这样坚持"零回报"的非营利性民办高校作为研究对象，就相关问题开展研究。当时恰逢我国的分类管理改革试点推进之际，营利与非营利院校二分法的利弊讨论也在热烈进行中。随着时间的推移，我对要以非营利性民办高校为研究对象的想法越来越明确，经与导师潘先生商量后，得到了先生的认可，他觉得这个题目可以充分发挥我多年在民办高校工作的丰富经验，而且研究也非常有意义。论文从开题到撰写历时近三年时间，经过较为系统的研究，算是回答了部分自己研究的初衷：真正的非营利性私立院校究竟应该是怎么样的？我国现存的非营利性民办高校其生存和发展的现状如何？未来我国的非营利性民办高校应如何发展？

　　在博士论文完稿之际，特别要感谢众多专家、学者、学友、同事及家人的关心和支持。首先要感谢的是恩师潘懋元先生，先生从选题、构思、研究框架、研究问题解答、修改直至定稿都悉心指导，循循善诱。感谢教育研究院的邬大光教授、刘海峰教授、别敦荣教授、史秋衡教授、武毅英教授、王洪才教授、张亚群教授、郑若玲教授、林金辉教授、徐岚副教授及吴薇副教授，他们在我的博士生涯期间或面授课程，或指导研究，或分享学术思想，是将我引入高等教育学术殿堂的领路人。在课题的调研过程中，特别感谢能够接受我访谈的非营利性民办院校的创办人及办学者，他们是厦门华厦学院的创办人蔡望怀，贵州盛华职业学院常务副校长杨绍先、副校长盛华、盲人学院院长饶舞林、办公室主任龙度勋、人事处长周安萍，以及吉林外国语大学民办高等教育研究院姬华蕾等。在课题的研究中还曾向阎凤桥教授、徐绪卿教授、贾西津副教授、王一涛研究员等求教过相关问题，并得到宝贵建议，不胜感激。另博士生涯学习期间，还得到了董立平、石慧霞、郑宏、王琪、许绮红等几位学长，以及石猛、郑育琛、杜春艳、赵光峰、陈斌等众多学友的支持。因博士在读期间仍然需要坚持在岗工作，故特别感谢包括陈曦教授、黄芳等学校领导和同事的大力支持。最后要感谢的就是我的家人，他们是支持我完成博士学业的最强大后盾。

  研究的过程苦乐交织，但最令我难忘的是研究过程中所接触到的诸多为非营利性民办高等教育事业倾心投入的实践者，他们的精神和情怀令人钦佩和感怀。这也让我想起了作家路遥的一句话："只有初恋般的热情和宗教般的信仰，人才有可能成就某种事业。"对我而言，在非营利性民办高等教育事业领域，自己的研究之路才刚刚开始，也深深领悟了先生常常和我们说的"学然后知不足，教然后知困"。特别感谢厦门大学教育研究院的学习生涯，特别感谢恩师潘懋元先生，让我找到了自己学术生命的归属地。

  得之，幸之！

罗先锋
于厦门东浦一里家中
2020年03月27日